东亚的诞生

从秦汉到隋唐

后浪

[美] 何肯——著

魏美强——译

民主与建设出版社

·北京·

中文版自序

为钻研中国南朝史，我曾负笈于日本京都大学，而这所顶尖学府就坐落于宏伟的日本古都——京都城内。然而，留日期间，随处可见的中日文化的诸多关联令我大为震惊。比如，两国都广泛采用了近乎一致的书写系统——汉字（Kanji，漢字），且两国文字中存在着大量共通的词语。当然，中日之间的差异也十分明显。两国地缘环境不同，彼此的内部差异显著，但若连同朝鲜半岛及越南地区在内，它们又可构成一个联系紧密的东亚文化圈。东亚各国历史上羁绊重重，若想完全窥清东亚的任何一角，都必须对东亚他国的历史有所把握，否则绝难实现。东亚各国文化联系之紧密，与欧洲的情形颇为相似。欧洲各国都发轫于共同的古希腊、古罗马文化，彼此之间历史互动频繁而复杂，然而内部文化却十分多元。

自 2001 年《东亚的诞生》一书的英文原版问世以来，我的观点又有了进一步发展。这一方面是得益于李伯曼（Victor Lieberman）、斯卡夫（Jonathan Karam Skaff）、沈丹森（Tansen Sen）等诸多学者近年来富有启发性的研究，另一方面也与我多年来对中国北朝隋唐史的持续关注不无关联。总之，我愈发倾向于将东亚史纳入到整个亚欧世界的关联中加以考察。东亚绝不是一个孤立的世界。相反，它从来都是世界史中独特而又十分重要的一部分。随着 21 世纪的到来，东亚无疑将会再度成为人类历史舞台上的主角。对于楚尘文化倾力推出该书的中文版，我谨在此专致谢忱，也希望此书能为大家理解东亚历史略尽绵力。

何肯

2018 年 5 月 28 日，于美国锡达福尔斯市

致　谢

（下文出现姓名，以字母顺序排列，不论先后）

在此，谨向荒野泰典、安迪·波斯坦（Andy Burstein）、张光直、派翠西亚·柯士比（Patricia Crosby）、鲍勃·戴斯（Bob Dise）、朱迪·道尔门（Judy Dohlman）、卢·费内克（Lou Fenech）、乔娜·高曼（Joanne Goldman）、维克·汉森（Vickie Hanson）、何清谷、雷尼尔·海瑟林克（Reinier Hesselink）、里奇·纽维尔（Rich Newell）、肖恩·佩奇（Chawne Paige）、彭伟、熊存瑞诸先生，以及罗德纪念图书馆馆际借阅办公室诸位令人信赖的同仁致以特别的谢忱！当然，在此首先感谢珍和安德里亚二位！

书中若有讹误及理解不当处，笔者谨致歉意！

1994年至1996年，笔者曾就东亚论题展开的两项研究，得益于北艾奥瓦大学夏季研究奖金的支持。本书最令笔者满意的是研究积累晚至1999年秋，当时适逢笔者执教密歇根大学，对相关材料进行了进一步筛选细化。

目　录

第一章　序言

今天，很少有人知道东亚的确切位置，明白"东亚"的内涵所在，并了解如此广阔区域内的地域认同为何会突破简单的地理概念。诚然，今天四处林立的民族国家（以及由其组成的跨国组织）已真正构成了国际事务中的基本单元。以东亚为例，具体说来则是中国、日本、朝鲜与越南等国。回溯到1942年，绝大多数美国民众恐怕都无法从世界地图中找出中国或是印度的位置。不过，当下的美国民众对于中国和印度的心理印象已十分明晰。但是，两者仍会被认定为所谓的民族国家，而非东亚、南亚属国。[1]

关于亚裔美国人的历史，存在着这样一类"权威"观点，坚

1　参见[美]哈罗德·伊罗生（Harold R. Isaacs）:《心影录——美国人心中的中国与印度形象》，第37页。

持认为"亚洲并无所谓的'亚洲人',只有国籍身份下的国民,如中国人、日本人、朝鲜人、印度人、越南人、菲律宾人,等等"。传统意义上,"亚洲"涵盖了广阔的内陆,以及日本、印尼、菲律宾等在内的漫长岛链,但其地域太过辽阔,文化也过于混杂,贴上"亚洲"标签,其意义远不止表明"欧洲之外"如此简单。"任一文化或历史实体都不足以合理地被纳入'亚洲'一词的内涵框架之下",一位当代地理学家曾下此结论。[1] 从纯地理学的视角看,比起那些零散分布的群岛,地缘上紧邻的欧洲似乎更应视为亚洲的组成部分。这完全合乎逻辑,因为亚欧同属一个大陆。更离谱地考虑一番,东亚作为亚洲的分区(包括亚洲文化核心区的中日两国),其实也已超出了最初被定义为"亚洲"的范围。

据历史学之父希罗多德(Herodotus,约前484—约前425)推断,亚洲西起尼罗河,往东可延伸至印度。"印度以东,再无人烟",他这般记载道。对于希氏而言,亚洲是与波斯帝国毗邻的区域。按照希罗多德的定义,他也生于亚洲(今天的土耳其一带)。带着一丝戏谑的口吻,他还注意到传说中赐予欧洲名称的

---

1 参见[美]高木罗纳(Ronald Takaki):《异岸来的陌生人:亚裔美国人的历史》,第502页;[美]安德鲁·马奇(Andrew L. March):《中国印象:地理学概念中的神话与理论》,第23页。

欧罗巴女神，也"来自亚洲"。至于亚洲的得名，希氏承认自己也无法究明其源头，但又顺从传统的观点，即"希腊的权威多以为亚洲一词得名于普罗米修斯的妻子（即Assia，译为阿西亚）"。[1]以今天东亚诸语言而论，"亚洲"这一显而易见的外来词语，从语音学角度上看纯粹是个叠声词。其在汉语中作"亚细亚"，在日语中作"アジア（Ajia）"，在韩语中读为"아시아（Asia）"。对于亚洲，又或者引申开来，对于东亚这一包含在其中的更小单元来说，根本无法找出确切的本土词语来描述"亚洲"。

前近代的东亚人，从未听闻过"东亚"或是与之相近的称谓。然而，在希罗多德生活的时代，如果说"亚洲"对于东亚人而言还是一个陌生的外来概念，那么"日本""朝鲜""越南"等词，无论是在本土还是异域概念中，更是从未出现。这些地名当时尚未经人创造，而且东亚地域内也并无独立的政权及国家足以贴上上述标签。当时定居在这一区域的石器时代的先民，部落合并统一，但尚未形成特定的"民族"。诚然，中国长期以来保持着领先地位。从某种意义上讲，希罗多德时代（孔子卒年前后，希罗多德在希腊出生）的中国已形成某些鲜明的特质，但总体上

1　详见[古希腊]希罗多德著，[英]罗宾·沃特菲尔德（Robin Waterfield）译：《历史》，第211，247—248，250页。

仍处于封国相争的时代，并非统一民族国家下的"中国"。

中国历史上第一次建立统一大帝国，是由"秦国"经过一系列的征服活动而于公元前221年最终完成的。（当然，"秦帝国"仍是典型的多民族杂糅的征服帝国，而非现代概念下族群统一的民族国家。）最终，秦的征服活动，直接引发了越南、朝鲜等地的政治、军事及经济反弹，其影响甚至还波及日本列岛。在随后近千年的历史进程中，定居在今日本、朝鲜及越南一带的原始族群，在庞大的中华帝国的持续影响下，逐渐从史前的蒙昧状态中走出，并融入统一的东亚文明圈。（当然，他们并未因此而完全失去其族群特征。）

到公元10世纪，唐朝覆灭（907），新的王朝——大宋崛起（960）。唐宋更迭也成为中国历史的重大分水岭。（其中，唐以前被称为"上古"或"中古"，宋以后则进入"近世"。）日本、朝鲜、越南则纷纷建立独立政权，并渐渐走上各自不同的，甚至与中国历史演变轨迹迥异的轨道。此时，大家所熟知的涵盖今中国、日本、朝鲜与越南等国家在内的"东亚"框架就已基本就位。（在此，我仍要费些口舌强调："民族国家主义"是容易引发误解而且贻害颇深的概念，即便在探讨早期东亚历史时，对此也要十分审慎。）本书的研究核心主要围绕东亚历史"形成"这一关键期上。从时间跨度上讲，起于公元前3世纪，止于公元10世纪，"东亚"这一独特的地域正是在这期间形成的。

如果说"亚洲"一词并无明确内涵，那么东亚则是相对清晰的存在。（此处，暂且不论英文中的"东亚"标签稍显随意，因为它是典型的域外表达。）可以说，东亚这一地域甚至要比它所囊括的民族国家更为古老，从某些层面上讲也更为重要。贾雷德·戴蒙德（Jared Diamond）所著《枪炮、病菌与钢铁》一书近来荣获普利策大奖，正如他在该书中所写的那样，"世界上两个最早的粮食生产中心——新月沃地和中国仍然支配着现代世界，或是通过他们一脉相承的国家（现代中国），或是通过位于很早就受到这两个中心影响的邻近地区内的一些国家（日本、朝鲜、马来西亚和欧洲），或者是通过由他们的海外移民重新殖民或统治的那些国家（美国、澳大利亚、巴西）"[1]。东亚演化出了自身的文明轨迹，且文明历史一直延续，可以称得上是全球版图上唯一能与西方文明媲美、一较高下的存在。这也意味着，后来的东西文明要么不可避免地将彼此对抗，要么"二者绝不会相遇"。当然，二者的差异并非天然存在、难以逾越的，况且差异也不意味

---

1 详见[美]贾雷德·戴蒙德：《枪炮、病菌与钢铁：人类社会的命运》，即第417页（译者按：译文引自[美]贾雷德·戴蒙德著，谢延光译：《枪炮、病菌与钢铁：人类社会的命运》，上海：上海译文出版社，2006年，第450页。），马来西亚联邦的国土其实已经逸出了传统中国的势力范围，因此此处将马来西亚也囊括在内并不妥当。不过，19至20世纪时英殖时代的马来西亚却深受中国移民潮的影响。又可参见[美]莫里斯·傅利曼（Maurice Freedman）：《长远观之：东南亚世界中的中国》，1979年。

着就要"对抗"。不过，不可否认的是，东亚历史无论就其规模，还是重要程度而言，都足以与"西方"并论。对于东亚，我们需要认真对待。几个世纪以来，东亚范围内最大的独立政权——中华帝国（往往自称"中国"）同样也是全球经济最为发达的国家。直至1800年时，中国仍是"全球最为富庶的国家"。[1]

与物质财富并行的，是东亚高度复杂的文明。例如，据钱存训先生估计，直到1500年以前（或许稍后一段时间内），中国的著书数量比世界其他地区的总和还多。[2]更何况，书写资料的极大丰富也仅仅只是前近代中国文化的其中一大成就。相较于陶潜的田园诗，抑或郭熙山水画的精妙程度，以数量去衡量总归显得粗糙，只是相对而言比较容易量化罢了。的确，19世纪至20世纪之间，西方现代工业文明迅速崛起，彻底打破了以中国为核心的全球文明平衡。不过，近年来东亚所取得的成就同样相当显著。有充分的理由相信，东亚正在复兴以往的经济辉煌。[3]

需要特别强调的是，尽管前文对中国着墨甚多，但东亚其

1　参见［日］入江昭：《全球背景下的中国与日本》，第19页；又可参见［美］塞缪尔·亨廷顿（Samuel P. Huntington）：《文明冲突与世界秩序的重建》，第86—88页；［德］安德烈·冈德·弗兰克（Andre Gunder Frank）：《重新面向东方：亚洲时代的全球经济》，1998年。

2　见［美］钱存训：《书于竹帛：中国古代书刻的起源》，第2页。

3　参见［英］安格斯·麦迪伦（Angus Maddison）：《中国经济的长期表现》。

实是一个内部文化十分多元的地域，其复杂程度可与"西方"比拟。东亚内部任意两个地区，都不可能完全相同。即便是中国，自身作为一个整体，仍有众多分化的地带。这部著作就着力关注日本、朝鲜、越南等不同地区到底是如何演变、形成的。

我们需要避免陷入人们常说的"逆向种族隔离"的陷阱当中。即便是在石器时代，东亚也从未像旧大陆其他地区那样，出现过孤立其他民族的现象。东亚人与其他族群，并无根本上的区别。所有的族群，归根结底，都是人类大家庭的一员。如果持有相反的言论，那就是缺乏科学常识，违背了儒、释及基督教义，是危险的分裂主义思维。人口迁徙，抑或文化交流，总是将世界上彼此分开的区域联为一体。例如，人类最早都从非洲起源，并繁衍扩散至世界的各个角落。（尽管学界中有一支力量，仍在质疑智人的祖先是从"非洲走出"的。）（但笔者以为，）人类存在共同的祖先是毋庸置疑的（只是时间上或远或近不能确定罢了）。然而，能够确定的是，远古时代远距离的交流与沟通极为不便，而且十分缓慢，当时的东亚人大多数时候只能依靠自身的智慧，去照亮自己的文明演化之路，而并无太多其他的蓝本可以参照。[1]

1　见苏秉琦:《中国文明起源新探》，第144页，"中国文明并非在孤立中发展起来"；张光直:《历史时期前夜的中国》，第40—42页，"对于'走出非洲'假说表示怀疑，但这一假说又不断被提出，不断被排斥"。

对于早期东亚如何在某种程度上从亚洲这一地理单元中分离，并逐渐进化成统一的整体，本书将尝试做一番解释。

学界已经注意到，以北方地区为文化核心的中华帝国对于南疆的征服，完全可以与罗马扩张时期将希腊文明引入西欧相提并论。[1]东亚文明向日本、朝鲜与越南等地的传播，同样可以视为中心文明向周边地区的缓慢扩张，其途径是东亚文明先行传播至中国本土（尽管这时尚不完备），并在今天所说的中国版图内持续扩张。

在东亚文明传播至整片区域的过程中，作为传播工具的汉字以及文言文的扩张至为关键。事实上，东亚可以由此定义为"曾一度使用汉字来书写的文明世界"。需要补充的是，尽管前文所探讨的时段内，某些地区已开始了早期本土语言的创造实践，但直至19世纪以前，古典汉语仍然是整个东亚地区最为权威的书写文字，汉字乃是评判这一共同文化区域最显而易见的文明符号。

例如，据1864年至1866年江户时代最后一部图书目录所示，日本的幕府文库仍有65%是汉文书籍。而在朝鲜，直至1895年甲午中日战争时中国出人意料地战败为止，古典汉语一直是其官

---

1 见[美]威廉·麦克尼尔（William H. McNeil）：《西方的兴起：人类共同体史》，第324页。

方语言，也是最为倚重的书写文字。战后，朝鲜半岛的宗主国由中国变为日本，此时朝鲜民众的现代民族意识才开始觉醒。而汉字作为越南的书写权威逐渐受到破坏，也要晚至1860年以后，当时法国殖民政策及殖民势力开始渗透，并一度遭到汉字文化的抵抗。而对中国自身而言，古汉语最终遭到废弃，并最终过渡为现代汉语，与发生于20世纪初的五四运动所鼓吹的"入欧"思想不无关联。[1]

前近代的东亚，文学语言共通，文化标准自然也彼此相通，其带来的影响十分深远。例如，据说17世纪至18世纪的日本文人一直将"中国古典文明视为自己的民族创造"。[2]然而，另一方面，古代文献中描述的中国古代社会早已随风而逝（以至于它更像是虚构出来的历史投影）。

儒家经典中的世界为中国（以及日本、朝鲜和越南）的文人

1　关于日本，可参见[英]彼得·科尔尼基（Peter Kornicki）：《日本书史：从起源至19世纪》，第382页；[美]马里乌斯·詹森（Marius B. Jansen）：《德川时代的中国》，第4页注6，第76—77页。对于朝鲜情形的探讨，可参见[美]迈克·埃德森·罗宾逊（Michael Edson Robinson）：《1920—1925年朝鲜殖民时代的文化国家主义》，第26，89—90页。关于越南，可参见[美]约翰·德范克（John DeFrancis）：《越南的殖民主义与语言政策》，第77—81，99—100，110—111，131—134，140—142，145—149页；[美]尼尔·杰米逊（Neil L. Jamieson）：《理解越南》，第68—71页。关于五四运动时期中国的文学革命，见[美]贾祖麟（Jerome B. Grieder）：《胡适与中国的文艺复兴：1917—1937年近代中国革命中的自由主义》，第75—88页。
2　见[美]马里乌斯·詹森：《德川时代的中国》，第93—94页。

士大夫所珍重怀念，书中的变革理念似乎无一例外都是要重新回到理想中的远古时代，但对于多数目不识丁的乡野村夫以及务实本分的贩夫走卒而言，文本中的辉煌过去总归太过遥远。

前近代的东亚，包括中国在内，处处可见共通的"东亚元素"，它又与独特的地域文化因素多重交织。中国、日本、朝鲜及越南之间的"国家"差异，今天来看似乎十分显著，但也不过是地域差异的一个侧面。的确，虽然这一差异已十分显著，但从某种程度上说，它又因政治意图而被刻意放大了。毫不夸张地说，与世界上其他民族一样，东亚诸国也是被政治有意无意地创造出来的。

越南就是一个很有意思的典型案例。直到本书所探讨的时段末期（即10世纪前后），越南实际上都并未形成，而今越南领土的北部（因为越南向南部的扩张，时代更晚，暂且不论）不过是中华帝国南部凸起的边陲地带。在这一区域生活的百姓，与帝国其他区域内的国民相比，其族群上的"中华"属性毫不逊色，尽管并不排除地方暗流的族群文化及方言的存在。（当然，帝国其他许多地区也同样如此。）

中华帝国的最南疆最终演变成了今天的越南。但是，即便是在这一区域范围内，仍然存在着数量可观的民族文化变体，往高了说有受汉文化熏陶的帝国精英，往低了说则有长期定居的土著族群。现在，我们已无法确定这些地方部族是否完整保留了越南民族一直延续的独特文化精髓。毕竟，越南境内的文化十分多元，而且与国界线另一端的中国族群也难以完全区分。然而，公元939年，越南当地豪族（率领民众）实现了永久的政治独立，而且(到19、20世纪时)最终诞生了众人所知的越南民族。

东亚地区族群的动态进化过程（前述文字即是一例），将会成为本文探讨的主要话题，并反复贯穿于全文之中。

总之，原始的族群差异从来都是人们的臆想，犹如空想出来的神兽一般。这里并不是说民族是由人们虚构想象出来的，或者说民族压根就不存在。而是说，民族其实是由人类有意或无意的活动而创造、演变而来的。任何事物，不可能就那么简单地"一成不变"。如果内心深处总把中国、日本、朝鲜或越南视为永恒不变的存在，就有些草率而为了。事实上，当中的任何一个民族都是经历漫长的进化后才结出的"果实"，而其最终形态更要晚至20世纪才形成，这一点着实令人吃惊！

再者，虽然上文提到了"最终形态"，但这其实也不过是我们的"臆想"。在事物毁灭以前，何来"最终形态"一说？历史的进程从来就不会停歇。如今，在"现代化"的冲击下，原来的地区差异正被慢慢清除。今天世界上大多数国家百年以前还并不存在，因而都是人类的最新创造。对于每个地方来说，变化、交流及创新的节奏都大大地加快了。历史还将继续开启新的书页。
21世纪，东亚——中国、日本、朝鲜、越南——还会被重新塑
造。当然，昨天的历史不能因此被人漠视。东亚过去如何，将会
影响它的将来，这就是佛教中常说的"因果"。

第二章 多元一体的“中国”

早在东亚诞生之前，中国即已出现，但何为"中国"？答案似乎并不像看上去那么直白。中国高度复杂的文明要素萌生自远古时代，主要集聚在今中华人民共和国北部的中原一带。著名考古学家张光直先生认为，将公元前4000年前后这一地域的文明称为"巨型文明"是妥当的，该文明是由本来散布在"中国"区域内的多元石器文化融合而成的。[1]

　　汉语言文字及其衍生的中华文明史，最早应从公元前1200年的中原开始追溯。当然，对于此后汉字发生的演变也不可忽视。三千多年来，汉字一直得到延续使用，即便稍有变改，但作为中国文化传统的核心汉字始终不变，而以古典汉语创作的文学

1　见张光直：《历史时期前夜的中国》，第55，59页。

也是"中国"联系东亚其他地区的最关键环节。正是这一点，将东亚与世界其他地区显著地区分开来。东亚以汉字为基础的书写系统也被视为唯一不由古埃及象形文字衍生的书写文明，且直至今日仍在沿用。[1]

"China"一词毕竟是英文词语，而且无法在前近代时期的汉字中找到确切的对应词。诚然，现代汉语术语的"中国"一词可与之大体对应，古语中也有近似表达，在最早的几部古典文献及石刻中就有体现。从字面上理解，"中国"是指"中部王国"（Middle Kingdom）或"中央王国"（Central States）。然而，"中国"一词真正与英文词语"China"对等，要晚至20世纪初。当时，中国正力争成为主权国家，寻求现代认同。近代以前，"中国"这一标签更多时候只是简单的地域描述，不过是为了声称自己是"天下正中"的区域，因而与现代意义上的"国名"毫无关联。同一词语，书写自然也完全一致，但在不同地方的读音中却不尽相同，如日语读作"ch ū goku"，越南话读为"trung-quoc"，却都成为近代以前日本、越南等地方政权自我标榜"中央王国"的称谓。这一中国式的称谓，显然无法与现代认识中的"中国"相

---

1 见[美]鲍则岳（William G.Boltz）:《语言与文字》，第75，123页。

提并论。[1]

不过，"China"一词，原本确实是近代以前欧洲框架下对中国的指代。这一称谓背后暗含的是：中国诚然是当今世界上最古老的国度，但它的内涵在20世纪几经改造。而且，"民族国家"概念下的"中国"才是全新的创造。近代以前的"中国"尽管概念也不断变化，却另有所指：一个庞大的中原帝国，主动吸收而非排斥着内在的多元文化，但同时又向归附政权传播着普世文化，特别是对那些渴望接受汉文化洗礼的异民族。早期中华帝国不过是"族群概念"下的国家，与同一时期活跃于欧洲的罗马帝国并无二致。

这就是说成为"中国"国民，实则意味着政治服从，意味着向一统理念臣服，需要在帝国政府中掌职，参与政治。当然，参掌政权的机会理论上仅对精英阶层或向顶层流动的国民开放。罗马帝国的公民也是如此，只不过其公民身份更为确切，更早规

---

1 关于"中国"的称谓，最早见于曾运乾注：《尚书正读》卷4，第186页。[美]林嘉琳（Katheryn M. Linduff）编：《西周文明》，第96—99页。关于前近代时期"中国"称谓的缺乏，可参见[美]费约翰（John Fitzgerald）：《无民族的国家：近代中国民族主义的"民族"追求》，第67页；[美]费约翰：《唤醒中国：国民革命中的政治、文化与阶级》，第117页。关于日本以"中国"自居的记载，见[日]舍人亲王等敕撰，[英]威廉·阿斯顿（William G.Aston）译：《日本书纪》卷14，第371页；韩昇：《日本古代的大陆移民研究》，第9—10页。关于越南，可参见[美]伍德赛（Alexander Barton Woodside）：《越南与中国模式：19世纪上半叶阮氏王朝与清朝文官政府的比较研究》，第18—19页。另外，傅佛果（Joshua A.Fogel）对于近代中国日文称谓的争议进行了深入探讨，见其《围绕"支那"地名的中日争议》。

范。一开始，华夏土地上存在多个政权、王国，国名彼此不同，但都不能被视为"中国"，却又都可统称为中国。即使随后多个"中国"王国（这其中部分王国本不在"中国"的地域范围内）融合成为统一大帝国，但从时间顺序上看，仍然出现了前后多个延续的"中国"王朝。以传统视角视之，这些断续衔接的朝代相对于广义的"中国"叙述史而言，不过是轻微的断层。但是，若从活跃于历朝历代的臣民视角看，王朝的变革往往是非同小可的。从这一点出发，不同王朝亦可视为不同国家。

在我们的认识中间，常常会将中国视为古老而又辉煌的文化中心，称其为"中华文明"也并无不当。然而，身处传统社会中的百姓并不曾将其视为"中华文明"，这与其他非汉文明社会有着显著差异，自然也与一般意义上的文明标准相出入。任何民众都可能通过学习实现教养化，尤其是学习相应典籍，或是参与礼仪实践，再结合"爱国""忠君"理念的灌输，民众便能迅速呈现出"中国"特质。

早期中国可能只是城墙围绕的蕞尔小邦，或是一地之中的区域。汉语中"中国"这一关键词最初指代的应是王城所在地。[1]

---

1 ［英］鲁惟一（Michael Loewe）：《帝国的遗产》，第994页；赵世超：《周代"国野"制度研究》，第12页。

不过，当周王室（约公元前1122年，一说公元前1046年）征服中原后，天下一统的概念随之诞生。这其中，王权受命于"天"，下民团聚在"天下"周边，并接受与天神联姻同种的王室统治。当时，周王室入主，王室繁衍播散，随之衍生的西周贵族即成为代理人间的天子。[1]当然，我们可将周天下称为"中国"，但充其量它不过是统一多个王国的"中国"，而不具备庞大而多元化的"天下"意义。

一开始，中原一带的中心政权与周边族群不断交流、相互融合。中原往往握有文化主动权，而周边政权则在军事实力上不时地占据主动地位。事实上，秦作为半边缘政权，最终征服了东方诸国，并于公元前221年建立了统一的中华帝国。秦人的后裔即今天所说的中华民族。审视秦这一庞大的中华帝国，应当注意到它是军政一体、自律性极强的政权，在许多层面上可与西方的罗马帝国媲美，绝非以简单事实就可以描述。

而在秦帝国的疆域之外，今天的日本、朝鲜、越南等地（书中谈及的历史时段内，这些国家都已建立与秦帝国类似的独立政权。又或如越南，也在秦以后建立了相应的政权）作为更为模糊的中原文化圈逐渐发展，直至顶峰，此时也标志着东

1　许倬云，[美]林嘉琳编：《西周文明》，第152—153，224，382—383页。

亚世界开始诞生。所谓东亚世界，是以广大的精英文化阶层共守核心价值及丰富的地域文化多元性为其显著特征的。就地域复杂性、重要性及传统的延续性而言，东亚地域又可与欧洲或"西方"媲美。

第一节　多元的"中国"

东亚故事的源头是"中国"，但"中国"自身又有诸多起源。以往通常认为中华文明单独起源于中原并向外扩张的观点，现在必须稍作调整，即一般意义上的中华文明实则是不同地域的史前文化相互交融而逐渐生成的。例如，著名的德国汉学家霍夫曼·艾伯华（Wolfram Eberhard，1909—1989）在他的研究中就发现了在"中国"诞生过程中产生过显著影响的十大地方古文化。[1]

一般而言，对中华文明形成产生影响的诸多地方文化又可区分为三大地域文化区，分别是北方及西北荒漠草原过渡文化区、南方化外文化区以及北方黄河河谷的中原文化区。其中，中原文

1　[德]霍夫曼·艾伯华著，艾莱德·艾伯华译：《中国东部与南方的地方文化》，第13—14，19—20，24页；[美]罗泰（Lothar Von Falkenhausen）：《中国考古学的地方区系》，第198—199页；邝士元：《国史论衡（第1册）：先秦至隋唐篇》，第12—14页；李学勤：《东周与秦代文明》，第12页；苏秉琦：《中国文明起源新探》，第28—32页。

化区是事实上的文明核心区，赋予了中华文明诸多特质。[1]换言之，更正后的观点与传统的"中原一元论"的假设并无根本上的区别，但是新观点更为敏锐地注意到了不同地域文化对新生文明的贡献与融入。

而且，中原文化核心区自身也有多重起源。古汉语最初只是中原偏西地域内原始住民的交流语言，而同样在这一区域内，古汉语发展成为书写文字，并最早出现了使用铁的实例。而在中原以东的沿海地带则居住着另一群语言迥异的原始住民，他们或许就是南亚语系民族的先民。此外，这批异域族群在许多方面领先于汉民，并对后来广为认同的中华文明做出了巨大贡献（当然，除了语言之外）。进入公元前3000年后，发源于西部、流传着汉音的夏文化随着族群东迁进入今河南省界，开始与当地的原住民融合，并不时地接受着东部沿海文化的冲击。[2]

新石器时代晚期，华夏北部仍散落着大批独立的族群，传统

---

1 格勒：《中华大地上的三大考古文化系统和民族系统》，载《中山大学学报》（哲学社会科学版）1987年第4期；周振鹤：《从"九州异俗"到"六合同风"：两汉风俗区域的变迁》，第60页；其他研究可参见[美]吴锦宇（Michael Ng-Quinn）:《前近代中国的民族认同：形成与角色认定》，第42，57页。

2 [加]蒲立本（Edwin G. Pulleyblank）:《史前及早期历史时期的中国及其周边》，第423，459页；[加]蒲立本：《邹、鲁与山东的汉化》，第41，52—54页；关于夏文化起源的研究，可参见韩建业：《夏文化的起源与发展阶段》，第121—123页。

文献中将其形象地称为"万邦"。万邦作孚后，随之兴起的即传说中的"三代"时期（即夏、商、周三朝），"三代"先民彼此文化相近，又与中原乃至周边的非汉族群杂居生活，直到秦汉以后这一现象都不曾改变。[1]

进入公元前10世纪后，在周王室（约前1046—前256）的庇护统治下，当时中国的北部在一定程度上实现了统一。正如许倬云先生所云，"在周王室的统治下，'中华'的概念既由自身而定，又取决于周边世界"。不过，周天子手握的"天下"之权更多时候还只是名义上的王权。周王的"天下"尚有"诸国"，贵族各自把政，各自自治。[2]

最初，这些"侯国""封邑"无一例外都领地狭小，但兼并他国后，"封国"逐渐壮大，并崛起为自治性极强的少数大国。周王室征服"诸国"初期，尽管力求制度统一，但"封国"在形成过程中，各自都孕育了律法、度量衡、语言等。所谓"言语异声，文字异形"，便是一部成书于公元1世纪的字书（即《说文》）

1　张光直：《历史时期前夜的中国》，第64页；许倬云，[美]林嘉琳编：《西周文明》，第8—9，12—17页；李东华：《中国海洋发展关键时地个案研究（古代篇）》，第23页；（宋）洪迈撰：《容斋随笔》卷5，第64页；张博全：《"中华一体"论》，第2—3页；赵世超：《周代"国野"制度研究》，第45页。
2　许倬云：《春秋时期》，第550页；关于古代中国的概念，可参见吴希则：《中国古代的国家观》，第1页。

中描述的情形。上起于西周王室覆灭，下止于战国（前475—前221）以前，这一漫长时段内，中原腹地四分五裂，诸国"各殊习俗"。[1]

上述诸国葬俗不一，衣俗互异，历法不同，宗教信仰乃至文字书写也各有差异。例如，西北边境的秦国，墓葬多采用特殊的屈肢葬式，并随葬青铜器具。东北边境的燕国，婚俗特殊，燕人待客，常以妻妾侍寝，这一习俗以后世的儒道观之，实在令人惊愕。《管子》一书，学界通常认为其作者约生活于公元前7世纪。该书将当时的燕人讥为"其民愚戆而好贞，轻疾而易死"，又描述了齐、楚、越、秦、宋、晋等国的民风以为对照，书中立论显然是从水土决定民性出发的。当然，该书对各地民风的概括不可轻信，但确从侧面反映了时人对地域差别的认知。[2]

南方地区的楚国风俗更为特别，尽管已有部分文献与考古证

1　关于《说文》的记载，本书转引自张玉法：《先秦的传播活动及其影响》，第48—49页。关于"异俗"的史料，见于《淮南子》卷6。关于战国时期原始国家的论述，见于史念海：《秦汉时代的民族精神》，第9页；严耕望：《战国时代列国民风与生计——兼论秦统一天下之一背景》，载《食货月刊·复刊号》第14卷第9、10期，1985年。关于诸侯国的巩固，见臧知非：《先秦什伍乡里制度试探》，第71—72页；赵世超：《周代"国野"制度研究》，第259，263页。
2　参见李学勤：《东周与秦代文明》，第175—176页；林剑鸣：《秦汉社会文明》，第11—12页，23—28页；关于燕国的举措，见于《汉书》卷28上，第1657页；关于管子的引述，见于《管子》卷14。

据证实楚国并非完全意义上的地域文明，能够全然独立于中原文明之外。一般认为，楚国王室原与周王室近亲同宗，后被周天子派往南方镇守，随后建立楚国，后来才偏离了北方主流文化。[1]

据史籍记载，早在西周初年，楚王室就被分封至今湖北省界，与蛮夷杂处。确切地说，公元前671年，楚王室受命驻守南疆，抵御蛮族对"中国"（即王畿之地）的侵袭。[2]尽管这样的描述十分可疑，但时人追溯先祖常可上至部落贵族制时代。然而，当东亚地域形成以后，这一做法往往沦为统治阶层的政治仪式。那么，在进行文明溯源时，往往不离中原也就在情理之中了。当然，即便最新的考古发掘证据，也不足以让专家论定楚文化的源头：到底楚国是北人在南方建立的文明，还是土生土长的南方文明？[3]

无论如何看待，楚国统治阶层中北人血统的占比微乎其微。那么，假定北方曾有大规模人口南迁的说明就完全是一种臆测了。也许，要揭开楚人的身份谜团，最简单的做法还是将楚人视为南方地域族群与北方文化接触、相互迁徙与征战后，渐渐汉化

---

1 ［美］蒲百瑞（Barry B. Blakeley）:《楚国的地理概况》，第10页；高至喜:《楚文化的南渐》，第25，277，360—361，402页。

2 《汉书》卷28上，第1665页；《史记》卷40，第1697页。

3 ［美］罗泰:《青铜时代的衰落：公元前770至公元前481年的物质文化与社会发展》，第514页；关于诸民族将祖先追溯至古代中原的做法，相关研究可参见曹仕邦:《史称"五胡源出中国圣王之后"的来源》，载《食货月刊》第4卷第9期，1974年。

（即"中国化"）的结果。正如现代学者指出的那样，楚国融入中华大帝国以前，自身就是多族群的征服帝国，楚国的壮大依靠的是对60多个小国与一系列部落的征服。而征服过程中，楚人也接受了文化改造，其结果是楚帝国形成了融多元文化于一身的文明综合体。进一步言之，楚国内部也存在着诸多由地方文化糅合而形成的文明变体。[1]

楚在地域上与南方原住民，特别是史书中所说的"百越"人毗邻，更促进了文化糅合。公元1世纪成书的《汉书》这样记载："吴、粤与楚接比，数相并兼，故民俗略同。"与南方越民居住地的器物相比，考古出土的楚国器物尽管不能决然与之分开，但也自成特色，而且直至秦统一六国前，楚文化的因素一直得到保存。[2]

独树一帜的楚文化日益崛起，并在公元前3、4世纪之间进行了典籍编纂工作，楚地的"南方民歌"都收录在《楚辞》一书中。这些民歌代表了南方的文学传统，与中原地域的《诗经·国风》风格迥异。但是，两者都显露了很关键的一点，即它们都是

1　[美]蒲百瑞:《楚国的地理概况》，第9页；[美]海瑟·彼得斯（Heather A. Peters）:《城镇与贸易：文化多元性与楚国的日常》，第105，108—109页；徐少华:《楚文化：考古学的审视》，第21，24，26—32页。

2　《汉书》卷28上，第1668页；高至喜:《楚文化的南渐》，第389—392，399，405—406，410—411页。

以汉字编纂的，这一点不能忽视。广义上讲，《诗经》与《楚辞》都应当归属于中国文学这一条主脉。[1]

哲学家荀子（约前313—前238）对于楚人与越人、夏人的区别曾有著名论断，夏人才是中原王官文化的核心。不过，荀子的主要观点在于，天所赋予的国别差异并非楚、越、夏三国难以逾越更改的事实，各自之间的差别其实是"渐进形成"（Accumlated practices）的。[2]毫无疑问，楚、越与夏等三国的后人如今都是中华民族的子孙，三国的疆域也都落在中国范围内。曾经的楚、越边陲，已成为当下中国的人口与经济中心。

不去刻意否定，抑或消除地方民族差异，但又能超脱于民族差异之外，恐怕也是中华古代文明的特质与魅力所在。公元前1世纪晚期编纂而成的《战国策》就已注意到，即便西北边境的胡族与南方的越民等非汉民族言语不通，无法交流，但若将二者同时置于险境中，如"胡越同舟"，二者想必也会迅速克服语言文化障碍，"相救如左右手"。[3]

1　关于楚辞，可见［英］戴维·霍克斯（David Hawkes）译著：《〈楚辞〉：南方之歌——屈原及其他诗人古代诗歌选》，第19—20页；［美］杰菲里·沃特斯（Geoffrey R. Waters）：《楚国挽歌三首：〈楚辞〉传统译本的引介》，第12页。
2　见《荀子》卷4。
3　见《战国策》卷30。

西周末年，战国诸雄之间频繁征伐，如今的研究者也为之侧目。这也催生了一种观点，即大国之所以欺凌小国，原因在于周天子羸弱，无法成为天下共主、主持权威，那么依靠武力实现公平与正义就势在必行了。"天下共苦战斗不休，以有侯王"，大秦帝国（同样亦是中国历史上）首位皇帝——秦始皇在成功吞并六国、一统天下后如是说道。虽然晚至1914年，近代著名民主革命家、学者章炳麟（原作章太炎，1869—1936）曾赞誉始皇帝，称其缔造"持法为齐"的政府，因其"不假虚惠结人"，而得以"人主独贵"。[1]

若说在东周末年诸国征伐的乱世中，"天下"秩序已随战火化为焦土，那么，在列国相互角力的背景之下，则同时又孕育催生了大国治理的新理念。高度集权的中央行政、明文法典的修纂、赋税及徭役制度的改进等一系列手段，极大地完善了行政制度，有利于政府的对外扩张及疆土管辖，而对于疆域的有效控制，正是此前周天子难以应付的顽疾。[2]正是在"法治"思想的旗帜下，秦帝国（前221—前207）才通过前述手段在公元前221

---

1 《吕氏春秋今注今译》卷13，第350页；《吕氏春秋今注今译》卷20，第644—645页；《史记》卷6，第239，283页；章炳麟：《秦政记》，第39，41，43，48页。
2 杜正胜：《"编户齐民"的出现及其历史意义：编户齐民的研究之一》，第77页；许倬云：《国家形态的发展：东周到秦汉》，第98—100页。

年，历史上首次将周"天下"真正一统为"集权式的帝国"。

巧合的是，几乎同一时期，在遥远的南亚次大陆另一端，一个与秦帝国比肩的政权——摩揭陀国（Magadhan），也在一部残酷法典——《政事论》（Arthasatra）的条文指引下，走向了一统的帝国时代。[1] 而在更遥远的西方，罗马帝国正指挥着雄师，同宿敌——横跨地中海两岸的迦太基王国展开着史诗般的生死较量。此时，秦始皇正与六国逐鹿中原，一步步实现着秦帝国的统一大业。

正如罗马游离于希腊文明的边缘一样，秦国也地处中原诸国的周边。《史记》（公元前1世纪成书）曾记载："秦僻在雍州，不与中国诸侯之会盟，夷翟遇之。"然而，秦这一地处西北边陲的无名小邦，锐意进取，遍揽贤才，同时又将东方邻国——魏国首创的法家思想融入新政之中。[2]

对于战国时期法家条文是否冲破了当时社会秩序所赖以维持的"宗教礼仪"，学界长期以来聚讼不已，但就此便低估其理念创新及真实效果，则谬之大矣！需特别强调的是，秦国基于法家思想而提出的"富国强兵"（即"国家富足、兵力强大"，日语中

1　[印]高必善（D.D Kosambi）:《古代印度文化与文明史纲》，第133—165页。
2　《史记》卷15，第685页。关于战国时期魏国法家思想的早期发展，见《晋书》卷30，第922页；[日]堀毅:《秦汉法制史论考》，第15—16页。

作"fukogu kyōhei, ふこくきょうへい")口号，最终促使秦朝完成了统一大业。而巧合的是，两千年后的明治时代，这一口号又再度被日本政治家提倡，目的是推动19世纪末期的日本实现工业现代化。[1]

《战国策·秦一》有云："欲富国者，务广其地；欲强兵者，务富其民。"尽管牵涉到了"富民"的仁政口号，但秦国的意图始终在于奉行坚定的"中央集权论"。财富、权力都是为这一宏图服务的。按秦律规定，脱离农业生产，不"归心于农"的农户将被强令充军。[2]

这一时期，秦国在为适应军事需要的制度建设上屡有建树，这其中即包括：公元前408年，秦开始实行"初租禾"政策，即按照田禾的多寡收取租税；公元前378年，秦开设官市；紧接着，公元前375年，秦强令实施"为户籍相伍"制度，以"什""伍"为户籍基层单位；同时，秦普遍推行郡县制，"集小都乡邑聚为县"，将地方权力收归中央；公元前350年，秦废井田，开阡陌，

---

1 ［美］陆威仪（Mark Edward Lewis）:《早期中国的书写与权力》，第18页。关于秦国富国强兵的记载，见于《史记》卷29，第1408页；《商君书注译》卷11，第96页。关于日本明治维新时期的"富国强兵"政策，可参见［美］理查德·萨缪尔斯（Richard J. Samuels）:《富国强兵：日本的国家安全与科技革命》，第35页。

2 《战国策》卷3；安作璋:《从睡虎地秦墓竹简看秦代的农业经济》，第35—39页；何清谷:《秦始皇时代的私营工商业》，第31页。

农田格局为之一新；之后，秦又于公元前348年，以人头多寡为标准，新征了人头税。在国家权力向中央集中的过程中，户籍制度的改革尤为关键，编户制度直接确保了全国范围内兵员与赋税的来源。秦国也因此得以有效地动员全民营建国家工程。[1]

秦国所建立起来的行政框架，甚至足以让部分现代国家歆羡不已。在那样遥远的过去，一个国家竟有如此严明的纪律，实在难以想象。但事实上，就当时的科技水平而言，又并无矛盾之处。毕竟，在工业及科技革命以前，对全民的动员乃是一个政府所能使用的最强利器。因此，对于秦是否真正推行前述的举措，也就大可不必怀疑了。1975年，今湖北省云梦县境内出土了一批公元前3世纪时期的秦简，也证实秦国的中央权威确实已经深入到了帝国基层的各个角落。[2]

尤其令人吃惊的是，这批出土文书已清楚证明秦朝官吏力图对地方经济的方方面面实施中央管控。近来的考古发掘资料也进一步证实，复杂的秦国官制也已深入影响到其国家机器。这一点

---

1 《史记》卷15，第708页；《史记》卷6，第289页；《史记》卷5，203页；《史记》卷15，第723—724页；《史记》卷68，第2232页。关于户籍登记，可参见杜正胜：《"编户齐民"的出现及其历史意义：编户齐民的研究之一》，第77—111页；杨宽：《战国史》，第191页。
2　高明士：《云梦秦简与秦汉史研究：以日本的研究成果为中心》，第37页；林剑鸣：《秦汉史部分》，第89—91页。

也可从以往的历史文献记载中得到旁证。[1]

秦征服六国后，大致形成了今天中国版图的轮廓。尽管秦宣称自己横扫了六合，但很显然它并未吞并整个人类的版图，而且时人也意识到秦实际控制的"天下"之外尚有"八殥""八极"。秦始皇曾豪言，"日月所照，莫不宾服"，如此看来，实在是故意夸大其词。[2]不过，始皇宣称秦国海内秩序一统，并非毫无根据的虚言，而且按照他的设想，秦帝国所对应的是整个文明世界，而其疆域之外则散布着大小不一的野蛮部落。

秦将东方文明诸国征服后，还需要将其合而为一。于是，始皇下令立碑刻石，置于六国旧地，以向天下昭告其统治的合法性。随后，这位天下共主又立即开始了统一度量衡及诸国文字的举措。秦的天下势必要成为一统的世界。所以，秦始皇不断采取措施消除地方文化，使其与新生帝国的规范接轨。[3]

1　安作璋：《从睡虎地秦墓竹简看秦代的农业经济》，第30—31页；林甘泉：《论秦汉封建国家的农业政策：关于政治权力与经济发展关系的考察》，第210页；[日]大庭修著，林剑鸣译：《秦汉法制史研究》，第41页；余宗发：《云梦秦简中思想与制度钩摭》，第93—98页。

2　《史记》卷6，第245页。相关研究可参见[日]堀敏一：《中国与古代东亚世界：中华世界与诸民族》，第56—58页。

3　《史记》卷6，第239页；丁毅华：《秦始皇的政纲宣言和心理记录：秦始皇东巡刻石文辞评议》，载《秦陵秦俑研究动态》1992年第1期；林剑鸣：《秦汉社会文明》，第24页。

为了磨灭国民对六国的记忆，消除地方上的分裂隐患，防止原始国民意识的生成，秦始皇还下令焚烧六国史籍。曾有学者评述，"欲亡其国，必先灭其史"，此言得之。然而，正如云梦秦简所反映的那样，即便秦的统治已持续了半个世纪之久，派往帝国边郡的官吏仍这样抱怨："今法律令已具矣，而吏民莫用，乡俗淫失（泆）之民不止，是即法（废）主之明法（也），而长邪避（僻）淫失（泆）之民，甚害于邦，不便于民。"[1]

秦的统治十分残暴。据现代权威学者李学勤先生推算，仅在秦始皇陵的修筑工程中，帝国疆域内的丁男全部都被征发而来，平均徭役期长达120天，其中还有大量刑徒，手脚带着镣铐服役。如此沉重的负担，让秦帝国渐渐失信于民。这样，秦始皇死后不满一年，全国实际上就陷入了频繁的反抗之中。立国仅仅15年的秦帝国，最终也被推翻，而其"遗毒余烈"，却难以除灭。正如汉儒董仲舒（前179—前104）所口诛笔伐的那样，"自古以徕，未尝有……大败天下之民如秦者"。[2]

---

1 《史记》卷15，第686页。郑德坤：《中华民族文化史论》（修订版），第102页。关于秦统一后六国故地地方风俗的保留，见于高明士：《云梦秦简与秦汉史研究：以日本的研究成果为中心》，第38—39页；李学勤：《东周与秦代文明》，第345页。

2 袁仲一：《从秦始皇陵的考古资料看秦王朝的徭役》，第60，66页。关于秦始皇帝陵，又可参见李学勤：《东周与秦代文明》，第203页；刘云辉：《秦始皇陵之谜》，第7页；武伯纶、张文立：《秦始皇帝陵》，第19，89页。关于董仲舒的主张，参见《汉书》卷56，第2504，2510—2511页《史记》卷15，第758页，记载："及秦皇帝崩，天下大畔。"

不过，即便秦帝国只是昙花一现，但公元前221年秦朝的统一，仍可视为"20世纪中国改革开放政策实行以前，中国历史上最为重要的标志性事件"。唐代著名诗人柳宗元（773—819）曾这样评述，"（秦亡）咎在人怨"，而"非郡邑之制失也"。站在今人的视角，大致说来，自秦以来开创的集权政治绵延了近两千年，而正是这一庞大的"中央集权体制"，才从根本上塑造了我们今天所认为的"中国"。[1]

第二节 中国的"汉化"：
中国何以成为"中国"

如今，中国国内的学者也日渐意识到早期中华帝国其实是一个集多元民族于一体的国家，是由帝国都城及其下发展不均的郡县，再加上鄙远边境和帝国势力辐射之下的域外族群共同融合而成的政治框架。为表征秦帝国的疆域统一性及属国多元性，秦始皇还下令在今天西安附近的咸阳都城内仿造六国宫殿样式，重新修筑了一座恢宏的王都。[2]

1　[美]卜德（Derk Bodde）:《秦国与秦朝》，第20页;《柳河东全集》卷3，第33页引《封建论》。
2　张博全:《鲜卑新论》，第103—104页;《史记》卷6，第239页。

而被征服的战国诸雄，在秦的统治之下渐渐融合，文化差异也逐渐缩小。正如汉语中常说的那样，各国之间似乎变得"大同小异"了。秦统一六国后，此前长期定居在今江苏、安徽及山东省中东部的古"夷人"，被分散开来并成为登入户籍的子民。而之后的中华帝国形成历史中一个重要的课题便是南方的"越人"如何融入其中。[1]

"越"本是春秋时期称霸诸国的五霸之一，位于周王朝的最南疆。而后，"越"又被用来泛指生活在今中国华南地区的史前族群。大致以长江一线为界，生活在南端的这些早期居民，语言与中原一带的古汉音彼此不一、相互不通。这些古老的越方言很可能即是今天南岛语系的前身，所谓的南岛语系还包括越南语、高棉语、傣语、中国台湾地区方言、印尼语以及菲律宾语，等等。[2]

虽然，语言上的差异是区分越人与中原汉人的重要文化标志，但是，在越人的族群内部，也存在十分多元的语言。即便后

---

1 《后汉书》卷85，第2809页；关于越族的同化，可参见李东华：《中国海洋发展关键时地个案研究（古代篇）》，第26—32页。
2 [美]贝尔吾（Peter Bellwood）：《印度—马来西亚半岛的史前文化》，第97，112页；蒙文通：《越史丛稿》，第17页；[美]罗杰瑞（Jerry Norman）、[美]梅祖麟（Tsu-lin Mei）：《古代华南地区的南亚语系：词汇中的证据》，第274，276—280，295页；饶宗颐：《吴越文化》，第618—620页；《盐铁论》卷5，第71页。

来越人全被纳入了中原帝国的管辖之中，但要将信息传达到越人生活区域的南端，仍然需要"重译"才能实现。换言之，尽管从考古学角度看，越文化虽然可被视为与北方主流汉文化相区分的"南方文化区"，但"越人"从来都不是单一的外部族群。[1]而且，（除了生活在今中国国土范围内这一点以外，）从任何角度看，越人都不是原生的汉人，尽管越人的后裔最终融合成了今天所说的中国人。

据载，史前时期的越人曾生活在今天的浙江、福建、广东、广西以及今越南中北部一带。而在越人活动区域的西端，即今天的四川、贵州、云南等地，散布着另一群文化上稍稍不同的部族，他们以束髻习俗而闻名。再往西延伸，还可发现一群头饰皆辫发、以游牧为业的氐羌族群。而活动在东南沿海地带的百越族群，则颇习水性，喜食槟榔，通体文身。显然，文身这一习俗，不仅在史前时期的中国南方地区，在整个东南亚，乃至日本，都颇为流行。越人还以栽种水稻闻名。约一万年以前，越人已在长江下游河谷地带开始了水稻栽植活动，而这一活动又向中国的东部、南部广泛传播，甚至还向东北延伸到朝鲜及

---

1 ［美］海瑟·彼得斯：《文面与吊脚楼：古越人何在？》，第1，7，9，12页；饶宗颐：《吴越文化》，第612页；《通典》卷188，第1006页。

日本等地。[1]

　　尽管越人族群生活在公元前3世纪走向统一的华夏帝国的版图内，但从文化亲缘关系的角度看，史前时期的越人先民其实与今天的东南亚人更为亲近，而与中原地带的人相对疏远。事实上，地理上所指代的今中国南部甚至也被称作东南亚文明的"中心地带"。约在公元前3000年前后，随着华夏族群的扩张，堪称近代欧洲人口流动以前人类历史上最为急剧、最为广泛的人口迁徙由此开始。起初是往台湾岛，随后又迁往菲律宾、婆罗洲（加里曼丹岛旧称）、爪哇、苏门答腊、泰国、马来半岛，乃至更远的地方。而定居在这些地区的族群，从文化及语言上看，显然都与活动于今中国南部的古越人渊源颇深。[2]

1　关于西部氐羌族群的习俗，见《汉书》卷95，第3837页；蒙文通：《越史丛稿》，第20页。关于越人，参见《安南志略》卷1，第41页。关于越人的海洋活动，可见《越绝书》卷8，第122—123页。关于文身习俗的传播，相关研究可参见王金林：《汉唐文化与古代日本文化》，第148页。关于水稻种植，相关研究可参见[新西兰]查尔斯·海厄姆（Charles Highham）：《东南亚的青铜时代》，第70—71，76，309页；[美]贝尔吾：《印度—马来西亚半岛的史前文化》，第206，208页；[日]诹访春雄：《中国古越人的马桥文化与日本》，第62—63页；张光直先生指出"据碳-14年代测算，中国南方水稻栽培的历史可早至公元前8000年前"，见其《历史时期前夜的中国》，第46—47页。
2　[美]贝尔吾：《印度—马来西亚半岛的史前文化》，第92，105，110—111，214，255，258，311页；[法]乔治·塞岱司（George Coedès）著，[美]苏珊·布朗·考因（Susan Brown Cowing）译：《东南亚的印度化国家》，第8—10页；[新西兰]查尔斯·海厄姆：《东南亚的青铜时代》，第1，246，297页；吕士朋：《北属时期的越南：中越关系史之一》，第3页；[英]琳达·诺兰·沙菲尔（Lynda Norene Shaffer）：《公元1500年以前的海上东南亚》，第5—7页；[美]戴维·怀亚特（David K. Wyatt）：《泰国简史》，第3页。

然而，在越人急剧扩张后不久，可能是为了获取铸造青铜器所需的锡和铜矿，"周人"的目光也由中原投向了越人生活的南方地区。[1]正如大家所见，周天子对楚国王室实行了安抚政策，其目的在于防范越人对中原腹地的入侵，同时也是为了将中原文明进一步传播至更远的南方。公元前3世纪，在不到一代人的时间内，秦帝国通过一系列征服活动，不仅迅速统一了中原，而且还将中央权威渗透到百越人生活的南方地区，最南甚至可达今天的越南一带。当然，毫无疑问的是，中原及其以北地区，一直都是中华帝国的统治核心。

　　然而，长江流域最终将成为中国的人口及经济重心。其实，长江以南地区融入中国版图内，很早就已经开始。到公元4世纪时，江南已成为南方政权的统治核心区，而南方政权自然也宣称是中国的王统所在（当然这并非全无争议）。迟至公元754年，帝国官方登入户籍的人口，主要还集中在中原地区。而帝国向南扩张的步伐之所以如此缓慢，也归因于南方近乎"化外"的特性。此外，南方地区潜藏的疟疾、登革热以及其他陌生的热带疾病病原，造成患病率高发，也令北人望而生畏。"江南"（即长江以南地区）所呈现的地理风貌长期以来也与中原迥异，故《汉

1　饶宗颐：《吴越文化》，第615页。

书》称："江南卑湿，丈夫多夭。"[1]

为抚平刚刚征服的南方百姓，秦政府也派驻了戍兵镇守在长江中游一带，并在今湖南、江西及广东北部设置了郡县，以作为秦军的前哨阵地。[2]然而，在秦军征服南方将近一个世纪以后，由中原派驻越地镇守的秦朝兵士对于周边的环境依然感到十分陌生：

> 今山东之戎马甲士戍边郡者，绝殊辽远，身在胡、越，心怀老母。老母垂泣，室妇悲恨，推其饥渴，念其寒苦。[3]

公元35年，汉帝国的军队驻扎在南方，并得到活动在今湖北一带的扬越人（扬越乃是百越民族极南的一支）的支持。不过，扬越人与中原汉人的差异仍然足以辨认。到公元1世纪末，王充（27—约97）注意到越民已开始"着华服"。[4]

到东汉（25—220）中期以后，汉帝国的地域差异显著缩小。

---

1 《汉书》卷28下，第1666，1668页；[美]威廉·麦克尼尔：《瘟疫与人》，第30,86,89页；据《史记》记载，司马迁推测汉初时长安及其周边地区控制了全国约30%到60%的财富，参见《史记》卷129，第3262页；关于8世纪时人口的分布，可见杨远：《唐代的人口》，第414—418页。
2 周霖：《秦汉江南人口流向初探》，第55—57页。
3 《盐铁论》卷8，第123页。
4 《后汉书》卷18，第693页；《论衡》卷19。

此处暂举一例，以汉政府设置在今朝鲜境内的边郡（即辽东郡）所出土的文物判断，"与帝国其他区域已无明显差异"。在之后的几个世纪中，古代史书记载中风俗迥异的少数族群也都渐渐融入华夏民族之中，"中国"的框架也开始慢慢成形。由此，所谓的"中国人"（即"中华民族"）才渐渐形成。[1]

从一定意义上说，"中华民族"的形成与中原派驻地方的郡吏不无关联，他们往往充满了文化使命感。例如，公元53年前后，第五伦被任命为郡守，前往今浙江省北部（的会稽郡）为官，他严惩了当地不合儒家的"淫祀"行为。长期以来，古典文言文作为士人的读写工具，一直占据着垄断地位。然而，此时汉字也开始吸收地方语，并认可其作为"方言"的地位，而不是一味地打压。[2]此外，由中原地区源源不断地迁往南方的人口，也大大加快了南方的汉化进程。

最初，汉帝国的政策是刻意地将集聚一处的百越民众隔离

1　[英]肯尼斯·加德纳（Kenneth H.J. Gardiner）:《朝鲜早期史：公元4世纪佛教传入半岛之前的历史发展》，第24页；关于地区及民族融合的加剧，可见黄烈：《魏晋南北朝民族关系的几个理论问题》，第86页；[日]狩野直祯：《干宝及其时代：江南文化的考察》，第37页。

2　关于第五伦，见[瑞典]毕汉思（Hans Bielenstein）:《汉代的中兴》，第3，79—80，148页；《会稽志》卷2；[日]宫川尚志：《华南的儒学化》，第30页。关于方言的探讨，见[加]蒲立本：《史前及早期历史时期的中国及其周边》，第415页。

开来，并鼓励中原北人迁到南方。对于频遭战火的北方难民而言，江南成了理想的避难地，因此也成为汉帝国境内唯一一处户口持续增加的地方。当然，江南地区存在的多元文化也会彼此碰撞，特别是在汉朝统治的最后一个世纪内，这一地区也频频陷入内乱。据估算，东汉灭亡后的一个世纪内，陆续有75万人口南迁到帝国最南端的"岭南"地区，造成岭南人口急剧增长了60%。[1]

自东汉中期开始，北人已缓慢向南迁徙。到公元4世纪，这一步伐明显加快，这与当时汉化的游牧政权推翻汉人政权并建立了北朝有关。这一时期，随着人口的大量南迁，公元35年曾被扬越人占据的湖北中部一带，逐渐发展成为大型的地方州城，儒学氛围持续高涨，四方人口云集。到6世纪末，中国再度实现统一。此时，南朝旧都建康城已是"市廛列肆，埒于二京，人杂五方，故俗颇相类"。[2]

自汉代以来，中央政府对于边地的非汉族群所持的政策，是尽可能将其视为一般的臣民，尤其在税赋及徭役等方面。尽管负

---

1 ［瑞典］毕汉思：《公元2年至742年中国的人口统计》，第141页；段塔丽：《试论三国时期东吴对岭南的开发与治理》，第180页；罗彤华：《汉代的流民问题》，第42—43页；周霖：《秦汉江南人口流向初探》，第55页。
2 《隋书》卷31，第887，897页。

担如此沉重，但非汉民族仍然纷纷归化，这或许与中原王朝不断授予异民族首领封衔不无关联。试举一例：公元36年，汉帝国南疆的交趾国（今越南中部一带）渠帅，率领部众归附，并"任交趾守"。然而，四年之后（40），交趾女子徵侧及其妹徵贰便领部众反叛，攻城略郡。这也说明，藩臣渠首宣称的所谓"忠孝"，大多时候并不可靠。[1]

尽管摩擦不断，非汉民族仍然大量汉化，并融入中华帝国之中。公元230年前后，屯聚在湖北、湖南、江西及安徽一带的山蛮贼帅田益宗被曹魏政权任命为中原一带的豫州刺史（今河南省内）。又如，生活在4世纪的高僧康僧渊，据载"本西域人，生于长安"，但是"貌虽梵人，语实中国"。从人种上看，"汉化"以后的胡族都属蒙古人种，数量不在少数，而就其面目而言，则介于胡汉之间，纯胡人的特征不再明显。[2]

公元589年以后，随着隋（581—618）、唐（618—907）帝国的统一，民族融合的进程进一步加快。据载，仅在629年，就

1　关于华夏帝国内的非汉民族身份，可参见唐长孺：《晋代北境各族"变乱"的性质及五胡政权在中国的统治》，第138页。关于交趾国的归化，见《东汉会要》卷39，第570页。关于徵氏姐妹的反叛，见《通典》卷188，第1006页；[美]基斯·威勒·泰勒（Keith Weller Taylor）：《越南的诞生》，第37—41页。

2　关于田益宗的记载，见于《水经注》卷30，第578页；关于康僧渊的事迹，可见于《高僧传》卷4，第94页。

有将近120万外族及部民内迁或者归附大唐。632年，又有30万西羌部众归化。据现代学者傅乐成的推算，唐朝立国以后不到百年的时间内，大约有170万外族人向大唐归附称臣。[1]

而初唐之际的"天下大同"（Cosmopolitanism）观念，也可从公元647年唐太宗面对百僚时的夸饰之词中得见一斑："自古皆贵中华，贱夷、狄，朕独爱之如一，故其种落皆依朕如父母。"藩民外族不仅为大唐政府所接纳，其中有一些甚至还跻身为上层官吏。据林天蔚先生的统计，唐政府中超过43名高级官吏乃是胡人出身。[2]

天宝年间（742—755），胡商康谦官至安南都护。安南即今天的越南红河谷地一带。公元761年，遣唐使晁衡（即阿倍仲麻吕，卒于770年）也官兼安南都护，这位日本留学生在唐土生活了半个世纪之久，并与唐朝著名诗人（王维、李白等）交往密切，同时又在唐廷与日本来使之间斡旋。高丽人此时也纷纷来朝，归附大唐。公元751年，著名的怛罗斯（Talas）之战便是由高丽人（高仙芝）率领的，只不过为阿拉伯的军队击溃

1　《新唐书》卷2，第31,33页；傅乐成：《唐代夷华观念之演变》，第213页；傅乐成：《唐型文化与宋型文化》，第257页。
2　《资治通鉴今注》卷198；胡如雷：《唐代中日文化交流高度发展的社会政治条件》，第40页；林天蔚：《隋唐史新论》，第74页。

罢了。[1]

唐朝的统治还进一步影响到了今中亚地区。公元7世纪,盛极一时的大唐还将势力范围向西延伸到今阿姆河流域(英文作"Oxus River",突厥语作"Amu Darya")。当然,对于帕米尔高原以西的区域,大唐似乎并未将驻防力量常态化。粟特及中亚的昭武九姓胡人也成为大唐登记在册的子民。当唐帝国的版图向外扩张至中亚之际,公元771年,回纥向朝廷上表,请求大唐对湖北、江苏、江西、浙江一带的摩尼寺院加以保护,这也从侧面反映出唐朝经济重心所在的长江河谷地带已有相当数量的西域胡人存在,或者说"回纥商人在这一地区存在广泛的商业利益"。[2]

然而,一般来说,中央政府对于归附部落的控制通常十分薄弱,藩地渠帅往往握有相当程度的自治权力。唐朝初年,虽然

---

1 《安南志略》卷9,第126页;陈尚胜:《唐代的新罗侨民社区》,载《历史研究》1996年第1期;[日]今枝二郎:《唐朝文化的考察一:以"阿倍仲麻吕"研究为核心》,东京:弘文堂书房,1970年;林文月:《唐代文化对日本平安文坛之影响:从日本遣唐使时代到〈白氏文集〉之东传》,第382—384页;[美]埃德温·赖肖尔(Edwin O. Reischauer)译:《入唐求法巡礼行记》(《圆仁日记:中国巡礼行记》),第277—278页;谢海平:《唐代留华外国人生活考述》,第78页;《新唐书》卷135,第4576—4578页;《新唐书》卷220,第6209页;《新唐书》卷225上,第6425页。

2 [日]荒川正晴:《唐帝国与粟特人的交易活动》,第192页;[日]池田温:《东亚古代籍帐管见》,第108—109页;薛宗正:《论高仙芝伐石国与怛罗斯之战》,第53页;《佛祖统纪》卷41;刘欣如:《丝绸与宗教:古代物质生活与思想论考》,第183页。

帝国对于中亚地区的政治、军事影响力不断加深，甚至还在西域设置了政府机构，但在任命官员时，往往还是以选拔当地酋首为主，且其朝贡、赋税及户口皆不入府库。[1]

这些边郡实际上即是史书中所说的羁縻州，它作为帝国的行政区划，只是名义上归属中央管辖。不仅中亚边地如此，甚至连帝国内部的少数民族首领控制的地区也采取了这一方针。在大唐剑南道内（今四川省境），就设有"羌州百六十八""诸蛮州九十二"，而据载"蛮州皆无城邑，椎髻皮服，惟来集于都督府，则衣冠如华人焉"。而在长江以南的江南道，则有"诸蛮州五十一"；今两广及越南北部所在的岭南道，则有"蛮州九十二"。[2]

两千年来，中华帝国在融合周边族群这一点上，与欧洲一样也十分成功。虽然今天中国境内少数民族人口的占比较小，文化上呈现出高度一致的现象，但是长期以来，华夏内部的地方文化差异一直存在。甚至，直至唐以前，还有相当数量的族群长期杂

1　[美]查尔斯·巴克斯（Charles Backus）:《南诏与唐代的西南边疆》，第6页;《新唐书》卷43上，第1119页;《资治通鉴》卷198。

2　《新唐书》卷43下，第1119—1120，1137—1138，1140，1144—1145页。关于羁縻州的研究，可参见潘以红:《早期中国的游牧民族迁徙政策》，第66—69页;薛爱华（Edward H. Schafer）:《朱雀:唐代的南方意象》，第71页。

处在汉人周边，并未受其影响、被其汉化。[1]

据学者推算，南朝时期，周边非汉民族占到了帝国总人口的将近一半。今福建地区被并入汉人王朝的版图，要晚至7世纪；而今湖南地区的蛮族被纳入中央政府的直接管辖，也是唐以后的事情。在本书谈及的时段内，广州附近的珠江流域，汉人始终未成为主要族群。[2]

第三节　演变的加剧：多元文化的韧性

自古以来，中国的版图总会周期性地扩张与收缩。中国人自诩的"世界帝国"的边界与极限很可能是由保罗·肯尼迪（Paul Kennedy）提出的"帝国过度扩张"（Imperial overstretch）理论所决定的。"如果一个国家在战略上过分扩张——如侵占大片领土或发动耗资巨大的战争——那么它就会冒这样的危险：为此耗

1　[美]华琛（James L. Watson）:《仪式还是信仰？——晚期中华帝国大一统文化的构建》，第86页。关于现代人口数，可见[美]罗德明（Lowell Dittmer），[美]塞缪尔·金（Samuel S.Kim）:《国家认同理论探究》，第10页注28。关于中国文化传播的普遍性，可参见[美]孔迈隆（Myron L.Cohen）:《汉化：传统身份的边缘化》，第90—91页。
2　[瑞典]毕汉思:《唐末以前福建地区的移民开发》，第110—111页；[美]科大卫（David Faure），[美]萧凤霞（Helen F. Siu）:《序章》，第5页；周振鹤:《从"九州异俗"到"六合同风"：两汉风俗区域的变迁》，第60页；朱大渭:《南朝少数民族概况及其与汉族的融合》，第59页。

费的巨资可能超过对外扩张所带来的潜在利益。"[1] 当然，中华帝国的"天下"概念，并未将整个世界囊括在内；相反，它渐渐浓缩并形成了今天我们所说的"中国"。

即便在汉朝中央集权达到顶峰时，帝国内部仍然存在许多自治性的郡国政权。越是汉帝国衰微之时，自治的趋势也愈发明显。例如，初平四年（193），田畴（169—214）脱离州牧（公孙瓒）的控制，"率举宗族附从数百人"，北上隐居在今河北长城沿线的徐无山中。数年之间，田畴部众"至五千余家"。他还制定"诤讼"之法、"婚嫁"之仪，并与北边的乌丸、鲜卑通好。换言之，田畴所建立的是事实上的独立汉人王国，尽管它并未存在太久。建安十一年（206），在铁腕人物曹操（155—220）的征召之下，田畴积极响应，迅速归附。公元220年，曹操的继任者——文帝曹丕建立了三国曹魏政权，帝国才稍稍得到局部的统一。[2]

公元2世纪末，汉帝国分崩离析。此后的四百年间，中国陷入了四五分裂的局面，皇权极度衰微。时人以为，"山栖遁逸之

---

1 ［英］保罗·肯尼迪：《大国的兴衰：公元1500—2000年经济变化与军事冲突》，第xvi页，译文引自蒋葆英等译：《大国的兴衰》，北京：中国经济出版社，1989年，序言第2页；又可比照［英］伊懋可（Mark Elvin）：《中国历史的模式：社会与经济史的解读》，第17—22页。
2 ［澳］张磊夫（Rafe de Crespigny）：《重建和平：公元189年至220年的后汉史》，第124—125，356—357页。

士，谷隐不羁之民，有道则见，物以感远为贵"。三国孙吴权臣诸葛恪（203—253），也抱怨建康（又作"丹杨"，今南京市）周围的山越难擒，"丹杨山险，民多果劲，虽前发兵，徒得外县平民而已"。这一时期，高门豪族往往把持地方社会，不听天子号令。自汉末迄唐，中国户籍人口的急剧减少，也可大体反映出此时地方村落人口渐渐脱离中央政府的控制，转而依附豪门大族。而并入豪族大户的私丁（Private Retainers），既是耕植土地的佃户，又是武装起来的部曲。[1]

　　这一时期，中华民族的统一进程陷入了停滞状态，地区差异则开始凸显。正如芮沃寿（Arthur F. Wright）所言："6世纪的中国，最显著的特质在于其文化上的多元性。"公元7世纪，《隋书》编纂成书，在描述江南风俗时，书中的记载基本上与1世纪成书的《汉书》相同。而同样的，《汉书》的内容也基本转引自公元前1世纪成书的《史记》。[2]

1　关于"山栖遁逸之士"的记载，见《水经注》卷40，第754页。关于诸葛恪对山越难擒的记载，见《三国志》卷64，第1431页。关于流民依附地方豪族的研究，可参见侯外庐：《中国封建社会土地所有制形成的问题：中国封建社会发展规律商兑之一》，第29页；[日]内田歧阜：《贵族社会的结构》，第48页；王仲荦：《魏晋封建论》，第63—64页。

2　[美]芮沃寿：《隋朝》，第49页。关于江南习俗的记载，见《汉书》卷28上，第1666页；《史记》卷129，第3268，3270页；《隋书》卷31，第886页。

可以肯定的是，文本内容的延续性直接反映了中国学术传统的固化与保守。与其去捕捉更新的史料，史学家更倾向于转引经典史书中的记载，用于说明江南风俗并未改易。试举一例说明：《隋书》在描述豫章（今江西省界）之俗时，称其"衣冠之人，多有数妇，暴面市廛，竞分铢以给其夫"。这样的记载不过是对先前史籍的重复，而且其所塑造的人物，也过于简单固化。直到12世纪时，在相邻的今福建省内，当地习俗也一度禁止妇女暴面出门。而且，即便在今天，江南某些地区仍然流行入赘婚。与中原地区的婚俗迥异，入赘婚要求丈夫搬入女家居住。一定程度上说，这也是古代越人风俗的孑遗。[1]

直至今日，东南地区的方言也显得尤为特别。早在公元805年（中晚唐之际），柳宗元被贬谪至今湖南南部为官，一待便是十载。他在诗词中一方面指出了地方语音上的差异，另一方面又揭示了汉人在一两代人的时间内缓慢"蛮夷化"的过程：

> 楚、越间声音特异，鴂舌啅噪，今听之恬然不怪，已与为类矣。家生小童，皆自然哓哓，昼夜满耳；闻北人言，则

---

1 关于妇女暴面的记载，见《隋书》卷31，第887页；[日]宫川尚志：《华南的儒学化》，第42页。关于江南地区赘婚习俗的研究，可参见[美]易劳逸（Lloyd E.Eastman）：《家庭、土地与祖先：1550至1949年中国社会经济史中的变与不变》，第31页。

啼呼走匿，虽病夫亦怛然骇之。[1]

然而，毫无疑问，改变人们对地方民风的僵化看法确实十分困难。禅宗五祖弘忍法师曾斥责岭南（今两广及越南北部）人，认为其为"獦獠"，缺乏"佛性"，无法入道。即便弘忍大师是出于禅性的考虑而有上述的言论，这也足以证明7世纪末期地域上的偏见仍十分普遍。[2]

除了华夏内部不同区域的差异外，这时还存在并未汉化的非汉族群的问题。在本书探讨的时段内，尽管史书记载部分蛮族在与周边汉人杂处后与普通汉民无异，但那些僻居山野的蛮民则始终保持了其独特的语言、饮食及居住方式。蛮族向中央称臣并接受管辖后，仅需承担极轻的税赋，而汉人贫民为了逃脱苛税，竟遁入蛮人部落。因此，南梁史臣沈约（441—513）慨叹："（蛮民）充积畿甸，咫尺华氓，易兴狡毒。"而且，这些蛮族自汉代以来，便一直叛乱不断。[3]

獠族由贵州、云南向北侵入蜀地，要晚至4世纪中叶。据载，

1 《柳河东全集》卷30，第328页；《新唐书》卷168，第5133页。
2 《佛祖统纪》卷39；关于禅宗五祖弘忍的这则史料，具体时间可定于672年。
3 《东汉会要》卷39，第569—570页；《南史》卷79，第1980页；《宋书》卷97，第2399页；《隋书》卷31，第897页。

獠民在川蜀山区的据点超过十余万落。其中，与"汉民"杂居者，"颇输租赋"，而在深山者仍为"匪人"。[1]

汉人与地方部落的互动方式十分多样：或是汉人渐趋"胡化"，或是胡人转被"汉化"，或是胡汉部落相安无事。然而，中央政权的干预往往造成两者的摩擦。例如，公元33年，《后汉书》这样记载：

> 今凉州部皆有降羌，羌胡被发左衽，而与汉人杂处，习俗既异，言语不通，数为小吏點人所见侵夺，穷恚无聊，故致反叛。夫蛮夷寇乱，皆为此也。[2]

泰始七年（271），将拜朝官的郗诜曾向晋武帝讽谏，称朝中"受方任者"，常常因为"干赏嗛利"，而对边夷妄加讨戮。晋元帝永昌元年（322），蜀地任官的宁州刺史王逊遣子王澄入朝，一同随行的渝、濮等杂夷共数百人，一时间京中百姓讹传宁州来人有食人的怪俗。6世纪初，今四川一带的梁、益二州刺史"岁岁伐獠"，于公可实户籍，于私则"以自裨润"。此外，《投荒杂录》

---

1 《华阳国志》卷9，第510页；《晋书》卷121，第3047页；《通典》卷187，第999页。
2 《后汉书》卷87，第2827页。

还记载了一则难以考证的趣事：公元800年前后，潘州（今广东省内）陵水郡守十分荒淫，因好蹴鞠，但嫌南方马小不善驰骋，每次嬉戏时都令夷民数十人抬着肩舆，扛着军将来回奔跑击球。夷民如果稍有懈怠，还以马鞭抽打。[1]

那么，自然而然的，非汉部落就群起揭竿，共同反抗帝国的暴政。稍举几例为证：唐咸亨三年（672），姚州蛮（今云南姚安县）寇边；仪凤元年（676），纳州獠进犯蜀地；延载元年（694），岭南獠又犯广东；景龙元年（707），姚州蛮连兵吐蕃再犯云南；开元元年（713），姚州蛮又进兵云南；开元三年（715），巂州蛮犯兵蜀地；开元十二年（724），宦官（杨思勖）受命为招讨使，发兵平五溪（今湖南省北部）蛮族叛乱，斩首三万级，不久之后又平泷州（今广东省内）蛮反叛，并"坑其党六万"；肃、代两朝（756—779），獠、蛮部族陷落今广西大部，自立大小政权若干，完全切断了广州与交趾（今越南河内一带）之间的往来。[2]

1 《全晋文》卷78，第1908—1909页；《宋书》卷31，第901—902页；《通典》卷187，第999页；《太平御览》卷269引《投荒杂录》，第2112页。
2 《新唐书》卷3，第70，72页；《新唐书》卷4，第95，109页；《新唐书》卷5，第122，124页；《新唐书》卷6，第157，175—176页；《新唐书》卷207，第5857页；《新唐书》卷222下，第6329页；《资治通鉴》卷224。

换言之，在中华帝国演变的头一千年中，周边部族的"汉化"进程其实并不顺利。尽管帝国大部分区域毫无疑问最终都要接受"汉化"，但中间一段时间内，政府一度还曾制定律法来约束"汉化"。大历十四年（779），代宗曾下诏，令"回纥诸蕃住京师者，各服其国之服，不得与汉相参"。开成年间（836—840），岭南地区番獠与汉民错居，相互通婚，但"吏或挠之"，导致"相蒸为乱"，节度使卢钧于是令"蕃华不得通婚"。以上二例，皆是实证。[1]

---

1 《唐会要》卷100，第1798页；《新唐书》卷182，第5367页。

第三章 "文明使命"：东亚的诞生

在中国的"天下"六合之外，还聚居着大量外邦番民，他们原本远离中华的"天下"文明，生活在蒙昧的状态中。当然，若华夏汉人稍有所思，也能意识到周边还有番邦的存在。如果认为中华帝国即是"普天之下"，似乎就脱离了实际。从某种程度上说，这其中暗含了"华夏中心主义"思维。不过，就事实而言，在最初的几个世纪中，中华帝国周边确实找不出能与之匹敌的政权，无论就行政架构、文明程度，抑或经济水平而言，都是如此。

中华帝国东北部的朝鲜地区，以及越南北部一带，当时尚在秦帝国的疆土之内。再向外延伸，则是游离的史前部落。而日本诸岛，此时正处在渔猎文明向农耕社会的过渡阶段，至于文字的出现则是更晚的事情。罗马、印度等国则太过遥远。以上不难看出，早期中华帝国的外部周边，根本找不出直接的竞争对手。公元前209年，帝国北部逐渐兴起的草原部落联盟政权——匈奴确实曾给早期中华帝国造成了严重的军事威胁。甚至，公元前200年，匈奴击溃了汉朝大军，连高祖刘邦也险些被俘。然而，就文明程度及发展水平而言，半游牧的匈奴政权根本无法与汉帝国匹敌。而且，以华夏的视角观之，这些草原胡族不过是野蛮人的化身，正是他们的存在才衬托出华夏是唯一的文明帝国。

对于随后逐渐兴起的日本、朝鲜、越南等独立的文明国家来说，华夏帝国无疑为其提供了可资参考借鉴的唯一范本。公元前1世纪以后，自战国及秦代以来一直推行的"法家"思想，不再被视为华夏的政治及文化纲领。相反，儒家学说开始被汉帝国及后来的政权尊为正统。这时，新生的东亚世界开始与中华帝国发生碰撞，并渐渐向儒学文明靠拢。

此前，秦国曾以高效的行政体系及明文法典建立了华夏政权，并一度被视为中国政权的典范。秦朝法律十分严酷，且服务于国家利益，但毫无疑问它是"法治"的。甚至，近代西方人所提出的"法律同等适用于统治阶层与一般平民"的理念，也早在中华帝国之初（即秦朝）就曾被提倡。[1]而且，尽管自汉代开始，"法家"思想就在儒学浪潮的侵袭下，渐渐式微，但

1　参见[美]安乐哲（Roger T. Ames）:《王术：中国古代政治思想研究》，第191页。

"法治"思想并未完全从帝国的治国理念中消失。很显然，"法治"仍然是帝国行政治理模式中不可缺失的环节，且迟至唐末以后才逐渐消亡。换言之，纵观整个东亚世界的形成史，"法治"理念一直存在。

例如，公元7世纪末，侍御史刘藏器向唐高宗弹劾命官尉迟宝琳渎职，宝琳私底下请求高宗网开一面，高宗便打算驳回刘氏的弹劾。对于高宗如此纵官枉法的行为，刘藏器愤然上奏，称"法为天下县衡，万民所共，陛下用舍缘情，法何所施"？高宗无奈之下，只得对藏器妥协，但也因此对刘氏颇为不悦。[1]

理想中的模式在实践过程中被左右限制，精心设计的理论体系被漫不经心地执行，这实在无须诧异。然而，朝廷赖以为本的纲领——"法者，天下平，与公共为之"，不容更改。[2]毫不夸张地说，前近代时期，中国的官僚体系运转十分高效，绝非想象中的朝令夕改的专制政权。[3]无论以何种标准评判，前近代时期的中华帝国在行政体系上的建树都不可小觑。

然而，在另一种政治架构下，儒学从一开始就猛烈抨击法家

---

1 《新唐书》卷201，第5733页。
2 《新唐书》卷94，第3829页。
3 钱穆先生曾对中国帝制的优越性极力推崇，具体可参见其《中国历史上的政治制度》，载《史学会刊》1981年第11卷。

的治国理念，提倡"仁者治国"。那么，我们面临的首要难题是如何理解"儒学"的内涵。"Confucianism"一词出自拉丁文，而非汉译词语。虽然长期以来学界一直存在争论，但按照修正派的观点，"Confucianism"一词多半是西方人的创造。尽管西方人想象中的"Confucianism"的概念，在汉语词汇中可以"儒"字与之对应，但二者之间很难直接对等。两者都存在多重语义内涵，难以捉摸，"语义含混大概是'Confucianism'与'儒学'二者最显著的共同特征了"。[1]

换言之，现实之中其实很难寻见十分贴切的事例，可以在毫无争议的情况下使用西方人创造的"Confucianism"一词加以描述。然而，如果语言不必剥离成不相连贯的语段，那么在进行某些特定陈述时，仍然可以妥善地运用"儒学"一词。所谓"儒学"，它的边界一定落在"Confucianism"的语义之内。有关"儒学"的所有核心内涵中，公元前4世纪时孟子提倡的"君子之守，修其身而天下平"的理念，无疑是其中之根本。[2]

儒家思想中的"仁者治国"理念，不仅适用于国内事务的处理，还适用于华夷关系的应对上。《论语》有云："夫如是，故远

---

1 ［美］詹启华（Lionel M. Jensen）:《创造儒学：中国传统与普世文明》，第5,23,28页。
2 《孟子注疏》卷14下，第114页。

人不服，则修文德以来之。"那么，可以看出，君主的个人魅力应当是外交之争中最有力的武器。汉代大儒董仲舒也称："夫德不足以亲近，而文不足以来远，而断断以战伐为之者，此固《春秋》所甚疾已，皆非义也。"[1]（《春秋》这部编年体史书，据传也由孔子所著。）

故而，儒生以为秦亡，其祸端正从此生：

> 秦南禽劲越，北却强胡，竭中国以役四夷，人罢极而主不恤，国内溃而上不知；是以一夫倡而天下和，兵破陈涉，地夺诸侯，何嗣之所利？[2]

如果天子能够"盛德上隆，和泽下洽"，则"天下慑服"。那么，凭借君主的仁德，抚平外方也可"不劳一卒，不顿一戟"。公元317年，中原陷落于异族，颇受倚赖的权臣王导向晋元帝上表，陈述治化之本，称"苟礼义胶固……则兽心革面，揖让而蛮夷服"。[3]

实际上，儒学立国的思想在于"羁縻"，使得"殊邻绝党之

---

1 《论语注疏》卷16，第64页；《春秋繁露》卷2。

2 《盐铁论》卷8，第121页。

3 《春秋繁露》卷15；《宋书》卷14，第358页。

国，钦风慕化而至"。[1]与秦及罗马帝国通过军事手段而使异族
"表面臣服"不同的是，儒学提倡治国以"德"，并以自身的仁政
感化外邦。兵志有云："务广德者昌，务广地者亡。"[2]令人称奇的
是，儒学这一表面上看"略显荒谬而且不合实际"的治国方略，
却在东亚社会延续使用了两千余年，其间军事征服的理念即便存
在，也不被关注。

从一定意义上说，儒家思想是近代科学诞生以前的科学理
论，它讲求同类相通，"美事召美类，恶事召恶类"。当然，这一
理念放至时下并不奏效。董仲舒尤其以提倡"天人感应""王有
四政，若四时"的理念而著称。此处并非对早期儒家学者不敬，
但必须承认他们所主张的无非是对仪礼程式的尊崇，期望依靠礼
仪的力量对现实世界产生影响。比如，为应对公元4世纪发生的
大灾荒，时臣谏议，当在"立春之日，天子祈谷于上帝"。[3]

儒家观念中的自然伦理秩序也传播到了整个东亚世界。例
如，1135年，日本《本朝续文粹》就做了这样的归纳：

---

1 《册府元龟》卷963，第11326页。

2 《隋书》卷81，第1829页。

3 《春秋繁露》卷13；［日］宇佐美一博：《董仲舒：儒学国教化的推进者》，第140—
142页；（南齐）臧荣绪撰：《晋书》卷14。

天变地秩者，所以警戒人主也。……且夫疾疫之起，政违时令之所致也。……伏惟倭汉之间，每有灾异，或举贤良、优老人、赡贫民，或免租穀、减调庸、省徭役，依彼等例，可被量行欤？[1]

天子独裁，滥行暴政，上天就会降罪，以作约束。儒家思想之所以提倡"以仁治国"，除这一神秘的"感应论"外，还有更通俗的解释。儒学对社会施加影响的核心机制在于"榜样效仿"（Model Emulation）[2]，即树立正确的榜样以供效仿。正如董仲舒所解释的那样，"故为人君者，正心以正朝廷，正朝廷以正百官，正百官以正万民，正万民以正四方。四方正，远近莫敢不壹于正……四海之内闻盛德而皆徕臣"。[3]万民都注视着人君，而人君治理万民，最佳的策略无疑是"正身"以作为万民的榜样。

"善赏者，赏一善而天下之善皆劝；善罚者，罚一恶而天下之恶皆除矣。"[4]更者，人主以仁政御人，则天下可为其所化，"君

1　关于藤原敦光，参见［日］藤原季纲等编：《本朝续文粹》卷2，第483—484页。

2　参见［美］孟旦（Donald J. Munro）：《早期中国的人性观》，第110—112页。

3　关于董仲舒所言，具见《汉书》卷56，第2521页。

4　（晋）杨泉撰：《物理论》，第7册上。

致其道”，则“万人皆及治”。[1]

显然，典仪、礼法对气候或地球转动可能无法产生任何实际的作用，但对于遵从礼法的民众却有深刻的影响。通过对儒家礼法的仿效，一般民众得以自我约束，社会秩序也得以维持，如此一来统治阶层就无须动用武力了。《旧唐书·礼仪志》有云：“欲无限极，祸乱生焉。圣人惧其邪放，于是作乐以和其性，制礼以检其情。”[2]以此视之，所谓“教化”，准确说来应先束缚心性，进而引导万民自律，而其实现途径则在于礼仪实践。

于是，儒家学者逐渐有意识地推衍出了“政府最小干预论”（Minimalist vision of government）的观点，它将儒学伦理观念与道家学说中的“无为”观念进行了糅合，故而与“法家”所主张的暴力治国观念相互冲突。董仲舒以为，所谓“明君”，当“法天而行”,“不自劳于事”，应“以无为为道”。[3]《桓子新论》又曰：“‘子何以治国？’答曰，‘弗治治之。’”[4]《淮南子》也载：“天子在上位，持以道德，辅以仁义……（则）拱揖指麾而四海宾服。”[5]

---

1 （汉）刘向编:《说苑》卷1。
2 《旧唐书》卷21，第815页。
3 《春秋繁露》卷6。
4 引自《新论》卷中《正经第九》，与作者原注作《桓子新论》卷7下，有所不同。——译者注
5 《淮南子》卷6注。

具体说来，儒学的治国对策在于"减赋税，轻徭役"，并"举孝悌，恤黎元"。[1]在这一构想之下，万民信服，远夷也会来附。君主抚恤民情，远比推行国策以从物质上解决民众的疾苦更能体现人君的"德政"，因为这样的关怀背后反映的正是"儒学"理念中的"人本主义"。相较之下，"法家"粗暴的行政干预即便有时能够奏效，但总为"儒生"所鄙夷。

需要强调的是，至少在唐以前，律令的制定及推行，仍然是帝国政府众多职能中的必要一环。不过，两汉之际的任何鸿儒都不会像孔夫子那样，在推行儒学思想的同时，又是"法治"理念的坚定拥护者。[2]董仲舒在其探寻摆脱秦代法家传统的道路上，积极地参引《春秋》大义作为个人"断讼"的依据。董仲舒以为，《春秋》经义中对于"人君应顺从天道"这一点应当有所表述："臣谨案《春秋》之中，视前世已行之事，以观天人相与之际，甚可畏也。"《春秋繁露》也载："《传》曰，'唯天子受命于天，天下受命于天子。'"[3]按照董仲舒的解释，正是"天命"要求人君

1　《春秋繁露》卷4；《春秋繁露》卷14。

2　参见[美]陆威仪：《早期中国的书写与权力》，第222—224页。

3　《汉书》卷56，第2501页。《春秋繁露》卷1。相关研究，可参见[美]桂思卓（Sarah A. Queen）：《从编年史到经典：董仲舒的春秋诠释学》，第127—162页；[日]宇佐美一博：《董仲舒：儒学国教化的推进者》，第144—145页。

以德布政，而非以法治民，"为政而任刑"，则"不顺于天也"。[1]

虽然董仲舒也承认刑法是政府不可或缺的治理工具，但儒家经典中的"礼"是更高的"自然法则"，狱法不过是"政之末也"，仅仅是"礼"的补充。[2]

汉武帝（前156—前87）"推明孔氏"，创造性地将儒家思想奉为正统。当然，这一举动最初可能只是为了权衡朝野关系，却为儒家学说之后的崛起扫清了障碍。及至西汉灭亡（9）时，以律令形式贯彻儒家经典中的"礼仪"的做法已经极为普遍。[3]

例如，西汉末年，政府规定"家有老弱"，抑或"丁忧服丧"的百姓可免除徭役的负担。元初三年（116），东汉政府又要求高官严格遵照儒礼为父"服丧三年"。两汉灭亡后，"礼法混同"的趋势愈发明显。到公元3世纪时，《晋书·刑法志》就明确要求，"峻礼教之防，准五服以制罪"。北齐时代（550—577），后世所说的"十恶"之罪（即儒家伦理观念中十类最难以赦免的重罪，其中包括不孝、内乱等）也被引入了律法之中。这样，将彼此迥异甚至矛盾的儒家与法家思想相互糅合以后，儒家思想渐渐成为

---

1 《汉书》卷56，第2502页；《春秋繁露》卷11；《春秋繁露》卷12。

2 《春秋繁露》卷3；李甲孚：《中国法制史》，第34，38页；[日]大隅清阳：《唐代礼制与日本》，第135—137页。

3 华友根：《西汉的礼法结合及其在中国法律史上的地位》，第59—60页。

主流，地位不断提升。及至唐中期，开元二十六年（738）成书的《唐六典》便是很好的佐证。依该书所载，唐政府的政令基础就建立在儒家经典《周礼》的框架之上。[1]

正如7世纪中叶大臣令狐德棻（583—666）劝诫唐太宗时所说的那样，"王任德，霸任刑"。虽然"汉杂用二者"，收效确实较为显著，但君王的德行仍然应当给予优先考虑。令狐德棻以为，上古贤君正是以"清心简事为本"，才屡有德政。[2] 而二者长期相互依存，其结果是"任刑惩恶"的法家思想与"任德扬善"的儒家观念在唐朝的融合。

甚至，早在西汉末年，纯粹"以德而王"的儒家治国观念就开始呈现出上升的趋势。六百年后，唐朝君主以儒治国，提倡"薄赋敛，省征役"。即便像唐太宗（626—649年在位）如此尚武，常以狩猎为娱，并因诛杀皇太子、齐王二位兄长而背负骂名，私底下还曾对儒道颇有微词，但其施政时仍以儒家所要求的

---

1 关于强制服丧的规定，可参见祝总斌：《略论晋律之"儒家化"》，第110—111页。关于3世纪的律典，见《晋书》卷30，第927页；潘武素：《西晋泰始颁律的历史意义》，第16—17页；[日]神矢法子：《晋代礼法违制考：兼论礼制的严苛》，第49页。关于"十恶"，可参见华友根：《西汉的礼法结合及其在中国法律史上的地位》，第63页。其他研究，可参见严耕望：《略论〈唐六典〉之性质与实行问题》，第421，424，427页；刘伯骥：《唐代政教史》（修订版），第276，278页；[日]大隅清阳：《唐代礼制与日本》，第134页；王家骅：《儒家思想与日本文化》，第227—229页。

2 《新唐书》卷102，第3984页；《困学纪闻》卷12，第907页。

"礼义"为治国根本。[1]

贞观元年（627）夏，唐太宗执政初期，山东诸州大旱，于是他"令所在赈恤，无出今年租赋"，试图以此扭转局面，显示其德政。同年，太宗又"以岁饥减膳"。贞观二年（628），太宗遣使巡察关内诸州，并"出御府金宝，赎男女自卖者还其父母"。他又以旱灾、蝗灾频发，而躬亲自责，后又大赦天下，以彰显天子以宽厚为本。贞观三年（629），太宗下令，赐孝义之家、高年及妇人新近产子者粟帛有差。贞观十三年（639），为应对严峻的旱灾，太宗再度下令，"减膳罢役，理囚，赈乏"，然后上天感应，"乃雨"。[2]

早期的中华帝国乃是建立在法家行政律令、儒家"空洞"仪式与外部超自然力三者基础之上的政体。以当下标准视之，这样的政府恐怕极不务实。免灾区以税赋、供老弱以福利等举措，往往不过是天子德政的体现，并不会遵照行之有效的行政流程。现代人但凡对此有一丝认知的话，就会意识到这样的儒

---

1 关于汉代的情形，可参见［日］西嶋定生：《日本历史的国家环境》，第22—23页；关于唐代的情形，可参见释东初：《中日佛教交通史》，第288页；关于唐太宗执政时期的征兆记载，详见《贞观政要》卷10，第449—450页；关于唐太宗行猎的记载，具见《新唐书·太宗本纪》。
2 《新唐书》卷2，第28—30，39页。

学帝国往往更像是"统治阶层用以作秀而衍生出来的框架体系",就会意识到这样的政府并不会为广大百姓谋利,不过是"统而不治"罢了。[1]

在传统认识中,通常认为儒学对日本社会并无太大影响,而且直到17世纪这一局面才开始转变。从某种程度上说,这一传统认识显然有其道理,因为早期日本鲜少看见儒学典籍的编纂流传,且其民间行为也基本不受礼教的道德约束。然而,早期日本的国家建设理念实际上深受当时中国盛行的儒学观念的影响,这也足以解释为何早期日本与当代西方如此迥异。(同理,其国家建设理念也与更早的秦帝国的法治思想相去甚远。)据研究,平安时代(794—1192)的日本就"完全采取劝民向善的方式治理国家",中央政府及其下属机构往往"注重礼法仪式",而"不重视实际的行政措施"。[2]这一模式不像是日本对中国高效的法治官僚体系的借鉴,自然也不是本土化过程失败后的变体。相反,若将其理解为儒学治国理念影响下的产物,或许更为妥当。

1　关于政府的抚恤,可参见[荷]何四维(A.E.P Hulsewé):《汉朝——福利国家的雏形?中国西北地区汉代律简拾零》,第271,284—285页。关于古代的抚恤政策,今人研究可参见黄仁宇:《中国大历史》,第34页;[美]罗伯特·萨默斯(Robert M. Somers):《唐朝的巩固:时间、空间与结构》,第989页。

2　[英]桑塞姆(G. B. Sansom):《日本简明文化史》,第197—198页;[英]伊万·莫里斯(Ivan Morris):《王子的世界:古代日本的宫廷生活》,第84—85页。

可以肯定的是，两汉时期，尽管中国"尊崇儒学这样形而上的治国理念"，但是天子的"武功"仍是治理国家时十分倚重的要素。即便近乎理想化的儒家思想一再被强调，但保持强有力的军力始终受到政府的重视。例如，贞观十一年（637），侍臣便谏议太宗皇帝谨守国之恒道，"务静方内，而不求辟土"，"载櫜弓矢，而不忘武备"。群臣自然并不愚笨，故而劝诫君主需居安思危、储存兵力。不过，要令远夷主动来附，则并非武力所能为，只有圣德才能使之感化。[1]

第一节　文明使命[2]

从定义上看，真正的"宇宙帝国"，外部当无强敌与之抗衡，除了基本的治安力量外，并不需要维持过多的军力。然而，由于中华帝国并非真正意义上的"宇宙帝国"，因此不可避免地要保持相当的军队规模，以应对边敌入侵。不过，自秦统一六国后，前近代时期的中华帝国几乎难以遇见潜在的对手，因为就综合军

---

1 [澳]张磊夫:《重建和平：公元189年至220年的后汉史》，第（XXX）30页;《贞观政要》卷10，第455页。
2 "Mission Civilisatrice"原是19世纪法文中的表述，本义是对"帝国主义"的存在进行道德辩护;[美]威廉·杜伊科尔（William J.Duiker）:《越南：渐变与革命》（第2版），第31页。

力、发展水平及组织能力而言，边敌实在无法与之匹敌。当然，当中原陷入四分五裂的局面时，就需要另当别论了。

前近代时期，东亚其他国家甚至很少能在军事上对中国造成威胁。相反，从华夏的角度出发，这些周边族群的存在正足以证明中国的天子脚下，尚有万邦臣服、拱卫。因此，并不需要对其进行武力征服。（充其量，也只是对其小施惩戒。）而且，也无须对其戒备太甚。

纵观整个中华帝国发展史，非汉民族确实会时不时地侵入中原，征服北部乃至整个帝国。然而，"华夏"地区从来都是多民族融合的帝国。一般而言，侵入汉人腹地的大多数"异民族"，多由其祖居地向南进犯。但是，就地缘而言，这些"祖居地"已在华夏帝国的范围内，或是在国界附近。关于这一点，笔者将在本书第五章中详细探讨。这些异民族或许与华夏主流文明有所差异，但其之所以征服中国，正是因为其在文化上已融入中华。那么，换言之，从长远看，这些异族也就不能被视为中华帝国的"外部敌人"。

当然，一直以来，北方草原上的骑马民族确实曾对中华帝国造成了外部军事威胁。由于草原的地理因素，北方民族的游牧生活方式与汉人的定居生活方式迥然有别。然而，无论胡族政权如何强大，它们也尽量避免与汉人的"天下"相冲突。（这一点，仅有13至14世纪的蒙古帝国是一例外。）因此，它们会采取胡汉分治、兼容共生的方式来缓和矛盾，这就好比游牧生活的"阳"与农耕生活的"阴"能够彼此调和一样。

军事发展在帝国政治中占据着优先地位，并对维持帝国的稳定至为关键。其中，最为重要的策略考量往往不在于抵御外敌，而在于防止内部势力聚集而冲击到当朝的统治者。

不过对北方游牧民族，确实需要加以特别的防范。中华的"天下"并不能涵盖六合，帝国实际控制的疆土之外就应当是边鄙之地。换言之，即是"化外之地"。由于儒学治国理念的地位逐渐提升，以及化内之地完成了军事统一，此后的帝国政府便开始削减军力。秦一统六国后，化内再无土地需要征服，因此也无理由继续推行强兵政策。

然而，不久之后，秦帝国迅速走向了分崩离析。而在秦朝焦土与废墟上重新建立起来的汉帝国，随即放弃了战国以来的全民皆兵政策，而大力选拔德行高妙、学通行修之人以为世范。[1]两汉时期，政府极力"尊崇儒学"的国策，正与其改变军事征服与军事殖民政策而转向更为微妙、隐蔽的文化融合策略相暗合。这一策略即是通过和平改造、文化融合的方式，瓦解异民族（或是

---

1 ［美］陆威仪：《早期中国的书写与权力》，第338页。

内部分裂势力）等敌对势力。

由于汉帝国在选拔政府官员时所执行的选官标准[1]一开始就特别强调官员的儒学及文化修养，因此帝国社会政治圈中活跃的精英阶层主要是"轻武"的士人及知识分子。孔子曾曰："小子何莫学夫诗？"从很大程度上说，儒化以后的中国，"文学与政治之间的紧密关联"往往被视为正常现象，文化治国与政治治国也错综交织。那么其结果是，东亚世界就此孕育出了高雅、精深且极富人文情怀的儒家文化。[2]

儒家文化的影响并不局限于中国本土，它还可向周边地区传播。因为这一文化的基本宗旨，正是宣传普世真理。正如法师僧祐（445—518）所言，佛法中的西方极乐净土自不必说，即使是世俗之中的儒家理念也强调：

　　道之所在宁选于地，夫以俗圣设教犹不系于华夷……伊洛本夏而鞠为戎墟，吴楚本夷而翻成华邑，道有运流而无恒

1　两汉实行"察举制"，隋以后又逐渐演变为儒家科举取士这一更为公平的选官制度。——译者注

2　《论语注疏》卷17，第69页。关于文艺与政治，可参见[美]理查德·克劳斯（Richard Curt Kraus）：《魔力毛笔：现代政治与中国书法的艺术》，第4页。关于知识阶层的崛起，相关研究可参见毛汉光：《中国中古社会史论》，第78—80，84，88—90页；[日]渡边义浩：《三国时期"文学"的政治性宣扬：从六朝贵族制形成的视角来看》，第50页。

化矣。[1]

正所谓，儒道所及，教化所至也。当儒家文化与政治伦理中的天子正统论进一步杂糅后，就更好地诠释了"中国"的内涵。"中国"一词，从实体上讲，无须系于一疆一土。比如，公元4世纪初，当朝廷被迫放弃中土、避乱江左时，天子[2]感怀日后要"寄人国土"，然而朝臣[3]立即劝慰，称"王者以天下为家"。迁都僻壤，抑或流亡他乡，并不会改变君主的正统权威。[4]

公元4世纪时，华夏文明的中心腹地——中原地区也许确实陷入了胡族之手，但"中国"却能继续生存延续，因为"中国"并不是一方土地，而是一种文化，它不仅是文化表征，更是文化所在，而这一一统化文明的最关键特质便是所谓的"礼"。无礼则不可全其为人。公元3世纪时就流行这一观点："人而无礼者其狝猴乎？虽人象而虫质。"[5]

---

1 《弘明集》卷14。
2 此即晋元帝。——译者注
3 此即顾荣。——译者注
4 《世说新语校笺》卷2《言语》第29，第49—59页。
5 《谯子法训》，第2页。关于礼，相关研究可参见[美]费爱华（Noah Edward Fehl）：《礼：文化与生活中的仪式与礼节——基于古代中国文化史的观察》，第213页；何联奎：《中国礼俗研究》，第11—12页；张博全：《"中华一体"论》，第2页；郑德坤：《中华民族文化史论》（修订版），第30页。

一旦脱离了"礼"这一仪典规范，最初被认定为"华夏"的人群，也会重新降为"蛮夷"。那么，从另一种角度看，理论上任何族群都有可能习得"礼仪"。如果这些族群还能进一步认同天子的至高权威，那么他们都有可能化为"华民"。这也进一步解释了为何中华文明同化能力如此之强大，且澄清了为何近代西方学界站在民族国家视角下审视前近代中国社会会产生如此大的误解。在华民的精神世界里，只有两种选择：华夏，或者诸夷。因此，直到1841年，越南阮朝使臣[1]出使清廷，也因被鄙为"越夷"而愤愤不平。不过，他坚称越南"是华非夷"。显然，他的言论并不是有意"谴责"越南的政治独立。（从当时的情况看，阮朝确实自立君主，自称"中国"。）相反，他所强调的是，北方的清王朝与南方的大越国都同属不可分割的中华文明的一部分。[2]

然而，"礼"的具体内涵很难在英文中得到确切的解释。译介"礼"这一词，也费尽了周折。以往的翻译尝试常将"礼"译成英文中的"礼貌"（Courtesy）、"得体"（Propriety）、"礼仪"（Decorum）、"仪式"（Ceremony）、"礼节"（Ritual）、"仪典"（Rite）

1　此即李文馥。——译者注
2　关于汉人胡化的记载，见《春秋公羊传注疏》卷24，第133页。关于清朝时越南的记载，见（越）无名氏撰：《越史略》卷3，第346页；朱云影：《中国文化对日韩越的影响》，第299页。

等对应词。一开始,"礼"应当是指宗教祭祀。然而,进入青铜时代以后,"礼"又渐渐由宗教仪式转为社会统治的工具,并被用来传递民众与神灵之间的联系;最终,(尽管并不十分准确,)"礼"又成为"行为合宜、举止文明"的同义词。[1]今天,在中文、日语与韩语的语境中,"失礼"(中文作"失礼",日文作"しつれい",韩文作"실례합니다")也是形容"不礼貌"的最一般化表达。

然而,"礼"从未彻底剥去其宗教内涵,况且近乎宗教的"礼仪"一直都是前近代时期中国国家与社会中不可回避、不可分割的环节。比如,唐代律令中尽是礼制的规定。[2]事实上,这正是其与近代西方社会最大的不同。荀子曾说:"天下从之者治。"《礼记》也载:"安上治民,莫善于礼。"[3]

《礼记》一书,反映的原本是上古时期的理想制度,但就其最终形态而言,则更接近两汉时期的现实。毕竟,直至两汉之

---

1 [英]苏慧廉(Wiliiam Edward Soothill):《明堂:早期中国王权之研究》,第219页;[美]费爱华:《礼:文化与生活中的仪式与礼节——基于古代中国文化史的观察》,第213页;何联奎:《中国礼俗研究》,第7、14页。

2 [英]麦大维(David McMullen):《唐代的国家与学术》,第29页;[美]魏侯玮(Howard J. Wechsler):《玉帛之奠:唐代合法化过程中的礼仪和象征性》,第9页。

3 [美]华兹生(Burton Watson)译:《荀子》,第71页;[苏]理雅各(James Legge)译:《礼记》卷28,第236页。

际，儒学才首次被奉为"国教"。汉亡以后，中国进入分裂时代，及至隋唐以前，虽然儒学在佛道两教崛起的背景下势力有所衰减，但因被知识分子所倚重，"礼"的研究反较以往更为繁荣了。特别是在大分裂的时期[1]，"礼"上升为政治变革的工具，并成为精英阶层标榜身份的重要标签。[2]

"五礼"（即吉、凶、军、宾、嘉礼）是根据家庭中的地位高低而制定的，并成为社会伦理体系的核心，儒家治国方略也需赖之以维持平衡。南朝时期，五服、朝礼及乐仪都被视为文明程度的衡量指标，《孝经》也受到推崇，成为重要的经典。从诸多层面上看，忠孝之道也被视为儒家思想的核心。按照《礼记》的说法，"忠信，礼之本也"。[3]

现在常说的《孝经》一书，约在西汉初年编纂完成，它是传统的家庭价值观念与国家治理策略相互结合的结晶。在等级制度加深的背景下，孝道这一民间美德渐渐附从忠义这一政治操守。

1　大分裂的时期指南北朝。——译者注

2　葛建平：《东晋南朝社会中的家庭伦常》，第71页；《廿二史札记》卷20，第438页；钱穆：《略论魏晋南北朝学术文化与当时门第之关系》，第138—139页；[日]重泽俊郎：《〈经籍志〉所见六朝的历史意识》，第7—8页；[日]吉川忠夫：《六朝精神史研究》，第32，136页。

3　[美]费爱华：《礼：文化与生活中的仪式与礼节——基于古代中国文化史的观察》，第219页；[日]大隅清阳：《唐代礼制与日本》，第131页；钱穆：《略论魏晋南北朝学术文化与当时门第之关系》，第139—140，165页。

忠君与爱家，两者看似相互矛盾，实际上却使父父子子与君君臣臣的等级关系更加巩固。"孝"这一民间私德与"忠"这一政治公德在中国大一统的等级秩序下合而为一，并由此维持了中国几千年儒家社会的稳定。[1]

与地球上其他生灵相比，人类显得尤其脆弱无力。不过，从早期中国历史的演进历程看，人类之所以统治地球，在于人类能够在天道法则下组成互利共赢的共同体，而共同体则按照年齿、性别及不同的社会政治关系来相互区分，并借此维系合理的等级秩序。[2]

犹如现代美国价值观中首倡个人权利与平等一样，等级关系也一直处于儒家传统社会价值观念的核心地位。正如韩愈（768—824）所言，往者圣人修礼，而"以次其先后"。《新唐书·刑法志》也载："令者，尊卑贵贱之等数，国家之制度也。"延历十六年（797），日本（桓武）天皇也称："男女有别，礼典

1 高明士：《唐代东亚教育圈的形成：东亚世界形成史的一侧面》，第5—6页；[日]加地伸行：《中国思想所见日本思想史研究》，第146页；[日]渡边信一郎：《〈孝经〉的国家论——〈孝经〉与汉王朝》，第403—404，409页；关于儒学治国理念的稳定性，相关研究可参见金观涛，刘青峰：《兴盛与危机：论中国封建社会的超稳定结构》，第50—51页。
2 《吕氏春秋》卷20，第642—643页。

攸崇。上下无差，名教已阙。"[1]

　　相反，如果逾越了等级秩序，则与蛮夷无异。例如，与唐帝国同时兴盛的吐蕃国，其文化提倡男子气概，而并不尊崇老人，以至"子倨父，出入前少而后老"。而在传统中国人的眼中，这一行为已不可用"异族文化"作为托词，这简直就是毫无文化可言。直到现代西方文明强烈冲击以后，华夏文明才被迫承认世界上还存在多元、对等的文化，而它自身不过是这多元文化中的一种范例罢了。[2]

　　然而，如果植根于礼教的文明被视为大一统的文明，那么传统中国人也能够想象出在大一统外，应当也同时存在更多的文化变体，特别是就民俗、语言及其他差别而言。[3] 这其中，容易推知的对立者有以下三组：其一，大一统文明与多元地方文明变体；其二，文明腹地与周边（虽然看似矛盾，但在大一统文明存

1　《韩昌黎全集》卷11《原道》，第173页；《新唐书》卷56，第1407页；[日]菅原道真编：《类聚国史》卷79，第425页。译者按，原文应据《新订增补国史大系》卷五至卷六引菅原道真撰：《类聚国史》卷79。译者据《日本后纪》卷六《禁制男女混淆无别》摘录此文。

2　《新唐书》卷216上，第6072页；[美]刘禾（Lydia H.Liu）:《跨语实践——文学、民族文化与被译介的现代性：中国（1900—1937）》，第240页；[美]安德鲁·马奇：《中国印象：地理学概念中的神话与理论》，第35页；[美]马瑞志（Richard B. Mather）:《佛教与中国本土学说之冲突》，第34页。

3　[美]邓尔麟（JerryDennerline）:《钱穆与七房桥世界》，第8—9页。

在的同时也有着腹地与边缘之分）；其三，教养贵族与普通民众。

即便同为中国人，其文明程度也不尽相同。[1]上古时期，典籍中所谓的"小民"就几乎完全被剔除在"礼"制文化的框架之外。[2]尽管古代青铜时代的贵族制度早已远去，而帝国时代的中国社会赋予各个阶层几乎同等的权利（按照前近代时期的标准来看，确实如此），但在一般人看来，目不识丁的乡野村民，其文明程度甚至远远不及来华的日本、越南使臣。此外，身在宫廷的朝臣（依照现代民族观点审视，或许也不可称之为"华民"）往往也自视甚高，以为其文明水平远在边州士子之上。

在中国以外的东亚地区，宫廷规定的官式标准与普通民众的实际行为往往存在巨大的差别。对这一现象我们不可简单地附会，武断地认为华夏文明对于非汉族群而言仍十分陌生，甚至与非汉文化之间无法兼容。例如，19世纪时，越南地区持汉音的官员往往被视为"华民"，而当地平民则更像"东南亚人"。[3]然而，越南本就处在东亚与东南亚的文化分界线上，其文化情形自然十

1　王赓武：《中国的文明化：反思变革》，第4，6页。

2　[英]卫德礼（Paul Wheatley）：《四方之极——中国古代城市起源及特点初探》，第124—125页。

3　[美]伍德赛：《越南与中国模式：19世纪上半叶阮氏王朝与清朝文官政府的比较研究》，第199页。

分复杂；而在中国，许多地方也同样存在中央精英与地方平民的差异，只是程度较越南稍低而已。中国与越南的官僚阶层共处在统一的精英文化氛围之中。当然，地方上的民间差异也完全在可以预见的范围之内，这毫不矛盾。从某种程度上说，精英文化与地方实践之间的差异，只不过是为了让儒家伦理所倚重的社会等级秩序更好地落实到实践当中而已。

《源氏物语》是11世纪成书的日本名著，不同于同一时期其他的汉文日本典籍，该书完全是由日文撰写的，因此也被认为保留了当时"日本"特有的敏感信息。正如大卫·波兰克（David Pollack）指出的那样，文中描述到日本某地的村民时，称其"音似鸟鸣，颇不可闻，然其情则类一也"。《源氏物语》的作者在此处有意模仿了9世纪大唐著名诗人白居易（772—846）描述（岭南）当地人的诗句。[1] 这也能证明平安时代的日本贵族与大唐文人其实处在同一个文学世界，只不过普通的日本及大唐平民无法触及。

从某种层面上说，日本和大唐宫廷贵族存在着更多的共性，其亲近程度远非本国贵族与边民之间的关系所能比拟。而且，尽

---

1 ［美］大卫·波兰克：《词义分裂：8至18世纪日本的中国化》，第68页；［日］紫式部撰，［美］爱德华·赛登施蒂克（Eaward G. Seidensticker）译：《源氏物语》，第182页。

管《源氏物语》一书中的"日本特色"十分鲜明，但就当时而言，能够真正接触并阅读到此书的日本国民只是极少数。虽然存在风险，但不妨放大来说，无论日本还是大唐，两者都处于统一的东亚上层文化之中；然而，两国的地方族群有多丰富，其地方文化就有多繁复。

儒学中大而化之的伦理规范可放之四海而皆准，但在更具体的层面上，每个族群都有其具体的地方特色。正如《礼记》所言，"修其教不改其俗，齐其政不易其宜"。10世纪时，高丽人崔承志（927—987）也谏议，"华夏之制，不可不尊，然四方习俗，各随土性，似难尽变"。这番言论并非仅仅只是高丽"华化"政策不够彻底的自我辩驳。哪怕换至中国，恐怕也无法完全摆脱"土俗"。在中国的帝国版图内，无论从理论还是实践上看，多元的地方风俗都与一统的价值原则同时并存。"中国文化融合的精妙之处在于，它在庞大的一统框架之下，保持了相当程度的文化多元性。"[1]

地方风俗的多样性，往往也随着偏僻程度的增加而愈发明

1 《礼记今注今译》卷5，第230—231页；[朝鲜]郑麟趾撰：《高丽史》卷93；[英]玛蒂娜·多伊希勒（Martina Deuchler）：《朝鲜的儒学转型：社会与意识形态的研究》，第30页；[美]华琛：《仪式还是信仰？——晚期中华帝国大一统文化的构建》，第89页。其他研究，可参见[美]孔迈隆：《汉化：传统身份的边缘化》，第92，96—97页；[美]安德鲁·马奇：《中国印象：地理学概念中的神话与理论》，第13页。

显。这是因为，在大一统与地方化之外，还存在着文化腹心与文明周边的区别。可以想象，大一统的标准显然是由帝国的宫廷制定的。而且，"以儒治国"的君主原本就有奠定文化基调的特定职责。正如12世纪时日人藤原敦光（1063—1145）所言："乡国之土俗各异，黎民之贡赋不均。诚是会同有礼，如众星之横北辰；朝宗分仪，类细流之起东海。"[1]

不过，当宫廷模式扩散到一定程度以后，也不会再向周边地区继续传播。大业三年（607），隋朝天子[2]便直截了当地拒绝了草原帝国[3]主动要求着华服的请求，称"君子教民，不求变俗"。孝德天皇白雉二年（651），日本刚刚完成"改新"，当新罗国遣使奉献仍着唐衣时，日本朝野震惊，遂罢"古冠"。[4]

对于东亚的敏感族群而言，他们十分重视传习故土风俗，正如其向往宫廷风雅一样。儒学的普世观念也在一定程度上对这类华夷关系给予了相应的关注与重视。大概是出于这一缘故，唐廷在处理族群争议时的基本方略是：同源同种的异族之间发生争端，须各依其民族惯例加以解决；而族源不同的异族之间发生摩

1　[日]藤原季纲等编：《本朝续国粹》卷3，第516页。

2　此指隋炀帝。——译者注

3　此指突厥。——译者注

4　《隋书》卷84，第1874页；《日本书纪》卷25，第252页。

擦，则须依照唐律妥善处理。[1]

中国长期以来维持的"大一统"与"多元化"的平衡也在《汉书·地理志》中得到很好的概述：

> 凡民函五常之性，而其刚柔缓急，音声不同，系水土之风气，故谓之风。好恶取舍，动静亡常，随君上之情欲，故谓之俗。……言圣王之上，统理人伦，必移其木……此混同天下一之乎中和，然后王教成也。[2]

上引的这段史料，译成英文格外困难，但其内容却十分有趣，它反映了两汉时人的诸多认知。所有人群，不论地域，大体是相同的。地方风俗即便不同，也绝不会有根本差异。而且，所有差异也都是由习性抑或环境造成的。通过强有力的统治，君主赋予国家政权以鲜明的个人特色。依照大一统的道德标准，君主在雕琢民性方面也发挥着重要作用。如此一来，在主要层面上看（细节则另当别论），天下即可合而为一。当然，"王化"是实现天下一统的根本途径。按照统一的儒学规范来实现万民的教化，

1　陈尚胜：《唐代的新罗侨民社区》，第166页。
2　《汉书》卷28下，第1640页。

无疑是治理国家的最高境界。这其中，君主扮演的必然是民众榜样的角色。

《礼记》有云："古之王者，建国建民，教学为先。"一般说来，在儒学文化传播至中国乃至整个东亚地区的过程中，教育始终是最基本的手段。而这一文明化的过程，就是"教化"的过程，即通过王教实现转变。正如董仲舒所言，"王道之端"，在于官学。[1]

早在西汉元朔五年（前124），官学即已发轫。随后的一百多年间，官学不断发展，并逐渐系统化，甚至延伸到了地方州县。由汉至唐，历代律令都规定官学乃是政府部门不可分割的部分。唐代教育机构的普及，还一度给入华日本僧人空海（774—835）留下了深刻的印象。受此鼓舞，淳和天皇天长五年（828），他成功地劝说藤原贵族[2]将其个人私邸改为"劝学院"，以作办学之用。尽管唐代以后，官学大量被"私学"所取代，但这反而极大地扩大了儒学教义的影响。[3]

---

1 《礼记今注今译》卷18，第594页；高明士：《唐代东亚教育圈的形成：东亚世界形成史的一侧面》，第102—103页；《汉书》卷56，第2512页。
2 这里的藤原贵族即藤原东嗣。——译者注
3 高明士：《唐代东亚教育圈的形成：东亚世界形成史的一侧面》，第67，71—72，86—93页；王周昆：《唐代新罗留学生在中朝文化交流中的作用》，第113页。关于空海，可参见[日]家永三郎监修：《日本佛教史：古代篇》，第201页；杨曾文：《日本佛教史》，第129页。关于私学的兴起，可参见陈弱水：《柳宗元与唐代思想变迁》，第48，62页；吕思勉：《读史札记》，第1088—1097页；[英]麦大维：《唐代的国家与学术》，第30—31页。

早在汉末，儒学士大夫就已在全国范围内普遍兴办私学，儒生之间彼此广泛交游。与此同时，两汉时期察举制度的全面推行虽然主观上是为了维持地区间的政治平衡，但客观上却导致帝国范围内共同精英文化的形成。正如陆机（261—303）所指出的那样，帝国政府在面对"庶士殊风，四方异俗"的情形时，有意地维持着地域间的选官平衡，并不惜为之采取各种手段。面对3世纪时"南人"鲜有入朝为官的怪现象，陆机还提出了抗议。自后汉伊始，通过教育教化天下就成为儒生的理想。因此，汉末之际，"学士为民法式者"，"皆扁表其门闾，以兴善行"。[1]

书籍的日益普及化，又进一步助推了这一文明进程。与之形成对比，4世纪以后，罗马帝国整体的文化水平却逐渐下降，并最终导致古老文明的中断。虽然这一时期中国同样也面临着"异族入侵"，但不同的是，异民族却主动学习中国经典，并借此使其政权得到合法化。最终，异民族也渐渐"汉化"，并继续完成

---

1 （明）钟惺辑：《晋文归》卷4；《晋书》卷68，第1825页；《文献通考》卷12，第124页；《后汉书·百官志第二八》，第3624页。相关研究，可参见陈启云：《荀悦与汉末的思想》，第23页；许倬云：《汉晋代换之际的士人及地方主义》，第189页；[日]冈崎文夫：《魏晋南北朝通史》，第551页；[日]上田草苗：《贵族官制的成立：官制的由来及其性质》，第112页。

着儒学未竟的文明使命。

如果将欧洲中世纪早期的历史斥之为"黑暗时代",似乎多少有些不公平、不确切。白桂思（Christopher Beckwith）先生指出，中世纪初期，法兰克人的文明水平已经大大提高，而不是变得更为野蛮了。然而，同一时期的东方文明程度更深，水平也更高。中世纪的欧洲注重骑士精神，推崇剑术文化。而在3世纪的中古中国，只有知书识字的士人才能跻身统治阶层，这样的对比无疑是令人诧异的。[1]

直到帝国晚期，甚至直至今日，设立学校、兴办教育一直是政府同化、安抚异民族的有力手段。公元前2世纪中叶，汉帝国的西南边陲——蜀地（今四川省内）的长官于成都设立了官学，以推动当地文化的发展。同时，他又选送十名年轻子弟前往帝都长安进修。建武六年（30），长江以南的今安徽省内[2]，郡守也兴办学校，教越民以礼法。大约同一时期，远在越南北部[3]为政的

---

1 [美]白桂思：《吐蕃在中亚：中古早期的吐蕃、突厥、大食、唐朝争夺史》，第180—182页；[美]霍华德·古德曼（Howard L.Goodman）：《曹丕代汉：汉末王朝代换的政治文化》，第8，17—18页。关于欧洲与中国中世纪早期书籍的流传，研究可参见[日]冈崎文夫：《魏晋南北朝通史》，第546页；[英]大卫·迪林格尔（David Diringer）：《印刷术诞生前的书籍：古代、中世纪与东方》，第259页。

2 此指东汉汝南郡。——译者注

3 此指东汉交趾郡。——译者注

官员[1]也开始"修庠序之教",渐以礼义。[2]

然而,诸多迹象表明,这样的汉化进程其实冗长而又徒劳,因为直到7世纪时岭南一带的教育铨选制度才刚刚起步。上文提到了蜀地兴办官学,但一千年后,唐西川节度使[3](屯军于西侧吐蕃国及南端南诏国之间)仍然发现巴蛮子弟很少受学,于是他"又选群蛮子弟聚于成都,教以书数"。由此可见,蜀地千年的教化成果十分有限。而且,仅仅过了五十年后,地方政府又发现教育的"廪给"负担过重,只得再度作罢。当然,文明的进程却似乎从未停止。[4]

众所周知,民族认同不过是"想象的共同体",它更多时候是基于意识差别而非任何特定的现实而形成的。[5]尽管自我欺骗及神话故事往往是极端民族主义的共同特点,但这并不意味着

1　此指东汉交趾郡守任延。——译者注

2　周振鹤:《从"九州异俗"到"六合同风":两汉风俗区域的变迁》,第64页;《东汉会要》卷11,第165页;《后汉书》卷76,第2462页;《翰苑》,第56页注。关于教育在教化蛮夷中的作用,相关研究可参见吕思勉:《读史札记》,第1100—1102页;[美]乔荷曼(John E. Herman):《帝国的西南方:清初对土司制度的改革》,载《亚洲研究学刊》第56卷第1期,1997年。

3　此指韦皋。——译者注

4　王承文:《唐代"南选"与岭南溪洞豪族》,第95—96页;《资治通鉴》卷249,第568页。

5　[美]约翰·阿姆斯特朗(John A.Armstrong):《民族主义之前的民族》,第5,7页;关于"想象共同体"概念的提出,详见[英]本尼迪克特·安德森(Benedict Anderson):《想象的共同体:民族主义的起源与散布》。

"民族"的概念是彻头彻尾的谎言。人类确实会因为各种原因而被划分为不同的族群，而每个族群都有其独特之处。严格说来，所有族群都是人为的创造，但有些共同体天然就已形成，并非人为因素下虚幻缥缈、微不足道的概念。而且，这样的民族身份一定不是因为以神话的方式呈现才显得原始、悠久的。

有时候，传统的中国人也会像其他民族一样，以自我为中心（即所谓的"华夏中心主义"）。有些学者则称，中国人从很早开始就萌生了朴素的民族意识。[1] 按照学界共识，民族及民族主义乃是人类进入近代以后才有的现象，而中国则极有可能是最大的特例。中国"华夏中心主义"观念可从"蛮夷"（Barbarian）一词的使用得到印证。不过，"barbarian"原是从希腊语中衍生出来的英文词汇，它常被用来泛指古代中国不同的部落，如戎、狄、越、夷、蛮、獠等等，但无法在汉语中寻找到确切的对应词。此外，"barbarian"一词很清晰地显示出了族群认同上的差异，从中不难发觉中国人与生俱来的优越感。

诚然，与戎狄蛮夷不同，"中国人"的民族意识似乎早在上古时期就已萌芽，而且这些蛮族甚至会被经常性地蔑称为"野兽""下民"。然而，大约从孔子生活的时代开始，通达之士开始

1　参见［日］冈崎文夫：《魏晋南北朝通史》，第126页。

相信"蛮夷"也可通过教化改变，使之汉化。直到初唐之际，社会上排斥异族的现象仍十分普遍，但这样的偏见又被大一统的文化自信与开放包容所冲淡，他们坚信异族也能够并应该汉化。[1]

描述中国种族排外心理的最经典例证，见于《左传》一书：鲁成公五年（前586），鲁公欲联楚叛晋而被左右劝止，季文子并引佚书称，"非我族类，其心必异"。[2]此处，"族类"由汉文译出，现在通常作"家族""种族""部族""种属"等词理解，并与拉丁文中的"natio"（意为"族群""种族""宗族""种属"等）一词语义十分接近。显然，"natio"还是现代英文中"nation"一词的词根。准确地说，鲁公之所以为大臣所劝止，原因在于联合姓氏不同的异族以对抗近亲实在不可为。这就是引文中所说的"非我族类"吧！这体现了中国人区分族群时的微妙心理，但这又不是狭隘的民族主义。

《左传》的这段文字在后世典籍中多次被人引述，目的都在于区分"华夷"。比如，公元300年前后[3]，江统指出杂处于雍州

1　参见[日]堀敏一：《中国与古代东亚世界：中华世界与诸民族》，第37—39, 43, 45页；苏秉琦：《中国文明起源新探》，第2—3页；谢海平：《唐代留华外国人生活考述》，第324—327页。

2　《春秋左传正义》卷26，第1901页。

3　准确时间为西晋元康九年，即299年。——译者注

的戎狄部民"蕃育众盛",且"怨恨之气毒于骨髓",为祸之势近在眼前。然而,一般而言,儒学中倾向于认为文化可以习得,并非"生而有之"。"孔子之作《春秋》也,诸侯用夷礼则夷之,夷而进于中国则中国之。"当然,这样的态度并非孔子所独有的。正如汉初成书的《淮南子》所言,"今三月婴儿,生而徙国,则不能知其故俗",却能"入其国者从其俗"。[1]在品评文明高低时,儒生普遍存在着共识性的标准。然而,接受并遵从文明则一定程度上依赖于有意识的选择。

上述论断可从晚唐人陈黯所撰的《华心》中得到印证。大中四年(850),大食国人[2]被举荐入宫参加科考,后来竟进士及第。然而,时人却对于不举荐国人应试的做法非议不止。于是,陈黯写就此文以作回应。他先后列举出国人[3]叛投敌国及番民[4]效力中土的事例,以提醒众人"有生于中州而行戾乎礼义,是形华而心夷也;生于夷域而行合乎礼义,是形夷而心华也"。[5]那么,不难看出,"华民"其实更多时候只是一种文化心态。

---

1 《全晋文》卷106引江统《徙戎论》,第2069页;《韩昌黎全集》卷11《原道》,第174页;《淮南子》卷11;[美]安乐哲:《王术:中国古代政治思想研究》,第17页。

2 此指李彦升。——译者注

3 此指卢绾。——译者注

4 此指匈奴王太子金日磾。——译者注

5 《(钦定)全唐文》卷767《华心》,第10094页。

塞缪尔·亨廷顿（Samuel Huntington）有句名言："帝国主义是普世主义的必然逻辑结果。"早期的中华帝国开放而自信，认为任何族群都可融入中华文明。而这样一来，原本的开放则蜕变为文化霸权主义，即要求任何族群都要接受汉化。早在3世纪初，[1] 吴使寻国至于扶南（今柬埔寨及越南南部地区），发现此地"国人犹裸"。在文明一统的中国人看来，这样的习俗实在难以接受。于是，吴使乃教土民辨羞耻，之后南海诸国才开始流行着布裙的风俗。[2] 如此看来，早期中国的"汉化"思想竟与19世纪欧洲的"文明使命"理论无比接近，这实在令人感到吃惊！

大业元年（605），隋朝再度统一中国后，曾为了劫夺珍宝而向南攻占了占婆国；隋及唐初年，中原政府为了表示惩戒，也多次远征高句丽。除此之外，秦亡以后中华帝国基本停止了向外军事扩张的步伐。然而，以儒治国的中华帝国之所以一统天下，所依靠的并不仅仅是军事征服。此外，它还建立了一套松散的国际朝贡体制，即通过封赏周边诸国的方式获取对方表面上的效忠。在理想的儒家等级秩序中，最沉重的负担往往落在了塔尖的君主

1　事在吴黄武年间，约222—228年。——译者注

2　［美］塞缪尔·亨廷顿：《文明冲突与世界秩序的重建》，第310页；《南史》卷78，第1953页；《梁书》卷54，第789页。

身上。[1]

贞观五年（631），唐廷在长安城内扩充学舍一千二百间，随后吸引了来自各藩国——特别是新罗、吐蕃、渤海及靺鞨、日本等地的八千余名留学生来华。当然，他们纷纷来唐，一方面是因为仰慕大唐先进的文化，另一方面则是受到了唐政府财政支持的鼓动。这样，无须动用武力手段，诸夷就可轻易地化为华民。当然，到底如何"化夷"，天子也时常不解。例如，开元二年（714），唐天子（唐玄宗）因为疑惑而向群臣询问，"（夷狄）慕我华风"，则"孰先儒礼"？得到解答后，玄宗发布诏令，要求"自今以后，蕃客入朝，并引向国子监，令观礼教"。[2]

开元十九年（731），吐蕃国使请求大唐赐《毛诗》《礼记》等书予唐蕃和亲公主[3]，大唐官员[4]上表谏止，称"经籍，国之典也，国之利器，不可以示人。……若与此书，国之患也"。不过，其他官员则回应称："今所请诗书，随时给与。庶使渐陶声教，

---

1 关于占婆国的记载，见于《大越史记全书》卷5，第157页；关于朝贡关系，研究可参见[日]菊池秀夫：《绪论：研究回顾与展望》，第25页。

2 [韩]金忠烈：《高丽儒学思想史》，第46—48页；《三国史记》卷1《新罗本纪五》，第95页；谢海平：《唐代留华外国人生活考述》，第135，137，292—293页；《新唐书》卷198，第5636页。

3 此即金城公主。——译者注

4 此即秘书正字于休烈。——译者注

混一车书，文轨大同，斯可使也。"而且，"忠信节义"也存乎诗书。只有通过经典的传播，方可使远番入化。[1]

这批典籍是否随和亲使传入吐蕃，已不可详考。然而，纵观整个大唐几个世纪的历史，吐蕃一直游离在唐文化的引力之外。而且，在东亚世界显露雏形时，吐蕃也始终是大唐最强大的外部敌人。这一时期，朝鲜半岛则被牢牢控制在东亚文化圈内，但同时也首次取得了政治独立；虽然日本一直自诩为中国之外的"天下"，并按照自己独立的轨道运转，但也在这一时期紧紧跟随大唐的脚步，完成了文化改新；而在大唐管辖下的越南地区也遵循着东亚世界的规范，只是朝着不可预见的政治独立的方向发展罢了。秦亡以后，中华帝国的版图并未显著扩张，甚至中间一度有所收缩。然而，正是这一时期，中原文明不断向外延伸，并达到了顶峰。

第二节　外交秩序

中华帝国所宣称的"普天之下"与事实上林立的外部诸邦似

---

1 《唐会要》卷36，第777—778页；[美]李东阳（Don Y. Lee）:《早期中原王朝与西藏关系史：基于〈旧唐书·吐蕃传〉的观察》，第46—50页。

乎非常矛盾，这一点从古代西周时期的封国观念中就可见一斑。在漫长的西周历史中，地方上大小的诸侯纷纷独立（最后，甚至自立为王），但又认可周天子作为名义及礼仪上的"天下共主"。[1]国本范围原本只是国王（后世的"皇帝"）个人的核心领地，随着"中国"内涵的不断扩大，这时也扩大为整个帝国的版图。理论上说，中国周边半独立的属国则填充了"天下"其他角落。

现代日本学者往往倾向于将早期东亚世界描述为"以中国君权为中心的国际政治框架"，其中中国君主是天下之主，而中国以外的周边国家须接受其册命。日语中将之称为"册封体制"（Sakuhō System），这与西语学者所说的"封贡制度"（Tribute System）十分接近，只不过后者更侧重于"土地分封与授受"罢了。换言之，这意味着外部诸邦不仅需要向中国纳贡，同时因为接受了中国天子的册封，还需要在宗主国惩罚"不臣之国"时提供军事援助。此外，还需要奉中国为正朔，行用中国年号，并遵守中国仪典。[2]

于是，"以华夏为中心"的世界秩序开始渐渐形成。8世纪初，

---

[1] 高明士：《唐代东亚教育圈的形成：东亚世界形成史的一侧面》，第5—7页。

[2] ［日］荒野泰典，石井正敏，村井章介编：《论历史分期》，第6,12页；［日］西嶋定生：《六至八世纪的东亚》；王贞平：《汉唐中日关系论》，第16页注61；徐先尧：《东亚文献中的上古日本国家》，第499页。

唐代臻于鼎盛，帝国也沉浸在盛世的喜悦之中。至少，从帝都长安来看，此时的大唐天下"华戎同轨"，尽是一片承平之象。"西蕃君长，越绳桥而竞款玉关；北狄酋渠，捐毳幕而争趋雁塞"，都趋驰云集于"丹墀之下"。而来自象郡（今两广一带）、炎州（今四川一带）、鸡林（今朝、韩境内）乃至更僻远地区的珍玩，"骈罗于典属"。远邦纷纷献纳，并"夷歌立仗"于庙堂之上，天子则"冠带百蛮，车书万里"，可谓太平。[1]

以上描述虽然并非完全是大唐政府的幻想，但确实也存在着夸饰之嫌。事实上，并非所有与大唐帝国发生接触的番邦酋长都被纳入了"册封体制"。而且，大唐未曾接触到的国家也多如星辰。初唐时期或许是"册封体制"最为盛行的时代，但这时的大唐也不过与七十余个番邦建立了联系。虽然东亚诸国都被囊括在"册封体制"之内，但诸如吐蕃等国则拒不承认大唐的权威。[2]甚至，在东亚圈内，日本也迅速脱离了这一体制，并开始复制大唐的模式，建立了以自我为中心的"册封体制"。

"册封体制"的思想核心在于天子享有天下王权，臣服其下的诸侯番邦则按照其与皇室的亲疏远近排列次序，而与其

---

1 《旧唐书》卷9。

2 ［日］西嶋定生：《六至八世纪的东亚》，第278页；夏应元：《秦汉至隋唐时代的中日文化交流》，第122页。

版图大小或实力强弱毫无关系。例如，4至5世纪时，南朝政权将高句丽列在第一，百济次之，倭国又次之。南齐永明二年（484），北魏政府则在置诸国使邸的时候，仅将高句丽列在南齐之后。[1]

显然，帝国声称的天下统一不过是其自我想象罢了。延兴二年（472），北魏显祖回书百济国王，文中自称："朕君临四海，统御群生。"然而，北魏皇室充其量只是汉化的胡人，而且相对于庞大的秦汉帝国而言，北魏政府不过仅有一半的疆土。更何况，强如秦汉这样的大帝国，也未能征服整个世界。因此，北魏皇室自命为"天子"，实际上犯了双重错误，即身为胡族征服者，却妄言自己已是中国的皇帝和"天下"的共主。唐朝初年，史书也称已将东起于阗、西至波斯的西域十六国囊括进了帝国州县。然而，波斯以东，直至大唐，风土绝然不同。事实上，自贞观十四年（640）唐灭高昌以来，吐鲁番已成为"大唐控制下的最西北端地区"了。[2]

据称，中华帝国在与域外世界的碰撞中，才渐渐有了其所自

<hr />

[1] 韩昇：《"魏伐百济"与南北朝时期东亚国际关系》，第40页；王贞平：《汉唐中日关系论》，第36—41页；《资治通鉴》卷136，第731页。
[2] 《魏书》卷100，第2218页；《新唐书》卷43下，第1135页；[美]熊存瑞：《唐代中国的土地制度——均田制与吐鲁番文书研究》，第340页。

矜的"普世"观念。归根结底，这一观念充满了"华夏中心论"的色彩。至于外邦，需要根据其与中土的亲疏分出远近，而所谓的"亲疏"则通常是由血缘关系而定的。为了顺从中国的"华夷"思维，北魏鲜卑王室还自称是上古贤君黄帝之后。(言外之意，鲜卑皇族本是汉人，而非蛮胡。)按照鲜卑族的传说，黄帝之后昌意少子就受封于北土（旁有鲜卑山）。这里所说的"华夷"思维，并非现代西方的"民族"概念，而是中国式的亲缘意识。显然，这段传说应当是后世的附会，恐怕是北魏鲜卑统治者为了获取汉人的支持而故意捏造出来的。[1]

春秋时期，南方地区流传着越人本是中国第一个王朝——夏朝王室[2]后裔的说法。战国时代，越国统治中心区一度逼近中原腹地，而广阔的越文化区则可向南一直延伸到今天的越南一带。而且，越南也自称是中国上古贤君神农氏之后。甚至，直到今天，仍有部分中国学者认定史前时期雒越（Lac-Yue）民族的文明起源应在中国北部的黄河河谷地区。（只是，这似乎有些

1　[印]杜赞奇（Prasenjit Duara）:《复线历史观：中国、印度的民族与历史》，第785页；《魏书》卷1，第1页；《资治通鉴》卷140；曹仕邦:《史称"五胡源出中国圣王之后"的来源》，第30页。
2　此指夏王少康的庶子无余。——译者注

滑稽。）[1]

　　尽管在上古时期，中原一带的贵族确实曾冒着风险向南开拓，但更常见的情形是南方部落酋长为了提高个人威信（姑且不论是否为了更为实际的用途），而主动借鉴中原文明的某些长处，并以这种方式渐渐实现了"汉化"。如此一来，几代人以后，当地很轻易地就会附会出中原起源的说法。当然，根据保留至今的石刻文字材料，我们已知隋唐时期岭南（覆盖了广阔的中国西南部及越南北部地区）的诸多番酋部落都流传着"中原起源"的说法。此外，这一时期，中国西南地区少数族群自称"中原贵族起源"的现象也十分普遍。直到最近，土生土长的广东人也常常自称其祖先来自中原，并借此提高其社会地位。因为标榜"汉人"的身份，可让其获得在更大政治实体内的文化认同。[2]

　　与越人宣称起源于中国古代贤君的说法不同，据早期中国文献史料的记载，倭人称其本为吴王后裔，而吴王又往往称其源出周王室。实际上，史前时期的日本文化与长江下游三角地带的

1　吕士朋：《北属时期的越南：中越关系史之一》，第5页；饶宗颐：《吴越文化》，第609，617—618页；《吴越春秋》卷6。关于越南民族起源于中国北方的研究，可参见何光岳：《百越源流史》，第95页。
2　王承文：《唐代"南选"与岭南溪洞豪族》，第96页；[美]查尔斯·巴克斯：《南诏与唐代的西南边疆》，第7—8页；[美]萧凤霞：《华南地区的文化认同与政治差异》，第22—23页。

越文化确实存在着千丝万缕的联系。因此，倭人自称本自吴人可以理解，但要说倭人与周王室存在任何联系则十分荒谬。然而，进入历史时期以后，仍然有不少倭人自称为中国后裔，但通常其家族谱系都存在明显夸大的嫌疑。例如，著名日本僧人最澄（767—822）就称自己是中国皇族之后。[1]

同样，朝鲜地区也流传着高句丽王室本是商朝遗臣箕子后人的说法。不过，这一说法无法从考古发掘中得到印证，至少从朝鲜半岛目前发现的遗址来看是这样。而且，对于某些朝鲜民族主义者而言，朝鲜起源于中国的说法也令其颇为不悦。[2]尽管这些民族主义者十分抵制中国起源的说法，但在前近代时期朝鲜人却常常会主动标榜自己的"中国"身份，目的是为了在东亚世界中获得相应的地位。通过这样的身份关联，异民族也能得到华夏人的心理认同，并进而在东亚世界共同的语言框架下促进异民族与华夏的交流互通。

诚然，今天看来，这样的"册封体制"的确十分倨傲，但它

---

1 《太平御览》卷782引《魏志》，第3595页；[日]诹访春雄：《中国古越人的马桥文化与日本》，第58—59页。关于最澄的记载，见[日]僧仁忠撰：《睿山大师传》卷5，附录第1页；《元亨释书》卷1，第32页。译者按，最澄称自己为汉献帝之后。
2 《三国遗事》卷1；《翰苑》抄本，第33页注；[美]南沙娜（Sarah Milledge Nelson）：《朝鲜考古》，第156—157页。关于朝鲜民粹分子的辩驳，可参见[加]安德烈·施密德（Andre Schmid）：《关东再审视：申采浩与朝鲜国土政治史》，第33—34页。

却为早期东亚世界提供了国际交往的框架，并推动了整个地区共同价值观念的传播。虽然听上去有些矛盾，但是，从一定程度上讲，东亚世界的国家独立也得益于这一"册封体制"。例如，东汉建武八年（32），高句丽遣使向汉朝天子纳贡，并借鉴汉语中的词汇，首次称"王"。按史书记载，百济与中国的第一次接触发生在东晋咸安二年（372）；到了太元十一年（386），百济国君主便进位大将军、百济王。[1]

开皇元年（581），隋朝建立，朝鲜半岛北部的高句丽与南部的百济首领分别遣使来贺，隋文帝分别将其册封为"高句丽王""百济王"。开皇十四年（594），朝鲜半岛西南端更僻远的新罗首领也受封为"新罗王"。有趣的是，三韩首领又分别受封为"辽东郡公""带方郡公""乐浪郡公"，这实际上就保留了一丝传统中华帝国对朝鲜半岛行政管辖的影子。[2]

在与权力中心的中华帝国交往后，原本毫不起眼的朝鲜地方部落也逐渐建立起合法的独立政权，并进而为整个东亚世界所认同。比如，6世纪初，新罗正式获得了中国册封的王号，这一方

1　王贞平:《汉唐中日关系论》，第40—41页;《梁书》卷54，第802页;黄枝连:《天朝礼制体系研究·中卷：东亚的礼仪世界——中国封建王朝与朝鲜半岛关系形态论》，第24页。

2　王力平:《隋朝的边疆经略》，第7页。

面推动了律令条文在新罗的广泛传播，另一方面还大大促进了新罗统治范围的急剧扩张。[1]

同样，早在3世纪时，倭女王（卑弥呼）也积极寻求中华帝国的册封，意图巩固其对国内分裂部众的权威。贯穿整个5世纪的百年历史中，倭国（即随后的大和国家）先后向中国遣使纳贡十三次之多，目的就是获取中华帝国对其政治地位的官方认可，并希望中国支持其对日本乃至朝鲜南部的统治。[2]

早期东亚国家的形成，往往需要借助中国的组织形式与名衔称号，而且尤其依赖中华帝国给予的正式册命。不过，以日本为例，中国对日本的册封止于公元6世纪，之后日本保持了相当程度的政治独立。当然，这期间日本也不时地遣使前往中国纳贡。[3]

隋开皇二十年（600）及大业三年（607），日本两度派遣使团入隋，这标志着两国开启了外交新时代。这时，日本与隋朝的

1　关于新罗，研究可参见[日]西嶋定生：《日本历史的国家环境》，第69页。

2　[日]川胜义雄：《魏晋南北朝》，第52页；[日]西嶋定生：《六至八世纪的东亚》，第237页；[日]铃木靖民：《东亚诸国的形成与大和国家的王权》，第52页；[日]上田正昭：《归化人：围绕日本古代国家的成立》，第150页；徐先尧：《东亚文献中的上古日本国家》，第3，17页；堀敏一先生将421年至502年之间倭国的历次封衔罗列成表，详见其《中国与古代东亚世界：中华世界与诸民族》，第157—158页。

3　[日]菊池秀夫：《绪论：研究回顾与展望》，第12—13页；[日]西嶋定生：《六至八世纪的东亚》，第271，239页；[日]大町健：《东亚中的日本律令制国家》，第320—321页。

接触更为直接，它还对隋制进行了有意识的模仿。然而，这一时期，日本不再寻求隋帝国授予的封号。到唐贞观五年（631），或许是出于情势的考虑，太宗皇帝下诏，令"有司毋拘岁贡"，这其中显然还有对倭使路途遥远的同情与体谅。[1]

公元4世纪时，中国对朝鲜半岛进行直接统治的企图也宣告彻底失败。然而，正如大家所见的那样，虽然朝鲜的地方政权取得了政治独立并取代中华帝国实现了对半岛的统治，但它们仍然在表面上承认中华帝国的宗主国地位并长期接受其给予的册封。三韩（朝鲜）政权与中国的关系一直十分亲密。例如，高句丽曾向北魏政府派遣使团多达八十六次，而仅在孝文帝一朝（471—499），来使就有四十一回。然而，到了6世纪时，高句丽派往北朝的使团就有所缩减。相反，高句丽派往南朝政权的贡使则开始频繁起来。显然，高句丽是乐于见到南北朝的"天子"相互征伐的。[2]

其实，高句丽作为藩属国，往往并不十分顺从。开皇十八年

---

1 《隋书》卷81，第1826—1827页；《新唐书》卷220，第6208页；相关研究，可参见曹贤衮：《日本儒学的发展》，第22页。

2 黄枝连：《天朝礼制体系研究·中卷：东亚的礼仪世界——中国封建王朝与朝鲜半岛关系形态论》，第33页；[日]毛利久：《朝鲜三国时代与日本飞鸟时代的佛教》，第6页；[日]西嶋定生：《六至八世纪的东亚》，第236页；土仪：《隋唐与后三韩关系及日本遣隋使运动》，第22页。

（598），高句丽派军潜往长城以南的辽西地区，率先袭击隋军。隋文帝大怒，立即罢黜了高句丽的爵位，并派远征军攻打"不臣之国"。大业三年（607），在无意间发现高句丽与突厥私自结交、阳奉阴违后，隋炀帝命使者带话，称将"率军民往巡彼土"，以示报复。大业八年（612），隋正式发兵征伐高句丽。7世纪初期，为平定高句丽之乱，隋军发动了四次军事行动，而大唐则前后发兵十三次之多。大唐帝国的西疆也出现了类似的情形，原本向唐称臣的高昌国也暗中勾结突厥。于是，贞观十四年（640），唐军发兵讨伐平定了高昌。[1]

与此同时，约在公元421年前后，高句丽也迫使新罗向其臣服。据日本史料记载，5世纪时，日本已开始接受百济国的朝贡。[2]显然，这里言及的"册封体制"都已经超出了"华夏中心主义"的模式，中国"天子"的藩属国链条并没有因此得到延伸。那么，所谓的"册封体制"，其实只是一种政治框架，国与国之间

1　[美]宾板桥（Woodbridge Bingham）：《唐代的建国：隋亡唐兴初探》，第38页；黄枝连：《天朝礼制体系研究·中卷：东亚的礼仪世界——中国封建王朝与朝鲜半岛关系形态论》，第29—31页；[日]西嶋定生：《六至八世纪的东亚》，第245—247页；潘以红：《天子与天可汗：隋唐帝国及其近邻》，第108—111页；王力平：《隋朝的边疆经略》，第8—9页；关于吐鲁番，可参见[美]熊存瑞：《唐代中国的土地制度——均田制与吐鲁番文书研究》，第338页。

2　[日]铃木靖民：《东亚诸国的形成与大和国家的王权》，第202，204，207—208页。

都需要在这一框架内展开外交交往。然而，自然而然的，框架内的每一个国家都会竭尽所能地将其利益最大化。

基于以上认识，现在日韩地区某些学者往往认为，汉文史料中所记载的东亚外交只是在形式上遵从了"册封体制"，实际上当时的外交活动是建立在"平等"基础之上的。诚然，不同国家都在一定程度上享有主权独立，而中华帝国也不得不接受这样的现实约束。通常情况下，强调宗主国的地位只是外交活动中十分微末的细节，大概只有中国才会过分执着。然而，"外交平等"是近代西方提出的概念，在早期东亚社会与政治关系中，尚无这一词语。就当时而言，无论对内还是对外，社会政治关系当然就是不平等而且严格区分等级的。而且，不平等才是社会典范。东亚社会中的独立政权所向往的并不是关系平等，而是形成"以自我为中心"的外交秩序。[1]

从朝鲜成为统一的独立国家开始，"事大主义"（Sadae）（朝鲜的对华政策，即"服从大国"）就成为其朝贡外交中坚定不移

1　[韩]徐荣洙:《4至7世纪韩中朝贡关系考》，第12页；兰德尔·爱德华（R. Randle Edwards）先生将清朝的边境政策描述为"表面上奉大清为宗主，实际上坚持平等互利的原则"，详见[美]兰德尔·爱德华:《中华帝国的边疆管控法律》，第33—34, 42页。

的国策。[1]公元7世纪中叶，朝鲜正值三国征战时期，新罗与大唐结盟；永徽二年（651），新罗王室金仁问一支入唐宿卫宫廷。金仁问归国以后，不久又被派遣带领使团赴唐请援攻打百济。大唐立即发兵十三万，金仁问任副将军，并领军前导。显庆五年（660），大唐与新罗联军成功攻占百济国都，俘获百济王室。此时，金仁问仍在旧职，宿卫宫室。之后，大唐又指责高句丽"事大"不恭，并率军讨伐高句丽，金仁问则充当了大唐与高句丽之间的协调人。

与此同时，继立的新罗国王文武王（661—681年在位）也曾在年少时远赴大唐为官。公元660年，大唐新罗联军攻陷百济，文武王随军立下显赫战功，并由此登上了新罗国的王位。龙朔三年（663），文武王接受大唐册命。总章元年（668），在大唐的支持下，新罗灭掉了高句丽，并最终统一了朝鲜半岛，建立了独立政权。然而，当新罗国王开始对先前自己俯首效命的大唐发动军事行动时，大唐便有意废黜这位新罗"暴君"，并扶立其弟为王，而这位王弟不是别人，正是金仁问。金仁问含蓄地拒绝了大唐立其为王的提议，并主动安抚大唐，表示文武王此举的确冒失。延

---

1 关于"事大主义"，可参见[美]布鲁斯·库明斯（Bruce Cumings）:《阳光普照下的朝鲜：现代史的考察》，第54—55页；[美]迈克·埃德森·罗宾逊:《1920——1925年朝鲜殖民时代的文化国家主义》，第27，33—34，36页。

载元年（694），金仁问最终卒于长安。[1]

大约自676年开始，朝鲜半岛就成为统一、独立的国家，但从表面上看，它仍然存在于中华帝国的藩国体系之下，而且直到19世纪末期都未曾改变。那么，从朝鲜的事例中我们不难发现，古代独立的非汉民族国家其实也可以与松散的"册封体制"完美兼容。

第三节 "语言混乱"与汉字文化圈的形成

正如事实所见的那样，围绕着"册封体制"而形成的东亚外交圈，自身又建立在巨大的语言断裂层之上。这里提及的语言断裂层，实际上横跨了两个完全不同的语系，即以中国为代表的汉藏语系和以日韩地区为代表的欧亚语系（也可狭义地称之为"阿尔泰语系"）。当然，说到语言的多样性，中国的国土之内就存在着各种不同的语言。此处所说的语言差异，绝非用一般的语言多样性就能够概括，它涵盖的是两个毫无关联的语系。所谓的欧亚语系覆盖了北半球大部分区域，从西部的印欧语系绵延到东端的

---

1 《三国史记》卷1《新罗本纪五》，第109—110，120—121页；《三国史记》卷2《高句丽本纪四》，第342—343页。

因纽特—阿留申语系，这之间的广阔区域都属于欧亚语系的范围，而日语、韩语自然也被囊括在内。当然，欧亚语系内部不同语言之间彼此都存在着一定的共性，都可以向前追溯至同一语源。狭义的阿尔泰语系则仅覆盖北亚地区相对较小的狭长地带（当然，这一区域仍然十分广阔）。然而，中国并不属于以上任一语言区。[1]

史前时期，中国的南方（即今天的华南及越南一带）其实属于非汉藏语系区，这一地区所说的语言很有可能是今天南亚语系及南岛语系的前身。然而，这些史前时期流行的南方语言，最终都为汉语所取代或消化吸收，并成为如今常说的汉语方言。

今天看来，越南语仍然十分特别，因此常被视为史前南方地区流行的南亚语系的孑遗。然而，18世纪末期，越南语也一度被法国殖民者视为汉语中的一类方言。换言之，越南语被当成了一种方言而非独立的语言。[2]今天来看，这样的分类方式，也许无法让人接受。不过，越南语之所以能上升为"民族语言"，确实与现代上层国家建筑的概念不无一定的关联。总之，相比于中国

1　关于欧亚语系，可参见[美]约瑟夫·格林伯格（Joseph H. Greenberg）:《印欧民族及其近缘亲属：欧亚语系》第一卷《语法》，第1—3，279—281页。

2　关于越南语应划为南亚语系的研究，可参见[美]罗杰瑞，[美]梅祖麟:《古代华南地区的南亚语系：词汇中的证据》，第295页；关于法殖时代越南语被视为"中国的方言"，相关研究可参见[美]约翰·德范克:《越南的殖民主义与语言政策》，第5，142页。

北方与日韩语言区的界线，如果不是"南方"（即长江与珠江之间的广大区域）这一模糊语言过渡地带的存在，这一地区的语言边界将会更难划分。不过，话又说回来，东亚地区最大的语言分界线仍在东北部。大致以鸭绿江一线为界，东亚地区可从语言上划分为两大不平衡的语言地带。

稍加观察以后不难发现，东亚地区其实并不是一个相对集中的语言区。它既包含了以日韩语为代表的欧亚语系，也包括以汉语为首的汉藏语系，同时还囊括了越南语在内的南亚语系。然而，它却又将大量其他相对集中的欧亚语系国家，以西以南的其他汉藏语系地区以及今东南亚地区在内的广大南亚、南岛语系国家剔除在外。因此，至少从口头语言层面看，语言并不是东亚地区形成的决定性因素。

然而，另一方面，书面语言（统一）的作用十分关键。尽管东亚内部的口头语言丰富多样，但由于这一区域（且仅有这一区域）共同使用汉字书写系统，因而在很大程度上促进了东亚世界的形成。汉字书写系统十分高效，对东亚世界产生了深远的影响。当然，这很大程度上也是由汉字自身的特点所决定的，因此本书有必要对其做一番探讨。

笔者以为，在东亚世界凝为一个统一整体的过程中，汉字的作用无可替代。甚至，毫不夸张地说，汉字应该是中国文化的精髓所在。不过，从中国的角度看，汉字无非是一种"书写方式"。要想充分地理解这一书写文字的重要意义，就必须跳出中国的地理框架，试着从东亚周边国家的视角，对其做一番审视。例如，日语中称汉字为"Kanji"（漢字，かんじ），从字面上理解，"Kanji"是指"书写汉朝"。再展开来说，"Kanji"是指对"中国"的书写。（由于文言文中并没有与"中国"一词相对应的准确表达，因此要描述"中国"的语言，就必须将其与具体的中国王朝相互挂钩。因此，在这一逻辑之下，早期中国的王朝典范——"汉"帝国就常常在前近代时期被人挑选出来，作为"中国"的一般性称谓。同理，近代以后，当中国人需要给自己安上一个民族标签时，"汉"又重新进入人们的视线之中。因此，我们才常常听到多数中国人将自己称为"汉人"。）

日语之所以将汉字称为"Kanji"，本意是将其与本土的假名（"Kana"，かな）文字区分开来。当然，"假名"原本也来源于简体汉字，不过它又具有拼音文字的属性，而这与后来借鉴西方字母文字不无关联。站在日本的立场上看待汉字这一特殊的书写系统，无疑为观察者拉开了十分合适的观察距离。那么，不难发现，汉字绝不只是一种书写方式，它还是一种特殊的书面文字。

"汉字"的特殊之处，仅从韩语、中文及日语在表述"汉字"一词时书写完全相同这一点上就可得到印证。当然，这已经超出

了西方人的认知。展开来讲，韩语将"汉字"读作"Hanja"（한자），中文呼作"Hanzi"（不过，这在汉语中并不常用。在中国人的眼中，读写汉字是理所当然的事情，因此也就没有必要单独对"汉字"的使用加以强调），日语则称为"Kanji"，但在书面表达中，这三者都需要写作"汉（漢）字"，完全相同。换言之，尽管中日韩三种语言的读音各不相同，但在书写"汉字"这一词语时，三者却又完全一致。

对于这一奇怪的语言聚合现象，唯一合理的解释就是它们都借用了两个同样的汉字，即"汉"（代指"汉朝"）与"字"（意为"文字"）。虽然写为"汉字"时，中日韩三种语言完全相同，但若改用拼音文字书写或是用于口头表达时，它们又完全无法相互替换。显然，这样的文字"把戏"是无法在字母文字中实现的。

公元前1100年至公元前800年间，伴随着航海贸易的展开，亚欧大陆西端的腓尼基人（Phoenicians）将字母文字传播开来，而这一文字也几乎成为今天西方世界通用的书写工具。相对的，在亚欧大陆的另一端，中国商周时代古老的青铜文字开始出现，并成为后来中国书写文字的源头。[1]随着华夏帝国的领土扩张，"汉

1　关于腓尼基人的海上活动，可参见[美]杰里·本特利（Jerry H. Bentley）:《旧世界的相遇：近代之前的跨文化联系与交流》，第22—23页；关于汉字，可参见许倬云，[美]林嘉琳编:《西周文明》，第31页。

字"也向周边地区传播，并最终遍及今天的中国、越南（就本书所探讨的时段而言，越南虽然一直处在帝国的直接管辖之下，但由于与番禺等地一样，都地处帝国的南方边陲，因此汉字的使用并不普遍）、朝鲜半岛及日本等地。直到19世纪以前，汉字与古典文言文一直是整个东亚世界通行的书写工具。

在前近代时期的中国、日本、朝鲜、越南等地，太学、国学及其他形式的私学十分盛行，而以古典文言文编定的一系列儒家典籍常常被指定为官方教材，专供儒生学习消化。那么，其结果就是，整个东亚世界的知识阶层最终形成了高度统一的文化共识。[1]虽然东亚世界各个地区的口头表达互不相通，但这并不能掩盖一个重要的事实，即单就"文化"一词的书面表达而言，中、日、韩、越四种语言完全相同，其中中文读作"wenhua"（文化），日文中作"bunka"（文化，ぶんか），韩语中作"munhwa"（文化，문화），越南语中作"văn-hóa"（文化）。顾名思义，"文化"是指通过文字进行教化。因此，从很大程度上说，东亚世界通行相同的文字，拥有共同的文化。

进入20世纪以后，"汉字"遭到了朝鲜及越南的普遍抵制。不过，为了书写的需要，在日语当中，汉字仍然常常与假名文字

---

1 高明士：《唐代东亚教育圈的形成：东亚世界形成史的一侧面》，第359页。

共同使用。随便翻看一部日文书籍，或是阅览一份日文报纸，都不难发现日语的句子常常是由汉字与假名一起混合组成的。从某种意义上说，在日本人的眼中，"汉字"既是一种外来文化，同时又是备受重视的本土传统。[1]

虽然西方的字母文字与东方的汉字书写（从时间上看，汉字似乎较字母更晚出现）并行发展，但两种文字似乎截然不同。字母本身并无任何含义，而汉字则不然。字母只用来记录声音，自身并不负载任何内涵。换言之，"字母"自身毫无含义。然而，汉字则并非如此，它本来就是文化负载体。因此，汉字背后蕴含着强大的文化牵制力，这一点绝非字母文字的使用者能够想象的。

长期以来，汉字都被习惯性地描述为"表意文字"，即将它视为一种用图形符号传达抽象概念的文字。不过，近来西方学界中活跃着一个很有影响力的学派，他们对这一说法表示强烈反对，他们认为"汉字也是表音文字，而非表意文字"。而且，权威学者鲍则岳先生还进一步声称"世界上压根就不可能存在所谓的'表意文字'"。威廉·汉纳斯（William C. Hannas）先生也写

1　关于19世纪日本人对汉文的认知，可参见[美]道格拉斯·霍兰德（Douglas R. Howland）:《华夏文明的边疆：帝国尽头的地理与历史》，第46页。

道："汉字的内涵并不能脱离'词汇'而存在。只有借助语音这一媒介，汉字才具有了词汇的意义，才能够完整地传达出'字义'。"也就是说，汉字并不是字母以外的文字记录方式。与字母一样，汉字也一直朝着拼音文字的方向进化，只是过程稍微缓慢一些罢了。[1]

然而，将汉字简单地斥之为不成熟的表音文字系统，似乎有些过分贬低古人的智慧了。诚然，汉字确实具有表音文字的属性和功能，并且表音原则也确实在大多数汉字的创造过程中得到了贯彻。不过，经过一代又一代人的使用以后，汉字似乎又增加了更多的属性。如果有人认为汉字只是一种简单的原始表音文字——多个世纪以来，都未能进化成熟，那么毫无疑问他仍然还沉浸在世界文明"直线进化论"的逻辑中不能自拔。"直线进化论"的观点虽然一度十分盛行，但如今却很难站稳脚跟。[2]

而且，这一说法似乎是在暗示西方的字母文字系统进化水平更高，而东亚青铜时代孕育出来的汉字书写系统进化不足。毫无疑问，我想任何人都不会有意做出这样一种暗示，但是只要认为

1　[美]约翰·德范克：《汉语：现实与幻想》，第133页；[美]鲍则岳：《语言与文字》，第122页；[美]威廉·汉纳斯：《亚洲方块字的困境》，第9页。
2　关于线性进化史观与历史发展的分化的探讨，见[美]斯蒂芬·杰·古尔德（Stephen Jay Gould）：《奇妙人生：市民阶层与历史的本质》，第28—35，48，51，283页。

由汉字发展到字母是不可避免的演化线路，那么所谓的"西方优越论"就会不自觉地凸显出来。而且，由于愚民政策的推行及西方文明的进步，长期以来东亚历史给外界的印象一直都是停滞不前的，似乎东亚世界一直都游离在世界历史之外。作为一种书写文字，尽管汉字确实多有不便，但汉字的使用并未阻碍中国成为前近代时期全球范围内经济最为发达、科技最为进步的国家。

或许，字母文字的确要较汉字书写系统更为完善、更为高效。字母更容易被人学习掌握，而汉字则或许要在计算机时代走向最终的灭亡。甚至，可以想象的是，如果中国历史的发展轨迹稍稍发生一点偏移，那么汉字就有可能演化为某种字母文字，又或是被某种字母文字所取代。事实上，假名出现并进入到日语当中（假名并未取代汉字，只是对汉字的补充），以及西方字母文字由古埃及象形文字发展演变而来，都可以印证以上的推断。然而，文字的演化并无必然的线路。正如大家所见，汉字并没有发展为字母文字。

当然，不少人都在假设未来汉字也会最终字母化，但这不过是西方文化影响力十分强大的体现，而不是基于语言自然进化所做的推理。只有进化到字母阶段，才可称之为"进步"，不知道这样的自信到底从何而来？文字书写统一以后，确实能够带来不少裨益，但与此同时，又将会失去什么？

例如，随着字母时代的到来，汉字的语义将会彻底消失。诚然，汉字自身具有一定的表音功能，但不同于字母书写系统，汉字还具有其代表语义的一面。通常情况下，在不同的语言或方言中，任意一个汉字往往都会有几种不同的发音，即便是在现代日本标准语中，汉字也常常存在多重发音。然而，只要汉字的书写相同，那么它所传达的语义就会十分接近，甚至完全相同。

诚然，几乎每个汉字都会有一个以上的读音。然而，无论存在多少读音，它所对应的都是东亚不同语言中的同一个汉字，抑或同一个词素（"词素"是语言中最小的表意单位）。既然汉字能够克服语音障碍，突破发音器官的物理限制，那么其他语言也同样能够实现。从一定程度上说，这就是语言习得的诀窍，即跳出读音文化的束缚。那么，现在的问题在于，汉字是否偏离读音文化太远，远到甚至弊大于利了？[1] 显然，汉字朝着这一方向演化的趋势，确实已经超过了任何已知的字母书写文字。

或许会有人站出来反驳，称汉字最初只是华夏族群的口头用语，但其中也包含一定的词素属性。后来，为了适应东亚其他地方语言的表达需要，汉字又几经改造，之后才形成现在的面貌。从这一点来说，汉字不过是用于书写华夏语言的工具。然而，对

1　[美]威廉·汉纳斯：《亚洲方块字的困境》，第247—252页。

于任何一种语言来说，"书写"都意味着一种全新的境界，它不再是对语音的简单记录。而且，中国似乎更是如此，毕竟很少有人会在日常会话中使用文言文吧！在传统的中国社会中，文言文常常用于书面场合，并被多数人视为真正的"雅言"。然而，它与今天中国通行的白话文几乎完全不同！[1]

关于汉字是否可视为表意文字，主要的争议之处在于西方人附加于"表意"一词上的隐讳假设。通俗地说，当西方人称汉字具有"表意"功能时，言外之意是假定汉字也具有传达"价值观念"的能力。然而，汉字并没有这样神奇的"魔力"，并不能够本能地传达先验的观念。归根结底，观念也是一种思想意识，它无法脱离人的大脑而独立存在。观念不可能独立存在，它必须形成于人的大脑，才能转化为可以捕捉的具体概念（当然，有些概念十分抽象，甚至十分空洞）。只有经过这样的转化以后，"意识"才能进一步发展为"观念"，并被一般人所认识或者领悟。宇宙就是客观存在的外部世界，但对于宇宙的认识（即"观念"）却只能存在于个体的大脑之中。那么，汉字也不能违背这一真理。作为一种象征性符号，汉字也是经人特意地创造或是挑选以后，才被用来表达具体"观念"的。于是，这才有了由具体汉字"编

---

1 ［美］罗伯特·拉姆齐（S.Robert Ramsey）:《中国的语言》，第4页。

译"而成的"汉语"和"中国文化"的存在。[1]因此，反对将汉字视为"表意文字"，确实合情合理。当然，汉字的"表意功能"胜过"表音功能"，也是事实。

汉字意味着措辞，但字词并不一定要发音。毕竟，视觉上的"书写"总是比听觉上的"读音"更加精确可靠。甚至，连西方最激烈的几位汉字批评者也不得不承认，"在东亚世界中，汉字显然要较一般的表音文字更能够传达人的想法"。任意一个汉字，即便在东亚各国中的发音不同，字形与字义也几乎完全相同。而且，在东亚任何一个国家的语言当中，作为词素的汉字总是要比作为音素的汉字更能够准确地表达意思。由于汉字具有这样"神奇"的特性，因而极大地便利了书面场合的沟通。甚至，只要使用汉字进行书写，那么口头语言互不相通的人也能够实现正常的沟通。因此，东亚各国虽然彼此语音不通，却能够借助汉字来消除沟通上的障碍（当然，有时候并不十分通畅）。关于汉字的便利性，我们既不必否定，更无须夸大。所以，宣称汉字是一种全球互通的文字，是不准确的。[2]要想熟练掌握汉字，必须首先下功夫学习。汉字无法传达任何先验的"观念"，只有在具体的语

1　关于汉字起源不同于西方人的想象的研究，可参见[美]陈汉生（Chad Hansen）:《中国的象形字与西方的思想》，第373—375，388—389，396—397页。
2　见[美]陈汉生:《中国的象形字与西方的思想》，第113，186—201页。

言和文化环境下，汉字才能反映人的思想。

字母文字可以将任何一种语言的读音不偏不倚地转写出来，但转化成字母以后，它就与原来的字形词义完全分离了。与字母不同，汉字则往往被依附于某种特定的概念上，它可能是一组词语，也可能是一种"观念"。当汉字输出以后，它会渐渐地被他国本土化，并转而运用到实际表达当中。这时，新的汉字就会源源不断地被创造出来，并不为中国本土所了解。例如，日语中的和制汉字"kokuji"（"国事"，こくじ）、越南语中的喃字"nom"（"喃"）等等，都是典型的本土化汉字。然而，随着汉字文化的传播，与中原文明联系紧密的词语也一同被带往周边国家。因此，整个东亚世界都在汉字的影响下，形成了极富统治力的"观念共识"。反过来，这样的"观念共识"又进一步巩固了中原文化思想的地位，同时还将其他的外来观念排斥在外（抑或增加了其他观念传入的阻力）。因此，笔者以为，汉字应当是东亚世界最强大的黏合剂。正是因为共同的书写方式，东亚社会才逐渐形成统一而独特的文化面貌。

在早期东亚社会中，汉字及古典文言文几乎是整个地区统一的书面沟通语言。然而，需要指出的是，无论在东亚哪个国家，文言文都很少用于日常性的表达。19世纪时，在越南的顺化皇宫内，文言文被指定为政府文书的法定文体。但是，在其他场合下，越南并没有这样的规定。[1] 同样，这样的情形也基本适用于日本与朝鲜。实际上，即使是在中国，文言文也主要用于书面表达，如果说有什么差别，那也只是程度上轻微一些罢了。毕竟，口语白话与文言句式的差异太过悬殊。

据估算，汉代初期，中国的版图内仍然流通着十四种截然不同的地方语言，它们多是战国时代"诸国"语言的子遗。6世纪时，颜之推（531—约590年以后）也注意到不同地区的百姓常常使用不同的语言，"九州之人，言语不同，生民已来，固常然矣"。[2] 尽管有些刻意，甚至有些呆板，但将这些"方言"（汉语中将源于同一语系的地方话称之为"方言"，而英文中则习惯性地将其翻译为"Dialects"）同时转化为书面汉字以后，彼此之间的差异便立马消失了，相互之间也能够沟通传情了。不过，就日常交流而言，口头语总是要比书面语更为方便、更为普及。这一点，同样也适用于东亚国家，而且中国也不例外。毕竟，谁都是话说得多，字写得少。

就前近代时期的东亚国家而言，读书识字往往只是精英阶层

1　[美]伍德赛：《越南与中国模式：19世纪上半叶阮氏王朝与清朝文官政府的比较研究》，第50页；[美]萨德赛（D. R. SarDesai）：《越南：民族认同的追求》，第17页。
2　《颜氏家训》卷7；关于汉初的语言，见张玉法：《先秦的传播活动及其影响》，第18页。

的特权。然而，帝国的精英常常需要长途跋涉，与远民沟通。当然，大多数情况下，仅仅依靠汉字书写也能够完成交流。但是，如果能够突破方言区的限制，直接与其他地区的百姓进行语言交流，就更为方便了。此时，以中原方言为基础的标准汉语便呼之欲出。大约到了东周末年，这样的汉语"通用语"开始出现。[1]

南朝时期，南迁北人把持了南朝政权，奠定了流亡政府的文化基调，因此南人开始纷纷模仿北人的口音。这一时期，能否发出"正确读音"也成为评判士族阶层的重要标准。《切韵》作为一部韵书辞典，成书于隋仁寿元年（601），该书就"反映了6世纪时南北士人共同认同的标准汉字音韵"。[2]那么，可以这样认为：尽管汉字书面语基本上只适用于正式场合，且与汉字口头语的差别巨大，但传统汉语同样十分注重口头表达与沟通的需要，就像西方重视拼音文字的沟通功能一样。例如，当倭人最早学习汉语的时候，他们通常最为重视发音的准确性，其次才是阅读及书写能力的培养。

---

1 张玉法：《先秦的传播活动及其影响》，第20页。

2 关于社会上层的语音，可参见李源澄：《两晋南朝社会阶级考》，第73页；[美]马瑞志：《六朝洛阳与南京方言小考》，第248页；[日]宫崎市定：《九品官人法研究：科举前史》，第186页；周一良：《南朝境内之各种人及政府对待之政策》，第62—63页；关于切韵，可参见[加]蒲立本：《中古汉语：历史语音学的研究》，第130页。

与古希腊人一样，中国古代的"语言高度统一"。除了商贾以外，很少会有国人主动学习异域文字。例如，如果日本来使要见中国天子，那就培养几名日本人使其习汉音便是，反正天朝官员绝不会屈尊去习日语。正如圣武天皇天平二年（730）日本诏令所示，"又诸蕃异域，风俗不同，若无译语，难以通事"。可以看出，由于各国的风俗迥异，如果没有译音的存在，甚至倭国的外交也难以顺利开展。于是，日本朝廷便命朝臣数人专习"汉语"（Kango，かんご）。这里所说的"汉语"并非汉字或者书面汉语，而是专指中国的口头语言。[1]

稍早一些，约在持统天皇朱雀六年（691），日本朝廷下令赐大唐音博士及百济书博士银各二十两。次年，又追赐四人"水田各四町"。虽然三韩人在教日人阅读书写汉字方面发挥着重要的中介作用，但交际与发音方面则非大唐人不可正其标准。8世纪时，日本律令中已有明确条文规定，宫廷之内所办的汉式太学须设置正音博士两名，专门监督汉文经典的正确音读。大历十三年（778），唐朝官员袁晋卿护送日本使臣回国，而后被日本赐予和

---

1 《续日本纪》卷10，第232—233页；关于希腊人的单语现象，可参见[意]阿纳尔多·莫米利亚诺（Arnaldo Momigliano）:《希腊人的过失》，第13页；据欧文·拉铁摩尔（Owen Lattimore）先生的观察，汉人极少通识中亚语言，详见[美]欧文·拉铁摩尔:《中国新疆》，第194页。

姓，并被授为正音博士，最终官至国子监祭酒。自794年开始，按照日本律令规定，僧伽诸宝必须由每年推选出来的大德圣僧带领众僧以标准的汉音诵读。[1]

由于极度重视读音的正误，东亚地区才渐渐形成大声诵读的传统。当然，重视读音无非是为了能够口头交际。例如，《切韵》就是中国人有意识地对汉字发音进行人为的标准化，其主要意图在于"指导文本的诵读"。[2]

早期阶段，日本政府对于培养一批熟通汉音的译语人具有浓厚的兴趣，因为这样便能够与大唐的官方使节进行正面的沟通。然而，对于古代日本社会而言，真正使用汉语进行口头交流的机会实在寥寥。大多数情况下，倭人接触的汉语都以书面语为主。而且，在奈良—平安时期，整个日本社会的汉字识读能力并不高，而能够熟练掌握汉字听说能力的更是寥寥。平安时期，"汉字并不是作为一种交际语言被人教授的，所以直到平安末期，能熟练操用汉语的日本人都十分鲜见"。总体而言，早期日本对大

---

1 《日本书纪》卷30，第411，417页；[日]清原夏野，小野簧等编：《令义解》卷1，第39页；林文月：《唐代文化对日本平安文坛之影响：从日本遣唐使时代到〈白氏文集〉之东传》，第385页；《续日本纪》卷35。关于大德圣僧的任命，可参见[日]速水修：《日本佛教史：古代》，第145页；[日]无名氏编：《类聚三代格》卷2，第76页；杨曾文：《日本佛教史》，第93—94页。

2 [美]罗伯特·拉姆齐：《中国的语言》，第118—120页。

陆文明的认识更多来自对汉文经典的阅读，而非个人与大唐社会的直接接触。[1]

前近代时期，由于汉字成为一种通用的书写文字，东亚世界逐渐被凝聚为统一的整体。然而，由于内部各类繁杂语音的存在，东亚世界也长期处于"割裂"之中。这也更加证明，传统的东亚世界其实是一个内部差异十分显著的区域，既有"统一"与"地方"之差，又有"精英"与"平民"之别。不过，无论对于哪一个东亚国家而言，"知书识字"始终都是精英身份的重要标志。正如7世纪的史家姚思廉所言："夫文学者，盖人伦之所基欤？是以君子异乎众庶。"对于华夏中国而言，"精英统治阶层往往是那些熟练掌握汉字的人。与一般的庶民阶层不同，他们在汉字运用及表达方面有着突出的优势。而且，正是因为这一点，精英阶层与平民阶层显著地区分开来"。在传统的东亚世界内部，虽然精英阶层通行着同样的书写文字，但他们又使用着不同的口头语言。[2]

到了7世纪以后，日本社会的汉文水平似乎有了明显提升。正如乔安·皮戈特所指出的那样，"书籍及毛笔已经取代了铁剑、

1　[美]玛丽安·乌里（Marian Ury）:《中国学问与知识生活》，第347页；[澳]乔安·皮戈特:《日本王权的兴起》，第176页。
2　《陈书》卷34，第473页；[美]陆威仪:《早期中国的书写与权力》，第339页。

皮甲，成为日本列岛上王权统治的象征符号"。不过，这样的解读似乎是对大和国家文明教养水平的过分自信。毕竟，仅仅就在此前不久，日本的书写文字才刚刚出现。换言之，相当长的一段时间内，日本并无所谓的书写文字。从目前的考古资料来看，日本最早出现有意识的文字刻画符号是在5、6世纪之间。例如，1968年埼玉县稻荷山古坟出土了一柄铁剑（Inariyama sword）上就刻有115个汉字。[1]

过去通常认为，孔子所著的《论语》一书大约是在公元285年由百济传入日本的。不过，这一说法目前尚无确切的实物资料足以证明，因此只能存疑。从史料来看，到5世纪中期时，日本政府确实积极地设置相关机构，专门保存这些典籍文档，而且由朝鲜半岛移民到日本的"渡来人"中，不少都担任了专职的书记官。诸如文字之类的大陆文明很早就将日本与其他混杂的移民团体紧密地联系了起来，甚至，现代韩国人还宣称已从稻荷山古坟铁剑刻铭中释读出了百济文字。无论以上说法是否可靠，早期日本社会中，大陆移民长期垄断汉字技能这一点都

---

1 [澳]乔安·皮戈特：《日本王权的兴起》，第100页。稻荷山古坟铁剑刻有中国纪元年号，详见[日]穴泽和光，马目顺一：《日本古坟中的两柄刻铭铁剑：埼玉稻荷山古坟与伊田熊本县江田古坟的发现与研究》，第375，383—384页；[美]克里斯托弗·西莱（Christopher Seeley）：《日本文字史》，第16，19—23页。

无可辩驳。[1]

7、8世纪时，日本开始编修律令，并对各级官私办学有详细的明文规定。尽管都城以外的地区并无太多资历深厚的侍讲（翰林学士），但日本仍然参照了大唐的课程模式，并将其推广到地方州县。此时，传入日本的中国典籍开始慢慢累积。[2]到9世纪末，当时存世的汉文典籍大多能够在日本寻见。然而，能够识文断字的人毕竟只是极少数，因此，东亚文化圈中精英阶层的社会地位进一步抬升；相反，地方文化坚守者的社会地位则进一步下降。

不过，任何读书识字的精英人士，最初一定都出身于某个特定的地方文化之中。对于日本而言，汉字及汉文典籍的输入，也意味着外来思维方式的强行植入，它必然与本土的传统思维及表达方式发生对立与冲突。虽然日本很早就主动接受了大陆文化，但正如学界长期争论的那样，汉字背后的文化内涵其实并没有被

---

1 ［美］埃德温·克兰斯通（Edwin A. Cranston）：《飞鸟与奈良文化：文化、文学与音乐》，第453—454页；［日］石田英一郎：《日本思想史概论》，第28页；［日］关晃：《律令国家的政治理念》，第32页；［日］上田正昭：《论究：古代历史与东亚》，第15，17页；王家骅：《儒家思想与日本文化》，第3—5页；关于稻荷山古剑上刻铭为百济语的相关证据，可参见［韩］洪元卓：《朝鲜之百济与日本邪马台国之起源》，第83—84页。
2 ［美］包瀚德（Robert Borgen）：《菅原道真与早期平安时代的日本朝局》，第74页；高明士：《唐代东亚教育圈的形成：东亚世界形成史的一侧面》，第389页；林文月：《唐代文化对日本平安文坛之影响：从日本遣唐使时代到〈白氏文集〉之东传》，第372，377页。

日本充分领悟。例如，官私学制、汉文典籍及科举取士等等，尽管日本早已采纳，但它们到底有何寓意，"日本其实一直十分陌生"。此外，虽然汉字在日本得到广泛使用，但早期阶段的倭人并没有培养出相应的"汉语思维"。[1]

7世纪时，倭王曾遣使致书隋文帝，信中称"日出处天子致书日末处天子"。按照大卫·波兰克的理解，这一例证足以说明当时的倭国未能以汉式思维进行思考。不过，如果细加考察，不难发现这其中尚有商榷的余地。一方面，倭国自称"日出处天子"，说明日本还未充分理解大隋的文化自负，即普天之下只有中国皇帝一个合法天子；另一方面，又能看出日本正在套用中国的"天子"观念，企图打造另一个"合法"天子。

毫无疑问，对于前近代时期的倭人而言，学习古典文言文绝不是一件易事。不过，与日本人现在需要学习英文相比较，掌握汉语也不至于会更加陌生，或是更加尴尬。对任何人来说，熟练掌握一门全球通用语都不容易，因为它毕竟是一门外语。

早期阶段，日本大多数的本土文献都是采用古典汉语编纂的。然而，记录文武天皇元年（697）至桓武天皇延历十年（791）之

---

1 ［美］包瀚德：《菅原道真与早期平安时代的日本朝局》，第16页；［美］大卫·波兰克：《词义分裂：8至18世纪日本的中国化》，第26—27，228页；其他研究，可参见［日］家永三郎：《飞鸟与白凤文化》，第345页。

间史事的平安朝官方史书《续日本纪》，却保留了62篇天皇口头发布的"宣命"（Senmyō，せんみょう，即诏敕）。这些诏敕基本上是将当时的古日语原封不动地用汉文转写了下来，虽然显得有些艰涩难懂，却反映了当时日语口头文化的诸多特征。此时，"口头词汇仍被认为具有神奇的沟通功能"。遗憾的是，现如今想要单纯依靠这些汉文资料去还原其最初的模样，实在是困难重重。[1]

从现存的古籍来看，出于记录自身语言的需要，日本人有意识地对汉字进行改造的历史十分久远，较朝鲜及越南人来得更早，也更为普遍。由于汉语与日语的口语差异十分明显，从语音、字形及句法上看，二者甚至从属于完全不同的两个语系。因此，改造汉字以传写日语的难度极大。如今，在大多数人看来，汉字与日语口语经过漫长而复杂的混杂后，"日语已经发展成为当今世界上最为复杂的书写文字"。[2]

5、6世纪时，稻荷山古坟铁剑上的刻铭文字已开始借用汉字

---

1 ［澳］乔安·皮戈特：《日本王权的兴起》，第226页；关于"宣命"，详见《续日本纪·序》，第7页。

2 ［美］大卫·波兰克：《词义分裂：8至18世纪日本的中国化》，第19页；［美］克里斯托弗·西莱：《日本文字史》，第ix页；其他研究可参见［美］威廉·汉纳斯：《亚洲方块字的困境》，第28页。

的词义及字音。到了7世纪时，高崎市群马县的"山上碑"（立于天武天皇白凤九年，即681年）所刻碑文已将汉语的句法顺序进行了调整。例如，为了适应日语的表达习惯，碑文将汉语的"为母"倒置为"母为"（haha no tame ni，ははのために）。不过，讽刺的是，正如史料中所见的那样，在创制日文汉字读音方法的过程中，反倒是从朝鲜半岛而来的"渡来人"起到了最为关键的作用。[1]

早在6世纪末，糅合了汉文、日文特征的混合书写文字已初步形成。到9世纪时，假名文字发明以后，完全以语音方式记录日文口头语言成为可能。这意味着无须借助古典文言文或汉字就能实现对日文的转写。不过，以假名文字书写的第一部日文书籍——《古今和歌集》，要迟至醍醐天皇延喜五年（905）才编纂完成。而且，这部书的序文也是用汉字撰写的。

此后，尤其是在公元10至11世纪之间，平安宫廷中涌现出一大批完全以日文撰成的日记及小说。这些作品多出自"女手"，可以称得上世界上最优秀的文学精粹。不过，直到这一时期，汉字的影响也远远没有消除。例如，在那部脍炙人口的文学

---

1 高明士：《唐代东亚教育圈的形成：东亚世界形成史的一侧面》，第27页；[日]上田正昭：《归化人：围绕日本古代国家的成立》，第75—76，79页；[日]上田正昭：《论究：古代历史与东亚》，第3页。

名著——《源氏物语》中，直接或者间接引用汉文经典的地方就多达185处。作为儒释两教中正式的书写文字，以及日本列岛上分裂族群的黏合剂，古典文言文的衰落，要迟至19世纪末才真正开始。而且，哪怕是进入了近代，在一般人的想象当中，"中国与日本在文学领域仍然不分彼此"。[1]

实际上，东亚各国大部分的古典文献都是用汉文编写的。因此，若无正规的汉文训练，如今日本、朝鲜及越南等地的普通国民甚至都无法使用本国的文献史料。（更讽刺的是，多半的中国人现在也无法通畅地阅读古代的汉文文献。）由于早期日本的文献大多是以古汉语编纂而成的，因此现在要回头将日本的本土词语从中剥离出来，就会变得十分困难。事实上，从一定程度上讲，"纯粹的日本本土语言传统"并不存在。与中国的情况一样，日本最初也是在多种文化的影响之下，才渐渐形成一个混合的文化体。关于这一点，我们可以从日本的标准国名称谓中（即"日本国"）得到很好的印证。

现有史料证明，日本约从7世纪后半叶开始采用"日本"的

1　关于《源氏物语》，可参见王家骅：《儒家思想与日本文化》，第342页；关于19世纪以来日本古汉语的使用呈现下降趋势，可参见[英]彼得·科尔尼基：《日本书史：从起源至19世纪》，第16页；"共同文学"一句引自[美]道格拉斯·霍兰德：《华夏文明的边疆：帝国尽头的地理与历史》，第7页。

称谓，并有意识地对其进行宣传推广。网野善彦先生甚至将这一国名的采用与"日本"的形成联系了起来。然而，"日本"一词，只是书面上的称谓，它是根据汉字的字义（即"日出之国"）来选取的，与本土方言中的名称并无关联。而且，在日本国内，日本人也长期将自己的国家口称为"大和国"，而非"日本国"。之所以要将国名更换为"日本"，原因在于，"倭国"的旧称听上去略显不雅（甚至还带有一丝蔑称的意味）。关于"倭"到底是对日语口语的传写，还是直接取自汉字，现在已无法究明。可以确定的是，至今仍在沿用的"日本"国名，并不是来源于日本本土的词语，而是一个汉语复合词。由于"日本"一词词义雅驯，且在东亚汉字文化圈中的辨识度极高，因而得到了长期使用。不过，"日本"一词读作"Nihon"（にほん），却纯属偶然。[1]

其实，早期传入日本以前，汉字已在朝鲜半岛使用了很长一段时间。与日语一样，朝鲜的地方方言与汉语也完全不同。从语

---

1 《三国史记》卷1《新罗本纪六》，第126页；《唐会要》卷99，第1770页；《唐会要》卷100，第1792页。相关研究可参见[日]网野善彦：《日本社会的历史》第1册，第108—109页；[日]大庭修：《日本研究者所见中日文化交流史》，第26页；[澳]乔安·皮戈特：《日本王权的兴起》，第143—144页；王贞平：《汉唐中日关系论》，第1页注3。据罗伊·安德鲁·米勒（Roy Andrew Miller）先生的研究，"倭"的起源目前并不十分清晰，但"倭"一词的表述却反映了早期汉语中的转译尝试，参见[美]罗伊·安德鲁·米勒：《日本语》，第11页；"倭"作为对日本的蔑称，最早始于明朝，相关研究可参见[美]道格拉斯·霍兰德：《华夏文明的边疆：帝国尽头的地理与历史》，第22页。

法上看，朝鲜语与日语更为接近，而与汉语迥异。而且，朝鲜半岛最初也并未出现统一的国家。如今，朝鲜语已成为整个朝鲜半岛高度统一的语言。然而，朝鲜语最初也是从朝鲜半岛东南部的早期国家——新罗国发源的。[1] 当时，半岛上其他地区所使用的语言或多或少与其存在着一些"差异"。这些语言不仅与汉语、日语有所不同，它们内部也彼此存在着一定的差异。

例如，《三国史记》在提到古伽倻语中"门"这一词语时，又特别进行了注释，目的是使12世纪的高丽人能够正确地阅读。伽倻语原是朝鲜半岛南部洛东江（Naktong River）下游地区六个城邦组成的联盟国家——古伽倻国所使用的古老语言。3世纪时，中国史料也明确记载，半岛东南部的辰韩人与半岛西南部的马韩人所用的语言并不相同，"其（辰韩）语言不与马韩同"。[2]

然而，就当时的朝鲜半岛而言，一旦需要对史料进行记录（百济国约在4世纪中叶开始记录档案），汉字就成为唯一的选择。需要特别说明的是，早期朝鲜的史料不仅采用汉字，而且主要以文言文的形式记录。例如，现存的早期朝鲜史书几乎全部都是以汉文编纂的，唯有《三国遗事》这一部书中特别用汉字转写了14

---

1 ［德］布鲁诺·列文（Bruno Lewin）:《日本与朝鲜：基于语系比较的历史与问题》，第407页。
2 《三国史记》卷2《高句丽本纪四》，第355页；《三国志》卷30，第852页。

篇古朝鲜语白话短诗。[1]

据《三国史记》记载，公元32年，六伽倻城邦（后来伽耶并入了新罗国）已开始接受汉式的姓氏称谓。虽然史书中的这一纪年日期并不可靠，但这一事件却值得关注。纵观整个新罗时代（前57—935），朝鲜半岛随父姓的做法并不连贯。然而，令人诧异的是，半岛上的居民最终都采纳了汉人姓氏的命名方法。而且，从书写上看，这些朝鲜姓氏与汉人姓氏毫无二致。[2]

在汉语的语境中，主动接受其姓氏文化无疑是文明同化的重要一步。例如，北魏鲜卑拓跋人在有意识地汉化过程中主动采纳了"元"这一汉姓。采用汉姓以后，异民族往往能够快速地融入汉人圈中，并最终在汉人的历史记录中褪去自身的异民族身份，从而完全地转化为汉民族。

虽然这里并非要暗示朝鲜、越南渐渐被同化为中国人（正相反，朝鲜、越南的民族意识正逐渐觉醒），但采纳汉人姓氏的做法确实大大地推动了东亚地区的凝聚与融合。纵观整个历史时

1　关于百济最早进行文字记录的记载，见《三国史记》卷2《百济本纪二》，第32页；关于古朝鲜语短诗，详见[韩]金其忠：《朝鲜古典文学导论：从乡歌到史诗说唱》，第5、13页。

2　关于朝鲜早期的姓氏，可参见[韩]金滋焕：《朝鲜社会的儒学化》，第99页；《三国史记》卷1《新罗本纪一》，第23页。

期，东亚各国几乎都采用了书写一致的汉姓，这可能是由于汉姓文化的传播所致，也可能是由其他相近的姓氏文化转化而来的。不过，日本似乎成为唯一的例外。虽然时至今日日本的姓氏仍以汉字书写，但与东亚其他地区相比，无论是就书写形式，还是口头表达而言，日本的姓氏都独具一格。笔者以为，这很可能与日本长期独立于汉人天下之外息息相关。

新罗统一朝鲜半岛以前，半岛上的早期部落首领一般都自称"居西干"（即"酋长"之义）。公元503年，经历了二十二代居西干的统治以后，汉语中的"王""君"等称号被引入半岛内，而此前朝鲜语中的旧称开始被人摒弃。与此同时，由汉字转写而来的"新罗"一词，也开始固定地成为国名称谓。正如《三国史记》所载，新罗官名的称谓十分混杂，"新罗官号，因时沿革，不同其名言，唐夷相杂"。[1]

"新罗采纳汉姓、改定官号等诸多行为，并不只是停留在术语变化这一层面上。相反，这些举动反映了新罗欣然接受中国文化与制度的姿态。"[2]而且，朝鲜半岛随后的历史发展也基本是在

---

1 《三国史记》卷1《新罗本纪一》，第16页；《三国史记》卷1《新罗本纪四》，第72页；《三国史记》卷2《杂志七》，第250页；[日]鬼头清明：《大和国家与东亚》，第77—80页。

2 [韩]李基白著，[美]爱德华·瓦格纳（Edward W. Wagner）译：《韩国史新论》，第43页。

全盘接受中国观念的前提下进行的。

与日本相同，朝鲜半岛也尝试借用汉字来记录本土的语言，这一标识方法即后世所谓的"吏读"（Idu，이찰）法。据载，大约5世纪时，"吏读"法就已经创制。到了15世纪以后，"谚文"（Hangul，한글）这一独特而实用的朝鲜拼音文字也出现了。然而，汉字在朝鲜半岛一直享有崇高的地位。此外，与日语中日、汉两种文字混用而彼此独立的情况不同，朝鲜语中的本土词汇往往会因为汉语词汇的输入而面临被排斥的风险，这就使得朝鲜语中的地方语言要素十分微弱。当都采用汉文书写时，朝鲜语与汉语的界限并不明朗；当以"谚文"书写时（事实上，进入20世纪以后，朝鲜、越南等地纷纷进行了"去汉化"运动，汉字几乎被这些国家完全抛弃），朝鲜语中往往夹杂着大量从汉语中引入的词汇。就这一点而言，朝鲜语与西方的希腊语、拉丁语保留了较多古词根完全相同。据估算，现代日语、韩文、越南语中保留的汉语词汇都达到了30% ~ 60%。[1]

汉语词汇在整个东亚地区的渗透，一说是极大地破坏了地方文化，另一说则恰恰与之相反，即认为汉字大大丰富了地方文

---

1 ［美］威廉·汉纳斯：《亚洲方块字的困境》，第54—56，65，77，126—127，183页；关于越南，可参见［美］约翰·德范克：《越南的殖民主义与语言政策》，第8页。

化的表现形式。对于第二种观点，民粹主义者多半并不认同。然而，汉字及其观念的传播，确实对东亚民族文化多样性的塑造产生了重要影响。而且，相比于其他文化因素，正是相同的词汇与共同的语言才大大地促进了东亚地区的融合。东亚文明与中国文明之所以长盛不衰，其根源在于东亚各国的精英群体都研习着同样的汉文经典。如果说中华帝国是建立在汉字书写上的帝国（言外之意是只有汉文经典失去对国民的吸引力，中华帝国才有可能解体消亡），那么汉文经典所到之处就都可视为中华文明的波及之地。[1]

雅驯的文言牒书对于前近代时期东亚外交的成功展开至关重要。周边族群（的首领）为了能在中国主导下的东亚外交秩序中占据一席之位，必须主动适应汉语文学。4世纪初，穷兵黩武的匈奴[2]首领石勒征服了中国北方大部，并建立了史书中所称的后赵国（319—351）。石勒本人虽然目不识丁，但他却据儒家经典设置了宣文、崇训等十余座官办小学，并"命佐豪右子弟且备击柝之卫"。中国西北部的匈奴大夏国单于赫连勃勃虽然排斥汉人的治理模式，十分重视胡俗，但在与南朝刘宋君主交涉时，赫连

1　[美]陆威仪:《早期中国的书写与权力》，第339页；高明士:《唐代东亚教育圈的形成：东亚世界形成史的一侧面》，第64页。
2　石勒实际上是羯族，此处有误。——译者注

勃勃仍想刻意表现出其汉文文采，史载"勃勃命其中书侍郎皇甫徽为文而阴诵之，召裕使前，口授舍人为书，封以达裕"。[1]

然而，当中国的东亚邻国因无其他书写文字可供选择而融入汉字文化圈时，中华帝国的西方诸邻却频频地受到其他文字系统的冲击。据载，公元6世纪时，汉字与西胡诸语同时流通于吐蕃国内。尽管吐蕃国民也研习汉文经典，却主要以西胡诸语大声诵读。从敦煌出土的古代文书中，发现了梵文、和阗文、粟特文、回纥文、吐蕃文及汉文等多种文字。[2]总之，中国的西域地区多种文化云集，因此从一开始就为当地人提供了多样化的选择。唯有东亚世界的中国东部、日本、朝鲜及越南等地（因别无其他选择），汉字及古典文言文才成为最主要的文字书写形式。

在前近代时期的东亚世界内部，汉文典籍流通顺畅。因此，汉字及其（传达的）概念很容易被东亚各国所理解并接受。然

1　7世纪时，儒生康素曾在新罗与大唐的外交关系中扮演重要角色，详见《三国史记》卷2《列传六》第378页。关于石勒的记载，见（晋）邓粲撰：《晋纪》，第15页；《世说新语校笺》，第216页。关于赫连勃勃，可参见[美]托马斯·巴菲尔德（Thomas J. Barfield）：《危险的边疆：游牧帝国与中国》，第119—120页；《晋书》卷130，第3208页；李则芬：《两晋南北朝历史论文集》第1辑，第123—127页；《廿二史札记》卷8，第161页。

2　关于吐鲁番，可参见[美]罗伊·安德鲁·米勒译：《周书》（《北周时期西部国家述论》），第7页；张广达：《论隋唐时期中原与西域文化交流的几个特点》，第282—283页。关于敦煌，可参见[法]司马虚（Michel Strickmann）：《从中国的镜中看印度》，第61页。

而，由于交通、语言的阻隔，西域以西地区无法与中原相互沟通。例如，印度佛教的教义之所以很难在东亚世界被真正地参透，也是因为巨大的语言障碍。

汉字并不会自我屈从，以传达域外的文字及思想。这是因为，汉字自身已包含了中国的词汇及观念。而且，即便字母文字也仅能模拟外来文字的读音，那么汉字怎样才能传达外来词汇的语义呢？律学大师僧祐对此颇有一番高论，他认为"胡汉分音，义本不二"。按照僧祐乐观的看法，胡汉音义虽殊，但传达的内容却可以互换，所谓"文画诚异，传理则同矣"。[1] 不过，如果脱离了具体的语言，所谓的"原则"及"语义"恐怕也就难以独立存在了吧！

杰出的译经大师鸠摩罗什（Kumārajīva，344—413）出生于龟兹国（Kuchā，今新疆维吾尔自治区内），其父鸠摩类乃天竺望族，其母为龟兹国人。少时，鸠摩罗什曾随母赴罽宾（今克什米尔地区）诵经多年，"聪辩有渊思，达东西方言"，并与沙门道彤、僧略、道恒等诸僧"共相提掣，发明幽致"，"更定章句、辞义通明"。然而，在翻译佛经的过程中，像鸠摩罗什这样的译经大师也不禁感叹，"改梵为秦失其藻蔚，虽得大意殊隔文体，有似

---

1 《出三藏记集》卷1，第12页。

嚼饭与人，非徒失味，乃令呕哕也"。可见，在译梵经为汉文时，不免都会出现一定的失误或者改写。[1]

佛教在中国流行以后，官方与民间都不遗余力地开展了大规模的译经、论经活动。然而，只要将梵经译为汉文，便不可避免地会在其中掺入一些中国人的观念。[2]而且，正是通过佛经的翻译，印度传来的佛教才渐渐地实现了中国化。此后，经过汉文转写的佛教又进一步传播至周边的东亚各国，从而大大地促进了东亚世界的一体化。总之，汉字文明照亮了传统的东亚世界，使得各国的精英阶层在文化层面上实现了高度的统一。而且，在促进东亚内部沟通交流的同时，它又将汉字文化圈以外的世界彻底地抛入到不可触及的"黑暗"之中。

1 《高僧传》卷1，第5—6页；《高僧传》卷2，第30—31，39页；《魏书》卷114，第3031页；关于佛经翻译的问题，可参见[美]丹尼尔·布歇（Daniel Boucher）:《再论犍陀罗与中国早期佛经的翻译：以〈法华经〉的译介为中心》，载《美国东方学会会刊》第118卷第4期，1998年。
2 ［日］家永三郎监修:《日本佛教史：古代篇》，第30—31页。

第四章 "东亚"之外：全球性的交流

第一节　对外贸易

东亚世界的初步成形是建立在古代中原的多元文化基础之上的，但其最终形成却与今天中国国境线外附近的其他原始地方文化息息相关。一方面，外来文化因素促成了东亚地区的内部稳定；另一方面，这些域外文化也冲击着中华帝国牢不可破的"天下"框架。换言之，即使是在早期社会中，东亚也不能完全孤立于世界文明之外。

例如，佛教本是起源于印度的宗教，但传入东亚地区以后，很快就被东亚各国所接受，由此又对东亚世界的形成产生了重大影响。若无佛教因素的干预，东亚世界或许就是另外一副截然不同且无法想象的面貌了。然而，佛教的确是一种侵入的外来文化因素。这一时期，与东亚世界相邻的东南亚文明正在逐步地"印度化"，而其文化先驱也是佛教的传入。对于东亚而言，由佛教引起的"印度化"已经大为削弱了，但从印度传来的文化概念却使得东亚的形成过程更为复杂。其原因在于，东亚开始突破传统汉文化一元模式的影响。（当然，东亚各国的原始文化也同样增加了东亚文化的多元性。）

如果说佛教上升为东亚世界备受尊崇的宗教是受到外部世界的影响，那么国际贸易对于东亚世界的物质商品及思想的交流（如佛事法器、经书等等）的影响就更为关键。一方面，商贸往来进一步推动了佛教传播，另一方面它又塑造了东亚共同体的其他特性。虽然商业贸易鲜为传统的东亚士人所关注，甚至还屡屡为法家、儒家观念所鄙夷，但是，中华帝国早期阶段的商业活动仍然十分活跃，并且在很大程度上促进了帝国经济的繁荣。诚然，商业活动常常为人所忽视，但它却保证了东亚地区的活力，并使得东亚发展为世界上经济最为繁荣的地区。这些跨越政治、文化障碍且不见于史料记载的民间商人，往往像一股颠覆性的文化力量，对于突破东亚封闭而停滞的世界秩序而言至关重要。

自秦汉以至隋唐时期，帝国政府往往在经济管理中扮演着十分积极的角色。对于帝国政府而言，它们不仅要管理市场秩序、维持物价稳定，而且还要严格按照儒家"士农工商"的思想，将商人阶层束缚在"四民"的底端。对于这些商贾，汉帝国一方面"重租税以困辱之"，另一方面又令"贾人不得衣丝乘车"。乾封二年（667），唐高宗下令"禁工商乘马"，也是一例。当然，大唐的这项规定不过是对汉高祖八年（前199）"贾人毋得衣锦、绣、绮、縠、絺、纻、罽，操兵，乘骑马"政策的重申。[1]

政府之所以对商业发展加以严格限制，根源在于担心商业的厚利会诱使更多的农民加入，从而造成农田荒废、农业停滞。因此，政府需要出台政策，进行人为的干预。而且，古人常云："一夫不耕，或受之饥；一女不织，或受之寒。"政府的基本治国理念在于建立由官僚阶层有序管理的农耕国家，保证治内的广大百姓自给自足、地位平等。至于商业活动则不被提倡，它充其量不过是对经济发展的补充而已。[2]公元834年，新罗兴德王下达了一条诏令，明确表达了对民间从贾风气的深恶痛绝，"民竞奢华，只尚异物之珍奇，却嫌土产之鄙野，礼数失于逼僭，风俗至于陵夷"。[3]在传统的东亚世界中，农业的地位远远高于商业。而且，经济上的勤俭困乏还被视为一种美德。

---

1 《新唐书》卷3，第66页；《汉书》卷1下，第65页。相关研究可参见罗彤华：《汉代的流民问题》，第78—80页；[英]杜希德（Denis Twitchett）：《唐代的市场制度》。

2 《汉书》卷24上，第1128页；《晋文归》卷4；《颜氏家训》卷1。

3 《三国史记》卷2《志第二》，第174页。

大唐政府对于边境与关禁的控制十分严格。其实，早在汉初，中国就已经实行了关禁政策。甚至，早在先秦时期，就已有设置关禁的先例。但是，这一政策真正发展至顶峰，却要晚至唐朝立国以后。（而且，这一政策还被同一时期的大和国家所借鉴。）此外，大唐政府还设置了各级官吏，从而将帝国的商业活动纳入到了严密的管理之中。例如，大中五年（851），唐律中明文规定："中县户满三千以上，置市令一人。"从中可以看到，凡是三千户以上的县，就设有一名市令，专门掌管交易活动。据韩国磬先生的推算，8世纪中期，在整个大唐帝国的范围内，大约每二十一到二十二户家庭中，就有一名大唐设置的官吏。关于帝国政府对民间事务强有力的干预，还可从唐朝初年的一则诏令中得到很好的佐证。贞观元年（627），唐太宗下诏："民男二十、女十五以上无夫家者，州县以礼聘娶；贫不能自行者，乡里富人及亲戚资送之。"[1]可见，对于男女婚嫁这样的私事，政府都有着全面的干预。

中华帝国的这一基本治国方略也为东亚各国所效仿。公元

1　程喜霖：《汉唐过所与中日过所比较》，第83—84，88，90—92页；《唐律疏议》卷8，第124—128页；《唐会要》卷86，第1579，1581，1583页；关于官员人数的估计，参见韩国磬：《北朝隋唐的均田制度》，第239页；贞观元年（627）诏令，引自《新唐书》卷2，第27页。

134年，徐那伐国（即后世所谓的"新罗国"，但新罗国的得名要迟至503年）逸圣尼师今即立为王时，便向国内下达了一则诏令，表达对农业的重视。诏令中称"农者政本，食惟民天。诸州郡修完堤坊，广辟田野"。与此同时，他又规定，"禁民间用金、银、珠、玉"。公元489年，新罗王照知麻立干在位期间，也"驱游食百姓归农"，试图恢复农业的发展。由于一定程度的商业活动有利于社会的发展，新罗也复制了中国的商业管理模式。公元490年，新罗下令"初开京师市肆，以通四方之货"。公元505年，新罗设置"船府署"，以掌车船之事。同时，又"命所司藏冰，又制舟楫之利"。公元509年，新罗为促进商业交易的发展，又"（增）置京都东市"。[1]

重农政策也在朝鲜半岛的其他小国内得到了推广。例如，公元510年，为了应对与高句丽及邻国靺鞨（Malgal）多年的攻战，百济国王下令，"完固提防，驱内外游食者归农"。[2]

同样的，中国主张的农耕社会、自给自足的理念传入日本以后，也在日本逐渐根深蒂固起来。不过，对于当时的日本社会而言，重农政策的难处并不在于限制商业活动，而是如何在一定程

---

1 《三国史记》卷1《新罗本纪一》，第35页；《三国史记》卷1《新罗本纪三》，第67页；《三国史记》卷1《新罗本纪四》，第72页。
2 《三国史记》卷2《百济本纪四》，第62页。

度上刺激日本商业的发展。众所周知，直到7世纪末，日本才开始铸造钱币[1]以作流通之用。不过，日本货币经济真正肇始却是以708年"和同开珎"银钱的铸造作为标志的。[2]然而，银钱铸造以后，却在流通中遇到了阻力。于是，和铜四年（711），日本政府还专门下达诏令，向民众苦心解释钱币之利：

> 夫钱币之为用，所以通财贸，易有无也。当今百姓，尚迷习俗未解其理。[3]

然而，在都城以外的区域，粮食往往容易取代货币直接参与商品交易。9世纪时，由于通货膨胀及其他流通中的问题，整个日本社会的商品经济甚至一度倒退到了物物交换的状态。天德二年（958），村上天皇在位期间，日本政府铸造了最后一批钱币——"乾元大宝"钱。自此以后，日本不再新铸钱币。至于商

---

1 《日本书纪》卷15"显宗天皇二年（486）十月癸亥"条保留了"百姓殷富，稻斛银钱一文"的记载；《日本书纪》卷29"天武天皇白凤十二年（684）四月壬申"条也有"自今以后，必用铜钱，莫用银钱"的记载。不过，这些用钱的记载尚存很大的争议，因此不可尽信。——译者注

2 [日]网野善彦：《日本社会的历史》第1册，第139页及注；[英]卫德礼，[英]托马斯·西伊（Thomas See）：《从庭院到首都：试析日本城市的起源》，第154页。

3 日本711年诏令，见《续日本纪》卷5，第172—173页；《续日本纪》卷6，第194—195。

品交易中所需的铜钱，则多用从中国输入的"渡唐钱"。[1]

与同一时期的中国或者朝鲜各国相比较，日本最大的差别在于其经济发展水平总体上较为落后。当然，这可能是因为汉文史料中"农本位"思想作祟。总之，关于日本零星的商业活动及社会分工的记载就这样在无形之中被过滤掉了。然而，公元800年左右成书、日本今存最早的佛教故事集——《日本灵异记》却为窥探正史以外的日本社会提供了一个难得的观察视角。该书保留了早期日本商业活动的丰富记录，并为其他早期史料所不载。不过，就早期日本而言，无论如何也无法跨越大海的阻隔而与大陆进行直接的贸易往来。"当时，日本最富裕的消费群体是官僚阶层，大宗贸易也以赋税商品为主；市场贸易及商业往来往往需要得到政府的支持才能够正常进行；而且，名商巨贾也多出身于中下层官僚。"[2]

---

1 ［美］威廉·韦恩·法里斯（William Wayne Farris）:《奈良时期日本的商贸、货币与商人》，第309，313—318页；［美］威廉·麦卡洛夫（William H. McCullough）:《都城及其社会》，第162，164页。

2 ［美］威廉·韦恩·法里斯:《早期日本的人口、疾病与土地：645—900》，第142—144页；［美］威廉·韦恩·法里斯:《奈良时期日本的商贸、货币与商人》，第322页。关于"农本主义"，可参见［日］网野善彦:《君王、稻米与平民》，第237—238页。关于零散商业活动的记载，见《日本灵异记》卷1第12条，第212—213；《日本灵异记》卷1第21条，217页；《日本灵异记》卷1第27条，第220页；《日本灵异记》卷3第26条，第281—283页；［美］中村凉子译:《日本佛教中的传奇故事：戒觉〈渡宋记〉》，第vi页。

尽管早期日本的经济发展较为落后，但与中原地区的陆地文明不同，日本长期以来都对开拓海洋抱有浓厚的兴趣。当然，日本之所以重视海洋，显然与其自身的岛国地理环境息息相关。此外，这背后也可能是受到了中国华南地区史前越民族的影响。说起"越人"，首先映入人们脑海的印象就是越人崇尚海洋文化，"便舟善水"。由于日本后来深受中国农耕文化的影响，早期日本的海洋文化传统便渐渐被人们淡忘。不过，日本最古老的诗歌总集——《万叶集》（约成书于8世纪）却保留了许多重要的史料，"书中留下了大量早期海洋诗人的诗篇，这些都是在日本晚期文学作品中无法见到的"。[1]

关于日本史前史的记载，现存最早的汉文史书是《三国志》，它成书于公元3世纪。书中记载，朝鲜半岛与日本诸岛之间的先民常常跨海往来，"乘船南北市籴"。考古资料也已证实，早在公元3世纪以前，日本就已经与更南端的琉球诸岛保持着频繁的贸易往来，常向琉球求购珠贝珍奇之物。目前发现的史前时期末段的日

1　日本学术振兴会译：《万叶集·序》，第xxxvi页；关于越人习性的记载，见于《安南志略》卷1，第41页；关于越人乘舟等特征的记载，也得到了考古发掘资料的证实；黄崇岳，孙霄：《华南古越族对中华民族文化的历史贡献》，第47，50—51页；关于早期日本，可参见[日]网野善彦：《君王、稻米与平民》；[美]何肯：《"舶来"佛教：海上贸易、移民与佛教传入日本》，载《美国东方学会会刊》第119卷第2期，1999年。

本墓葬壁画上，就绘有倭人乘船跨海的图案。这些"船舶"的体量较大，已可同时容纳五十余人搭乘。正如伽里·莱德亚德（Gari Ledyard）教授指出的那样，公元3世纪时，日本诸岛与朝鲜半岛南端的近海地区联系十分紧密，而且文化面貌也十分相似。虽然这两个区域从陆地上并不接壤，却通过海洋连为一个整体。因此，这一时期，常常能够见到两地的岛民乘舟向北或向南往来航行。[1]

早在日本列岛上各个部落统一为大和国家以前，日本就已经与东亚大陆展开了频繁的民间交往。公元5世纪末至7世纪初，倭国的中央集权政治逐步得到了强化。当然，这与日本政府取缔民间海上贸易有着莫大的关联。一方面，倭国将海上贸易完全垄断到了政府手中；另一方面，日本又加强了与大陆之间的文化联系。例如，钦明天皇十四年（553），日本政府任命王辰尔为"船史"，专门负责船税的征收，而王辰尔本人也是从百济移民日本的"归化人"。[2]

从帝国行政管理的角度看，强化政治控制始终都是第一位

---

1 《三国志》卷30，第854页；关于珍珠贸易的研究，可参见[英]马克·哈德森（Mark J. Hudson）：《身份废墟：日本岛内的民族起源》，第189页；关于史前时期的船，可参见[日]埴原和郎：《日本人群的种族起源与演化》，第176—178页；[美]伽里·莱德亚德：《追逐骑马民族：寻找日本创世之源》，第231页。

2 [日]榎本淳一：《"国风文化"与中国文化：文化移入过程中的朝贡与贸易》，第170，172—173页；[澳]乔安·皮戈特：《日本王权的兴起》，第56—57，71，100页；[日]上田正昭：《论究：古代历史与东亚》，第101—103页；《日本书纪》卷19，第79页。

的。那么，与其大力发展对外贸易，还不如对其加以约束和管理。然而，即使是在公元8世纪，日本效仿中国政治模式达到顶峰的时候，在日本的官方管辖范围之外，仍然存在着大量不受管控的贸易活动。毕竟，要将所有的经济活动都纳入到政府的管辖之下，谈何容易！"到了仁明天皇承和二年（835），日本政府最后一次向大唐派遣遣唐使的时候，日本的官市制度已经陷入了困境之中。"然而，官市制度的解体，并未造成日本经济的崩溃。"相反，它却促进了日本商业贸易的扩张。"[1]

公元8世纪以后，日本与大陆之间的民间贸易规模持续扩大。据《类聚三代格》（成书于842年）记载，自圣武天皇（724—749年在位）一朝以来，新罗的民间商人经常泛海到日本经商，这些商民多不会遵从律令的规定向日本进献方物。从时间上看，8世纪中叶似乎是日本民间自发贸易重新崛起的重要节点。神护景云二年（768），孝谦天皇为了获取新罗的贸易商品而向主管大臣赏赐布帛，更是成为日本官方朝贡贸易体系转向民间自由商业体系的一大标志性事件。"（神护景云二年，）赐左右大臣太宰，绵各二万屯……为买新罗交关物也。"尽管这一时期民间海上贸

---

1 ［日］网野善彦：《日本社会的历史》第1册，第163页；［美］威廉·麦卡洛夫：《都城及其社会》，第168—169页。

易的规模已无法详考，但据黄约瑟先生的研究，仅在晚唐时期，大唐商人浮海到日本经商的就有三十多例。[1]

换言之，长期以来，日本企图将所有商业贸易活动垄断在政府手中的计划只得宣告破产。不过，日本并不是唯一碰到这一情形的国家，中国甚至有过之而无不及。早在中华帝国建立之初，民间贸易就一直试图挣脱官方的限制，以寻求自由发展。总之，存在官方与民间的对立放之四海而皆准，任何地方都不会出现所谓的特例。

例如，据史料记载，早在汉初，巴蜀地区的百姓就常常私自越境贸易，并一度因此十分富足，"巴蜀民或窃出商贾，取其莋马、僰僮、髦牛，以此巴、蜀殷富"。到了10世纪时，当宋朝中央政府对巴蜀地区实行丝绸专卖政策以后，竟然招致当地民众的大规模反叛。唐朝时期，办州至罗州之间的招义郡（今广东省内）因郡傍海，盐场众多，民间盗煮的现象也屡禁不止，"海有煮海场三，然郡民盗煮，亦不能禁"。尽管帝国政府耗费了大量人力、物力，试图保持对民间贸易的威慑力，但这样悉心打造的

1　关于842年诏令，见《类聚三代格》卷18，第570页；[韩]李宋思：《东亚世界的王权与商贸：正仓院宝物渡来的新路线》，第160—166，174—184页。关于赏赐布帛的记载，见《续日本纪》卷4，第220—221页。关于晚唐之际的民间贸易，研究可参见黄约瑟：《大唐商人"李延孝"与九世纪中日关系》，第47页；[日]大庭修：《古代与中世纪中日关系研究》，第310页。

网络很轻易地就被冲破了。[1]

自战国以来，华夏帝国就建立了严格的户籍制度，并得以动员帝国范围内的所有人口。因此，帝国政府始终对民间保持着强有力的控制。唐初，中央政府积极干预农村生活，甚至籍田也是由政府分配到丁户手中的。然而，可以预见的是，考虑到地区的差异性，唐代的均田制度也需要具备一定的灵活性，所以均田制在实际贯彻的过程中必然也会出现一些偏差。例如，从唐初开始，就有大量逃脱政府户籍统计的丁口（即"脱漏户"）；而在计入户籍统计的人口当中，丁女所占的比例也明显过高。而按照唐律的规定，丁女通常可以免缴租税。据推算，在天宝十三年（754）的户口数中，竟有84%的人口或多或少享有一定免除租税的权利。于是，天宝十四年（755）安史之乱爆发后，均田制彻底崩溃。[2]

1　关于汉代四川的情形，见《汉书》卷95，第3838页；关于10世纪时四川的反叛，可参见刘欣如：《丝绸与宗教：古代物质生活与思想论考》，第191页；关于唐代广东的情形，见《太平广记》卷269引《投荒杂录》，第2112页。

2　关于均田制崩溃的记载，见《新唐书》卷51，第1341—1342页；《新唐书》卷52，第1351页；关于754年免除租税的研究，可参见王金林：《奈良文化与唐文化》，第218页；杨远：《唐代的人口》，第390页；关于丁女的户口登记，可参见邓小南：《六至八世纪的吐鲁番妇女：以婚外生活的考察为主》，第91—93页；[英]杜希德：《唐代财政》，第8页；杨远：《唐代的人口》，第399，421页；据韩国磐先生的研究，均田制在实际施行过程中较为灵活，见韩国磐：《北朝隋唐的均田制度》，第70页；刘伯骥：《唐代政教史》（修订版），第65页；[日]吉田孝：《律令国家与古代社会》，第47页；赵冈，陈仲毅：《中国土地制度史》，第43页。

一方面，政府总是试图加强对民间的管理；另一方面，民间则总是企图冲破政府的监督。这两者始终是一对不可调和的矛盾。不过，如果政府能够将与民众的矛盾控制在一定限度以内，那么最终将会使双方同时受益：如果政府约束民间贸易太甚，那么经济就会缺乏活力；相反，如果民间贸易缺乏相应的监督，那么经济会陷入混乱。总之，要想找到并把握两者之间的平衡实在不易。例如，一般认为，汉帝国废除盐铁专卖及垄断、放宽对土地买卖的限制、增加赋税中货币交纳比例等举措，都有利于汉初私营工商业的发展。[1]当然，也有观点认为，汉武帝统治时期（前140—前86），由于中央集权的加强，私营工商业的发展反而受到了限制。[2]

在评价早期中华帝国的经济时，我们不应受到今天认知的左右，即认为中国从未孕育出近代工业革命所需的机制。精英人士对于商业的排斥，确实在短期内给中国经济的发展造成了负面影响。但是，除了少数极端的例子，帝国政府"重农抑商"政策的意图与其说是完全抑制贸易，不如说是单纯将其置于"万民之利"下，以维持稳定的社会等级秩序。无论相对近代欧洲还是东

1　吴慧：《中国古代商业》，第36页。
2　许倬云：《国家形态的发展：东周到秦汉》，第110—111页。

亚而言，此处所探讨的时代都十分久远。虽然早期阶段中华帝国的商品经济无法与鼎盛时期的罗马帝国相提并论，但它却比欧洲中世纪发达得多。[1]

汉初，太史公司马迁（约前145—？）在陈述其治国主张时这样说道："故善者因之，其次利道之，其次教诲之，其次整齐之，最下者与之争。"按司马迁的理解，如果"人各任其能，竭其力，以得所欲"，那么经济自然就会繁荣。显然，司马迁当时就已经预见到，在发展国家经济的过程中，"清静无为"或许就是最好的手段。[2]

总体而言，纵贯两千多年的中华帝国发展史，虽然商品经济一度十分繁荣，却不为官修史书所关注。儒家伦理纲常中确实提倡灭除"私利"，但这只对官僚士人及君子儒生有所约束，"嗜利逐富"的普通商人并不会为其所限。[3]而且，想必也没有人能够预料到一个商人也能够富至巨万、权可敌国吧！然而，一旦仕宦

1　据安格斯·麦迪伦先生的推测，"自5世纪罗马帝国解体后，直至15世纪以前，中国经济长期以来都远较欧洲发达。从国民收入水平看，中国也一直是全球领先的经济体"，详见[英]安格斯·麦迪伦：《中国经济的长期表现》，第13、38—40页。

2　[美]华兹生译：《史记》（《〈太史公书〉——司马迁〈史记〉译本》）卷2，第477页；《史记》卷129，第3253—3254页。

3　参见[美]乔丹·佩普尔（Jordan D. Paper）译：《傅子》（《〈傅子〉：后汉的儒家经典》），第55—56页。

之家也加入到商业队伍中，并利用权力之便谋取巨额财富时，那么原有的正常社会政治秩序也会为之动摇。

实际上，这样的场景总是不时地上演着，并常常招致官僚阶层的腐败。例如，在南朝末年以前，一般情况下，文武官员都享有关禁及榷税的豁免权。这就意味着，相比于普通商人，官员经商的优势巨大。尽管传世文献记载常常将至德元年（583）陈后主废除关禁特权一事描述为"逞一己之私欲"，目的主要在于搜刮赋税，然而，从实际的反映来看，对这一政策进行强烈抵制的主要是那些享有商业特权的官僚阶层。[1]除了一般性的经济管理措施外，为了限制官员经商，历代政府还屡次出台禁令。例如，大历十四年（779），唐德宗登基后不久便下令"禁百官置邸贩鬻"。此外，他还明确要求，"王公百官及天下长吏，无得与人争利"。[2]毕竟，只有为求安身立命的底层百姓，才有必要追逐商业利润；至于士人官僚，实在不应该"与民争利"。

毫无疑问，长期以来，传统中国社会一直都重农而轻商。为此，帝国政府还不时地发布行政命令，公然对商品经济的发展加以约束。然而，可以确定的是，早在秦代以前，商品经济就已经

---

1 《南史》卷77，第1940页。
2 《新唐书》卷7，第184页；《唐会要》卷86，第1582页。

初步繁荣。随后，随着历代王朝的不断演替，中国的商品经济仍有所发展。虽然有时候并不稳定，但商品经济的规模确实在不断地壮大。到了两宋时期（960—1279），中国最终迎来了"经济革命"。从商业活动的形式来看，当时的商品经济呈现出典型的"前近代"特征，往往规模小而分散。虽然司马迁在介绍汉初的经济状况时提及若干富商大贾，"千金之家比一都之君，巨万者乃与王者同乐"，但是，这样"富埒王者"的商人毕竟还是极少数。[1]

此处，笔者不仅对早期东亚世界的商业发展十分关注，更对不同政治文化体之间如何克服障碍，实现贸易往来抱有浓厚的兴趣。战国时期，诸侯国彼此之间互通有无，最终为大一统"天下"的形成奠定了坚实基础。而且，从考古出土资料来看，早在春秋末年，产自地中海一带的玻璃饰品就已经进入中原以东地区。这就证明，当时中国就已经与外界展开了长距离的贸易往来。[2]

最初，横贯亚欧大陆的贸易活动主要是通过闻名世界的陆上交通要道——"丝绸之路"实现的。早期中国对外贸易中最重要

---

[1] 《史记》卷129，第3282—3283页；关于秦代商业的情况，可参见何清谷：《秦始皇时代的私营工商业》，载《文博》1990年第5期。
[2] 高至喜：《楚文化的南渐》，第316—317，389页。

的大宗货物是丝绸，"丝绸之路"因此得名。4、5世纪时，尽管印度、萨珊波斯及拜占庭帝国已能够生产丝绸，但由中国出口至印度一带的丝绸贸易量仍然十分庞大。而且，在此后的几个世纪中，丝绸贸易的规模仍然不减反增。[1]

就贸易量及重要性而言，两汉时期的海上贸易始终不及陆路贸易。中印两国早期的接触及佛教传入中国，无疑主要是依靠陆上丝路上的骆驼商队实现的。不过，随着时间的推移，陆路贸易逐渐受到海路贸易的挑战。据《汉书·地理志》记载："黄支国……自武帝以来皆献见。有译长，属黄门，与应募者俱入海市明珠、璧流离、奇石异物……亦利交易，剽杀人。又苦逢风波溺死，不者数年来还。"当然，到了汉代以后，像黄支国译长这样不顾风险地进行海上贸易的人绝对不在少数。而在海路的另一端，大约在公元前120年左右，埃及往返印度的航线也已经开通。到了公元2世纪时，西起东非海岸、东至中国南部地区的海上贸易航线最终实现了贯通。[2]

1　刘欣如：《丝绸与宗教：古代物质生活与思想论考》，第9，49—50页。
2　《汉书》卷28下，第1671页；[美]威廉·麦克尼尔：《西方的兴起：人类共同体史》，第296页。关于跨大陆的交流，可参见[美]麦伊莲·马丁·丽艾（Marylin Martin Rhie）：《中国与东亚早期佛教》第1卷《后汉、三国及西晋时期的中国、大夏与鄯善国》，第13页；汤用彤：《汉魏两晋南北朝佛教史》，第33，57—61页。

随着汉帝国的灭亡，公元3至6世纪，由于中央皇权极度衰微，中国一直处于漫长的分裂割据状态中。一般认为，这一时期，中国的经济发展表现出了一定程度的倒退，农业经济占据了绝对的主导地位。然而，实际上，在南北政权对峙期间，由于北方政权阻断了通往中亚的陆路交通，南朝政府因此只得将视线转移到海上，以寻求对海上贸易航线的开拓。正如《宋书》记载的那样："晋氏南移，河、陇复隔，戎夷梗路，外域天断。……而商货所资，或出交部，泛海陵波，因风远至。"[1]

与传统的陆上丝绸之路相比，新开辟的海上贸易航线货物吞吐量更大，成本也更低。据3世纪成书的《南州异物志》记载，当时中国所造的船，"大者长二十余丈（合66米以上），高去水三二丈，望之如阁道，载六七百人，物出万斛"。公元4世纪时，由于气候环境发生突变，罗布泊的绿洲逐渐退化消失。因此，沿途的骆驼商队想要穿过塔里木盆地就更为艰难。此时，南洋的海上交通进一步发展，并最终取代了陆上丝绸之路的地位。[2]

---

1 《宋书》卷97，第2399页。关于南朝时期南海贸易的发展，可参见[美]肯尼斯·霍尔：《早期东南亚的海上贸易与国家发展》，第20，26—27页；[日]羽田明：《东西交通史》，第116页；刘淑芬：《六朝南海贸易的开展》，第341页。
2 《太平御览》卷769引《南州异物志》，第3543页；关于罗布泊，见[美]伊丽莎白·巴伯（Elizabeth W.Barber）：《乌鲁木齐的古尸》，第84页。

诚然，在南北对峙期间，南洋诸国泛海到中国遣使纳贡的次数较前代有了明显的减少。不过，鉴于南朝政治、军事实力的衰微，远夷来华次数显著减少也完全在预料之内。需要说明的是，由于东亚各国的史家极少关注民间的海上贸易活动，因此朝贡贸易就成了传统史料中唯一的海上贸易形式。然而，如果仅仅以记载中的朝贡贸易次数的减少来推断当时海上贸易量有所下降，就太过武断，甚至荒谬了。相反，我们有充分的理由可以相信，即使是在南北大分裂时代，南方海港的民间贸易也应当是稳步增长的。[1]

这一时期，海上交通的畅通发达，也可从当时大量僧人乘坐商船由西方渡海来华一点上窥知一二。约在3世纪初，与定鼎中原、重视陆路交通的曹魏政权相比，在雄踞南方、重视海上交通的东吴政权下，佛教的活动似乎更为活跃。[2]而且，往往是那些佛教文献一笔带过的侧面，保留了早期民间海上贸易的蛛丝马迹。因此，这些记载对于还原早期中国社会的整体面貌意义

---

1 刘淑芬：《六朝南海贸易的开展》，第317页。关于朝贡贸易的减少，见《通典》卷188，第1007页；《梁书》卷54，第783页；《南史》卷78，第1947页。

2 [美]麦伊莲·马丁·丽艾：《中国与东亚早期佛教》第1卷《后汉、三国及西晋时期的中国、大夏与鄯善国》，第101—103页。关于僧人渡海来华的研究，可参见冯承钧：《中国南洋交通史》，第31—35页；吴廷璆，郑彭年：《佛教海上传入中国之研究》，第25—26，39页。

重大。

关于这一时期海上商业贸易繁荣的情形，还有一点证据可以证明。据史料记载，即使是在朝贡贸易明显减少的情况下，负责交州、广州等港口管理的政府官员还是抵挡不住厚利的诱惑，因而纷纷"贪其珍赂，渐相侵侮"。5世纪成书的《晋中兴书》还留下了"贪泉"的记载。所谓"贪泉"，指的是广州石门附近的一汪泉水，人要是饮了这水，就会"失廉洁之性"。显然，这里所说的"贪泉"是有寓意的。[1]

然而，矛盾的是，越是在帝国陷入分裂与动荡的时候，边州及沿海地区就越会迎来经济的大发展。当然，这或许是因为人口迁徙而带来了边境地区的经济开发。同样，南朝时期官市制度的解体，也恰恰反映了当时民间贸易的繁荣。按照正常的推理，汉唐统一大帝国中断以后，国家的经济也会陷入崩溃。然而，人们已经认识到事实并非如此。相反，正是在南北朝的大分裂时期，南方的商品经济才真正迎来了大发展。据推测，公元6世纪初，南朝都城建康（今江苏省南京市）的人口规模已达到了140万。

---

1 《初学记》卷8引《晋中兴书》，第192页。关于港口滋生的腐败现象，见《晋书》卷37，第1087页；《晋书》卷90，第2341页；《晋书》卷97，第2546页；《通典》卷188，第1008页。

试想一下，如此庞大的人口规模，其城市经济一定十分活跃。[1]

南朝时期商品经济的繁荣，也反映了政府监管与民间贸易二者之间的矛盾对立关系。一般而言，集权政府可以采取有力的管制措施对商人的经济活动加以限制；然而，一旦政府的权力出现了衰微的迹象，民间贸易活动便会立即繁荣起来。因此，日本著名历史学家川胜义雄先生甚至推测，南朝末年民间商品经济的发展水平超过了大一统的隋唐帝国时代。当然，中国的学术界仍然倾向于认为隋唐时期商品经济的发展程度更高。[2]

大业六年（610），隋炀帝发兵万人泛海攻打流求（即今台湾岛）。然而，当"流求人"看到隋军的船舰时，竟然误认为是浮海而来的商船，并纷纷"往诣军中贸易"。[3]这则史料足以证明，隋朝时期，中国的沿海海域应当经常有商旅货船的往来。相反，"军舰"登岛反倒是极不正常的现象，似乎更像是隋朝的"新发明"了。

---

1 李东华：《中国海洋发展关键时地个案研究（古代篇）》，第88页。关于商业活动与政府监管的松弛，可参见刘淑芬：《3至6世纪浙东地区的经济发展》，第205页。关于南朝的经济，可参见杜守素：《魏晋南北朝的社会经济及其思想动向》，第486页；韩国磐：《魏晋南北朝史纲》，第208—210，386—405页；华芷荪：《魏晋南北朝之经济状况》，第15—16页；王仲荦：《魏晋南北朝史》，第496页。关于都城的人口，可参见李旭：《魏晋南北朝时政治经济中心的转移》，第12—13页。

2 ［日］川胜义雄：《魏晋南北朝》，第267—268页；［日］川胜义雄：《侯景之乱与南朝的货币经济》，第369页。

3 《隋书》卷64，第1519页。

隋唐帝国重新统一中国以后，中央政府重新确立了绝对的政治与军事权威，并开始对国家经济进行全面有效的监管。然而，高度集权的政府管理模式，束缚了商业发展的活力，实际上并不利于商业的发展。不过，即便如此，唐朝仍以其高度繁荣的商品经济著称于史。

武德九年（626），唐太宗刚刚登基不久，便摆出了"痛改前弊"的政治姿态。为了便于公私贸易的往来，他还下令取消关禁，"率土之内，靡隔幽遐，使公私往来，道路无壅；琛宝交易，中外匪殊"。据8世纪中期成书的《唐大和上东征传》记载，天宝九年（750），在广州港的江面之上，"有婆罗门、波斯、昆仑等舶，不知其数，并载香药珠宝，积聚如山，舶深六七丈"。作为一部专门的佛教书籍，这则史料无意中透露了8世纪广州贸易发展的盛况。乾符六年（879），尚书右仆射于琮在其奏文中，甚至还称"南海市舶利不赀，贼得益富，而国用屈"。可见，到了唐末，南洋海上贸易的发展甚至还影响到了帝国的安危存亡。尽管史料记载十分匮乏，但现有证据已经大体证实，自4世纪起以至唐朝末年，中国的海洋贸易一直处于不断上升的势头当中。[1]

---

1 关于唐太宗的诏令举措，见《册府元龟》卷504，第6047—6048页；关于广州商船的记载，见《唐大和上东征传》，第902页；关于9世纪海上贸易收入的记载，见《新唐书》卷225下，第6454页。

与此同时，大唐政府又加强了对经济的管制力度。按照唐律规定，无论出于经商还是其他目的，公私往来一旦越过了州县地界，都需要提供官方开具的过所证明。其实，早在战国时期，关禁制度就已经发轫。一般而言，这些关卡多设在国境线附近，或者州县的交界处。一方面，设置关卡是为了检查往来的商旅，另一方面也能通过关卡征收关税。当然，受中央政府统治力变化的影响，关禁制度的执行力度也会有所波动。不过，从会昌年间日僧圆仁（794—864）的巡礼经历看，关禁制度在大唐时期应该得到了强有力的贯彻。即便圆仁入唐的时间已接近晚唐，当时的中央权力已经明显衰微，但要跨过关禁也绝非一件易事。[1]

对于初唐时期的中国而言，封锁关梁主要针对空虚的西北边境地区。当时，敏感的商品一律禁止通关，胡汉的往来也受到严密监控。天宝二年（743），虽然边境地区的民间贸易由来已久，但大唐政府还是以往来兴贩"交通外蕃……殊非稳便"为借口，规定"自今以后，一切禁断"。[2]自此，潼关以西的民间贸易被完

1　关于过所文书的研究，可参见[日]砺波护，[日]武田幸男：《隋唐帝国与古代朝鲜》，第234—237页。关于圆仁，可参见[美]埃德温·赖肖尔译：《入唐求法巡礼行记》（《圆仁日记：中国巡礼记》），第24—26页。
2　《唐会要》卷86，第1579，1581页；《唐律疏议》卷8，第128页；相关研究可参见[日]荒川正晴：《唐帝国与粟特人的交易活动》，第171页。

全禁止。相反，州郡之间的商业活动及南洋而来的海上贸易因对国家的稳定并无威胁，政府就很少对其加以干预。而在西北地区，为了能够突破当地苛刻的关禁限制，往来的商旅常自称是为了朝贡而来。通过这一途径，陆上的外交贸易活动才在一定程度上得以维持。

不过，出于政治上的考虑而对外交贸易加以限制，并非没有先例可循。而且，这样的做法也绝非中国所独有。例如，对于本国国民与周边国家的贸易活动，罗马帝国也进行了严密监控，"罗马人对边境的防御不仅在于建立庞大的军团，或是设立要塞，也在于限制对外贸易、禁止战略物资的出口"。[1]可见，政府与民间商人的利益冲突再正常不过了。

在"政治至上、经济次之"的理念下，为了推行国家的政策，中国长期以来一直对外交贸易采取人为干预的态度。例如，汉高祖死后，吕后掌政期间（前188—前180），汉朝中央政府多次下令，"禁南越关市铁器"，"毋予蛮夷外粤金田铁器"。然而，这些政策最终弄巧成拙，导致了南越国的反叛。当时，南越王赵佗以番禺（今广州）为据点正式起兵谋反，他还与东部的百粤部

1　[美]爱德华·亚瑟·汤普森（Edward A. Thompson）：《罗马与野蛮人：西方帝国的衰落》，第10—15页；其他研究，可参见[美]丹尼斯·塞诺（Denis Sinor）：《内亚的战士》，第143页。

族结盟，并自立尊号为"南武帝"。随后，赵佗又发兵攻打长沙，略城占地。吕后原本打算发兵击讨，但由于粤地暑湿，"士卒大疫，兵不能逾岭"，因此只能作罢。吕后死后，汉文帝即位。为了向南越国表示安抚，文帝还特意下令："为佗亲冢在真定（即今河北正定）置守邑，岁时奉祀，召其从昆弟，尊官厚宠之。"[1]

汉初，出于外交考虑而限制对外贸易的政策屡屡遭遇挫折。然而，从之后的记载来看，这一政策却获得了很大的成功。公元3世纪末，东吴南疆的交州（今越南北部）境内屡有"南贼"（疑即占族人）犯境。于是，交州太守陶璜便向讨贼使滕修建议，应取缔与"南贼"的民间贸易。在他看来，"南岸仰吾盐铁，断勿与市，皆坏为田器。如此二年，可一战而灭也"。据史籍记载，滕修听从了建议后，"果破贼"。可见，这一计划堪称完美。[2]

对于发展对外贸易，中国历来缺乏足够的热情。在中国天子的眼中，开展外交贸易意味着经济上的退让，其目的不过是为了"怀柔远夷"罢了。事实证明，在华夷的外交贸易中，"藩商"得利确实远远多于"中华"。实际上，早期中国的对外贸易主动权很大程度上把持在这些"藩商"的手中，这就大大地削弱了中华

---

1 《安南志略》卷3，第78页；《安南志略》卷4，第93页；《安南志略》卷6，第153—154页；《安南志略》卷11，第270页；《汉书》卷95，第3848页。
2 《晋书》卷57，第1559页。

帝国对周边世界的影响。与此同时，在面对藩商带来的外部影响时，中国往往会表现得十分脆弱。

例如，大唐时期，陆上贸易基本上为中亚胡商所主导。到了晚唐时期，高门大族常常因为"贷胡商钱谷"，而屡受其困。广明元年（880），由于大唐财政紧缺，"度支不足"，群臣纷纷上表，请"借富户及胡商货财"。然而，盐铁转运使高骈（821—887）认为这并不妥当，"天下盗贼蜂起，皆出于饥饿，独富户、胡商未耳"。于是，唐僖宗才停止了对胡商的叨扰。言外之意，按照高骈的理解，经商受益的中亚胡商对于大唐的忠心或许要比"饥寒交迫"的农民更为赤诚。[1]

公元4世纪末，中国与南洋及天竺诸国已建立起了频繁的海上贸易联系。然而，这一时期，在南海之上乘风逐浪的水手多是所谓的"昆仑奴"，而来自中国的船员并不多见。"昆仑奴"原是唐代汉文史料中常用的字眼，是唐人对生活在印尼、马来一带的南洋岛民的泛称。显然，唐人口中的"昆仑奴"一词，往往是作为贬义词使用的。例如，据《南海寄归内法传》所载，昆仑人"赤脚敢曼"，"抄劫为活，爱啖食人"。然而，毫无疑问

---

1 《资治通鉴》卷253，第734页；关于回纥商人借贷之事，可参见[澳]科林·麦克勒斯（Colin Mackerras）：《唐史中的回纥：公元744—840年间唐与回纥关系研究之一》，第49页。

的是，南洋贸易所带来的丰厚利润几乎全部被这些毫无礼义的昆仑人所攫取。[1]

当然，在这些昆仑商人中间，往往还夹杂着一定数量的天竺商贩。按《高僧传》所载，公元5世纪初，长江中游地区的江陵城中，聚集了五艘从天竺来的船舶。唐朝中期，在中国的海上贸易中，波斯、阿拉伯商人表现得十分活跃。据载，至迟在8世纪末，大唐就与阿拔斯王朝建立了直接的海上贸易联系。至于东北亚各国的海上贸易，则主要垄断在新罗商人的手中。例如，新罗商人张保皋（790—846）即其中的代表人物。不过，张保皋既不向大唐彻底臣服，也不完全归附于新罗。而且，他还经常参与到朝鲜半岛的政治斡旋当中。不同于海盗帝国，也不像是独立政权，张保皋的势力似乎是介于两者之间的一种力量。这也从侧面说明，对于当时的东亚各国而言，海上贸易更多时候意味着一种威胁，而不是一种机遇。[2]

---

1 冯承钧:《中国南洋交通史》，第51页；[美]肯尼斯·霍尔:《早期东南亚的海上贸易与国家发展》，第42页；《南海寄归内法传校注》卷1，第17—18页；王赓武:《南海贸易：中国人在南海的早期贸易史研究》，第43—44，103页。

2 关于天竺商船的记载，见《高僧传》卷2，第50页。关于阿拉伯及新罗商船的研究，可参见[英]理查德·霍奇斯（Richard Hodges），[英]大卫·怀特豪斯（David Whitehouse）:《穆罕默德、查理与欧洲的起源——考古学与皮朗命题》，第149页；[美]埃德温·赖肖尔译:《入唐求法巡礼行记》（《圆仁日记：中国巡礼行记》），第286—287页；王赓武:《南海贸易：中国人在南海的早期贸易史研究》，第103页。关于张保皋的研究，可参见[韩]李基白著，[美]爱德华·瓦格纳译:《韩国史新论》，第94—96页；《三国史记》卷2《列传四》，第351—352页。

来华的天竺人，要么是商人，要么则是僧人。不过，有时候两种身份也会叠加在一起。佛教之所以传入东亚地区，主要是由于天竺及中亚僧人传教所致。通常情况下，这些僧人都是乘着商人的船舶扬波东行的。然而，受到僧人布道的影响，沿途的商人很快也皈依了佛教。由此，反过来又促进了法事、法器等贸易需求的增长。例如，佛法中常说的"七宝"（Saptaratna，即《阿弥陀经》所记的金、银、琉璃、珊瑚、砗磲、赤珠、玛瑙等），只产于天竺以及更遥远的西方，因此只有通过海上贸易才能获得。其结果是，到了公元5、6世纪时，南洋地区对于"圣物"的贸易需求甚至有可能超过了对"异域珍宝"的世俗贸易需求。[1]

关于佛教与贸易二者之间的交叉，又可从康僧会（？—280）的事迹中得到一些印证。康僧会本为康居（即撒马尔罕）人，但世代定居在天竺。到了他父亲这一辈时，因为经商又迁到了交趾定居。康僧会年幼时，"二亲并亡"，因此他只得出家。到了三国吴赤

---

1 刘欣如先生探讨了佛教"七宝"的内涵，详见刘欣如：《丝绸与宗教：古代物质生活与思想论考》，第100—101、176页；关于"圣物"贸易的研究，可参见王赓武：《南海贸易：中国人在南海的早期贸易史研究》，第53—55、113页；关于陆路贸易的情况，可参见[德]克林伯格（Maximilian Klimburg）：《大背景：西喜马拉雅的商路》，第32页。

乌十年（247），康僧会才东游抵达吴都建业，[1]并为江左佛法的兴盛开辟了风气。

大多数现代学者都强调，佛教应当是由陆路传入中国的。因此，对于康僧会生平事迹的真实性，他们深表怀疑。比如，中国佛教史专家汤用彤先生就强调，早在康僧会入吴以前，大月氏人支谦就已于汉灵帝末年来华传播佛法。同时，汤先生还对康僧会的传记表示了怀疑。不过，传统的中国典籍不仅将康僧会描绘为"江左佛法大兴"的开创性人物，更将其视为中国佛教史上的高僧。而且，朝鲜史书《海东高僧传》也对康僧会的地位给予了高度评价。按照书中高句丽僧人义渊576年所说，虽然"后汉明帝永平，经法初来"，但直到"康僧会适吴，方弘教法"。[2]

今天，东南亚地区仍广泛流行着小乘佛教（Theravāda，主要推崇巴利语佛经），这与中国及东亚其他地区信奉大乘佛教（Mahāyāna）有着显著不同。然而，教派的不同并不足以说明佛教最早传入中国时，完全没有受到南洋海路的影响。笔者以为，

1　《出三藏记集》卷13，第512—513页；《高僧传》卷1，第10—11页；《佛祖统纪》卷35；相关研究可参见高观如：《中外佛教关系史略》，第210页。
2　汤用彤：《汉魏两晋南北朝佛教史》，第88—89，95—98页；《海东高僧传·附录》，第65页；[美]彼得·李（Peter H. Lee）译：《朝鲜高僧记传——〈海东高僧传〉》，第36—37页。

就形式与教派而言，早期阶段经由南方海路传入中国的佛教，应当与北方陆路传入的佛教毫无二致。其实，东南亚及印度尼西亚地区早期的佛教艺术，都呈现出了典型的北天竺大乘佛教的特征。相反，南传佛教（Hīnayāna，现常作小乘佛教）完全在东南亚的泰国及缅甸等地区扎下根来，至少要晚至11世纪以后。[1]

南方海上贸易航线对于佛教思想传入中国的重要性，其实远远超出了人们的认识。关于海上贸易与佛教东传二者的相互促进关系，可从中天竺僧人求那毗地（Gunavriddhi，？—502）的事例中得见一斑。大约在齐建元初年（479）时，求那毗地抵达建康。由于他"善于接诱"，"是以外国僧众万里归集，南海商人悉共宗事……供赠往来岁时不绝"。[2]

贸易与佛教在东亚世界共同文化的塑造过程中，作用十分关键。然而，二者显然又超脱了一般的地域限制。贸易与佛教打破了东亚文明之间的障碍，并将东亚与更广阔的文明世界联系到了一起。同时，它们又共同塑造了东亚文明的新框架，并促使东亚

1　[美]理查德·贡布里希（Richard F. Gombrich）:《小乘佛教：从古代的贝那勒斯到今天的科伦坡》，第3，137—139页；[美]李雪曼（Sherman E. Lee）:《远东艺术史》（第5版），第139—140,145—150页；[美]麦伊莲·马丁·丽艾:《中国与东亚早期佛教》第1卷《后汉、三国及西晋时期的中国、大夏与鄯善国》，第23—25，261—263页。
2　《出三藏记集》卷14，第552页。

各国之间重新划分各自的文明界限。[1]

因此，在贸易与佛教影响下诞生的东亚世界，就不仅仅是由本土力量所塑造的，更得益于整个亚欧大陆之间的交流。例如，麦伊莲·马丁·丽艾教授指出，现珍藏于哈佛大学赛克勒美术馆（Arthur M. Sackler Museum）的中国早期佛教艺术精品——"火焰肩佛"（Flame Shouldered Buddha，铸造时代为公元2世纪末），其艺术造型就应当源于中亚的巴克特里亚（Bactria，即"大夏国"）或者更远的西亚帕提亚地区（Parthia，即"安息国"）。又比如，今甘肃敦煌西南部地区发现的一幅公元3世纪的壁画，其艺术风格带有强烈的罗马特色，因此"作画者很有可能是来自罗马帝国的行游画师"。到公元8世纪时，来自萨珊波斯国的装饰图案也成功跨越整个亚欧大草原的阻隔，最终在遥远的东方——日本的宫廷之中扎下根来。此外，日本早期编纂的诗集——《万叶集》中有所谓"吴蓝"（Kurenami，くれなみ，实为一种红色染料）的说法。然而，"吴蓝"并非源自中国，而是来自今阿富汗甚至更遥远的西方。为说明早期亚欧大陆之间的紧密联系，杜希德先生又引出一例。他指出，公元7—9世纪时，近东地区爆

---

1 关于贸易和佛教在沟通世界文明中的作用，可参见[美]杰里·本特利：《旧世界的相遇：近代之前的跨文化联系与交流》，第6页。

发的瘟疫往往会沿着陆路贸易路线向东播及大唐，甚至更远的日本、朝鲜地区，并造成灾难性的影响。无论结果是好是坏，东亚已经成为整个世界不可分割的一部分。[1]

然而，若要精确界定贸易交流在塑造旧大陆两端文明中的作用，却并不容易。不过，正如刘欣如所说的那样，同一时期的拜占庭及大唐帝国都出台了类似的禁奢令，政府都实行了对丝绸贸易的垄断，甚至两个地区的丝绸纹路式样都有着惊人的相似之处，那么恐怕再将其理解为一种"偶然"，就未免显得有些牵强了。然而，刘欣如又不得不承认，关于大唐与拜占庭之间直接交流的史料实在太过匮乏。这一时期，对东亚产生广泛影响的外部文化因素，似乎只有佛教。而且，即便是佛教，最终也还是被"东亚化"了。例如，从当时中国、日本与朝鲜地区的佛教艺术来看，"大唐风格"反而成为东亚世界普遍遵循的范式。换言之，与其说佛教作为一种文化媒介，增加了印度文化对东亚世界的影

---

1 [美]麦伊莲·马丁·丽艾：《中国与东亚早期佛教》第1卷《后汉、三国及西晋时期的中国、大夏与鄯善国》，第71—94，427页。关于罗马风格的壁画，可参[美]李雪曼：《远东艺术史》(第5版)，第152—153页。关于早期日本艺术中的波斯元素，可参见史家鸣：《日本古代国家的发展》，第40页。[法]雨果·芒斯特伯格（Hugo Munsterberg）：《插图日本艺术史》，第53页。关于"吴蓝"，可参见韩昇：《日本古代的大陆移民研究》，第221页。关于瘟疫的描述，可参见[英]杜希德：《唐代的人口与瘟疫》，第42—52页。

响，还不如说佛教已经转为中国进一步推行汉化的有力工具。[1]

第二节　佛教的跨国传播

最初，佛教对于中国的精英知识阶层并无任何吸引力。然而，它却较早地引起了普通民众及部分皇室成员的关注。站在绝大多数上层士人的立场上看，佛教无非是异端宗教信仰中的一种。虽然它一直隐藏于主流的儒家文化之下，却又表现得无处不在。尽管它长期受制于政府的管制，但又无法得到彻底的根除。公元581年，大隋立国，随之便废除了前朝对佛教的禁令，并允许"境内之人任听出家，仍令户口出钱建立经像"。在这样宽松的环境之下，佛教迅速发展，佛经数量猛增，以至于"民间佛经，多于六艺之籍"。[2]大约从4世纪起，一直延至唐末，中国乃至整个东亚世界逐渐演变为一个高度佛教化的区域。

南朝的梁武帝（502—549年在位）曾多次舍身出家，后又

1　刘欣如:《丝绸与宗教：古代物质生活与思想论考》，第188—189，192—193页；关于唐代生活的全球化，可参见[美]李雪曼:《远东艺术史》(第5版)，第156，171—188页。

2　关于隋朝佛教的流行，见《佛祖统纪》卷39；关于佛教传入中国时的本土反应，可参见[日]森三树三郎:《中国知识分子对佛教的接纳》，第88—89页；屈小强:《白马东来：佛教东传的揭秘》，第189—190页。

被群臣屡次捐钱赎回。新罗的真兴王（540—576年在位）也笃信佛教，史载："王幼年即位，一心奉佛，至末年祝发被僧衣，自号法云，以终其身。王妃亦效之为尼，住永兴寺。"早期阶段的日本也是如此，历代天皇退位以后常常都会削发为僧（尼），似乎"削发"已成为"常式"。当然，日本天皇退位时所行的僧礼并不总是因为笃信佛教。采取僧礼的形式，恰恰反映了早期阶段日本世俗与宗教权威之间错综复杂的关系。8世纪中期，专门负责东大寺工程督造的奈良"造东大寺司"，领诏造立大佛，铜佛高达六十四尺，而"造东大寺司"也成为日本律令官制以外最大的中央官署。[1]

东亚人改信佛教以后，佛教便深深地改变了东亚的文化。梵语中所说的"菩萨戒"（Bodhisattva Sīla）是佛法要求其信众受持的十大戒规，包括戒"杀、盗、淫、妄语、售酒、说四众过、自赞毁他、悭惜加毁、瞋不受悔、诽谤三宝[Triratna，即'佛'

1　关于梁武帝舍宅为寺及百官赎身，可参见[法]谢和耐（Jacques Gernet）著，[美]费瑞伦（Franciscus Verellen）译：《中国社会中的佛教：5至10世纪的寺院经济》，第243页；关于新罗真兴王崇佛一事，见《三国史记》卷1《新罗本纪四》，第80页；关于日本天皇退位后的剃发习俗，相关研究可参见[美]约翰·霍尔（John Whitney Hall）：《历史大背景下的京都》，第20—22页；[美]卡梅伦·赫斯特（G.Cameron III Hurst）：《院政的演变：日本历史及编史中的一个问题》，第87页；关于东大寺，可参见[澳]乔安·皮戈特：《日本王权的兴起》，第263页。

（Buddha）、'法'（Dharma）及'僧'（Sangha）]"等十条。然而，到了中国以后，连一般的俗家弟子也必须谨守以上戒律。其中，"售酒"一条就经常遭人诟病，而戒"杀"等戒条也给那些以杀生为营生手段的屠夫鱼贩等造成了沉重负担。[1]

长期以来，动物献祭（如太牢、少牢、特豕等）一直是中国本土宗教祭祀活动的组成部分。引申开来，动物祭更是一个儒学国家维系其礼法正统的关键，但这样的做法在僧众眼中则难以容忍。因此，北魏延兴二年（472），孝文帝受太上皇敕，决议停止献祭之法，"自今祭天地宗社勿复用牲，唯荐以酒脯"。据载，诏令贯彻以后，"岁活七万五千牲命"。不过，从这段引文中不难看出，酒、脯等祭祀之物仍为佛法所容许。[2]

梁天监十六年（517），南朝梁武帝要求，"郊庙祭祀不用牲牷，而易之以蔬面酒果"。武周如意元年（692），则天皇后短暂地篡唐自立以后，又将政策更进一步，甚至一度"敕断天下屠钓"。[3]那么，如此一来，佛教理念不仅对于礼仪祭祀产生了冲击，

---

1 ［日］道端良秀：《传教大师最澄入唐之际的中国佛教——特别是关于普通信众的生活》，第365，368—371页。
2 《佛祖统纪》卷39；关于中国的动物祭，相关研究可参见［美］祁履泰（Terry F. Kleeman）：《淫祀与血祭：传统中国的献祭、互惠与暴力》，第185页。
3 关于梁天监十六年诏敕，见《佛祖统纪》卷38；关于武周如意元年之事，具见《佛祖统纪》卷40。

更对一般平民百姓的经济生产与生活方式造成了负面影响。不过，正如帝国其他的政令一样，"勿复用牲""禁断屠钓"等诏令更像是国家层面的大政策、大口号。至于这些政令是否落实到了现实生活中，还需要打上一个问号。

正如中国其他的制度设计那样，基于佛教的考虑而禁屠的政令也为东亚各国所仿效。例如，在朝鲜半岛境内，公元529年，新罗国法兴王下令禁杀生；公元599年，百济法王刚刚即位不久，也下诏禁止杀生，"放民家所养鹰鹞之类，焚渔猎之具，一切禁断"。[1]

印度佛教对于中国的影响之大，无须多言。不过，促进道教文化的成熟确实是其中很关键的一点影响。与来自异域的佛教思想融合以后，中国的本土宗教——道教开始呈现出更为成熟的文化面貌。唐朝时期，中国的雕版印刷技术兴起，并进而传播到了整个东亚地区，使得书籍再版的印刷成本更为低廉、规模更为可观。基于这样的优点，印刷术也被用于佛教及其他宗教书籍的普及传播。关于佛教在印刷技术发展过程中所扮演的角色，无须进行过多的附会；而且，印刷术与印度也无太大的关联。不过，由

---

[1] 关于新罗法兴王529年禁令，见《三国史记》卷1《新罗本纪四》，第75页；关于百济法王宣元年（599）禁令，详见《三国遗事》卷3；相关研究可参见[美]乔纳森·贝斯特（Jonathan W. Best）:《百济三僧远游巡法记》，第143页。

于印刷术的普及，佛教文献的流通量大为增加，印度民歌、寓言、传说、格言、史诗及圣歌等域外文学形式也纷纷融入汉语文学之中，大大地丰富了汉文学的艺术形式。此外，佛教寺院的出现，也刺激了后世儒家太学等机构的兴起。[1]

公元5、6世纪时，士人开始研究汉语音韵，并探讨了诗韵体的复杂格律（这就是唐代所说的"今体诗"），目的是为了切合梵音的韵律特点。尽管唐音在日韩语言中并无法一一对应，但由于唐代诗歌蜚声寰宇，以至于9世纪初，日本宫廷也仿照唐诗格律创造了自己的"今体诗"（即"和诗"），并取得了一定的建树。那么，由于早期阶段日本不断地效仿大唐，这也使得唐风不自觉地促成了日本的"印度化"。例如，梅维恒（Victor Mair）与梅

---

[1] 关于佛道相互促进的研究，可参见胡适：《佛教对中国宗教的影响》，第149页；[法]贺碧来（Isabelle Robinet）著，[美]菲利斯·布鲁克斯（Phyllis Brooks）译：《道教：宗教的发展》，第151，153—155，191—195，203，260页；[荷]许理和：《从道教经典看佛教对早期道教的影响》，第143页；[荷]许理和：《"月光童子"：中国中古早期佛教中的弥赛亚与末世论》，第47页。关于印刷术，可参见[美]托马斯·卡特（Thomas Francis Carter）著，[美]傅路德（Luther C. Goodrich）修订：《中国印刷术的发明及其西传》，第26—28，38—41，59—62页；[美]梅维恒：《佛教与东亚白话文的兴起：国家语言的形成》，第736页；[法]保罗·伯希和（Paul Pelliot）：《伯希和遗稿丛刊》第4卷《中国造纸术的起源》，第33—34，37—41，50页；[英]杜希德：《中国中古时期的印刷与出版》，第13—14页。关于印度文学的影响，可参见孙昌武：《中国佛教文化序说》，第178—179，188—190页；[法]司马虚：《从中国的镜中看印度》，第56页。关于寺院与学院的探讨，可参见[美]万安玲（Linda Walton）：《南宋中国的学术与社会》，第15—16，102—103页。

祖麟二先生特别就日本僧人空海819年所著的《文镜秘府论》及其书名进行争辩，认为其中不少内容都有梵文来源。[1]

而且，当时的文化流动几乎都是由西往东的单向流动。当然，中国确实不乏僧民前往印度，但也只是为了更好地取经求法而已。据统计，公元4至6世纪时，由中国前往天竺求法的有案可稽的僧人已达169例。[2]但是，并无迹象表明这些求法僧人曾在"汉化"印度这一方面做过任何努力。与之形成鲜明对比的是，远涉万里而抵达中国的梵僧往往给中国留下了持久而深刻的影响。

关于佛教传入中国的确切时间，学界多有争议。不过，汉明帝永平十年（67）天竺僧人迦叶摩腾（Kāśyapa-mātaṅga）白马驮经抵达洛阳一事，常被认为是佛教入华之始。史载，迦叶摩腾"本中天竺人"，常以"游化为任"，并且"誓志弘通，不惮疲苦，冒涉流沙至乎洛邑"。[3]此后，其他高僧也不断效法来华。

5世纪初，常有高僧云集庐山（今江西省内）修行弘法，自罽宾（今克什米尔）远来的沙门佛驮耶舍（Buddhayaśas），即于

---

1 蒋维乔：《六朝文学与佛教影响》，第1,4页；[日]小西甚一编，[美]艾琳·盖顿（Alieen Gatten）译：《日本文学史》第2卷《早期中古时代》，第8页；[美]梅维恒，[美]梅祖麟：《近代诗律中的梵文来源》，第380，430，435—444页。
2 [日]镰田茂雄：《佛教传入》，第36页。
3 《高僧传》卷1，第1页。

此地诵出四分律，时人以其"髭赤"而号之为"赤髭论主"。求那跋摩（Gunavarman，367—431）也是来自罽宾国的三藏法师。一开始，他渡海至阇婆国（今印度尼西亚爪哇岛）弘法；元嘉七年（430），因受到宋文帝所邀，求那跋摩欣然乘船抵达广州，进入中国布道，"业行风所吹，遂至于宋境"。[1]

初唐时期，从印度及中亚而来的僧人仍然十分活跃。在大唐的佛教信众眼中，这些深目高鼻的异域面庞总让人感到神秘。据载，7、8世纪之交，胡僧慧范即因善"妖妄""左道"之术而优游于权贵之门，并"与张易之兄弟善，韦后亦重之"。开元八年（720），北天竺国三藏法师不空和尚（Amoghavajra，705—774）"循南海至京师"，玄宗对其礼遇有加，"召愈见礼"。此后，不空法师还担任了玄、肃、代三朝的国师。据载，不空法师信奉"密藏"（Esoteric Bdddhism）。不空死后，密宗又经其弟子[2]传给了日本求法僧人空海，最后发展成了日本的"真言宗"（即"东密"）。由此，空海也成为早期日本历史上最负盛名的一代高僧。尽管这么表达有些牵强，但是，由印度至中国再至日本的"业缘"至此

1　关于"赤髭论主"的记载，见《佛祖统纪》卷37。关于克什米尔（罽宾）三藏法师求那跋摩的记载，见《出三藏记集》卷14，第543页；《佛祖统纪》卷37。
2　该弟子相传为长安青龙寺的慧果和尚。——译者注

建立了起来。[1]

而在朝鲜半岛，佛法最初也是由东晋渡来的高僧摩罗难陀（Mālānanda）携至百济国的，当时正值百济枕流王元年（384）。据《海东高僧传》记载，摩罗难陀历尽了艰辛才抵达朝鲜，"乘危驾险，任历艰辛，有缘则随，无远不履"。虽然百济、高句丽的佛法几乎完全是由中国舶来的，但是朝鲜半岛显然也与天竺佛国保持了一定的接触。[2]

甚至，部分梵僧还曾乘船远游，抵达了日本的东海之滨。据《日本书纪》记载，孝德天皇白雉五年（654），"夏四月，吐火罗国（Tokhara，即今阿富汗）男二人，女二人，舍卫女（Śrāvastī，即今印度北部）一人，披风流来于日向（即今日本九州东南）"。不过，对于这段文字记载的真实性，《日本书纪》的英译本译者威廉·阿斯顿（1841—1911）先生深表怀疑。他这样驳斥道："天

1　参见谢海平：《唐代留华外国人生活考述》，第149—161，329—330页。关于高武之际胡僧慧范善"左道之术"的记载，见《资治通鉴》卷208，第591页。关于不空、空海和尚的记载，见《佛祖统纪》卷41。相关研究可参见[日]镰田茂雄：《佛教传入》，第201—201，206，209—210页；屈小强：《白马东来：佛教东传的揭秘》，第96页。
2　《海东高僧传·附录》，第67页；[美]彼得·李译：《朝鲜高僧记传——〈海东高僧传〉》，第45页；《三国史记》卷2《百济本纪二》，第37页；《三国遗事》卷3；田村圆澄先生对于这则史料表示怀疑，并认为佛教传入百济应在6世纪初，详见[日]田村圆澄：《百济佛教史引论》，第311—312，320—322页。关于朝鲜半岛与天竺直接往来的记载，见《海东高僧传·附录》，第82—84页；[韩]洪顺昌：《朝鲜古代史》，第97页；[日]镰田茂雄：《佛教传入》，第11页。

竺人迷航而入日本简直是无稽之谈。"确实，要理解并接受这段材料并非易事。孝谦天皇天平胜宝四年（752），奈良东大寺卢舍那大佛进行了"开眼"仪式，而主持这场仪式的即十余年前就已抵达日本传教的南天竺僧人菩提仙那（Bodhisena）。在基督教发轫的最初几个世纪里，天竺人常常以僧商的身份泛海四处远游。毕竟，这一时期正处于东南亚不断"印度化"的时代。[1]

早在公元前1世纪时，南亚次大陆的商人就已经开始向外开辟直达东南亚的海上贸易路线。最初，商人向外扩张只是受到了商业利润的驱动。但是，随着这些商人集团渐渐皈依佛教，佛教也沿着商人的足迹向外不断扩张。虽然有一些偶然性，但佛教的确凭借着它全新的宇宙观，慢慢扫清了地区与种姓之间的障碍。而观世音菩萨的信仰崇拜，也为商人克服海上远航的恐惧心理增添了信心与勇气。所谓"观世音"的信仰崇拜，即将"观世音"视为海洋守护之神。"观世音"信仰进入中国以后，又逐渐演变成女性扮相的"观音"（Guanyin）形象，日本则称其为"観音"（Kannon）。[2]

---

1 《日本书纪》卷25，第256页；[日]舍人亲王等敕撰，[英]威廉·阿斯顿译：《日本书纪》卷2，第246页及注8。关于菩提仙那的记载，见《元亨释书》卷15，第224页；[日]镰田茂雄：《佛教传入》，第166，277页；[日]修荣撰：《南天竺婆罗门僧正碑》，第887页。
2 [印]希曼舒·雷（Himanshu P. Ray）译：《变化之风：佛教与南亚早期的海上交往》，第8，153—154页；[法]乔治·塞岱司著，[美]苏珊·布朗·考因译：《东南亚的印度化国家》，第19—21页。

当然，印度商人从南洋波涛之上传来的并不只有佛教。由于印度商人不断地扬帆远航，一个庞大的"梵语世界"逐渐形成。由于梵语成为南洋各国共同的礼仪性语言，缅甸、泰国、柬埔寨、老挝、越南（中南部）、马来西亚、印度尼西亚与南亚次大陆紧密地联系了起来。当然，这一"梵语世界"并不是一个统一的国家，而是由多个地方文明组成的共同体。约在公元前后，东南亚的"梵语共同体"初步形成，并一直持续到13世纪才最终解体。[1]

令人诧异的是，东南亚的"印度化"进程与东亚的"汉化"进程几乎完全同步。大约在同一时期，中国、日本、朝鲜与越南地区渐渐形成了一体的"东亚世界"，而南亚及东南亚则被囊括进了"印度世界"之中。据南朝官方史书记载，南洋诸岛中有所谓的"毗骞国"，相传其国"不受估客，有往者亦杀而啖之，是以商旅不敢至"。但是，毗骞国王"能作天竺书"，且与南亚大陆多有书信往来，"扶南王数遣与书相报答"。[2]

从诸多方面看，东南亚的"印度化"不过是南亚次大陆"梵化"过程的继续延伸罢了。正如印度学者高必善所言："印度本土的'梵化'与爪哇、高棉国的'印度化'几乎同时进行着，而

---

1 ［美］谢尔登·波洛克（Sheldon Pollock）：《世界通用语》，第6，10—12页。
2 《梁书》卷54，第787—788页；《南史》卷78，第1951页。

且二者并无任何的不同。"从整个南亚与东南亚地区来看，每个地方都表现出了共同的印度精英文化，但这一"精英文化"并没有排斥地方上的文化。相反，它与地方文化很好地重叠在了一起。换言之，"印度文化"作为一种跨越地域阻隔的文化标准，正式建立了起来。一方面，它完全超越了狭小的国家范畴；另一方面，它又与地方上的多元文化共生共存。[1]

虽然梵语成为整个东南亚地区通行的国际性政治语言，但在日常生活中，梵语的使用率并不高。即便在印度，也不例外。究其原因，梵语不过是一种权贵阶层使用的限制性语言。除了梵语之外，民间其实尚有其他各类方言的存在。与日语、韩语及越南语中仍然保留大量汉语外来词相比，梵语词汇似乎并没有在东南亚各国的语言中保留太多痕迹。[2]

这是因为，梵语也是一种表音文字（即"天城体"，Devanagari），它能够轻易地使用梵文字母来转写其他的语言。那么，可以想象的是，经过转写以后的地方词汇会不断进入到梵文当中，冲击着原有的梵文词汇。相比之下，半表音，甚至不表音的东亚汉字就不会遭遇这种情形。虽然梵语是一种重要公共场合下的正式记录语

1　[美]谢尔登·波洛克：《世界通用语》，第32—33页；关于印度视角的探讨，可参见[印]高必善：《古代印度文化与文明史纲》，第166—167页。
2　参见[美]贝尔吾：《印度—马来西亚半岛的史前文化》，第137—138页。

言，但是东南亚地方方言词汇的渗透很快就造成梵文、方言串用的现象。[1]因此，从某种程度上说，与东亚世界的"汉化"不同，东南亚世界的"印度化"总显得有些流于表面，很容易转瞬即逝。

在早期中国的文献中，东南亚人常常会被统称为"婆罗门"（Brahmins）。然而，"婆罗门"原本只是对印度教中一类神职人物的称谓，并不是南亚次大陆任何实实在在的居民。当然，在印度文明的传播过程中，南洋之上偶尔漂行的印度人确实也发挥了重要作用。在今天的泰国湾东岸，历史上曾有所谓的扶南国（Funan，即今柬埔寨及越南南部）。据中国史籍记载，4世纪初，统治扶南国的国王名叫"王憍陈如"（Kaudinya）。他本是天竺国婆罗门，后来浮海到了扶南，并被当地人拥戴为王。王憍陈如在位期间，大力宣传印度文化，"复改制度，用天竺法"。印度人对扶南的统治应该可以追溯至公元1世纪前后。从考古发掘出土的大量印度及古罗马工艺品及带铭器物来看，很早以前南亚次大陆的先民就已经浮海来到了这里。[2]

---

1 [法]乔治·塞岱司著，[美]苏珊·布朗·考因译：《东南亚的印度化国家》，第10,48页；[美]谢尔登·波洛克：《世界通用语》，第12页。
2 [法]乔治·塞岱司著，[美]苏珊·布朗·考因译：《东南亚的印度化国家》，第17，56页；[美]肯尼斯·霍尔：《早期东南亚的海上贸易与国家发展》，第59页；《梁书》卷54，第789页；[印]希曼舒·雷译：《变化之风：佛教与南亚早期的海上交往》，第160页；《太平御览》卷786，第3613页；《通典》卷188，第1008页。

印度商人浮海靠岸后，很快便引起了连锁反应。他们与岛上的土民进行了大量的物质与文化交流，并进而催生了公元1至6世纪东南亚第一个早期国家——扶南国的诞生。扶南国很早就见于汉文史料的记载，而"Funan"是现代汉语中对"扶南"一词的标准发音。据乔治·塞岱司先生的推测，"扶南"之名应当与古代高棉语中的"phnom"一词有关，意为"山地"。当时，"扶南"还只是一个松散的部落联盟，并没有进化成中国那样高度集权化的政治国家。一般认为，由于东南亚的气候条件太过优越，反倒阻碍了早期国家的形成。不过，即便如此，学界对于扶南国也一直十分关注，因为它为我们了解古代印度文明与东亚文明的关系架起了一座桥梁。[1]

在唐人的认知当中，扶南西与东天竺相连，且两国之间的距离十分接近，"但隔小海而已"。早在3世纪时，天竺、安息等徼外诸国就频频与扶南"往还交市"，商业联系十分密切。而且，扶南还与晋朝治下的交州（今越南北部）地区保持着海上往来。

1 [法]乔治·塞岱司著，[美]苏珊·布朗·考因译：《东南亚的印度化国家》，第36页；[美]肯尼斯·霍尔：《早期东南亚的海上贸易与国家发展》，第48—77页；[法]伊安·马贝特（Ian Mabbett），[澳]大卫·钱德勒（David Chandler）著：《高棉人》，第63—64,66—77页；[印]希曼舒·雷译：《变化之风：佛教与南亚早期的海上交往》，第101，159—160页；[英]琳达·诺兰·沙菲尔：《公元1500年以前的海上东南亚》，第18—36页；[美]威廉·麦克尼尔：《瘟疫与人》，第112—113页。

虽然南海贸易航线的东端止于中国的南海郡，但是，据《日本书纪》记载，扶南等地的方物却可以一直往东进入东亚东北端的百济国内。例如，钦明天皇二年（542）"秋九月，百济圣明王遣前部……来献扶南财物与奴二口"。[1]

隔着狭长的马来半岛，扶南国的南边还有另一个国家——顿逊国。顿逊国是东西交会的贸易中转国，"并羁属扶南"。顿逊之东可通交州，其西则可接天竺、安息诸国。据史料记载，"其市，东西交会，日有万余人，珍物宝货，无所不有"。[2]

公元6世纪末，扶南灭国（当时大唐尚未立国），取而代之的是扶南的属国——真腊（Chenla，又作"占腊"）。至于扶南国的商业地位，则被信奉大乘佛教的贸易强国——室利佛逝（Śrīvijaya）所取代。室利佛逝位于苏门答腊岛的东南端，约在公元670年左右兴起，随后实现了对南海贸易长达数个世纪的垄断。而且，由于室利佛逝长期占据着南洋的贸易霸主地位，因此也为

1　[法]乔治·塞岱司著，[美]苏珊·布朗·考因译：《东南亚的印度化国家》，第41页；《梁书》卷54，第798页；《唐会要》卷100，第1786页；关于百济献财物奴口的记载，见《日本书纪》卷19，第59页。
2　《册府元龟》卷959，第11289页；《梁书》卷54，第787页。关于顿逊国，可参见[荷]威兰·皮尔特·格罗尼（Willem Pieter Groenveldt）：《中国文献所见马来群岛与马六甲的记载》，第119—121页；[美]肯尼斯·霍尔：《早期东南亚的海上贸易与国家发展》，第64—67页。

马来语一度崛起为东南亚的通用语提供了可能。[1]

与此同时，约在公元2世纪末，紧靠着中华帝国的南疆及今天的越南中部一带，一个政治、军事实力十分强大的占婆国开始崛起。占婆国（Champa，即"林邑国"，192—1720）是由生活在中南半岛上的占人所建立的。占人本属于马来—波利尼西亚人（即南岛语系先民），但深受印度文化的影响。当然，占人并不是突然之间迁徙到中南半岛上的，相反，他们经过长时间的迁徙融合以后，才逐渐建立起独立政权。据中国史籍记载，占人笃信佛教，并以树叶为纸书写梵文。其俗：

> 男女皆以横幅古贝绕腰以下，谓之干漫。……贵者着革履，贱者跣行。……其王者着法服、加璎珞，如佛像之饰。出则乘象，吹螺击鼓，罩古贝伞。……其大姓号婆罗门，嫁娶必用八月，女先求男。[2]

---

1 [美]贝尔吾：《印度—马来西亚半岛的史前文化》，第122页；[法]乔治·塞岱司著，[美]苏珊·布朗·考因译：《东南亚的印度化国家》，第65，81页；[美]肯尼斯·霍尔：《早期东南亚的海上贸易与国家发展》，第78页；《通典》卷188，第1010页；王赓武：《南海贸易：中国人在南海的早期贸易史研究》，第97页。
2 《册府元龟》卷959，第11288页；《南史》卷78，第1949页；《太平御览》卷786，第3611页；关于占人最初定居的岛屿，可参[新西兰]查尔斯·海厄姆：《东南亚的青铜时代》，第304—308页。

据载，这些占人经常寇略中国的东南海港。公元5世纪初，"林邑无岁不寇日南、九德诸郡，杀荡甚多，交州遂致虚弱"。甚至，中国的内陆也一度遭受了林邑的侵夺，并导致当地民风的改变。据6世纪成书的《水经注》记载："秦余徙民，染同夷化；日南旧风，变易俱尽。"直到公元1720年，占婆国才最终被阮氏政权所灭，并入了后来的越南。[1]

自公元前后开始，印度文化对东南亚地区的影响持续了一千余年，并且还一度波及毗邻的中国。甚至，可以这么说，当印度文明向外扩张时，中华文明只能被迫向内收缩。当然，中华文明的确也延伸到本土之外，并波及今天的越南一带。然而，需要注意的是，中国文化对于东南亚的影响实在十分有限，几乎可以忽略不计。之所以如此，恐怕是因为中国并未在日益繁荣的南海贸易中保持积极主动的姿态；相反，中国一直都处于边缘地位，处境十分尴尬。[2]当然，这或许也是中国孜孜追求"天下一统"的必然结果。

然而，印度从未试图实现对东南亚的绝对统治。它只是提

1　关于占人与中国战事的记载，见于《梁书》卷54，第785页；《南史》卷78，第1949页。关于中国南方徙民被占人同化的记载，见于《水经注》卷36，第680页。关于18世纪时占婆国的灭亡，可参见[美]萨德赛：《越南：民族认同的追求》，第6页。
2　王赓武：《南海贸易：中国人在南海的早期贸易史研究》，第114页。

供了一种可资参照的蓝本，不同文明可以按照各自所需对其进行改造。[1]因此，南海各国的"印度化"进程十分温和、完全自愿。相反，"汉化"就没有任何回旋的余地，中原王朝的天子总是妄想成为"天下共主"。虽然融入东亚世界并不意味着接受中原王朝的直接管辖，但至少要在名义上对中原王朝臣服。于是，我们可以看到，东亚各国往往都会参与到"天子归属"的争夺上。而且，汉字及古典文言文的日益普及，也对东亚世界共同意识的塑造有着深远的影响。

而在印度与东南亚，佛教僧众虽然极尽所能地劝人皈依佛门，但是他们允许在地方方言中混用梵文字母进行书写。这也说明，对比于"汉化"进程，"印度化"也对地方方言给予了足够的尊重。因此，在梵文盛行的同时，其他的地方文学传统也兴盛繁荣起来。据说，印度僧人在潜意识当中就十分排斥"语言霸权主义"的做法，他们并不热衷于创造神圣的仪式语言。[2]相较之下，传统汉语则恪守着一整套的传统经典。对于现代人而言，这些经典也许并无太大的吸引力；但是，在前近代时期，它们却对

1　[法]乔治·塞岱司著，[美]苏珊·布朗·考因译：《东南亚的印度化国家》，第34页。
2　[美]梅维恒：《佛教与东亚白话文的兴起：国家语言的形成》，第722—725页；[斯]阿桑加·提拉卡拉特尼（Asanga Tilakaratne）:《佛教传统中"偈语"的发展》，第116—117页。

传统中国的思想统一起着极为关键的作用。而且，它们还进一步推动了整个东亚世界走向统一，并使得"汉化"的过程更为完整、持久。

如果说传教的僧徒揭开了南洋各国的"印度化"序幕，那么各国酋首又在这一基础上更进了一步，他们纷纷转向依靠婆罗门的宗教仪式来巩固自己政权的合法地位。从公元4世纪开始，东南亚各国的王族就常常以"湿婆"（Siva）、"毗婆奴"（Vishnu）等印度宗教中的天神自居。[1]不过，这一做法始终未被中国等东亚各国所采纳。其原因在于，印度文化对东亚地区的影响并不深入，往往只停留在佛教层面。

在很长的一段时间内，为了经商或传教，不少中亚人（甚至还有少量天竺人）曾不远万里来到东亚。然而，即便是像不空这样杰出的天竺大师，也不过是给大唐间接传来了印度佛经而已（不空幼年即抵大唐，因此熟谙华音）。在传播其他印度文化方面，他并无建树。这些天竺僧人的主要作用，不过是充当译经大师携来梵筴罢了。更何况，译经的主体人群也是中亚人，而非

---

1 ［美］贝尔吾：《印度—马来西亚半岛的史前文化》，第137—138页；［法］乔治·塞岱司著，［美］苏珊·布朗·考因译：《东南亚的印度化国家》，第23，63—64页；［印］希曼舒·雷译：《变化之风：佛教与南亚早期的海上交往》，第132—134，136，199—200页。

天竺人。由于处在中国与天竺之间的过渡地带，中亚人往往兼通华、梵二音，所以常常承担起译语人的角色。[1]

从很大程度上讲，这一现象可以用"语言文化长城"（Great Wall of Language）的理论加以解释。尽管为了贸易的需要，中亚的行商很有必要同时熟谙几门语言，但是掌握外语从来都不是一件简单的事情。因此，这些来华弘法的胡僧，大多数汉文水平都十分有限。公元4世纪时（晋永嘉中），龟兹国高僧尸梨蜜多罗（Śrīmitra，约310—340）来华传教。不过，据载，此人性情高放，不习汉音。在与公卿贵族交往时，他多依靠传译来沟通。因此，晋简文帝还对这位"高坐道人"不习汉语的做法进行了讥讽，称其"以简应对之烦"，省去了不少论道的麻烦。然而，不通汉语显然限制了尸梨蜜多罗与其他僧众的交流与互动。[2]

隋唐时期，为了学习佛法真谛，日本僧人曾纷纷泛海前往中国求法。这其中，代表性的人物有空海、圆仁等，他们都是在9世纪进入大唐的。尽管这些求法僧人也修习梵文经书，但最终还是因为言语不通而难以持续。因此，他们转而通过大唐翻译的

---

1 [英]大卫·斯内格罗夫（David Snellgrove）:《印藏佛教：印度僧众与藏传佛徒》，第330页；谢海平：《唐代留华外国人生活考述》，第164—165页。
2 [美]马瑞志译：《世说新语》，第55页；《高僧传》卷1，第21页。

汉文佛教来解答疑惑。[1]虽然这些日僧无法流利地使用汉语进行口头交流，但他们至少可以通过"笔书"的方式与大唐僧人相互致意。

据载，空海法师曾从罽宾游僧昙贞及中天竺僧人牟尼室利学习梵音，并自诩"弘通密典"。但是，笔者对于空海的梵文水平十分怀疑，因为他在大唐不过待了14个月，便携佛典经疏、法物回到了日本。况且，日本人与天竺僧人的直接接触几乎都发生在大唐的土地上；至于日僧继续负笈西行求法的事例，则更是少之又少。[2]

尽管中国的佛教起源于异域地区（即天竺），但一旦佛教开始烙上中国的文化印记，事情就会发生很大的变化。似乎，本土的佛教高僧更倾向于与名士贵族交往。而在他们的交往圈中，我们很难再看到异域僧人的身影。例如，东晋高僧支遁（314—

1　关于空海是高僧慧果的弟子，可参见戴蕃豫：《唐代青龙寺之教学与日本文化》，第75页。关于圆仁，可参见[美]埃德温·赖肖尔：《圆仁在唐的旅行》，第176—177页；[美]埃德温·赖肖尔译：《入唐求法巡礼行记》（《圆仁日记：中国巡礼行记》），第289页；谢海平：《唐代留华外国人生活考述》，第178页注8。
2　[美]斯坦利·威斯坦因（Stanley Weinstein）：《日本密宗的兴起：被忽视的天台传统》，第179页。关于空海与罽宾、天竺僧人交往的记载，见《元亨释书》卷1，第37页；杨曾文：《日本佛教史》，第126页。关于空海的梵文学习，可参见戴蕃豫：《唐代青龙寺之教学与日本文化》，第82页；[日]家永三郎监修：《日本佛教史：古代篇》，第192页。关于日本与三韩僧人西行求法的记载，见《元亨释书》卷16，第234—235页；《三国遗事》卷4。

366）即是一个典型。流寓到南方的建康城以后，支遁常与王濛、殷融、王羲之等高门士子相互往来。虽然也有西行求法的僧人最终精通了梵音（例如，义净曾西游天竺、室利佛逝等国，历时25年），但大多数的中国僧人几乎不通任何西方语言。当然，这一课题的内容十分宏大，远非笔者一人之力可以承担。不过，笔者仍需要稍加说明，虽然中国长期以来致力于将印度佛法真经引入中国，但佛法入华后，最终还是未能逃脱本土化的命运。[1]

甚至，日僧最澄还公开表达了中国译经优于梵经的观点：

> 支那三藏，和诤论于天竺震旦，人师糅群释于梵本。于彼智略，神州亦好；于此义味，大唐亦妙。[2]

西方的佛教曾对早期中国的文化与艺术产生了重要影响。公元4、5世纪中国北方相继开凿了一百二十余处佛窟寺，这即是极好的例证。然而，这类石窟的存在范围，往东不及朝鲜半岛的

1　关于支遁的事迹，可参见[法]保罗·戴密微（Paul Demiéville）：《佛教对中国传统哲学思想的渗透》，第32页；关于义净，可参见孙昌武：《中国佛教文化序说》，第81页；关于南朝梵文佛经的修习，可参见[美]梅维恒，[美]梅祖麟：《近代诗律中的梵文来源》，第389—391页；关于"禅宗"兴起可视为佛教的汉化典型，可参见[法]保罗·戴密微：《佛教中国》，第394页。
2　[日]最澄撰：《大唐新罗诸宗义匠依凭天台义集》卷3，第363页。

新罗，往南不越长江一线。[1]此外，日本及中国华南等地也无石窟开凿的迹象。从石窟遗址的分布范围上，可以得知，石窟文化应是由北方陆路丝绸之路传入中国的；而且，我们还能由此看出，印度文化对东亚的影响确实十分有限。

对于东亚人而言，这些西方僧人的衣着面容始终充满着异域风情。他们袒露右臂、身着僧袍、削发跣足，处处都显得颇为怪异。因此，在隐士顾欢（420—483）及北周武帝（561—578年在位）等人看来，佛教乃是"毁貌易形，绝恶之学"。当然，对于这样的"诽谤"，佛教僧众立即给予了回应，称"道之与佛，遥极无二"；而且，"道则佛也，佛则道也"。总之，佛与道，二者同又不同。从某种层面上说，中华帝国是在杂糅众多地方文化的过程中渐渐形成的。然而，从佛教的视角来看，中国与印度又同是庞大佛教世界中的地方文明，"经教通行者，震旦之与天竺国界虽殊，莫不同在阎浮四海之内，轮王（Jambu Cakravartin king）一化"。[2]

---

1 [日]镰田茂雄：《佛教传入》，第255页；刘欣如：《古代印度与中国：贸易与宗教交流（1—600）》，第124，144页；罗宗真：《六朝考古》，第101，241，257页；孙昌武：《中国佛教文化序说》，第199—201页。
2 道端良秀先生对于西方僧人的面容装扮进行了探讨，详见[日]道端良秀（Michihata Ryōshū）：《中国佛教的演变》，载其著：《中国佛教社会经济史的研究》，第291—292，306—308页。关于国人对西来佛教的接受争论，见《佛祖统纪》卷39；《广弘明集》卷10；《弘明集》卷7；《南史》卷75，第1875—1877页。

这段文字出自《续高僧传》一书中，惠远之论无疑具有极强的说服力。原因在于，它与当时道教思想中的主张不谋而合。所谓"天下"，其实也不过是寰宇四区的一部分罢了。虽然佛教并没有进一步推动东亚地区的"印度化"，但它却对东亚汉字文化圈的最终形成多有贡献。与欧洲中世纪基督教堂中的多民族风情相同，早期东亚地区的佛寺也呈现出了强烈的全球文化色彩。[1]

公元5世纪末（宋末齐初），高句丽僧人道朗西行至中国的敦煌（今中国西北地区），跟随昙庆受学"中观论"（Mādhyamīka，即"空宗"）。6世纪初（梁朝初年），道朗又南行到建康城，并在西北郊的摄山栖霞寺内修持弘法。天监十一年（512），梁武帝因为仰慕其风，遂敕僧诠等十数人从其学法。推古天皇三十一年（623），日本创设了"僧官"制度，以律令形式规范僧尼的行为。百济僧观勒随即受命担任首位僧正，成为日本佛教的最高首领。继观勒之后，推古天皇三十三年（625），曾赴隋朝修习三论宗的高丽僧人慧灌继立为日本第二任僧正。[2]

1　关于7世纪大不列颠的全球性教堂，可参见[英]伯纳德·韦尔斯（Bernard Wailes），[英]艾米·佐尔（Amy L. Zoll）:《欧洲考古所见的文明、野蛮与民族主义》，第31—33页。
2　高观如:《中外佛教关系史略》，第200页。关于日本"僧官"制度的确立，见《元亨释书》卷1，第28页;《元亨释书》卷16，第231页;《日本书纪》卷22，第164—165页。

公元733年（开元二十一年、圣武天皇天平五年），日本圣武天皇命留学僧荣睿、普照等邀请大唐高僧赴日传授戒律，于是有了鉴真（688—763）东渡之事。当时，日本的长屋王子兴隆佛法、普度众生。他命人给鉴真送来袈裟千领，并在僧服的边缘绣上了诗句，诗曰："山川虽异域，风月仍同天，以此寄佛子，来共结善缘。"鉴真于是毅然决定浮海东渡，结此善缘。在五次渡海都告失败后，鉴真终于在天宝十二年（753）第六次东渡时成功抵达日本，而与之同行者，除了门下的大唐弟子之外，另有昆仑人军法力、占婆人善所及胡人安如宝等。[1]

早期东亚的佛教确实呈现出了跨国传播的特征。据释东初先生的统计，大唐赴日传法的高僧，就多达26例。日僧最澄入唐求法，事在桓武天皇延历二十三年至二十四年（804—805）。[2]当他即将启程归国时，大唐台州刺史陆淳曾亲自作下临别词《送最澄上人还日本国》一首，其词曰："最澄阇黎，形虽异域，性实同源，特禀生知，触类玄解。"佛教提倡不分地域、人人同等的理念。然而，无法否认的是，随着佛教一同传入东亚地区的其他印度文化，影响范围实在有限。与儒家的天下观相同，佛教的普世

---

1 《唐大和上东征传》，第896页；杨曾文：《日本佛教史》，第80页。
2 作者原文作802年入唐，当误。——译者注

主义也成为文化交流的润滑剂，进一步推动了东亚的汉化进程。[1]

6世纪初，朝鲜的百济政权与佛教兴盛之地、南朝萧梁政权往来十分密切，由此极具南朝风格的佛教装饰图案也传入了朝鲜半岛。除佛教文化因素外，中国的世俗文化也随之东传。例如，据史书记载，梁大同七年（541），百济等国遣使朝贡，并求《涅槃》等经疏及医工、画师、《毛诗》博士。可见，除一般的佛教经文外，百济国对南朝梁的文化请求十分多样。而在朝鲜半岛的其他地区，贞观二十三年（649），新罗国也接受了入唐求法僧人慈藏的谏议，依照唐俗，"始服中朝衣冠"。[2]

8世纪初，鉴真东渡，不仅将正统的佛教戒律传入日本，同时也将中国的药理知识等一同带入。显然，佛教寺院已俨然成为大陆文明传入日本的文化据点，在吸收华夏文明的过程中扮演着十分重要的角色。例如，据史料记载，公元7世纪时，僧旻（？—654）被视为当时日本最通晓中国文化的大德僧人。除了佛

1　释东初先生罗列大唐赴日高僧名单时，误算作27人，实为26人，详见释东初：《中日佛教交通史》，载其著：《东初老人全集》第2卷，台北：东初出版社，1985年；关于最澄携至日本的佛经目录，见［日］最澄撰：《传教大师将来目录》，第368页。

2　关于梁大同七年百济遣使朝贡的记载，见《南史》卷7，第216页；《三国史记》卷2《百济本纪四》，第64—65页。关于百济与萧梁的外交往来，可参见［日］镰田茂雄：《佛教传入》，第110页。关于新罗接受唐朝衣冠习俗的记载，见《三国遗事》卷4。

教上的成就外，僧旻又以"国博士"身份筵讲《周易》之学，并在孝德天皇大化元年（645）的政治革新中，受命改定八省百官之制，对日本政治体制的改易起到了关键性的作用。[1]

现有研究已经表明，东亚僧众除了扮演着印度佛教传播者的角色之外，还成为推广中原文明的文化使者。中国与西来佛教之间存在着巨大的语言屏障，需要借助译使方可搭起对话的桥梁。然而，佛经由中国东传日韩地区，则无须频繁的译经活动，因为当时日本与朝鲜半岛的汉文修养已经达到了相当的高度。因此，佛教传播至东亚世界，多是以传播汉文佛经的形式。8世纪时，在日本通行的佛教经典中，汉文新经甚至已经与梵文译经的数量大体相当了。[2]

在东亚的佛经宝库中，所谓的中文"伪经"，数目绝对不容小觑。这些"伪经"不仅给当时东亚世界的佛教传播打上了深深

1　关于鉴真和尚，可参见陈水逢：《日本文明开化史略》，第92—93页。关于早期大陆文化传播过程中寺院的作用，可参见[日]家永三郎：《飞鸟与白凤文化》，第336—337页；林天蔚：《隋唐史新论》，第123页；[日]辻善之助：《日本佛教史研究》第6卷，第107页；王金林：《汉唐文化与古代日本文化》，第259页。关于僧旻的记载，见《日本书纪》卷25，第243—244页；[日]横田健一：《大化改新与藤原镰足》，第168—169，171页。
2　王金林：《汉唐文化与古代日本文化》，第261页；王金林：《唐代佛教与奈良佛教之比较：以国家佛教的特点为中心》，第603页；杨曾文：《日本佛教史》，第13页。

的中国烙印，而且还造成了东亚佛教"回传"中亚的文化现象。"现存的粟特文佛教文本，几乎都是汉文新经的译本，甚至连原本的梵文表述也被披上了中文的外衣。"而在佛教绘画方面，中国也"迅速吸收了中亚及印度的文化元素，并对其进行了二次加工。等到完成本土化以后，又将其回传到中亚地区"。[1]

总之，中原文明的文化引力十分强大，以至于西方宗教进入中原以后，很快就被改易，并再度影响到西北边州地区。例如，史籍记载，唐宝应元年（762）前后，回纥可汗从东都洛阳携回了摩尼僧人数名，后改立摩尼教为国教。公元7、8世纪时，吐蕃虽在南传佛教的文化影响之下，改尊佛教，并发展出了极具特色的地方佛教形式——藏传佛教。然而，与此同时，吐蕃也频繁地从东亚、南亚地区引入佛教经典。唐德宗建中二年（781），"吐蕃遣使乞朝廷赐沙门善讲佛理者，帝令良琇文素往赴说法教化"。由此可见，吐蕃还直接从中国引入僧人、经书，来推动佛教的发展。不过，在唐代帝王的眼中，派遣大德前往吐蕃弘扬佛法，其

---

1 关于中国的疑伪经，可参见［美］保罗·史万森（Paul L. Swanson）：《天台宗的理论基础：中国佛教二谛义的兴盛》，第42，44页；［日］德野京子：《中国佛教经录中的本土经文述评》，第33页。关于粟特文佛教文本，可参见［美］丹尼斯·塞诺：《语言与丝绸之路的文化交流》，第3，10页。关于佛教绘画，可参见［美］李雪曼：《远东艺术史》（第5版），第151—152，155页。

根本目的仍在于传播文明、教化蛮邦。[1]

　　一般情况下，古代东亚世界的成熟文明往往在少数几个地理核心区域先发育起来。例如，中国的都城，日本列岛的平城京（及其后的平安京），朝鲜半岛上新罗、高句丽及百济的王京，等等。在这些文明中心区域的周边，还环绕着众多次一级的地方文化与经济中心。而在东亚世界之外，以南以西也各有高度发达的文明存在。然而，旧大陆的文明核心区之间则是片片广袤的土地，这里人口往往十分稀疏。这些看似荒芜的中间地带，其实并非毫无人烟。虽然它们常常作为亚欧大陆文明交流的屏障或缓冲区域而存在，但有时它们也是开放的窗口，不断地促进着人口流动、文明交流。

1　关于回纥改信摩尼教，可参见[澳]科林·麦克勒斯：《唐史中的回纥：公元744—840年间唐与回纥关系研究之一》，第9页。关于大唐僧人前往吐蕃弘扬佛法，可参见法尊：《西藏前弘期佛教》，第134，138页；《佛祖统纪》卷42；屈小强：《白马东来：佛教东传的揭秘》，第122页；[英]大卫·斯内格罗夫：《印藏佛教：印度僧众与藏传佛徒》，第44，445—446页。

第五章 "核心"剧变

通过南洋的海上贸易与传教活动，东亚世界与南亚次大陆的印度文明广泛地联系了起来。然而，东亚与外部世界的边疆文化冲突则主要发生于其他地区，特别是隔着万里长城的防线与北方民族的冲突。此处所说的东亚北部边疆，可进一步区分为文化面貌各不相同的三大生态区。其中，东北主要是指满洲（不仅限于现在的中国东北地区，还包括北达外兴安岭，东到库页岛的大片区域）森林地带，它作为过渡地带将中国与东亚地区的朝鲜、更北端的西伯利亚及更西端的蒙古草原联系了起来；西北主要是环境恶劣的中国西北荒漠地带（即今天的新疆维吾尔自治区内），这里发展出了以塔里木盆地、塔克拉玛干沙漠及其边缘绿洲为核心的贸易文化区；正北则是蒙古大草原地带，它成为游牧及半游牧民族的发祥地，而且发育出的游牧文化与"中原腹地的农耕文化几乎完全不同"。[1]

从某种程度上说，整个中亚地区都可视为古代亚欧大陆东西两端文明的周边地区。但是，与此同时，它又是连接旧大陆不同文明的中心节点。塔里木盆地的弧形绿洲地带，其北其南环绕的全是荒漠戈壁，环境十分脆弱，但这里却有一条作为文明交流的狭窄线路，"顽强地将世界联系为一个统一的整体，使得东西方文明不至于彼此孤立、绝缘"。这就是传说中的"丝绸之路"，它沟通着中国与西方世界。"然而，在丝绸之路的北部，蒙古草原带给游牧民族的却是另一番文化景象——不同的游牧民族在野蛮到文明的进化之路上，不断地上演着不同的剧目。"因此，在中华帝国的演进过程中，西北边疆呈现出了截然不同的两面：一方面，荒漠中沿着丝绸之路往返的骆驼商队维系着东方与西方文明微弱的贸易联系；另一方面，在浩瀚广袤的大草原上，东起蒙古草原，绕过阿尔泰山脉、准噶尔盆地，西至多瑙河地区，游荡着一群无法开化的野蛮部族，他们与其他边疆地区生活着的蛮族都不相同。[2]

1　[美]托马斯·巴菲尔德：《危险的边疆：游牧帝国与中国》，第16—20页。
2　关于中亚可视为联系亚欧东西端文明的中心节点，可参见[荷]巴里·吉尔斯（Barry K. Gills），[德]安德烈·冈德·弗兰克：《资本积累：五千年世界体系形成史研究论集》，第19、23页；张广达：《古代欧亚的内陆交通：兼论山脉、沙漠、绿洲对东西文化交通的影响》，第380页。文中的引文，见[法]雷纳·格鲁塞（René Grousset）著，[美]娜奥米·沃福德（Naomi Walford）译：《草原帝国：中亚的历史》，第xxii—xxiii页。关于绿洲与草原经济地带的自然分割，可参见余太山编：《西域通史》，第72—73页。

目前，关于中亚前伊斯兰时期（Pre-Islamic）的民族史学问题，仍存在着很大争议。但是可以确定，"丝绸之路上的多语混杂现象十分突出"。这一地区生活的族群，名称多种多样。在中国西北地区的甘肃省境内，即使到了今天，除了说普通话的汉人以外，"还有众多操着蒙古语、藏语、土族语的信仰伊斯兰教的少数民族，以及使用汉语的藏民和其他民族"。中国政府谨慎地推行着民族政策，维系着这一区域的稳定。[1]

然而，前近代时期的中国人常常将周边不同的族群粗略地归为一支民族，而且不觉得有何不妥。这一倾向往往表现得十分直白。单从汉语术语中模糊的民族称谓上，就可略见一斑。通常，上古时期，西北的游牧及草原民族会被统称为"戎狄"；进入帝国时代以后，这些族群又会被泛称为"胡族"。除用于描述西北族群外，"胡族"一词有时也可用来形容天竺人、波斯人及其他的藩外民族。[2]

唐代高僧义净曾对东亚不同地区的衣着法式进行了概括。在

1　[德]克林伯格：《大背景：西喜马拉雅的商路》，第29页；[美]丹尼斯·塞诺：《语言与丝绸之路的文化交流》，第3页；[美]李普曼（Jonathan N. Lipman）：《熟悉的陌生人：中国西北地区穆斯林史》，第18页。
2　赵世超：《周代"国野"制度研究》，第62页；谢海平：《唐代留华外国人生活考述》，第2—7页。

概括东南亚的衣俗时，他这样说道："并南海中有十余国，及师子洲，并着二敢曼矣。既无腰带亦不缝裁，直是阔布两寻，绕腰下抹。……裸国则迥无衣服，男女咸皆赤体。……及速利诸胡吐蕃突厥，大途相似，不着敢曼，毡裘是务。"而作为3世纪的中国官方史书，《三国志·乌丸鲜卑东夷传》（裴松之注）对乌丸的习俗有详细的记载："乌丸者，东胡也。……俗善骑射，随水草放牧，居无常处，以穹庐为宅。"可见，乌丸等东胡诸族基本上过着逐水草而居的游牧生活。而且，乌丸"氏姓无常，以大人健者名字为姓"。又，据《翰苑》引应劭《风俗通》所载，鲜卑对汉帝国频频造成威胁，"鲜卑数为边害，来如飞鸟，去如绝弦，国家深以为忧"。[1]

实际上，蒙古草原上的族群更像是半游牧的民族，而非完全意义上的游牧民族。他们往往在夏季时到高山牧场上放牧，进入冬季后则会定居下来。然而，这样的生活方式也使得他们处在频繁的迁徙过程当中。在辽阔无边的大草原上，他们会轻易地从暂居的草场迁往遥远的海滨。而在古代的地中海地区，罗马帝国的

---

1 《南海寄归内法传》卷2，第91页；《三国志》卷30，第832页注1；《三国志》卷30，第836页注1。关于应劭《风俗通》的记载，见《翰苑》，第23页；《后汉书》卷48，第1609—1610页。

民族地理学家坚信，正是因为古希腊—罗马文明周边地区的恶劣气候环境，才造成了野蛮文明的周期性兴衰。当然，这多少带有一点"地理环境决定论"的色彩。"尽管这些野蛮族群称谓不一，但他们本质上完全相同。"说得更直白一些，由于蒙古草原的地理环境十分特殊，所以这一连串前后连续的半游牧民族都被打上了相同的文化烙印。多个世纪以来，正是这些野蛮族群控制了东起满洲、西至黑海的广大区域。[1]

在草原文化的演化进程中，首先需要提及的就是所谓的"骑兵进化"。约在公元前9世纪左右，"骑兵文化"开始发端于蒙古大草原的最西端。所谓"骑兵文化"是以熟练掌握"骑马射箭"技术为其显著标志的。随着这一技术的重大突破，西起多瑙河、东至中国境内的整个大草原地域文化面貌逐渐趋同，"到处都活跃着勇武好战的马背部落"。毫无疑问，在骑马民族频繁的迁徙影响之下，草原上出现了大规模的人口流动及杂居现象。但是，草原文化的转变并非任何单一族群活动的结果，更不是单纯的人

---

1 [美]帕特里克·亚莫里（Patrick Amory）:《东哥特王朝时期意大利的人民与身份》，第19—21页；[美]帕特里克·格里（Patrick J. Geary）:《法兰西与德意志以前：墨洛温帝国的形成与渐变》，第39—43页。关于草原文化的同一性，可参见[英]威廉·华森（William Watson）:《古代东亚的文化边疆》，第98—99页。关于半游牧民族，可参见[美]欧文·拉铁摩尔:《内亚的商队路线》，第61—62页。

口迁徙所能引起的。相反，其实是骑马射箭技术的传播及畜牧经济的分工，才最终引起了草原文化的改变，造成草原文化面貌的逐渐趋同化。[1]

出于本能的想法，现代学者往往会试图寻找这些草原游牧族群（或作"民族"）的文化界线。但是，从史料记载来看，古代中亚胡族名称繁多。这也说明，对于诸民族之间的界线，古人已经有了较为细致的考察，从而突破了采用政权名称直接命名族群的简单思路。事实上，在各种身份认同中，部落身份最为稳定持久。正如公元7世纪成书的《晋书》所言："北狄窃号中壤，备于载记；在其诸部种类，今略书之。"可见，古人在区分草原胡族诸部时，往往是以其民族部落为依据的。当然，在部落族群之上，往往还存在着更大的政权组织，只不过它们通常存续时间短暂、变化频繁。在辽阔的草原之上，一连串的胡族政权不断地交替与更迭着，"这些兴衰交替的草原政权其实都出于同一个民族。只是，由于部落酋首的出身不断地发生变化，反倒让我们产生了一种错觉"。甚至，以往通常认为这些草原帝国（例如"匈奴"）彼此语言不同的观点，也存在着一定的误导性。原因在于，"每

---

1 ［美］威廉·麦克尼尔：《西方的兴起：人类共同体史》，第234—238页；［德］卡尔·耶特马（Karl Jettmar）：《突厥以前的阿尔泰》，第148—149页。

个部落联盟政权内部的语言其实也十分多元化"。[1]

中亚内部最重要的文化分界线基本上与草原、绿洲的地理环境分界线相吻合，这一点完全不会令人感到意外。作为不同族群交汇的十字路口，塔里木盆地的绿洲城市原本也是印伊语系早期文明的发祥地。但是，早在秦汉帝国时期，这一地区就长期处在游牧帝国的政治军事控制之下。最终，到了公元1世纪末，它就完全淹没在北部阿尔泰语系的草原文化当中。[2]

不同的草原文化之间往往存在着诸多相似之处，尽管它们彼此言语不一，但是，就语种差异而言，它们大体上可略分为突厥语系、蒙古语系及通古斯语系等三个语系。虽然存在一定的争议，但一般认为这三大语系之间存在着一定的亲缘关系，都可视为原始阿尔泰语系（Proto-Altaic Language）的同源分支。（需要说明的是，"原始阿尔泰语系"是为了解释的需要而

---

1 ［美］卜弼德（Peter A.Boodberg）:《突厥、回纥与中华文明》，第13—16页;《晋书》卷97，第2549页;［法］卢西恩·缪塞（Lucien Musset）著，［英］爱德华·詹姆斯（Edward James）、［英］哥伦布·詹姆斯（Columbia James）译:《日耳曼人的入侵：公元400至600年欧洲的形成》，第20页。

2 ［美］狄宇宙（Nicolas Di Cosmo）:《古代内亚的游牧民族：试论其经济基础及其在中国历史上的重要地位》，第1106页。关于塔里木盆地的早期居民，参见［美］伊丽莎白·巴伯:《乌鲁木齐的古尸》，第202,211—212页;［法］卢西恩·缪塞著，［英］爱德华·詹姆斯、［英］哥伦布·詹姆斯译:《日耳曼人的入侵：公元400至600年欧洲的形成》，第50—53页。

建构出的概念。）这些阿尔泰语系的游牧族群，"生活环境与生活方式完全相同，呈现出了相似的民族特征，共同对沿途的车马行人造成冲击"。[1]

换言之，中亚不同族群的身份标识，很可能是出于实际需要而使用的描述性概念，它们往往无法反映出不同族群的本质差异。早期文明史并不是一部"民族"发展史，而是一部部落君长及其部众的兴衰史。从这一点来看，草原地区较农耕地区表现得更为明显。早期"国家"或"民族"不过是一个转瞬即逝的概念，难以发展出真正的原始政治实体。它们更像是移动的流沙，而非历史进程中的标尺。

与此同时，众多语言风俗各异的小型地方群落，也散居在亚欧大陆的各个角落（甚至时至今日也不曾改变）。公元4世纪初，这些边缘群落开始陷入前所未有的大迁徙之中，它们被迫游走于中华帝国与罗马帝国之间的茫茫草原上。然而，如果认为这些群落属于同一民族，并且存续了很长时间，那就失之偏颇了。对于

---

1 [法]卢西恩·缪塞著，[英]爱德华·詹姆斯、[英]哥伦布·詹姆斯译：《日耳曼人的入侵：公元400至600年欧洲的形成》，第189—190页。关于"阿尔泰语系"的说法争议，可参见[美]约瑟夫·格林伯格：《印欧民族及其近缘亲属：欧亚语系》第一卷《语法》，第11—21页；[美]罗伊·安德鲁·米勒：《日语及阿尔泰语系》，第6，44—45页；[美]罗伊·安德鲁·米勒：《语言证据与日本史前史》，第104页；[美]约翰娜·尼克尔斯（Johanna Nichols）:《时空下的语言多样性》，第4页。

史前时期的定居人口而言，领土范围固定、政治结构完善的大型群落往往出现在发达帝国的周边，而且正是因为与发达帝国不断地文化交流，大型群落才得以出现。[1]由于史前时期的蒙古草原生活着当时世界上流动性最强的人口，所以这些游牧民族需要以"族群"的字眼加以特别的称谓。

17世纪时，清王朝统一了中国。而清朝对于"满族"身份的建构，也许是距今最近的实例，因而具有极大的启发性意义。"实际上，以往社会中，并无满族或满族文化，更无所谓的满族国家。"相反，当时满洲仅分布着一小股通行通古斯语的女真游群部落。[2]明末清初，在努尔哈赤、皇太极等早期清代帝王的整顿之下，这些女真部落又与蒙古人及辽东汉人等人群结合产生了"八旗"军制。清代覆亡以后，"八旗"子弟形成了统一的"旗人"文化，并进而演变出统一的民族群体——"满族"。正如清代"满族"身份形成那样，通过适当的政治管理，原本彼此分散、毫无关联的游群部落，也能在短期之内迅速结合成庞大的军事帝国，并在随后的统治过程中逐渐形成自身的民族特点。出于自然的本能，新生的民族常常习惯性地向前追溯到久远的过去，以证明他

1　[美]彼得·威尔斯（Peter S. Wells）:《话说蛮族：入侵族群对罗马欧洲的塑造》，第116—117页。

2　[美]柯娇燕（Pamela Kyle Crossley）:《满族》，第6，26—27，211—212页。

们自古有之、延绵不朽。当然，这不过是他们脑中的幻影罢了，事实并非如此。

因此，要追溯草原民族的历史源头，的确十分困难。蒙古草原上其实只存在一个文化共同体，它是不同族群通过不断的政治联合才逐渐形成的。然而，每一次结盟时，它们的称谓都不相同，其中规模较大的政权确实曾对东亚历史产生了重大影响。公元前2世纪至公元5世纪时，骆驼商队往来的"丝绸之路"一线，庞大的贵霜（Kushāna）帝国控制着西起阿富汗、南至印度北部、东达中国新疆罗布泊地区的广大区域。而佛教传入中国，也与大月氏人及贵霜帝国的中介作用密不可分。据史籍记载，汉哀帝元寿元年（前2），"博士弟子景卢受大月氏王使伊存口授浮屠经"。[1]

而在蒙古草原之上，匈奴部落联盟帝国则自始至终与两汉政府相互攻伐。4世纪时，汉与匈奴帝国相继覆亡，中国北部再度陷入胡族的统治中。这即是史籍中所载的"五胡乱华"。从广义上理解，"五胡"可分为两支：第一支包括羌、氐，即后来藏族的前身；第二支包括匈奴、羯、鲜卑等，都是匈奴及其旧部。5、6世纪时，蠕蠕（又作"柔然"）崛起并控制了蒙古草原的大部。

---

1 《三国志》卷30，第859页；关于贵霜帝国，可参见[英]大卫·斯内格罗夫：《印藏佛教：印度僧众与藏传佛徒》，第47—48，326，330页。

从族属上看，当时的华夏人认为"蠕蠕为族，盖匈奴之别种也"。[1]

关于蠕蠕的兴衰，《魏书》备载其事："蠕蠕，东胡之苗裔也，姓郁久闾氏。始神元之末，掠骑有得一奴……忘本姓名，其主字之曰木骨闾。"可见，3世纪末，代国神元帝拓跋力微在位时，曾赐蠕蠕祖先姓氏。到4世纪时，蠕蠕渐渐统一部众，并正式改定族号，史载"穆帝时，（木骨闾）坐后期当斩，亡匿广漠溪谷间，收合浦逃得百余人，依纯突邻部。木骨闾死，子车鹿会雄健，始有部众，自号柔然，而役属于国。后世祖以其无知，状类于虫，故改其号为蠕蠕"。[2]关于这段史料中的细节记载，我们同样无法判断其真伪，但可以确定的是，蠕蠕帝国原本应是由蒙古草原上不同的军事部落不断联合后才最终形成的，而且"蠕蠕"的族号得来具有极大的偶然性，它被贴上"民族"标签应当也是后来的事情。

之后，约在公元550年前后，蠕蠕又被突厥所灭。[3]"尽管突厥作为早期的内亚国家，史料中的纪年清晰，语言广为学界所熟知，而且对于其民族起源也无太大'争议'，但事实上早期突厥

1　关于"五胡"，可参见邝士元：《国史论衡（第1册）：先秦至隋唐篇》（修订版），第323页；关于蠕蠕的记载，见《南史》卷79，第1986—1987页。

2　《魏书》卷103，第2289页。

3　事在西魏废帝元年，即552年。——译者注

的族群十分复杂，甚至早期突厥贵族中的阿史那氏等两族都并非突厥出身。"传统中国史料多称"突厥之先，平凉杂胡也"，又载其"盖匈奴之别种也"。[1]中唐以后，突厥逐渐为回纥汗国所击灭。同样的，回纥也可分为仆骨、同罗、拔野古等十部，并源出于铁勒旧部，甚至还一度为突厥汗国所控制。[2]

虽然蒙古草原的政治演进历史十分复杂，但从匈奴帝国瓦解直至本书探讨的时段下限，草原上的半游牧民族事实上并未对华夏帝国构成任何实质性的威胁，唯一的例外就是发生在4世纪时的"五胡乱华"事件。这些草原上兴起的游牧帝国，经济上十分依赖于从汉地掠夺的丰富资源。于是，他们不断地袭扰着华夏统一帝国的北境。南北朝分裂以后，"草原上的游牧政权也陷入争战局面中，直到华北再度稳定时情况才有所改变"。令人诧异的是，4世纪黄河以北地区陷落胡族之手时，这些外来政权似乎并不是单纯的游牧政权，而是一种胡汉混合的政权。所谓"胡汉混合"（Hybrid regime），是指将草原游牧民族的军事制度与华夏中

1 ［加］蒲立本:《史前及早期历史时期的中国及其周边》，第454—455页；［美］丹尼斯·塞诺:《突厥帝国的建立与瓦解》，第285,288,290—291,296,315页；［美］丹尼斯·塞诺:《突厥文明的某些成分（6—8世纪）》，第145，147，156—157页；关于突厥帝国的起源及其文化，可参见余太山编:《西域通史》，第104，260—266页。
2 ［澳］科林·麦克勒斯:《唐史中的回纥：公元744—840年间唐与回纥关系研究之一》，第1页注1及第8页。

国的政治制度结合起来，目的是便于胡族统治华北农耕社会。[1]

隋唐时期，华夏再度实现大一统。此时，突厥也常以君臣之礼，向大唐臣服；而回纥汗国也在统治的鼎盛期（744—840）与大唐结为"兄弟之国"。[2]换言之，除了汉初以外，长期以来，草原游牧政权与华夏政权常常保持着对等的身份（虽然这一关系并不稳定），并进行着频繁的文化往来。

不过，东亚世界西端的情形则有所不同。沿着青藏高原东麓向南由于河水不断冲刷而形成的河谷地带，便利了南北地区的物资与思想交流，并使得北部的中亚与南部的云南联为一个整体。并且，以云南为起点，还可进一步沿着红河河谷及湄公河流域与越南相连。因此，这一区域就成为东亚与其他地区的文化分水岭。早在西汉元鼎六年（前111），当汉武帝忙于东征朝鲜、南平南越时，生活在此地的羌人就北连匈奴起兵反叛，"西羌众十余万人，与匈奴通使，攻安定，围枹罕"。[3]

7世纪中期，在汉人所说的诸羌故地，一个强大的帝国——

---

1 [美]托马斯·巴菲尔德：《危险的边疆：游牧帝国与中国》，第90，104—105，112页。
2 [澳]科林·麦克勒斯：《唐史中的回纥：公元744—840年间唐与回纥关系研究之一》，第14页。
3 《汉纪》卷14，第357页；关于南北交流，可参见[新西兰]查尔斯·海厄姆：《东南亚的青铜时代》，第181页。

吐蕃国开始崛起，"吐蕃本西羌属，盖百有五十种，散处河、湟、江、岷间"。吐蕃原以雅鲁藏布江下游的跋布川为都，后于公元629年迁都逻些（Lhasa，即今拉萨）。"对于吐蕃的迅速崛起与强盛，唐朝人多有不解之处。"[1]从文化角度看，吐蕃南与印度，西与中亚，东与华夏都联系紧密；而且，吐蕃的农业经济基础远比北方草原民族巩固，因此它自然就成为唐帝国外部最强大的军事政治对手。公元670年前后，吐蕃先后陷落塔里木盆地的疏勒（即今喀什）、于阗（即今和田）、龟兹（即今库车）等四镇之地，并攻破了大唐设于丝绸之路西端的安西都护府。而河西的瓜州也在唐德宗建中二年（781）[2]陷入吐蕃之手，并直至唐宣宗大中二年（848年）才复归大唐。9世纪末，吐蕃王朝因王室斗争内耗而迅速走向崩溃瓦解，其势一如三百余年前兴起时那般汹涌。[3]

---

1 ［美］查尔斯·巴克斯：《南诏与唐代的西南边疆》，第25页。

2 原文作787年，当误。——译者注

3 关于吐蕃，可参见［美］查尔斯·巴克斯：《南诏与唐代的西南边疆》，第24，28页；［美］白桂思：《吐蕃在中亚：中古早期的吐蕃、突厥、大食、唐朝争夺史》，第168—172页；潘以红：《天子与天可汗：隋唐帝国及其近邻》，第231—261，322—341页；［英］大卫·斯内格罗夫：《印藏佛教：印度僧众与藏传佛徒》，第351，358页；［法］石泰安（Rolf A. Stein）著，［美］斯泰普尔顿·德里弗（J.E. Stapleton Driver）译：《西藏文明》，第27—29，56—62页；王小甫：《唐、吐蕃、大食政治关系史》，第14—18页；《新唐书》卷3，第68页；《新唐书》卷37，第960页；《新唐书》卷216上，第6071页。此外，白桂思先生认为西羌与吐蕃族之间并无亲缘关系，见［美］白桂思：《吐蕃在中亚：中古早期的吐蕃、突厥、大食、唐朝争夺史》，第5—8页。

同样在东亚世界的西端，另一个少数民族政权——南诏国也开始崛起，并威胁着华夏帝国的西南疆。南诏于8世纪崛起于云贵高原，在征服洱海周边五诏以后才建立了统一王国。到9世纪中期后，南诏频频对大唐领土造成威胁，特别是屡次攻掠安南交趾（今越南河内一带）等地。作为多族群共同体，南诏很容易被人误解为前近代时期的国家。不过，无论是南诏，抑或早期的吐蕃国，更多的时候只是一个政治军事实体，是一个部落联盟国家，而不是任何特定的"民族"国家。南诏的政治框架实际上是建立在多族群基础之上的，其内部存在着不同语言，彼此风俗也各不相同。按《蛮书》记载："南诏家食用金银，其余官将则用竹箪。贵者饭以筋不匙，贱者搏之而食。"可见，南诏普通百姓仍遵循着地方上的生活风俗，而上层贵族则一定程度上接受了汉化。[1]

如今，云南与西藏都处在中华人民共和国的领土范围之内。而在唐朝，南诏、吐蕃则是大唐的外邻，时而敌对，时而交善。尽管它们与大唐存在一定的文化交流，但它们基本独立于东亚文化圈之外，并划分出了华夏文化的西部疆界。因此，吐蕃与南诏始终都扮演着东亚世界西疆敌对势力的角色。

1　[美]查尔斯·巴克斯:《南诏与唐代的西南边疆》，第47—52页；[美]戈登·卢斯（Gordon H. Luce）译:《蛮书》，第78—80页。

第一节　4世纪中国北境的"胡化"

　　大约在同一时期，旧大陆东西两端的帝国——华夏帝国与罗马帝国，同时陷入周边民族频繁的骚扰之中，这即是所谓的"蛮族入侵"时代。对于东西方文明而言，蛮族入侵虽是一段插曲，却成为各自文明演进历程中重要的里程碑（对于罗马而言，甚至更像是葬送文明的墓碑）。若要理解这一时期华夏帝国发生的历史事件，就有必要稍微偏离一下正题，去更遥远的古罗马帝国寻找历史的参照物。

　　罗马帝国末期的"日耳曼人入侵"事件，很好地说明了现今最为人熟知的民族术语其实存在着严重的概念建构现象。当时，罗马帝国以北广大区域内分布着的所谓"日耳曼"族群其实并无明显的民族共性。5世纪时，日耳曼各部之间言语不能互通，而且他们迟至9世纪时才以"日耳曼人"自居。[1]公元476年，日耳曼人奥多亚克在帕维亚城被部众拥立为王，标志着西罗马帝国的最终灭亡。然而，奥多亚克其实是"军队之王，而非日耳曼人的

1　[美]帕特里克·格里：《法兰西与德意志以前：墨洛温帝国的形成与渐变》，第43，50—57页；[德]沃特·戈法特（Walter A. Goffart）：《公元418—584年的蛮族与罗马人：适应的手段》，第13，25页；[法]卢西恩·缪塞著，[英]爱德华·詹姆斯、[英]哥伦布·詹姆斯译：《日耳曼人的入侵：公元400—600年欧洲的形成》，第12页；[美]彼得·威尔斯：《话说蛮族：入侵族群对罗马欧洲的塑造》，第102，112—114页。

共主"。不过，他后来也一跃成为罗马的贵族，改换罗马姓名，并以罗马帝国的方式统治国家。[1]

狄奥多里克大帝（Theoderic the Great，454—526）幼年时曾作为人质，在东罗马帝国都城君士坦丁堡的宫廷中度过了9年时间。公元489年，他率领数万东哥特部众西征意大利，最终建立了东哥特王国。不过，仔细观察后不难发现，狄奥多里克所率领的"东哥特人"其实是一支十分混杂的族群，这些族群唯一的共同之处是他们都曾在狄奥多里克的军中效命。他们似乎都会使用拉丁文，史料证明他们还通用着哥特语。当然，哥特语只是作为军队的通用语流传着，而不应被看作特定民族的语言标志。总之，最终拉丁文被保留了下来，而哥特语却几乎完全淹没在历史之中。[2]

随着狄奥多里克对意大利的征服，"语言、宗教、传统、习俗甚至法律都决然不同的两个族群——哥特人与意大利人，自然

1　[法]卢西恩·缪塞著，[英]爱德华·詹姆斯、[英]哥伦布·詹姆斯译：《日耳曼人的入侵：公元400—600年欧洲的形成》，第27—28页。

2　[美]帕特里克·亚莫里：《东哥特王朝时期意大利的人民与身份》，第40—41，86，102—108，278，310页；[法]卢西恩·缪塞著，[英]爱德华·詹姆斯、[英]哥伦布·詹姆斯译：《日耳曼人的入侵：公元400—600年欧洲的形成》，第46页；[比]亨利·皮雷纳（Henri Pirenne）著，[英]伯纳德·米亚尔（Bernard Miall）译：《穆罕默德与查理大帝》，第38—40，46页；关于哥特人的民族起源，可参见[美]帕特里克·格里：《法兰西与德意志以前：墨洛温帝国的形成与渐变》，第62—73页。

而然地就发生了尖锐的对立"。狄奥多里克的军队多是从边省征调而来的，对于意大利的地方政策并不十分熟悉。然而，正如亚壁古道（Appian Way）上的铭文所示，"狄奥多里克大帝常常以自由精神的捍卫者、罗马文化的光大者自居"。同样，5世纪时西哥特人的领袖阿萨尔夫（Athaulf）也野心勃勃，"一心规划着罗马帝国的复兴大业"，但他的继立者只能在罗马的国家框架下调整部落之间的关系。[1]对于这些新兴野蛮王国中微弱的"日耳曼文化因素"，亨利·皮雷纳先生感到十分诧异：

> 东哥特人、西哥特人、汪达尔人、勃艮第人都是以罗马帝国的方式进行统治的，几乎完全看不到日耳曼人的文化踪影。虽说是野蛮文明的统治者，但采用的管理方式却是传统的罗马帝国方式，即便贯彻起来并不完美……所有被保存下来并发挥作用的仍是罗马文化。[2]

---

1 [美]爱德华·亚瑟·汤普森：《罗马与野蛮人：西方帝国的衰落》，第45—50,56,93页；"东哥特狄奥多里克国王……成为'罗马'的捍卫者及传播者"，引自[法]卢西恩·缪塞著，[英]爱德华·詹姆斯、[英]哥伦布·詹姆斯译：《日耳曼人的入侵：公元400—600年欧洲的形成》，第145页。

2 [比]亨利·皮雷纳著，[英]伯纳德·米亚尔译：《穆罕默德与查理大帝》，第53—54,142页。

到了罗马帝国统治的末期，蛮族确实入侵到了帝国的边境线内。然而，细致观察后不难发现，4至6世纪这些侵入到帝国内部的蛮族军队实在不值一提。就其规模而言，也与想象中罗马帝国时期的"民族大迁徙"相去甚远。结果，日耳曼语系的边界只向西推进了约50英里（约80千米）。至于中世纪欧洲地缘国界的巨大改变，则与统一罗马大帝国受到外部蛮族入侵而崩溃瓦解直接相关。这时，那些曾经构成罗马帝国统一文化却长期消逝的地方文化再度繁荣起来。[1]当然，罗马帝国的人口并没有因此被不断涌入的日耳曼人所取代。

可以确定的是，迟至8世纪时，高卢人对于罗马人及野蛮人的认知才开始觉醒。欧洲墨洛温王朝时期（Merovingian Europe，481—751），法兰克人的蛮族军队头领积极采用了罗马帝国的行政体制，并与地方上的罗马旧贵族展开了密切合作。之所以合作如此顺利，是因为这些旧贵族期望保持地方自治，以免罗马帝国

---

1 [美]帕特里克·亚莫里：《东哥特王朝时期意大利的人民与身份》，第226—231页；[德]沃特·戈法特：《公元418—584年的蛮族与罗马人：适应的手段》，第5页；[法]卢西恩·缪塞著，[英]爱德华·詹姆斯、[英]哥伦布·詹姆斯译：《日耳曼人的入侵：公元400—600年欧洲的形成》，第121页；[荷]范·达姆（R. Van Dam）：《"皮朗命题"与5世纪的高卢》，第332页；[美]彼得·威尔斯：《话说蛮族：入侵族群对罗马欧洲的塑造》，第260页。

的文化遗产受到蛮族政府的干扰。[1]

亨利·皮雷纳先生还认为，伊斯兰文明的崛起才是古代地中海统一罗马帝国文明毁灭的罪魁祸首。然而，皮雷纳的这一著名论断遭到了修正学派的猛烈抨击。例如，考古新资料已经证实，罗马帝国衰落之后，才有了公元630年阿拉伯帝国向西扩张之事，因此不可误以为阿拉伯帝国西征造成了罗马帝国的崩溃。无论采用何种标准衡量，罗马帝国在公元630年之前很久就已经陷入了混乱动荡的局势之中。西征以前，罗马帝国崩溃与否并不重要，阿拉伯帝国的入侵至多是加速了崩溃这一不可逆转的进程。总之，罗马不会再度崛起了。7世纪中叶以后，"罗马成为一片焦土"，庞大的地中海文明帝国从此在地图上消失得无影无踪。[2]

同样，这一时期内，华夏文明也极度衰微。汉帝国灭亡以后，直至公元3、4世纪以前，中国的政治局面一直四分五裂。此时，蛮族频频侵入到中原腹地，几乎对华夏文明造成了毁灭性的打击。然而，与罗马帝国的情形不同，绵延已久的古代中华文

---

1 [美]帕特里克·格里:《法兰西与德意志以前:墨洛温帝国的形成与渐变》，第226—231页;[法]卢西恩·缪塞著，[英]爱德华·詹姆斯、[英]哥伦布·詹姆斯译:《日耳曼人的入侵:公元400—600年欧洲的形成》，第126—128，149页。

2 [英]理查德·霍奇斯，[英]大卫·怀特豪斯:《穆罕默德、查理与欧洲的起源——考古学与皮朗命题》，第32—33，52页;[比]亨利·皮雷纳著，[英]伯纳德·米亚尔译:《穆罕默德与查理大帝》，第163，185，197，266页。

明并未被彻底破坏，乃至消失。不过，就北方中原地区而言，华夏文明确实一度十分衰微。

据《魏书·礼志》记载，"自永嘉扰攘，神州芜秽，礼坏乐崩，人神歼殄"。可见，永嘉之乱（307—313）以后，中原的礼制几乎完全崩溃。4世纪初，西晋王室激烈的权力斗争引发了严重的内乱（即"八王之乱"），北方胡族乘虚入侵，并最终导致了西晋的灭亡。频繁的战乱导致北方将近百万人口的南迁，而中原的经济也十分凋敝。自西晋初年至北魏孝文帝太和十九年（495）[1]，史籍中都未见中原铸钱的官方记载。[2] 对于中原经济的萧条状况，西晋永嘉元年（307）刚刚担任并州刺史的刘琨深有感触，他这样描述：

> 臣自涉州疆，目睹困乏，流移四散，十不存二，携老扶弱，不绝于路。及其在者，鬻卖妻子，生相捐弃，死亡委危，白骨横野，哀呼之声，感伤和气。群胡数万，周匝四

---

1 何肯原文作"自公元300年前后"。或是以为西晋惠帝永平年间曾铸"永平通宝"后直至北魏太和十九年再铸"太和五铢"，这期间未再铸造新钱。然而需要说明的是，关于"永平通宝"的铸造年代，一般认为是在前蜀王建永平年间，即911年至915年间所铸。因此，这一时间节点的选取应当值得进一步思考。——译者注

2 《魏书》卷181，第2733页；何兹全：《魏晋南北朝史略》，第90页；洪涛：《三秦史》，第6页。

山，动足遇掠，开目睹寇。唯有壶关，可得告籴。[1]

　　整个4世纪时，中原大部分地区都处在五胡政权的控制之下。站在现代民族国家主义的立场之上，李则芬先生在其《两晋南北朝历史论文集》中，直接将"五胡"称为"异民族"。然而，相对于罗马帝国时期日耳曼人的外部入侵，"五胡"其实长期以来都生活在华夏帝国的边界之内。李则芬先生也承认这一点，不过他认为4世纪时发生的"五胡乱华"事件的根源还是东汉初年的危机意识太过薄弱。[2]早在汉光武帝建武二十年（44）时，"匈奴寇上党、天水，遂至扶风"，但汉朝却没有予以重视。然而，令人疑惑的是，"五胡"等北方异民族在汉地生活了三个世纪以后，为何仍然保持着其异民族的特征。

　　实际上，"五胡"等少数民族一直都是汉帝国的子民。从诸多层面看，"五胡"已多少显露出了一些"华夏"的特征。需要注意的是，两汉时期的中国人口远不是单一民族所构成的，而且也从未朝着这一方向努力过。而且，汉帝国内部的文化多元化更多是因为向外扩张所致，而非异族入侵所引起的。虽然在两汉时

1　《晋书》卷62，第1680页。
2　李则芬：《两晋南北朝历史论文集》第1辑，第1—12，80页。

期长达四百余年的历史中，北方游牧民族确实屡屡南下，并进入到中原腹地，但与此同时汉朝的统治势力也积极地向外延伸，并不断地将帝国的官员、军队、百姓等输送到边疆，从而不断相互融合而形成了新的胡汉民族。特别需要提及的是，自公元前2世纪开始，汉朝政府就屡次向河西走廊以西地区迁入人口，并与当地的胡人杂居通婚。[1]

据《史记·匈奴列传》记载，汉武帝元狩二年（前121），匈奴浑邪王率众降汉，于是"陇西、北地、河西益少胡寇"。其实，这段记载并无夸大的成分。此处称河西地区胡人数量锐减，其实并不是指胡人被汉帝国驱逐塞外，或是被全部剿灭，而是说河西地区已被纳入了汉朝中央政府的管辖之下，那么当地的胡民自然也就转为了汉朝的臣民。[2]

尤其是考虑到汉朝天子以"天下"共主自诩，那么河西地区的胡族作为汉朝天子的子民也应当被一视同仁了。不过，与此同时汉帝国的各个角落都生活着不同的族群，风俗文化彼此迥异，且与宫廷所在的两都地区相距甚远。这些族群或许都保留了一丝汉化以前的痕迹，正如考古学家索菲亚·帕萨拉斯（Sophia Karin

---

1 马长寿：《乌桓与鲜卑》，第7—8，36页；邵台新先生对两汉时期河西诸郡进行了考察，详见邵台新：《汉代河西四郡的拓展》，第50—74，233—234页。

2 《史记》卷123，第3167页。

Psarras）所说的那样，"多元文化正是汉帝国的一个侧面"。[1]

因此，4世纪时活跃于华夏北部边境的"五胡"并非异民族。如果对此还持有异议，那么就与史实不符了。"五胡"中的绝大多数都应当被视为汉帝国内部的民族构成部分。毫无疑问，这些胡族确实都各自保留了其独特的地方风俗，而且在烽火连天的时代背景下，唯有谙习骑马射箭之术，才能够保持军事上的绝对优势。

虽然万里长城的耸立很容易让人产生一种错觉，但华夏的北部边境其实从未彻底地与中原隔绝开来。相反，胡族与汉族之间仅有一片模糊的中间过渡地带，这里被"汉化的游牧民族或胡化的汉人所控制"。为了这片广大的争议地带，胡汉两族不断进行着军事及政治上的拉锯争夺。而且，即便是在华夏帝国的范围之内，仍然会有半游牧经济地带的出现。同理，在通常认为的蒙古草原游牧区内部，也会夹杂着一定的农耕生活地带。[2]

虽然汉帝国实行了严格的边境管理政策，但是帝国的边疆也并非不可逾越。据史料记载，因平定交趾（今越南）征侧、征贰

1　[美]索菲亚·帕萨拉斯：《探索北部：战国末年及两汉时期的非汉文化》，第5页。
2　[美]欧文·拉铁摩尔：《中国长城的起源：理论与实践中的边疆概念》，第115页；[美]狄宇宙：《古代内亚的游牧民族：试论其经济基础及其在中国历史上的重要地位》，第1095，1100，1109，1116页。

之乱（Trung Sisters' Revolt）而见诸史籍的汉伏波将军马援（前14—49），早年曾因坐罪逃亡北地数年，"因有重罪，援哀而纵之，遂亡命北地。遇赦，因留牧畜，宾客多归附者，遂役属数百家。……至有牛马羊数千头，谷数万斛"。汉末之际，面对鲜卑族群不断寇境的困扰，议郎蔡邕不禁慨叹，"汉人逋逃，为之谋主，兵利马疾，过于匈奴"。[1]

此外，异民族还通过另一种渠道进入中原地区。西汉末年，匈奴各部之间发生内乱，呼韩邪单于率其部众归附汉朝，"汉嘉其意，割并州并界以安之。于是匈奴五千余落入居朔方诸郡，与汉人杂处"。随着内附匈奴各部的繁衍，"户口渐滋，弥漫北朔，转难禁制"，匈奴重新对汉朝的安定局势构成了威胁。汉献帝建安二十一年（216），久居塞内的匈奴部众被分为左、右、前、中、后五部，并被迁往并州（今山西省境内）各郡居住。一方面，汉朝仍然保留了匈奴单于、贤王的酋首称号；另一方面，又将其纳入了汉政府的管理之下（即以汉人为司马，监督各部）。

西晋泰始元年（265），塞外发生大水灾害，"（匈奴）塞泥、黑难等二万余落归化"。于是，晋武帝接纳了入塞的匈奴各部，

---

1 关于马援的记载，见《后汉书》卷24，第828页；《东观汉记》卷12。关于2世纪时蔡邕慨叹的记载，见《后汉书》卷90，第2991页。

并将其迁往河西落户，"后复与晋人杂居"。至太康七年（286），又有匈奴率部两万九千余落归化。其后两年内[1]，匈奴胡都、大博及都督大豆得一育鞠等分两次南下，共率部众十一万一千五百口，"牛二万二千头、羊十万五千口"内附，晋武帝"并抚纳之"，并将各部安置在雍州境内。据潘以红先生的研究，自西晋泰始元年（265）至太康八年（287），约有25万非汉民族被安置在中国北部的州郡之内，并为西晋的经济及军事发展补充了大量人口。[2]

然而，这些内附的"外来族群"并没有轻易地接受汉化。按《晋书·北狄传》所载，直到3世纪末，入居内塞的北狄部落仍可分为屠居、鲜支、寇头等十九种，且"皆有部落，不相杂错"。元康九年（299），鉴于内迁的氏族首领齐万年在关中起兵作乱，江统特别作了《徙戎论》一篇，对于内附长安的戎狄部落人数已超汉人的情况表示了担忧。这些归附的北方部众，或是沦为"屯田客"，或是充实了军队，与罗马帝国末期"蛮人"渐渐与"军队"概念趋同的情形完全相同。显然，这些胡民中的不少人渐渐

---

1 何肯教授原文作"a year later"，据前可知为"太康六年"，似与《晋书》所记时间不合，当误。今从《晋书》改。——译者注
2 《晋书》卷97，第2548—2549页；潘以红：《早期中国的游牧民族迁徙政策》，第54—55，57页；《资治通鉴》卷67。

对汉人贵族产生了强烈的仇视心理。[1]

其实，汉帝国并未真正对这些入侵的异民族感到过恐惧。不过，自建国伊始，汉帝国就对地方上的少数族群（显然，汉帝国的民族成分并不单一）进行了严密的防范与隔绝。这些非汉族群当时并未奋起反抗并进而推翻汉朝的统治；但是，当华夏的一统格局出现裂痕以后，他们便立即骚动起来。

例如，汉晋时期，在今天的四川北部、甘肃东部、陕西西部交界地区，活跃着一支少数民族——氐族，"自汉开益州，置武都郡，排其种人，分窜山谷间"。与汉人长期杂居以后，氐人虽然"语不与中国同"，却"多知中国语"。当然，至于部民之间的日常交流，氐人则仍保留了其民族语言，"自还种落间，则自氐语"。[2]公元4世纪，中国陷入了民族大动乱。此时，氐族中的若干支落又再度兴盛起来，并成为"五胡乱华"势力中的重要一支。

---

1 关于北狄部落"十九种"的记载，见《晋书》卷97，第2549—2550页。3世纪时江统所作《徙戎论》，见《全晋文》卷106，第2070页。关于蛮族的归附，可参见[美]帕特里克·亚莫里：《东哥特王朝时期意大利的人民与身份》，第25页；[日]砺波护，[日]武田幸男：《隋唐帝国与古代朝鲜》，第125页；[日]志田不动麿：《关于晋代的土地所有形态与农业问题》，第214页。

2 《三国志》卷30引《魏略》，第858—859页。

随着汉灵帝中平元年（184）黄巾之乱的爆发及汉献帝初平元年（190）都城洛阳的破坏，汉帝国的统治逐渐开始瓦解，帝国的各个州县纷纷被地方上的军阀强雄所割据。汉帝国原有的州郡界限也开始被军阀混战所打破，"自董卓以来，豪杰并起，跨州连郡者不可胜数"。随着汉王朝军备的废弛，地方将领纷纷纠结部众，拥兵自立。这些军阀或出身寒微，或代为公卿，但他们毫无例外地都将北方骑马民族视为外部援兵。[1]

在汉末的割据局面下，汉朝的国祚依然存续了将近百年之久。公元3世纪前中期，中国的政治局势就开始在曹魏、蜀汉、东吴等三国政权的势力消长中维持着微妙的平衡。在西晋政府短短五十余年（265—317）的统治中，中国甚至还一度（280—304）重新实现了南北统一。然而，自西晋元康元年起（291），王室的内部争斗愈演愈烈，并最终引起了"八王之乱"。残酷的王室内乱，加之连年的自然灾害，导致黄河流域的百姓被迫四处迁徙。于是，在这一局势下，胡族纷纷入侵中原。[2]不过，总的来说，这些所谓的南下"胡族"并不是帝国的外部"入侵者"。

---

1 ［澳］张磊夫：《重建和平：公元189年至220年的后汉史》，第xxvi–xxvii, xxxii–xxxiii页；关于军阀豪强势力的崛起，见《三国志》卷35，第912页；关于骑马民族的军事介入，可参见何兹全：《魏晋南北朝史略》，第53页。

2 参见张雄：《魏晋十六国以来巴人的迁徙与汉化》，第58页。

西晋建武元年（304），长期定居并州一带并已严重汉化的匈奴南单于部落首领刘渊起兵反叛，由此掀开了所谓"五胡乱华"的序幕。对于起兵的匈奴贵族刘渊而言，起兵反晋虽然名义上打着汉室的旗号，实际上则是为了恢复匈奴的旧业。刘渊自称是匈奴冒顿单于之后，由于当年冒顿单于曾与汉高祖刘邦之女和亲通婚，所以刘渊一支世代以刘氏为姓。而其所属的南单于各部，也长期居住在山西晋阳一带。刘渊本人也长期作为匈奴人质，生活在晋都洛阳城内。为镇压这个所谓的"汉人政权"（即刘渊所建的"汉"），西晋政府又自漠北引来了"胡人军队"（即拓跋鲜卑的兵力）对其进行了围讨。[1]

据《晋书》记载，永嘉之乱后，"丧乱弥甚……人多相食，饥疫总至，百官流亡者十八九"。这一时期，因避战乱而南渡江左的"衣冠之士"，可能达到了百万。不过，现代学者仍然认为，对于整个西晋百姓而言，"永嘉之乱"带来的记忆创伤，或许并不完全像正史中记载的那样惨烈。但毫无疑问的是，帝国北方的政治平静已经被胡族的入侵所打破。自西晋永兴元年（304）直

---

1 蔡学海：《西晋种族辩论细论》，第44，51页；[美]托马斯·巴菲尔德：《危险的边疆：游牧帝国与中国》，第99页；[美]大卫·哈尼（David B. Honey）：《中国征服王朝的"汉化"国策：以早期中国中古国家为中心》，第119—134页；洪涛：《三秦史》，第7页；李则芬：《两晋南北朝历史论文集》第1辑，第88—90页。

至北魏太延五年（439），在长达136年的时间里，中国北方一直都处于分裂动荡的局势之中。也许，这一时期中国的人口并未出现明显的减少；但是，由于社会秩序遭到破坏、胡族政权长期对峙，所以大量百姓都避乱逃亡。例如，4世纪初，河内人郭默曾于永嘉之乱后率众建立坞堡，并以劫掠为生，"默率遗众自为坞主，以渔舟抄东归行旅，积年遂致巨富，流人依附者渐众"。到了4世纪末，仅在关内一地，就有"堡壁三千余所"。[1]

然而，与胡汉两族的对峙不同，胡族政权之间的争斗并没有清晰的"民族界限"。公元4世纪初，"八王之乱"爆发，赵王司马伦、齐王司马冏、长沙王司马乂等人纷纷引胡兵相互攻伐。随着宗室实力的空虚，留下来的胡族军队就纷纷建立不同的独立政权。不过，这一时期，胡族政权之间复杂的同盟关系，仍然是根据部落首领之间的亲疏远近结成的。总之，仍然是"以胡攻胡"，或是"以汉攻汉"，又或是"胡汉相争"。[2]

4世纪中期，征西将军张平作为石虎旧部，"跨有新兴、雁

1　关于户口的推算，可参见[瑞典]毕汉思：《公元2年至742年中国的人口统计》，第145—146页；《晋书》卷26，第791页；倪今生：《"五胡乱华"前夜的中国经济》，第39，42页；王仲荦：《魏晋南北朝史》，第345页。关于关中的"坞壁"，见《晋书》卷114，第2926页；刘淑芬：《魏晋北朝的筑城运动》，第371，373页。关于黄河流域郭默筑壁与劫掠的记载，见《晋书》卷63，第1714页。
2　田余庆：《东晋门阀政治》，第28—35页。

门、西河、太原、上党、上郡之地，垒壁三百余，胡晋十余万户"。而永嘉之乱后，司徒左长史刘畴曾避乱坞壁，其内"有贾胡数百"。这些胡人本来打算加害刘畴，但"畴无惧色，援笳而吹之，为《出塞》《入塞》之声，以动其游客之思。于是群胡皆倚泣而去之"。[1]永嘉之乱后，华夏确实陷入动乱之中。然而，是否可将这些"胡族"界定为从华夏外部入侵的族群，笔者以为应当存疑；而所谓的"华夏"，是否就是今天的"中国人"，也无法确定。

"五胡乱华"时期，北方先后建立了十数个胡族政权。其中，氐族所建立的成汉政权，定都于益州（今四川省成都市），享国四十余年（303—347）。虽然李则芬先生将成汉定性为由"巴氐"建立的胡族政权，但是从史实来看，成汉民族首领本为四川本土先民——"廪君"的苗裔。自公元前4世纪时，巴人为秦军收服后，他们就世代与华夏相连。因此，"氐"人立国以前，其实已在中华版图内生活了六七个世纪之久，完全可以视为"华夏"民族的一部分。[2]

1　关于张平的记载，见《晋书》卷110，第2839—2840页；关于刘畴的记载，见（晋）曹嘉之撰：《晋纪》。
2　李则芬：《两晋南北朝历史论文集》第1辑，第81，85—87页；关于先秦时期秦国对巴蜀地区的兼并，详见[美]斯蒂芬·赛奇（Steven F. Sage）：《古代四川与中国的统一》，阿尔巴尼：纽约州立大学出版社，1992年。

3世纪初，氐人向北迁徙到今甘肃天水一带，后改称"巴氐"，也即四川巴人与甘肃氐人之间的一支族群。3世纪末，略阳（今属甘肃省天水市）氐人李特由于"身长八尺，雄武善骑射"，见异于当时。而李特之父李慕也因善射而为"东羌猎将"。可以想象的是，李特的骑射本领应当不是因为继承了巴人祖先的特质。相反，可能是因为迁至略阳后经历了几代人的适应，才逐渐养成的习性。西晋元康六年（296），氐人齐万年起兵于关中，并造成了连年的灾荒。于是，"百姓乃流移就谷，相与入汉川者数万家"。而李特也随着这些流民队伍，一同逃往巴蜀就食。

永康元年（300），面对着混乱局面，益州刺史赵廞也企图割据自立，"廞遂谋叛，潜有刘氏割据之志"。为了达到目的，赵廞"乃倾仓廪，振施流人，以收众心。特之党类皆巴西人，与廞同郡，率多勇壮，廞厚遇之，以为爪牙"。在益州刺史赵廞的纵容之下，李特遂纠集部众数千，"专为寇盗"之事。李特的做法一方面令蜀地人民苦不堪言，另一方开始引起益州刺史赵廞的忌惮。太安二年（303），惠帝于是命令梁州刺史罗尚等人领兵入蜀征讨，李特最终兵败被杀。当时，李特的暴政已经引起了蜀地氐羌部落的反抗，"特既凶逆，侵暴百姓，又分人散众，在诸村堡……是天亡之也"。然而，即便如此，李特所率诸部也已完全占领了巴蜀之地。当时的巴蜀地区十分荒凉，以至于大军攻克成都时，"率众就谷于郪，掘野芋而食之"。永兴元年（304），李特第三子李雄自称"成都王"，并"赦其境内，建元为建兴，除晋法，约法七章"。两年后（306），李雄又僭即帝位，改元"太武"。

因此，公元4世纪时，略阳李氏对巴蜀的统治，很难被界定为是"外族"入侵。巴蜀原本就是氐人的故土，而且早在公元前221年秦统一中国以前，氐人就已在这片土地上繁衍生息了几个世纪之久。虽然"骑射之术"对于氐人的军事征服十分关键，但这一技能其实是氐人迁往西北陇右地区以后才逐渐获得的，因此不能看作氐人固有的民族特质。总之，氐人作为流民部落，正是依靠习得的骑射本领才得以在乱世之中崭露头角的。虽然氐人是教养程度低下的军事部落，但建立政权以后氐人仍然竭尽所能地向"华夏"文明靠拢。据史料记载，成汉开国之君李雄甚至还幻想以《春秋》之义治理国家。[1]

4世纪时，并州反叛的匈奴各部，确实明显地显露出了非汉民族身份。但是，正如史料所见，这些匈奴政权无一例外都自称是汉朝王统的继承者。永嘉四年（310）七月，十六国汉政权的

1　关于成汉的记载，见《华阳国志》卷8，第445，459—460，464—465页；《华阳国志》卷9，第483—484页；《晋书》卷120，第3022—3023，3028—3029页；《晋书》卷121，第3035—3036，3039页。

开国皇帝刘渊病死，其子刘和继位。随后，刘渊第四子刘聪起兵弑兄，自立为帝。次年（311），刘聪领兵攻占了西晋都城洛阳，俘虏了晋怀帝及晋愍帝（史称"永嘉之乱"），又于建兴四年（316）夺取了长安。"永嘉之乱"也因此造成西晋政权的迅速灭亡。随后，刘聪迁都平阳（今属山西省临汾市），并实行了胡汉分治的政策，置左、右司隶以治理汉人，又设单于左、右辅以管理"六夷"胡民。[1]

作为五胡十六国时期侵入汉地的蛮族征服者，刘聪麾下的军将石勒同样也深受中原文化的熏染。前赵麟嘉三年（318），刘聪病卒后不久，石勒僭称赵王，随即建立了后赵政权（319—351）。据史料记载，石勒其人，"上党武乡羯人也，其先匈奴别部羌渠之胄，祖耶奕于，父周曷朱，一名乞冀加，并为部落小率"。按，上党位于今山西省中部。换言之，石勒家族世代生活于汉地，是土生土长的"山西人"。年少时，石勒既"雄武好骑射"，又每"力耕"。从这一点不难看出，石勒既习胡人骑射之术，又谙汉人农耕之事。年十四时，石勒开始随同乡人"行贩洛阳"，王衍"见而异之"。西晋太安中（302—303），因为荒乱，石勒"与诸小胡亡散"，后被并州刺史司马腾所擒，"执胡于山东卖充军实"。

---

1 《晋书》卷102，第2665页；张雄：《魏晋十六国以来巴人的迁徙与汉化》，第60页。

作为奴隶被贩卖到山东以后，石勒因为善于相马，而与牧率（即马场主）魏郡人汲桑交善。在父老的相助之下，石勒召集王阳、夔安等十八人，组成了一支盗马队伍。到了晋光熙元年（306），石勒的队伍已经壮大到了四五百人。随后，他又被成都王司马颖的故将公师藩招抚，很快被封为"前队督"。之后，石勒仍然继续"招山泽亡命"，不断扩充自己的势力。就这样，盗贼起家的石勒最终一步一步爬上了后赵的皇位宝座。[1]

归附刘渊以后，石勒在军中又连续得到晋升，很快就被提拔至平东大将军、镇东大将军。公元319年（晋大兴二年、前赵光初二年），石勒正式僭越称帝，建立了史书中所载的"后赵"政权。因此，后赵也成了4世纪中国北方重要的胡族政权之一。然而，石勒似乎对于自己的胡族出身颇为忌讳。因此，为了平衡胡汉之间的身份差别，他对胡民给予了特殊关照，"号胡为国人"。他还启用了"单于"的称号，并教胡族勋贵子弟"击刺战射之法"。此外，他又命记事文官专门编纂了《上党国记》，记载其家乡风貌。他还专门在宫中立下木榜，严禁任何人使用"胡"字。

不过，这些宫殿诸门上"讳胡尤峻"的木榜，恐怕也是采用

---

1 《晋书》卷104，第2707，2709页；《魏书》卷95，第2047—2048页。大卫·哈尼先生对石勒的事迹进行了仔细梳理，详见[美]大卫·哈尼：《中国征服王朝的"汉化"国策：以早期中国中古国家为中心》，第134—149页。

汉文书写的吧！料想，石勒本人应当十分谙熟汉语，而且汉文也应当是当时通行的唯一书面语言。从其他方面看，石勒似乎与一般的汉人君主并无差别。晋大兴二年（319），他初登皇位后，便依照汉人制度，进行了大赦，"赦殊死以下，均百姓田租之半，赐孝悌、力田、死义之孤帛各有差，孤老鳏寡谷人三石"；他还"建社稷，立宗庙"，以祭祀天地祖宗；他又大兴儒学，以"从事中郎裴宪、参军傅畅、杜嘏并领经学祭酒"；对于律法及史书的编纂，他也十分重视，"（以）参军续咸、庾景为律学祭酒，任播、崔濬为史学祭酒"；同时，他禁止胡汉之间发生对立，"（胡人）不得侮易衣冠华族"；此外，他还提倡农桑、推行文教，又命洛阳为南都，"以成周土中，汉晋旧京……乃命洛阳为南都"。[1]

公元4世纪时，后赵等匈奴政权虽然推行"胡汉分治"的政策，但实质上是将胡人的社会地位置于汉人之上，因此激发了严重的胡汉矛盾，最终也导致了公元350年"冉魏（十六国时期汉人冉闵所建政权）代赵"的结局。此时，天下大乱，生民失所，无法致力于生产。不过，此后其他的胡族君主采取了更为包容的政策。从长远来看，这些政策对于社会的治理也更为奏效。[2]尽

---

1 《晋书》卷105，第2735—2737，2748，2751页。
2 《晋书》卷107，第2795页；洪涛：《三秦史》，第14页；马长寿：《乌桓与鲜卑》，第18页；张雄：《魏晋十六国以来巴人的迁徙与汉化》，第60页。

管4世纪时"胡族入侵"的说法无法成立，但北方南下的游牧民族确实与华夏汉人存在着明显的不同。

建立前燕政权的慕容鲜卑人，向来以晋室正统自居，"命世天挺，当隆晋道"。到了魏晋时期，鲜卑慕容氏已在汉地定居了数代之久，因此他们常常自称"世居北夷，邑于紫蒙之野"。虽然从族属上看慕容鲜卑"号为东胡"，但是他们"渐慕诸夏之风"，因此不可完全视为入侵的外族。[1] 而且，当慕容廆奠定前燕政权根基之时，流寓之士常常怀有去就之心。例如，渤海人高瞻兵败降于慕容氏后，慕容廆"敬其姿器，数临候之"，并对高瞻进行了招抚：

> 今天子播越，四海分崩……柰何以华夷之异，有怀介然。……岂以殊俗不可降心乎！[2]

显然，公元4世纪时，胡汉华夷的区别在时人心中仍是一道不可逾越的鸿沟。不过，这种胡汉之间的偏见并不是今天意义上的民族（或种族）偏见。这一时期，对于血统的强烈关注大多是

---

1 [德]格哈德·施赖伯（Gerhard Schreiber）:《前燕史》卷14，第374—375页。
2 《晋书》卷108，第2813页；[德]格哈德·施赖伯：《前燕史》卷14，第416页；[德]格哈德·施赖伯：《前燕史》卷15，第124—125页。

基于家族而非族群展开的。高门士族子弟往往对行伍、农民及异族出身之人抱有强烈的鄙夷之心。例如，5世纪时，像胡人区惠恭这样的诗人，尤其容易受到不合理的贬抑，而其原因往往不在于作品本身，而在于诗人的血统。纵观整个六朝历史，只有声名未著以及出身寒微之人才会受到此种待遇。[1]

这一时期，"中华"其实是一个包罗万象的复杂概念。"胡族汉化"，抑或"汉人胡化"的情况，都会不时地出现。虽然胡汉政权起起落落、更迭不止，但是每一位君主都在努力地向理想中的"中国"制度靠拢。因此，诸如石勒之流，试图将胡汉之间矛盾的文化因素熔于一炉的人，在这个时代太过常见。从长远来看，中华帝国将会重新走向一统。而且，融合了胡汉文化以后，它会变得更为开放包容。因此，更为辉煌的隋唐盛世帝国开始崛起。

第二节　再生：隋唐之际的都市胡人

中亚的草原游牧民族十分骄纵。一方面，他们抵斥着中华文化；另一方面，他们又倾慕着华夏文明。确实，这些草原民族

1　程章灿：《世族与六朝文化》，第34—36页。

会不时地垂涎汉地的珍宝珠玩。但是，与此同时，它们的艺术及技艺也吸引着汉人的争相效仿。早在上古时期，车轮、鞍马、铜镜、带饰及冶金术都从西北边地传入中原。汉帝国衰亡以后，民族融合的局面进一步发展，胡人的烹饪方式、金银器皿及胡床更加流行于汉地的贵族子弟间。[1]

6世纪末，隋唐帝国重新统一中华，而其倚靠的正是"胡汉混血"的关陇精英。唐朝文化为朝鲜、日本争相模仿，而就唐朝外来文化的来源而言，则主要受到西来因素的影响。中亚胡风对隋唐社会的影响，随便举出几例就有胡服、胡乐及胡饼等等。[2]

然而，这些西来文化的影响仍然十分有限，汉晋时期的社会动荡与剧变并没有从根本上中断中华文化的延续性。3世纪时，汉帝国瓦解，统一中国随即陷入南北大分裂之中，这也为诸多政权的林立提供了土壤。但是，这些所谓的"外族"政权终归都属于"华夏"，甚至其"汉化"程度与华夏正统的汉帝国相比也不

1　[美]欧文·拉铁摩尔：《中国新疆》，第196页；蔡学海：《西晋种族辩论细论》，第49页；[澳]费子智（C.P. Fitzgerald）：《蛮族座榻：中国座椅之起源》，堪培拉：澳大利亚国立大学，1965年；[美]苏芳淑（Jenny F. So），[美]艾玛·邦克（Emma C. Bunker）：《中国北方边境的商人与入侵者》，第29，86—87，129页。

2　傅乐成：《唐型文化与宋型文化》，第257—259页；林恩显：《突厥文化及其对唐朝之影响》，第581—591页；[加]蒲立本：《安禄山叛乱的背景》，第37—39页；王三北，赵宏勃：《隋炀帝民族政策新论》，第72，76页；谢海平：《唐代留华外国人生活考述》，第428—429，432页。

落下风。

当中央皇权衰微之际，地方豪强便会乘隙建立相对独立的王国。例如，3世纪时，中国东北的辽东郡及东南的交趾郡（今越南北部）都建立了独立的"汉人"割据政权。[1]

关于交趾割据一事，将在之后单列章节进行探讨，而关于辽东割据一事，具体来龙去脉如下：汉安帝永初年间（107—113），东汉王朝内忧外患，统治渐趋衰微。这一时期，先有高句丽寇略辽东郡界、夫余将兵围攻乐浪郡，后有鲜卑兵叛右北平及渔阳，及乌桓屡寇代郡、涿郡之事。汉献帝初平元年（190），攻占两都的军阀董卓命公孙度出任辽东太守。公孙度勇猛好杀，东伐高句丽、西攻乌桓，威行行于海外。之后，公孙度便自立为辽东侯，并进一步巩固了公孙家族在辽东的割据统治（190—238，凡五十余年而灭）。鼎盛时期，公孙政权的控制区域东达朝鲜北端、南及辽东半岛北部。[2]

由于高句丽、鲜卑实力强大，公孙度又嫁宗女给夫余王，与

1　李东华：《中国海洋发展关键时地个案研究（古代篇）》，第180页。

2　［澳］张磊夫：《重建和平：公元189年至220年的后汉史》，第58—59，61页；［英］肯尼斯·加德纳：《朝鲜早期史：公元4世纪佛教传入半岛之前的历史发展》，第24—25页；黄枝连：《天朝礼制体系研究·中卷：东亚的礼仪世界——中国封建王朝与朝鲜半岛关系形态论》，第28页；李东华：《中国海洋发展关键时地个案研究（古代篇）》，第83—84，90—96页。

之和亲通好，使其从中牵制高句丽、鲜卑。他又讨伐郡中豪右，与中原群雄逐鹿，并与乌桓结盟。除辽东郡民处于其直接控制之下，公孙政权似乎还成为东北亚的霸主，使三韩、倭国及夫余等周边非汉胡族部落都向其称臣。[1]

然而，在公孙家族统治辽东的最后十年间，公孙氏屡屡受到中原曹魏及孙吴政权的威胁。公孙氏一直游走于曹魏与孙吴之间，并向二者纳献奉贡，使其相互攻伐。到曹魏景初二年（238），明帝终于下定决心剿灭公孙渊（公孙政权第三代），平定辽东。曹魏平定辽东虽然暂时恢复了中原王朝对辽东及朝鲜北部的统治，但实际上却造成了辽东地区的权力真空，从而使鲜卑族群轻易地占领了这一地区。[2]

所谓的"鲜卑"人，据载是东胡的一支，"别依鲜卑山，故因号焉"。北魏太平真君四年（443），太武帝拓跋焘接到北方乌洛侯国使节的报告，在大兴安岭东麓密林深处的洞穴中，发现了鲜卑始祖曾经居住过的旧墟。于是，太武帝命中书侍郎李敞等率

1　《三国志》卷30，第842页；《资治通鉴》卷64；相关研究可参见吕思勉：《读史札记》，第887页。

2　[澳]张磊夫：《南方将领：三国孙吴政权的建立及其早期历史》第1章，第35—36页；[英]肯尼斯·加德纳：《朝鲜早期史：公元4世纪佛教传入半岛之前的历史发展》，第26页；[英]肯尼斯·加德纳：《辽东地区的诸侯公孙氏》第6章，第172—174页；李东华：《中国海洋发展关键时地个案研究（古代篇）》，第95、102页。

人长途跋涉至大鲜卑山中举行了隆重的祭天祭祖大典，并将祝文刻在了嘎仙洞内的石壁之上。关于石洞的发现，是真有其事还是凭空杜撰，尚不能下定结论。不过，可以确知的是，鲜卑人的祖先作为东胡的别支，长期附属于匈奴。秦汉之际，东胡为匈奴所败，鲜卑人的祖先于是退保鲜卑山，迁居至辽东地区，后才因山而得族名。[1]

汉朝末年，匈奴各部相互征伐，连年混战。后来，鲜卑人逐渐在各部的争斗中占据上风，并最终取代了匈奴，尽占匈奴故地。不过，东汉桓帝时，檀石槐短暂统一鲜卑各部后，鲜卑很快又再度陷入分裂之中。3世纪时，东部鲜卑的慕容部向东迁徙，占据了东北的辽西地区。由于在魏明帝剿灭公孙渊的过程中，慕容鲜卑的酋长莫护跋曾派兵助讨，立下战功，因此被封为"率义王"。随后，莫护跋便在渤海湾以北的荆城附近（今河北昌黎县境内）建立了国家。[2]

---

1 《后汉书》卷90，第2985页；刘学铫：《鲜卑史论》，第49、51及55页附图；关于石窟寺，可参见[日]砺波护，[日]武田幸男：《隋唐帝国与古代朝鲜》，第116—118页；万绳楠：《魏晋南北朝史论稿》，第251页；《魏书》卷108上，第2738页。关于满人于1677年寻根于北方密林，可参见[美]柯娇燕：《满族》，第103页；[美]伊芙琳·罗斯基（Evelyn S. Rawski）：《末代皇帝：早期南亚的佛教与海上交通》，第73、85页。
2 《晋书》卷108，第2803页；《翰苑》引司马彪撰《续汉书》，第22页及注；其他研究，可参见余太山编：《西域通史》，第78—79页。

在今天的中国东北和华北地区，慕容鲜卑先后建立了前燕（334—370）、后燕（384—407）、西燕（384—394）与南燕（398—410）等四个政权。除了慕容王室以外，慕容政权治下的百姓若向前追溯先祖，便都是汉帝国的遗民，而诸燕也深深地受到汉文化的影响。[1]甚至，"燕"的得名也与战国时期称雄此地的燕国颇有关联。到4世纪末，慕容鲜卑所建的诸燕政权开始被逐渐强大的拓跋鲜卑（与慕容部为血亲）所挤压取代。

与此同时，4世纪初，前燕开国君主慕容廆的庶长兄——吐谷浑为了避免兄弟争斗，便率领其部向西迁徙。吐谷浑"度陇而西，其后子孙据有西零已西甘松之界，极乎白兰数千里"，世代定居在今青海一带。而且，"吐谷浑"这一国名正是得名于部落的第一任首领。随后的几个世纪中，吐谷浑逐渐强大，直到唐代以后才被吐蕃所灭。[2]那么，从上文的勾陈中不难看出，鲜卑游牧帝国的控制范围极为广阔，东至今中国东北、西及今中国西藏境内的广大区域都在其控制范围内。不过，鲜卑各个政权的国号多因开国之君而得名，不可视为固定的"民族国家"。

---

1 《十六国春秋》卷23，第403页；唐长孺：《晋代北境各族"变乱"的性质及五胡政权在中国的统治》，第176—178页。

2 《晋书》卷97，第2537—2539页；《梁书》卷54，第810页；《新唐书》卷221上，第6224—6228页；刘学铫：《鲜卑史论》，第102—105页。

要说鲜卑族群中对中国乃至东亚历史影响最为深远的一支，则应当首推鲜卑拓跋部。公元2世纪时，拓跋鲜卑仍是匈奴部落联盟的一支，后逐步取代匈奴成为草原霸主。到3世纪末，拓跋鲜卑开始在黄河河谷北端的云中、盛乐一带建立起强大的部落联盟。[1] 4世纪初，因为助西晋并州刺史平定匈奴刘聪、羯族石勒的叛乱，拓跋部首领被西晋政府封为代公，进而又被封为代王。[2]

西晋灭亡后，南北陷入分裂局面，长江以北地区顿时出现了权力真空。到公元318年时，拓跋鲜卑乘机扩张，并占据了东至今中国东北、西达伊犁河谷的广大区域。拓跋鲜卑又强制迁徙部落民进入汉地定居农耕，建立了以农业为基础的封建国家。公元386年，北魏道武帝拓跋珪召集旧部，在牛川（今内蒙古自治区呼和浩特市东南）即代王位，并改称魏王，建立北魏政权。到北魏太延五年（439）时，北魏最终统一了黄河以北的北方地区。在征服慕容鲜卑所建立的诸燕政权后，拓跋鲜卑收容了慕容部众，昭成帝拓跋什翼键甚至还娶了前燕慕容皝之女为后。[3]

---

1 时在始祖拓跋力微之世。——译者注
2 此时拓跋部首领为拓跋力微之孙拓跋犄卢，晋永嘉四年（310）为代公，建兴二年（314）为代王。——译者注
3 《魏书》卷13，第325页；关于早期拓跋鲜卑的历史，可参见 [澳]詹妮弗·霍姆格伦（Jennifer Holmgren）：《代郡志:〈魏书·序纪〉所见拓跋先史》，第7—11页；潘以红：《天子与天可汗：隋唐帝国及其近邻》，第44—45页；余太山编：《西域通史》，第80页。

北魏也成了南北大分裂时代北朝乱局中最为稳固、最为强大的政权，而且直到公元534年才再度分裂为东魏、西魏。关于北魏的历史地位，尚有模棱两可之处。一说北魏应是华夏王朝演替中的重要一环，甚至7世纪成书的《隋书》也认为据有"中国"之地的北魏应是华夏正统；另一说则认为北魏不过是阿尔泰语系的外族入侵政权。[1]

拓跋鲜卑起源于极北之地，"受封北土，国有大鲜卑山……淳朴为俗，简易为化"。这段文字有何所指，不必深究，却足以判断出鲜卑族应当长期游离于汉文化圈之外，所以风俗"淳朴"。3世纪时，拓跋部逐步南迁，并与北方的曹魏政权发生接触，聘问互市，往来不绝。到魏晋禅代以后，两国"和好仍密"。然而，华夏文化最初并不受其推崇，甚至直至北魏统一中原以后，各部仍行胡语。[2]

这里所说的"胡语"，具体属于哪一种语言，目前只能大致推测。按照卜弼德先生的观点，拓跋鲜卑语言中的词汇"本质上

---

1 《佛祖统纪》卷39。据王晓艳的研究，"至迟在5世纪末，北魏君主已自称是华夏帝国的合法君主"，详见王晓艳：《孝文帝迁洛与维新》，第262页；据日人重泽敏郎的研究，"北魏的敌对政权——南朝萧梁在修史时则将北魏视作蛮族国家"，详见 [日] 重泽俊郎：《〈经籍志〉所见六朝的历史意识》，第14—15页。

2 《魏书》卷1，第4—5页；《魏书》卷114，第3030页；《隋书》卷32，第947页。

看应是突厥语，但是夹杂着一定的蒙古语成分"。不过，蒲立本先生对此持相反的观点，他认为拓跋语应属于蒙古语系。刘学铫先生则十分谨慎，他推测拓跋语应当归入广义上的乌拉尔—阿尔泰语系，但与已知的其他语言都不相同。[1]确实，若认为拓跋鲜卑部落的民族语言与其他已知语言相同，显然是过度推测了。

说到"鲜卑"，它更多的时候应该是一个开放的政治、部落联盟，而非单纯的"民族"概念。从早期中国史料来看，鲜卑原是东胡的一支，但"东胡"也是一个极为宽泛的族群概念，并无具体所指。与吐谷浑得名于部落酋长之名不同，"鲜卑"的称谓是由"大鲜卑山"而来的。而且，鲜卑的语言与风俗也与周边的乌桓"类同"。汉和帝永元元年（89），当北匈奴（北匈奴也是政治联盟，而非具体的民族）为窦宪、耿夔率部击溃于稽落山后，鲜卑乘机占领了漠北草原。此时，在北单于故地，"匈奴余种留者尚有十余万落，皆自号鲜卑，鲜卑由此渐盛"。[2]由此不难看出，草原上不同民族之间的身份切换十分简单。日益崛起的鲜卑逐渐

---

1 ［美］卜弼德：《拓跋魏的语言》，第239页；刘学铫：《鲜卑史论》，第83—86页；［加］蒲立本：《史前及早期历史时期的中国及其周边》，第452—453页；据陈三平先生的研究观察，"拓跋鲜卑语兼具突厥语及蒙古语的因素"，详见［加］陈三平：《"阿干"再考：拓跋的文化与政治遗产》，第48页。

2 《后汉书》卷90，第2985—2986页；关于鲜卑的游牧部落联盟性质，可参见马长寿：《乌桓与鲜卑》，第14页。

统一了"邑落百二十部",而其中不乏语言习俗迥然不同者,也不乏语言习俗大同小异而混同者。

总之,"鲜卑"是一个非汉族群结成的草原部落联盟。不过,到了北魏天兴元年(398),北魏道武帝将都城迁往平城(今山西省大同市),建立了汉式的政权。同时,道武帝又"遣使循行郡国",对平城官员、百姓的不法行为进行监视。据载,为充实平城的人口,道武帝从山东六州及高丽等处迁徙了民吏、杂夷三十六万,及"百工伎巧十万余口"。他又大营宫室,建造宗庙,并仿照汉人仪礼,"典官制,立爵品,定律吕,协音乐"。此后,不断有俘虏人口被迁至北方,定居在被战火烧毁、人口流失的地方进行开垦,以巩固北魏政权的统治根基。据刘精诚先生的推测,仅在道武帝天兴元年(398)至献文帝皇兴三年(469)之间,北魏政府就往拓跋鲜卑起源的蒙古草原地区迁徙了1 205 500人,这些人中既有汉人,也有高句丽、匈奴、濊貊及鲜卑别部的人口。[1]

由于这些流民人口大多都被地方豪右控制,并不入户籍、不纳租税,于是到了太和十年(486)时,北魏孝文帝便废除了宗主督护制,创立了三长制,规定五家立一邻长,五邻立一里长,

---

1 《魏书》卷2,第31—33页。关于北魏政府的人口迁徙,可参见刘精诚:《论北魏均田制的产生》,第30,32页;马长寿:《乌桓与鲜卑》,第47页。

五里立一党长，从而将基层人口纳入到中央的控制之下。5、6世纪之交，为加强中央政府的控制，北魏还采取了多项措施。其中，最引人注目的就是"均田制"的推行。[1]此处，笔者将着些笔墨对其进行探讨。

从公元前5世纪起，战国早期的法家学派就提出了"授田制"的主张，目的是为了"尽地力之教"。如果这一时期法家学派确曾积极地推行新的户籍制度及授田制度，那么这有可能就是后来中国土地私有制度的起源。[2]

比如，积极对外扩张的秦国，就以"法家"为立国思想，它推行了严格的"为户籍相伍"制度及"初租禾"制度。无论秦国是否积极贯彻以上制度以将公田平均地分配给户民，但显然政府授给户民的土地并没有被再度收回，以用于重新分配，因此户民手中掌握的土地实际上成为私有土地。其结果是，进入汉代以后，民户手中大都掌握了相当数量的私有土地，这些私有土地完全可由个人支配控制。[3]

1　韩国磐：《北朝隋唐的均田制度》，第82—88页；毛汉光：《中国中古社会史论》，第20—21页；《资治通鉴》卷136，第738、743—744页。

2　杜正胜：《从封建制到郡县制的土地权属问题》，第168—169, 399, 402, 405, 407页。

3　关于秦代的经济，可参见高尚志：《秦简律文中的"受田"》，第25—26页；柳春藩：《秦专制主义中央集权制的经济基础》，第5—14页；杨宽：《从"少府"执掌看秦汉封建统治者的经济特权》，第188—190页及注。关于汉朝，可参见杜正胜：《从封建制到郡县制的土地权属问题》，第383页。

两汉时期，国家继续实行土地私有制，民间可以自由买卖土地，从而导致了土地兼并现象的加剧。终两汉一代四百年，民众的社会差距进一步扩大，更出现了"富者田连阡陌，贫者无立锥之地"的景象。2世纪末，统一的汉帝国最终走向崩溃，地主庄园势力开始出现。不过，南方的世族庄园大多是为了商业交换而形成的，不可与欧洲中世纪的封建庄园混为一谈。这些庄园常常为地方豪门大族所控制，规模极其庞大，内部聚集了大量的流散丁口，从而大大减少了中央政府的田租税收，导致国家机构也无法正常运转，故常常为史家所诟病。[1]

在汉代灭亡后的四百多年时间里，中国陷入漫长的南北大分裂之中，华夏政权一度十分衰微。令人惊奇的是，尽管这一时期中央政府长期暗弱，地方豪族庄园不断兴起，朝廷对于加强土地控制的谏议却一直都未停歇，甚至整个大分裂时期各个政权都将土地控制视为国家治理中的固定国策。例如，晋太康元年（280），晋武帝推行"户调式"，规定了不同官品及丁口的占田上

---

1 关于汉代农村的贫富差距，可参见罗彤华：《郑里廪簿试论：汉代人口依赖率与贫富差距之研究》，第16—17, 33, 36—40页。关于后汉的庄园经济，可参见黄仁宇：《中国大历史》，第111—112, 127页；刘淑芬：《3至6世纪浙东地区的经济发展》，第225页；刘毓璜：《论汉晋南朝的封建庄园制度》，第116页。

限，而且将丁男女的课税数额也固定了下来。[1]

此外，如果说在商业日益繁荣的南朝政府中，脱离政府实际控制的私有庄园的崛起渐渐成为南朝农业经济的显著特征，那么经济相对落后的北方鲜卑胡族政权则试图加强对土地的直接控制。北魏政府这一政策的出发点在于"保证国家的赋税收入，控制社会的人口流动"。[2]换言之，北魏的户籍土地政策实际上是将理想中的儒家思想与现实中的法家需求结合了起来。按照汉儒董仲舒的理解，儒学思想应当是：

> 孔子曰："不患寡而患不均"。……大富则骄，大贫则忧，忧则为盗，骄则为暴，此众人之情也。圣者则于众人之情，见乱之所从生，故其制人道而差上下也，使富者足以示贵而不至于骄，贫者足以养生而不至于忧，以此为度而调均之，是以财不匮而上下相安，故易治也。[3]

1　高敏：《秦汉魏晋南北朝土地制度研究》，第194—195页；[美]何肯：《早期中华帝国与日本的"州"》，第16—18页；赵冈，陈仲毅：《中国土地制度史》，第28—29页。

2　[美]熊存瑞：《唐代中国的土地制度——均田制与吐鲁番文书研究》，第377页；其他研究，可参见[日]宫崎市定：《中国历史上的庄园》，第32页。

3　《春秋繁露》卷8。

显然，上文引述的儒家主张并非将社会绝对平等视为社会理想，但它却强调政府应当对经济加以干预，以维持一定程度的经济平等。儒学提倡的这一充满人文关怀的"平等""仁爱"哲学思想，与法家学派"定户籍、授田地、等租赋"的思想主张很好地结合到了一处。国家控制下的户籍人口越多，政府收取的租赋也会更多。北魏太和元年（477）前后，李安世上疏北魏孝文帝，对儒、法思想进行了阐述：

> 今虽桑井难复，宜更均量，审其径术；令分艺有准，力业相称，细人获资生之利，豪右靡余地之盈。无私之泽，乃播均于兆庶；如阜如山，可有积于比户矣。又所争之田，宜限年断，事久难明，悉属今主。然后虚妄之人，绝于觊觎；守分之士，免于凌夺。[1]

5世纪末，半游牧的北魏胡族政权将儒学思想中提倡的"平等"思想与法家提倡的中央集权思想完全糅为了一体，"均田制"由此得以推行。

"均田制"的正式推行始于北魏孝文帝太和九年（485），并

---

1 《通典》卷1，第12—13页。

一直持续到8世纪中期才最终废止。虽然北魏王朝不久之后就宣告解体，但继立的北方政府出于政权稳定的考虑，继承了北魏始创的诸多制度，其中就包括"均田制"。"均田制"是隋朝"府兵制"赖以推行的制度基础，它也为隋开皇八年（陈祯明二年，588）文帝渡江平陈时518 000大军的出动提供了充足的军粮补给，而正是此次军事行动才让华夏再度实现统一。[1]

隋亡以后，统一的唐帝国建立，但大唐政府仍然坚持了"均田"政策。武德六年（623），唐高祖颁布新的户籍令，试图将百姓束缚在土地上，以维持大唐赋税收入的稳定。唐初施行的"均田制"，要求"凡里有手实，岁终具民之年与地之阔狭，为乡帐"。而且，每隔三年大唐还需要对全国的户籍人口进行摸底，"以九等定籍"。按照唐律的规定，在国家授田时，"丁及男年十八以上者，人一顷，其八十亩为口分，二十亩为永业"。言外之意，年龄十八岁至六十岁间的丁男女可受田一顷（合百亩）。其中八十亩为口分田，丁死即被国家收回，而剩下二十亩则为永业田，无须返还国家。此外，唐律还对"老及笃疾、寡妻妾"等特殊人群及"薄厚"不同的地力情况下的民户授田行为进行了更

1　关于均田制中反映的儒家思想，可参见［日］堀敏一：《均田制的研究：中国古代国家的土地政策与土地所有制》第1章；关于隋朝的军事动员，见《资治通鉴》卷176，第806，814—815页。

为细致的规定。[1]

考古发现及其他相关资料已充分证明，上述的户籍管理及土地分配政策一直沿用到了唐中期以后，并且在实际贯彻时形式较为灵活。北魏至隋唐时期所推行的"均田制"的重大创新之处在于，它远较千年以前秦帝国的"名田制"渗透力更强。而其原因在于，均田制明确规定所授之田会周期性地归还给国家，因此就抑制了此前一直出现的土地私人占有现象。[2]

5、6世纪时，北魏统治者广泛征求了全国各地律学博士的意见，并参考了汉、晋以来的律令故事，在此基础上刊定了新律。北魏拓跋鲜卑政权修订的律法成为隋唐律令制度的前身，它也成为整个东亚各国律令编纂的蓝本。在东亚世界之中，以北魏律令条文为基础的大唐律令制度的地位之高，甚至完全可以与罗马法在西方世界中的地位媲美。[3]

1　刘伯骥：《唐代政教史》(修订版)，第66页；《唐律疏议》卷13，第173页；王金林：《奈良文化与唐文化》，第28，214—215页；《新唐书》卷51，第1342—1343页；关于485年北魏刊定新律的记载，见《魏书》卷110，第2853—2855页。

2　韩国磐：《北朝隋唐的均田制度》，第20，181，185—219页；[日]堀敏一：《均田制的研究：中国古代国家的土地政策与土地所有制》，第154—155页；[日]池田温：《东亚古代籍帐管见》，第103页；[英]杜希德：《唐代财政》，第5—9页；赵冈，陈仲毅：《中国土地制度史》，第41页。

3　陈寅恪：《隋唐制度渊源略论稿》，第108—123页；关于大唐律法，可参见杨廷福：《唐律初探》，第172页。

然而，北魏及隋唐初年对土地分配所做的律令规定并未被东亚其他国家完全复制。（事实上，早期日本时代曾仔细效仿过大唐的"授田法"，具体内容详见之后的章节。）[1]甚至，对于中国而言，均田制度也明显有别于华夏以往的土地政策。因此，"均田制"或许可以视为拓跋胡族政权的制度创新，因而带有鲜明的外来文化因素干预的色彩。

虽然北魏政权本质上是由阿尔泰语系下各部落结成的联盟国家，但是当均田制推行以后，北魏已经开始了大刀阔斧的汉化改革，其汉化程度已显著加深。到了北魏孝文帝（471—499年在位）统治时期，汉化运动的浪潮更达到了顶峰。作为拓跋宏死后被追封的谥号，"孝文"一词也具有浓重的儒学色彩。其中，"孝"即意味着"孝道"，"文"即所谓的"文治"，都是儒家所提倡的理念。北魏太和七年（483），孝文帝[实际上，孝文帝正式亲政要晚至太和十四年（490）祖母冯太后薨逝以后]特下诏令，规定同姓之间不可嫁娶，这也符合汉人"绝同姓之娶"的传统禁忌。次年（484），他又恢复了传统的"俸秩"制度，"户增调三匹、谷二斛九斗，以为官司之禄"。而在俸禄制度恢复后，凡有贪赃枉法者将被处以重刑，"禄行之后，赃满一匹者死"。同在此

1　[日]栗原益男：《7至8世纪的东亚世界》，第142—143页。

年，孝文帝还采纳了大臣高闾的奏请，开始营造六镇长城，以抵御北方"胡族"的军事威胁。到太和十三年（489），孝文帝又"立孔子庙于京师"，每岁由皇帝亲自祭祀孔圣及先祖，俨然成为"国庙"。

虽然引起了群臣的强烈反对，孝文帝还是于太和十八年（494）下令禁止"戎服执鞭"。不过，据现代学者刘学铫先生等人的考证，孝文帝禁止士民穿着胡服的政策并未贯彻下去。不仅如此，这一举措还产生了相反的效果，甚至导致了隋唐及两宋时期民间"胡服"风气的兴起。[1]

太和十九年（495），孝文帝还亲临鲁城（今山东省曲阜市），下令修缮了孔庙，并亲自献祭（"如鲁城，亲祠孔子"）。同年六月，孝文帝对"见在朝廷之人，语言不听仍旧"的朝官进行了惩戒，并声称"名不正，言不顺，则礼乐不可兴"。与此同时，他进一步强调，"今欲断诸北语，一从正音"。同在此年，北魏政府又根据《汉书》的记载，开始行用长尺、大斗的度量制度。次年（496），孝文帝推行汉姓，要求"诸功臣旧族自代来者，姓或重复，皆改之"。此外，他还规定民间应"听终三年丧"，一如儒家

1　刘学铫：《鲜卑史论》，第256—259页。

礼法。[1]

关于孝文帝的汉化改革，可详见于后世的史书记载。当然，其中有些内容不免有"崇华"思维作祟的痕迹；但是，毫无疑问，这些记载清晰地反映出5世纪末北魏政府的汉化改革是积极主动、稳步推进的。正如其他地区的"汉化"进程一样，北魏孝文帝时期的诸多改革措施既是为了应对统治危机，同样也是为了吸收汉文化。虽然今天无法完全清晰地观察到，但汉文化确实给北魏带来了诸多积极的影响。例如，为了符合汉人的都城制度，在营造平城及宫室宗庙时，北魏道武帝还专门命大臣莫题等前往魏晋旧都观摩，"模邺、洛、长安之制"。而且，这些汉化措施还为北方实力的壮大、南北政权的再度统一奠定了坚实的基础。[2]然而，它也证明"民族认同"的政治可塑性极强，没有什么族群特征是永久不变的。

北魏政府坚定地推行汉化政策的结果是，它由一个半游牧的胡族政权彻底演化成了汉化程度极深的"汉人政权"。此后，它

---

1 关于北魏的汉化政策，相关研究可参见王晓艳：《孝文帝迁洛与维新》，第252、254—263页。《魏书》卷21上，第536页；《资治通鉴》卷125，第722页；《资治通鉴》卷136，第729—731页；《资治通鉴》卷139。

2 关于宫制的正统，可参见马长寿：《乌桓与鲜卑》，第67页；关于北魏婚制改革的动因，可参见[澳]詹妮弗·霍姆格伦：《公元5世纪的民族与阶层：高祖孝文帝的婚制改革》，第113—114页。

开始以华夏文化的正统自居，并将民族成分相对单一的南朝政权视为偏安政权。例如，北魏永安二年（529），北人杨元慎与南人陈庆之就对"华夏正朔"所在进行了辩驳。杨元慎甚至讥笑南方，"虽复秦余汉罪，杂以华音，复闽楚难言，不可改变"。相较于南朝的汉人政权，北方"非汉政权"更加坚定地贯彻了汉代的儒家礼仪制度，并屡有制度创新。而且，讽刺的是，《木兰辞》这一中国文学史上的经典之作，也是这一时期北方汉化的鲜卑民族创作的。[1]

6世纪初，北魏政府已经彻底地汉化成为"中国"王朝，以至于南朝来使陈庆之也不禁慨叹：

> 自晋、宋以来，号洛阳为荒土，此中谓长江以北，尽是夷狄。昨至洛阳，始知衣冠士族并在中原，礼仪富盛，人物殷阜，目所不识，口不能传。[2]

---

1 《洛阳伽蓝记》卷2，第102页；[英]威廉·詹纳尔（William J. F. Jenner）译：《〈洛阳伽蓝记〉——洛阳之忆：杨衒之和毁弃的京城（493—534）》，第201页；关于南北儒士的正统观，可参见[日]桑原骘藏：《晋室南渡与南方的开发》；关于《木兰辞》，可参见万绳楠：《魏晋南北朝史论稿》，第283—286页。
2 《洛阳伽蓝记》卷2，第105页；[英]威廉·詹纳尔译：《〈洛阳伽蓝记〉——洛阳之忆：杨衒之和毁弃的京城（493—534）》，第203页。

正如近代以来的"西化"一样,"汉化"也引起了社会上两种极端的反应:仰慕华夏文明者,欣喜若狂;厌恶外来文化者,则气急败坏。由于这两种反应都过于极端,因而都不能长久,正确的心理状态应当介于二者之间。"文明同化"是指文化逐渐趋同的过程,它是"社会演进中最为根本的一种表现"。然而,文明同化的过程十分复杂,牵扯到特殊个体的一系列文化选择。文化同化并不总是主要群体对少数族群的兼并吸收,相反,它往往意味着主要群体及少数族群生活方式的转变。而且,即便特定群体在某些文化层面上接受了其他群体的文明同化,这一特定群体的内部仍存在明显的文化差异。[1] 所谓的"差异认知"是指特定族群对于自身独特的文化特质感到自豪。在与其他族群的接触当中,这种"差异认知"不仅不会减弱,反而会得到进一步加强。

在汉文史料的记载中,北魏拓跋鲜卑的汉化改革或许已经被夸大了(鲜卑文史料今已无存)。毕竟,史家的汉人身份及史料的汉文特性都会造成记载的失实。笔者以为,单是史书中汉人姓氏及词汇的频繁运用这一点,就会让人产生北魏政府彻底汉化的错觉。那么,在这样的史学叙事下,北魏鲜卑国民自然无法与其他"汉人"区分开来。试举一例说明,若不是近来一方墓志的出

---

1 [美]迈克尔·班顿(Michael Banton):《族群演变:方向与速度》,第31,50—51页。

土，冒充赵郡李氏的胡人李贤（502—569）就会被人认定为汉族的高门子弟了。[1]

正如前文所见，北魏拓跋鲜卑贵族即便接受了汉姓，也是迟至5世纪末的事了[2]。而北魏正史中留下的在这之前的大量汉姓鲜卑人的记载，无疑就出现了时代的错乱。笔者推测，这应当是6世纪以后修订史书时的改写。[3]因此，若以上史料去评判当时北魏鲜卑族的汉化水平，就极为不妥了。

况且，语言文化移入的过程有时也会出现一定的反复。为了扭转北魏末年极端的汉化改革潮流，西魏政府（535—556）于大统十一年（545）下令恢复鲜卑姓氏，甚至功臣被赐鲜卑姓也被视为极大的恩宠。再举一例，北周时期（557—581），大将军杨忠（即隋文帝杨坚之父）"从周太祖起义关西"，有大功劳于社稷，因此被"赐姓普六茹氏"，而"普六茹"即是典型的鲜卑姓氏。6世纪时，汉人争相学习鲜卑语，一度蔚然成风。不过，"鲜卑化"的逆流并未持续太久。仅仅二十余年后，到了北周大定元年（581），掌握实权的隋王杨坚便下令以前受赐鲜卑姓氏的文武

1　韩昇：《魏晋隋唐的坞壁和村》，第103页。

2　孝文帝太和二十年（496）下令改鲜卑复姓为单音汉姓。——译者注

3　[澳]詹妮弗·霍姆格伦：《代郡志：〈魏书·序纪〉所见拓跋先史》，第12页；姚薇元：《北朝胡姓考》，前页第4页。

官员，需立即恢复汉姓，"已前赐姓，皆复其旧"。[1]

需要特别提示的是，虽然5世纪以后北方鲜卑政权曾长期推行汉化改革运动（这期间也曾出现倒行逆流，汉化一度陷入停滞局面），改汉姓、行汉语，大大加速了鲜卑汉化的进程，但从整个中华帝国史来看，"汉化"的进程一直十分缓慢。从大代建国二年（339）高祖拓跋什翼键商议定都灅源川、修筑城墙，试图建立汉化政权开始，直到北魏太和十八年（494）孝文帝拓跋宏最终迁都汉晋旧都——洛阳为止，这中间就过去了一百五十多年。

尽管朝廷在选官时不重鲜卑血统、家世出身及籍贯郡望，但是直到孝文帝迁都洛阳以前，北魏政府中胡族出身的官员依然占据了主导。[2]

太和十八年（494），北魏都城从平城迁往洛阳时，"代人南迁"中原的人口达到百万之多。人口迁徙也造成了代人阵营的南北分裂：一方面南迁代人的汉化程度进一步加深，另一方面镇守

1　马长寿：《乌桓与鲜卑》，第108页；潘以红：《天子与天可汗：隋唐帝国及其近邻》，第34—35，98页；《隋书》卷1，第1页；杨翠微：《论宇文泰建立府兵制：鲜卑部落制与汉化及军权的初步中央集权化的结合》，第70页。

2　[澳]詹妮弗·霍姆格伦：《门阀的形成：5世纪中国东北的地方政治与社会关系》，第115—116，120，151页；刘淑芬：《魏晋北朝的筑城运动》，第362—363页；刘学铫：《鲜卑史论》，第260页。

六镇[1]之地的滞留北人则进一步鲜卑化。这些保留鲜卑风俗及语言的滞留北人，在政治上愈发地被边缘化。而六镇将士继承了鲜卑部落的军事特长，皆善骑射之术，因而对于自身地位的日益低下感到十分不满。[2]

"骑射"是西北边境游牧部落的生活方式。在南北朝军事对峙期间，这些边民往往表现得十分活跃。例如，公元3世纪末，西晋平吴之际，南匈奴单于刘猛起兵谋叛[3]。朔方人侯景因为"骁勇有膂力，善骑射"，早年曾被选为北镇戍兵；后来，侯景还于梁武帝太清二年（548）兵破台城，占领了南朝梁的大量土地，进而造成了南朝的势衰[4]；4世纪时，陇右地区的氐族流民帅李特也是"雄伟善骑射"，后来才在蜀地建立了短暂的成汉政权。虽然北魏政府推行汉化政策，但鲜卑部落的军事优势仍然存在，这也为北魏继续开拓边疆奠定了坚实的基础。

据史书记载，公元5世纪初，北魏道武帝平灭了大夏国后，"定秦陇，以河西水草善，乃以为牧地。畜产滋息，马至二百余

1　"六镇"即位于黄河上游河谷地带的六个军镇，自西向东分别是沃野、怀朔、武川、抚冥、柔玄、怀荒。——译者注

2　马长寿：《乌桓与鲜卑》，第70，75页；[美]阿瑟·沃尔德隆（Arthur Waldon）：《中国长城：从历史到神话》，第43—44页。

3　《晋书》卷97，第2550页。

4　《梁书》卷56，第833页。

万，橐驼将半之，牛羊则无数"。可见，当时的秦陇之地也成为一片繁荣的国家牧场。元嘉二十七年（450）宋军北伐时，建威将军柳元景俘虏了魏军二千余人。由于这批魏军俘虏多是河内人，柳元景于是对这些归胡汉军进行了诘问，并打算对其严厉处置："汝等怨王泽不浃，请命无所，今并为虏尽力，便是本无善心。顺附者存拯，从恶者诛灭，欲知王师正如此尔。"当然，受到这样的责问，俘虏只得替自己辩驳，称自己从军乃是为北魏胁迫，实出无奈，"虐虏见驱，后出赤族，以骑蹙步，未战先死，此亲将军所见，非敢背中国也"。[1]

通过以上的记载，不难看出胡君、汉臣之间的这种对立关系。然而，胡汉之间的区别显然在于风俗生活，而非血统族群。关于周边骑马民族如何依赖与生俱来的骑射本领逐渐崛起并最终建立独立政权，还可从东亚邻国——日本的历史中寻找到相同的印证。弥生时代末期至古坟时代初期，关东平原东北部地区（即今天的东京附近）是一片辽阔的国家牧场，牧场上饲养着成群的战马，目的是为刚刚兴起的"倭国"政权提供充足的军事补给。虽然早在关东草原发展之初就有大陆移民纷纷来此，但是，习得"骑射"本领的是在这里长期生活的倭人。后来，这些人又演

---

1 《魏书》卷110，第2857页；《宋书》卷77，第1985页。

变成了日本的武士阶层。公元12世纪时，武士阶层之间的混战达到了顶点。此后，日本社会进入幕府时代，武士首领（即幕府将军）依靠强大的军事武装，成为统治日本社会的支配力量。而且，直到明治维新以后，武人掌政的局面才得以改变。与此同时，奈良城中傀儡贵族的凄惨生活就成为日本中世纪文学中经常描绘的话题。[1]

而在中国，驻扎在中原各个军府的鲜卑（或鲜卑化的）府兵一直拥有军人的特殊身份。直到公元6世纪末，隋朝统一中国后这一情形才有所改变。到大唐贞观十年（636）以后，唐政府正式规定，府兵若无兵事，每年也需要农垦三个季度，这就消除了府兵与耕农之间的界限。此后，鲜卑军士逐渐融入华夏人口，并彻底"消失"在中原地区。[2]

然而，文明同化的进程并非总是单向而行的。在"胡民汉化"程度加深的同时，也出现了所谓的"汉人胡化"（即"鲜卑化"）的现象。5世纪末，北魏迁都洛阳以后，胡汉之间的族群界限逐渐模糊，"代人"汉化的同时，"汉人"也进一步鲜卑化。当

1　[英]马克·哈德森:《身份废墟:日本岛内的民族起源》，第192—193页；关于日本文学中贵族与武士阶层之间的斗争，可参见[美]保罗·瓦利（Paul Varley）:《战争怪谈中塑造的日本武士》，第91—92，109—111页。
2　马长寿:《乌桓与鲜卑》，第74，105—107，109页。

然，文明同化的方向常常是由其居住地的周边环境所决定的。例如，渤海高氏原为汉人，但"三世仕慕容氏"后，生活习俗及语言已初步鲜卑化了。后又经过三世，到了高欢（即后来的北齐高祖）这一代，因为"累世北边，故习其俗，遂同鲜卑"。高欢经常以鲜卑人自居，因此对于北魏政府的汉化改革十分不满，所以后来他便加入到了六镇军士的叛魏起义当中。[1]

孝文帝迁都中原腹心之地——洛阳以后，大力提倡儒学，令南迁代人及宗室大为侧目。对于孝文帝的汉化改革，鲜卑臣民大多极为不满。很快，镇守河朔六镇的鲜卑将士便发动了大规模的暴动，这也在客观上导致了北魏政权的灭亡。北魏迁洛四十年后，洛阳再度失去其都城的地位，六街一片空虚。[2]

孝文帝死后，北方普遍出现了抵制汉化改革的浪潮。例如，北魏末帝孝武帝拓跋脩（即元脩，532—534年在位）便在高欢的挟持下，按照鲜卑的旧俗登基为帝，"用代都旧制，以黑毡蒙七人"。[3] 显

1　万绳楠：《魏晋南北朝史论稿》，第290—291页；马长寿：《乌桓与鲜卑》，第75—76，81—82，86—88页。

2　[英]威廉·詹纳尔译：《〈洛阳伽蓝记〉——洛阳之忆：杨衒之和毁弃的京城（493—534）》，第v页；[日]砺波护，[日]武田幸男：《隋唐帝国与古代朝鲜》，第124—125页；《魏书》卷14，第360页；《资治通鉴》卷140。

3　[美]卜弼德：《北朝史琐谈》，第308页；潘国键（Poon Kwok Kin）：《北魏与柔然关系研究》，第137—138页。

然，在长期的汉化政策影响下，半游牧的鲜卑部民也未完全丧失其族群特性。相反，鲜卑人仍然保持了相当程度的"非汉"民族意识。

不过，若单从六镇之乱爆发这一点就判断北魏的全盘汉化政策已经失败，实在是一种过于简单的思维。北魏政权的汉化程度愈深，城防都市及农耕经济愈发达，它对北方骑马民族军事威胁的应对能力就愈弱。由于镇守在北方边境，六镇军将的鲜卑化程度日益加深。虽然这些戍兵被南迁朝廷日益边缘化，但他们对于北魏政权的北疆防御却十分关键。与此同时，六镇军将作为半游牧的骑马民族，自身也对北魏边疆的稳定构成了极大威胁。自北魏孝文帝延兴五年（475）开始，直至孝明帝正光四年（523）为止，北魏政府与草原上的柔然部落之间的军事对峙逐步缓和。因此，六镇的军事防御地位逐渐下降，甚至为北魏朝廷所忽视。其结果是，浴血奋战的六镇将士渐渐被朝廷边缘化，生活愈发窘迫，最终，将士们揭竿而起，发动了"六镇之乱"。[1]

纵观整个中国漫长的历史，北魏王朝的特殊之处在于，它原本是胡族的入侵国家，但同时又是汉化的华夏政权，二者的矛盾是解读北魏政权性质的关键。北魏是否可视为华夏正统王朝中的

---

1 潘国键：《北魏与柔然关系研究》，第135，149—150，154—155，137—138页。

一环，继立的北方胡汉政权——隋朝已给出了答案。公元589年，隋朝重新统一中国，它依赖的军事集团中不乏非汉族群，也一直都将北朝奉为华夏的正统。

隋朝统一中国后不久，又再度走向瓦解，取而代之的是另一个统一王朝——唐朝。虽然大唐帝国也成为东亚地区的日本、三韩及越南等新兴政权效仿的华夏典范，但是其统治集团中也不乏来自关陇以及河套地区的人士。而关陇及河套地区正是北朝时期胡汉文化交融的前沿地带，此前的北魏拓跋鲜卑政权即是这种交融的产物。[1]

---

1 [加]陈三平：《"阿干"再考：拓跋的文化与政治遗产》，第52—55页；《廿二史札记》卷15，第319—320页；[美]罗伯特·萨默斯：《唐朝的巩固：时间、空间与结构》，第972页；《新唐书》卷1，第1—2页。

第六章　前越南时代

第一节　南越

对于在本书探讨时段内生活的古人而言，今天政治国家意义上的"越南"到底是何内涵，他们可能完全无法想象。当时，越南南北地区尚未并为一个国家，所以也并无所谓的"越南"，抑或与之相近的称谓。换言之，"越南"一词尚未出现。不过，红河河谷的今越南北部地区，古代曾被纳入华夏帝国的统治范围内。显然，作为帝国周边地区的越南北部地带，还无法从文化面貌或族群归属上与当时帝国南端的岭南地区决然分开。从地理范围上看，"岭南"覆盖了今天的两广及越南北部地区。[1]

1　关于越南、岭南与早期中华帝国的关系，可参见[美]何肯：《中华帝国早期的最南方：唐代的安南地区》，载《唐代研究》1997、1998年第15、16期。

从字面上理解，"岭南"是指"南岭以南"。隔着岭南这道屏障，"岭南"与帝国其他地区几乎完全隔绝了开来。早在岭南并入华夏帝国之前，它一直是史前时期当地部落的聚集地。公元前2000年前，当地的部民已开始了水稻种植；到了公元前1500年前后，他们开始掌握青铜冶炼技术。公元前500年到公元前300年之间，越南北部的东山文化（Dong Son Culture）进入繁荣期，当地的部民已熟练掌握了冶铁技术，并已采用失蜡法烧制极具地方特色的东山铜鼓。东山文化的考古学面貌十分特殊，它应与当时东南亚广大地区存在明显的文化交流。东山文化的诸多技术，如水稻种植及冶铁技术，可能与南越地区的文化渗透不无关联，甚至不排除与华夏北部中原地带文化交流的可能性。[1]

据越南最早的历史文献、14世纪成书的《越史略》记载，公元前7世纪时，越南本土曾出现过独立的文郎国（Van-lang Kingdom），并传续了十八代君主。如此一来，从时间上看，传说中的文郎国似乎与考古发现的东山文化完全吻合。因此，越南

1　[美]贝尔吾:《印度—马来西亚半岛的史前文化》，第269页；[新西兰]查尔斯·海厄姆:《东南亚的青铜时代》，第37—38，90，94，96，108—109，324页；吕士朋:《北属时期的越南：中越关系史之一》，第2页。

学者立马宣称"文郎国"是越南国家文明的源头。[1]

正如考古资料所见，史前时期越南地区确实存在着一个十分活跃的地方文化。而《越史略》所勾勒的文郎国，就史料来源看多摘自6、7世纪的中国史料，因此难免捕风捉影，不可信以为真。那么，可以这样认为，考古学上认定的东山文化并不是现代民族学意义上的中国文明或越南文明。相反，它不过是史前时期越南地区的原生文化。在与周边南越族群及北方中原王朝的交流中，当地的越民渐渐接受了文明熏陶，文化得以繁荣。[2]

不过，传说中还称，文郎国最终在公元前275年被入侵的古蜀国王子开明泮所灭。随后，开明泮又建立了新的瓯雒国，并自号"安阳王"。相传，安阳王建立瓯雒国后，定都于古螺城。古螺城也是迄今为止岭南及中南半岛上发现的规模最大的史前都城。尽管流传着安阳王灭亡文郎国的传说，但不能据此就认为越南北部的越民曾被驱离故土。关于古螺城的传说及考古遗迹都已显示，当地的文化确实出现了文明中断的现象，而从北方传入的

---

1 [越]无名氏撰：《越史略》卷1；关于文郎国的族群归属，相关研究可参见[美]基斯·威勒·泰勒：《越南的诞生》，第3—4页。
2 关于越南早期历史的勾勒，参见[法]马伯乐（Henri Maspero）：《安南史研究（四）：文郎国》，第2—4，7—8页；关于考古学的思考，可参见[新西兰]查尔斯·海厄姆：《东南亚的青铜时代》，第133—134页。

文化也对这一地区的文明进程产生了重要影响。[1]按照学界的一般共识，诸多东亚地方史前文化都在与中原文明的交流中渐渐完成了文明同化。

需要补充的是，虽然这些地方社会曾长期保持着相当程度的"族群"延续性，但当地族群对这些文化的影响其实十分有限。从文化上讲，除非某些文化存在明显的种族歧视现象，人种体质特征（比如肤色）上的差别其实并不重要。当然，我们确实也能偶尔举出一些反例，但总体而言种族歧视在东亚世界并不普遍。

整个上古时期，岭南地区（包括今天的广东、广西及越南北部）都超出了中原青铜文明的辐射圈。然而，到了秦始皇三十三年（前214），为掠夺当地的犀角、象牙、翡翠、珠玑等奇珍异宝，秦始皇命任嚣、赵佗领大军征讨岭南。平定岭南以后，秦始皇又以五十万"逋赍墭贾"前往镇戍，并使监禄领兵"凿渠运粮，深入越地"。此前，越南地区一直处在地方自立的状态中，

---

1 《大越史记全书》卷1，第100页；《水经注》卷37，第694页；《越史略》卷1。关于越南文明的探讨，可参见吕士朋：《北属时期的越南：中越关系史之一》，第14页；[新西兰]查尔斯·海厄姆：《东南亚的青铜时代》，第122页；[美]基斯·威勒·泰勒：《越南的诞生》，第16—17，21，23页。

但自始皇三十三年以后，岭南就被纳入到了中国的版图之中。[1]

通过不断的对外征战，秦帝国的版图急剧扩张，形成了中国历史上的第一个高峰。然而，秦朝的兴起如昙花一现，转瞬即逝。极盛时期，秦曾夺取滇王故地（今云南省），"略通五尺道，诸此国颇置吏焉"，但也不过持续了十余年而已。而在东南方，秦帝国灭亡以后，随即出现了三个越族政权，分别是东瓯（活动地区在今浙江省南部）、闽越（活动地区在今福建省内）及南越（活动地区在今两广及越南北部）。[2]

闽越国君自称"越王勾践之后"，秦并天下以后，"皆废为君长"，而其故地则被降为秦朝治下的"闽中郡"。等到秦末天下大乱时，闽越首领无诸与东海王摇曾率部支援汉军讨平项藉。西汉高祖六年（前201），为褒奖闽越国君之功，高祖又"复立无诸为闽越王"，闽越得以复国。汉武帝建元三年（前138），闽越发兵围攻邻国东瓯，东瓯无奈之下只得向汉天子请求支援。汉武帝不能决断，问计于太尉武安侯田蚡，田蚡则认为"越人相攻，其常

---

1 《水经注》卷37，第693—694页；《通典》卷188，第1005页。关于秦朝对岭南的征服，见《安南志略》卷4，第93页；《淮南子》卷18；《史记》卷6，第253页。关于秦帝国对越南领土的征服程度，可参见吕士朋：《北属时期的越南：中越关系史之一》，第25—26页。

2 关于古滇国的记载，见《汉书》卷95，第3838页；关于古越人的政权，可参见李东华：《中国海洋发展关键时地个案研究（古代篇）》，第31页。

事也，又数反复，不烦中国，自秦时弃之不内属"。然而，太中大夫严助并不赞同田蚡"弃之不助"的主张，并反问道："但患力不能救，德不能覆，诚能，何弃之？"况且，支援东瓯还关乎天子是否爱民，不得不救。"今小国以穷困告急于天子，天子不能救，当安所诉？又何以子万国？"最终，汉武帝听取了严助的谏议，"乃遣助使持节，发会稽兵救之"。救兵还未赶到，闽越闻风后便主动撤回了军队。[1]

尽管一时间东瓯国得以延续，但到了元封元年（前110），东瓯最终还是为汉朝所并，"其众四万余人"也被汉军将吏徙往江、淮之间，于是"东粤地遂虚"。[2]东瓯的故地在今浙江省，如今已是中国的经济和人口大省，但在当时这里还不过是一片"化外之地"。

与此同时，闽越开始将目光转向南方，并于建元六年（前135）发兵攻打南越，汉武帝于是打算兴兵讨伐闽越。此时，淮南王刘安（淮南即今安徽省内；刘安为汉武帝侄）立马上疏劝

---

1 《汉纪》卷10，第97—98页；《汉书》卷95，第3859—3860页；《通典》卷186，第995页。
2 《汉书》卷95，第3860，3863页；关于汉武帝将东瓯国四万人迁往江淮之地之事，应认识到所涉及的人口主要是东瓯都城及其周边百姓，可参见吕思勉：《读史札记》，第582页。

止，称："越，方外之地，剪发文身之民也，不可以冠带之国法度理也。"[1]不可否认的是，淮南王奏疏时可能存有一定的私心（即阻止汉朝中央政府的势力进入其领地内），但从中不难看出，秦帝国治内的东南地区到了汉初以后仍被时人视为一片"方外之地"。而最南端的越国——南越国（都于番禺，即今广东省内）则并非"越人"建立的政权。南越国原为秦朝旧将赵佗所建，而赵佗（约前240—前137）是汉人出身，本"真定（即今河北正定）人也"。

秦二世时，秦帝国已有崩溃的迹象。当时，派往岭南镇守边地的南海尉任嚣病重，临终前他将下属、官至南海龙川令的赵佗召至榻前，特别嘱咐：

> 中国扰乱，未知所安，豪杰畔秦相立。南海僻远，吾恐盗兵侵地至此，吾欲兴兵绝新道，自备，待诸侯变，会病甚。且番禺负山险，阻南海，东西数千里，颇有中国人相辅，此亦一州之主也，可以立国。[2]

---

1 《安南志略》卷5，第113页；关于刘安撰《淮南子》一书的用意，可参见［加］白光华（Charles Le Blanc）：《〈淮南子〉：东汉早期哲学思想的集大成著作》，第23页。
2 《史记》卷113，第2967；又见《水经注》卷37，第708页。

公元前208年，任嚣病卒，赵佗采纳了他的建议，"击并桂林、象郡，自立为南越武王"。南越虽然名义上向汉朝称臣，但作为独立王国，它仍然绵延了百余年之久。赵佗本是中原人，籍在恒山郡真定县，因此他又引导南越土民主动吸收中原文化，从而使"蛮夷渐见礼化"。与此同时，赵佗也逐渐接受了南越的风俗。

史书中还保留了公元前196年南越王赵佗与汉使陆贾两人见面交锋的记载，"高祖使贾赐佗印为南越王。贾至，尉佗魋结箕踞见贾"。从赵佗的装扮上不难看出，他已经完全是越人的模样。陆贾见状后劝说赵佗，称："足下中国人，亲戚昆弟坟墓在真定。今足下反天性，弃冠带，欲以区区之越与天子抗衡为敌国，祸且及身矣。"赵佗听后，"乃蹶然起坐，谢贾曰：'居蛮夷中久，殊失礼义。'"当然，史书中记载的这段对话或许并不十分可靠，但其内容却足以反映当时汉人的胡汉认知。[1]

对于南越国的实力，陆贾又进一步予以贬低，"今王众不过数万，皆蛮夷，崎岖山海间，譬如汉一郡，王何乃比于汉"。秦末大乱时，南越国的核心力量无疑是由秦国南海郡的军将所构成的，但具体到地方社会中，汉人（或是汉化的越民）的势力则可

1 《安南志略》卷3，第78页；《安南志略》卷14，第324页；《汉纪》卷4，第34页；《汉书》卷95，第3848页；《论衡》卷2。

以忽略不计。考古资料已证实，秦帝国平定岭南以后，东山文化仍然存在了一段时间。今天，广东地区考古发掘出土的南越人墓葬也明显显示出越人葬俗与汉人葬俗混杂的现象。迄今为止，南越国时期单一的越人文化墓葬还尚未发现过。尽管南越国在文化上十分多元，但南越社会内部却十分团结。[1]

南越国作为一个地方政权，国境之内充斥着大量未曾汉化的越人土民，而从中原来的秦朝官民只是其风俗转变的文化因子。南越国并未按照北方华夏政权的方式进行地方统治。南越国第三代君主婴齐登基以后，曾入长安宿卫宫廷，后又"取邯郸樛氏女"为后，并生下了太子兴。婴齐死后，太子兴继立为王，成为南越第四代君主，而樛氏则升为太后。由于太后嫁于婴齐之前，曾与霸陵人安国少季私通，此事后来渐被南越国人知悉，因此国人"多不附太后"。为了防患于未然，太后"欲倚汉威，数劝王及群臣求内属"，又"请比内诸侯，三岁一朝，除边关"，增进了南越与汉朝中央政府的联系。

然而，这样的亲汉举动引起了南越国相吕嘉的极度反感。史载，吕嘉历仕三代南越君主，且在国内享有很高声望，"居国中

---

1 《汉纪》卷4，第34页。关于东山文化遗址及广东地区南越人墓葬考古发掘资料的研究，可参见[美]贝尔吾：《印度—马来西亚半岛的史前文化》，第271页；黄崇岳，孙霄：《华南古越族对中华民族文化的历史贡献》，第51页。

甚重，越人信之，多为耳目者，得众心愈于王"。在屡次上疏不得首肯后，吕嘉遂起了反叛之心。汉武帝元鼎四年（前113），吕嘉正式起兵谋反，"攻杀王、太后及汉使"。次年，汉武帝命伏波将军路博德"率楼船十万师往讨之"。元封元年（前110）前后，汉军兵至番禺城内，南越国灭亡，自秦以后岭南再度被纳入到中央王朝的版图中。此后，南越国故地一直都是历代中原王朝的郡县。不过，五代十国时期（939），岭南最南端的安南曾建立吴朝，摆脱了中原的控制。到1802年，阮朝建立，并在后来将国名改为"越南"。[1]

在今天的广州与越南之间的海域中，有一座独立岛屿——海南岛（汉时称儋耳、珠崖郡），它曾是岭南地区的一部分。汉武帝元封元年（前110），当时的海南岛也被纳入汉帝国的直接管辖。上古时期，海南岛上居住着不同的住民，不习文学，"其渠帅贵长耳，皆穿而缒之，垂肩三寸"。海南岛虽然被纳入了汉帝国的版图，但因为中央与地方连年征战，岛上的珠崖郡一直不太

1 《安南志略》卷1，第17页；《安南志略》卷11，第271—272页；《安南志略》卷15，第341—342页；《汉纪》卷14，第137—138页；《汉书》卷95，第3854—3855、3857、3859页；《越史略》卷1。关于"越南"一名的得来经过，详见[英]本尼迪克特·安德森：《想象的共同体：民族主义的起源与散布》，第157—158页；[美]伍德赛：《越南与中国模式：19世纪上半叶阮氏王朝与清朝文官政府的比较研究》，第120页。

平，"中国贪其珍赂，渐相侵侮，故率数岁一反"。

汉武帝末年，珠厓太守会稽孙幸曾将当地所产的广幅布作为特产向中央进贡，但对当地蛮民造成了沉重的负担，因而引发了地方反叛，"蛮不堪役，遂攻郡杀幸"。随后，孙幸之子孙豹领兵万人，镇压了当地的起义，"幸子豹合率善人还复破之，自领郡事，讨击余党，连年乃平"。然而，对珠厓郡土贡的掠夺并未停止，这一地区的叛乱也因此持续发酵，"吏卒中国人多侵陵之，故率数岁一反"。到汉元帝初元三年（前46），海南岛南端的珠厓郡终于被汉帝国"罢弃"。不过，珠厓郡西北端的合浦郡依然在汉帝国的管辖内，并成为帝国的南疆前哨据点。

此后，中央政府对海南岛的控制开始出现波动。例如，南朝宋大明四年（460），合浦（即今两广地区）大帅陈檀向刘宋政府归顺称臣。由于治内仍有分裂势力，陈檀于是乞求"官军征讨未附"，这一请求得到了中央政府的支持。陈檀被任命为高兴太守后，他亲遣部下"前朱提太守费沉、龙骧将军武期南伐"，不过二人因无战功，遂起兵反叛，杀掉了主帅陈檀并取而代之。

及至盛唐之际，虽然当时中国的军事实力已达到了历史上的顶峰，但中央政府对于海南岛的控制仍然十分薄弱。唐政府在海南岛的东北端设立了崖州珠崖郡，治内"户八百一十九"，常年向中央进贡"金、银、玳瑁、高良姜"等土贡产品。贞观五年

（631）后，唐政府又割崖州之琼山设置了琼州琼山郡，并与崖州相邻。据载，琼州琼山郡户口仅有"六百四十九"，且在乾封二年（667）至贞元五年（789）之间脱离了中央政府的管辖，长期为当地的山洞蛮所控制。即使到了今天（20世纪末），海南省仍然是中国最不发达的边缘省份之一。[1]

在今天的越南国境内（即中国大陆以南、海南岛以西的区域），已有零星的证据表明，虽然两汉时期当地的百越部族迅速归附了中央政府，但汉帝国对于地方酋首的权威给予了认可，因此这一区域内越人的自治局面得到了延续。不过，就整体而言，岭南作为此处的核心地理区，地位较交趾（即今天的越南北部）重要得多。汉光武帝建武十六年（40）至建武十八年（42），交趾郡雒越族徵氏姐妹起兵叛乱，在攻取交趾、九真等地后，很快又将势力范围扩展到今天的中越边境地带。当然，就当时而言，合浦等两广地区的蛮夷部众并无现代意义上的国境概念，他们只是作为住民生活在此地罢了。[2]

1　关于海南岛的记载，见《汉书》卷28下，第1670页；《南史》卷78，第1951页；《水经注》卷36，第688页；《太平御览》卷172，第972页；《通典》卷188，第1006页；《新唐书》卷3，第66页；《新唐书》卷43上，第1100页。
2　《安南志略》卷4，第93—94页；《通典》卷188，第1006页。

第二节　中华帝国的贸易港口

徵氏姐妹的叛乱遭到了汉政府的残酷镇压。二徵战败而死，而其余部也被剿灭，三百余名反叛军将被俘，并被流放至零陵。与此同时，极具东山文化特征、象征雒越贵族权力的铜鼓也被伏波将军马援下令收缴，"以所得骆越铜，铸以为马"。此后，关于雒越地方酋首的记载，也完全从史籍中消失。也许，他们与北方来的移民融合后形成了新的地方族群。法国学者马伯乐先生认为，经历了马援平定交趾的战事后，拥有独特制度及文化的雒越故地开始由汉政府庇护下的边陲小国转变为中华帝国管辖下的边州地区。[1]

大约从公元1世纪开始，北方的汉朝移民不断涌入红河河谷地带。他们或是循着经济利益而来，或是以刑徒身份被汉政府强制流放于此。但是，无论如何，大规模的人口迁徙大大加快了这一地区的文化融合进程。[2] 这时，红河河岸上的交趾（亦作"交

---

1 《东观汉记》卷12；[澳]詹妮弗·霍姆格伦：《中国在越北的殖民：公元1至6世纪越南三角洲的行政区划与政治发展》，第16—21页；[法]马伯乐：《安南史研究（五）：马援远征记》，第18—19，27页。
2 [澳]詹妮弗·霍姆格伦：《中国在越北的殖民：公元1至6世纪越南三角洲的行政区划与政治发展》，第2, 62页；[法]马伯乐：《安南史研究（五）：马援远征记》，第12页；关于汉帝国将刑徒流亡至交州的记载，见《安南志略》卷5，第118页。

州"，即今越南河内周边地区）也逐渐崛起为汉帝国最南端的海上贸易港口。

按东晋时人张华（232—300）所载，公元3世纪时，由南海至交趾的海上交通线路一直十分繁忙，"今渡南海至交趾者，不绝也"。与广州（亦作"番禺""南海"）一样，交趾也成为岭南的一大商业重镇，二者都以贸易货物的聚积名扬于当时。然而，由于中央政府对于岭南地区的兴趣主要集中于南海贸易上，因此广州与交趾二镇都被视为海上贸易的中转中心。换言之，二镇对于岭南僻壤乡民的风俗及经济方式的改变并未产生明显的影响。交趾、广州等海岸港口城市不过是中华文明的飞地（Enclaves），围绕在二镇周边的广大岭南内陆地区仍然是一片蛮荒的状态。[1]

据《三国志》记载，岭南地区"山川长远，习俗不齐，言语同异，重译乃通"。自汉武帝元鼎六年（前111）设置珠崖郡开始，直至三国东吴黄龙三年（231），中央政府对于海南岛的控制虽然已将近四个世纪，但按东吴交趾太守薛综所奏，"珠崖除州县嫁娶，皆须八月引户，人民集会之时，男女自相可适，乃为夫妻，父母不能止"。若以儒家伦理视之，海南岛上的婚俗确实令

---

1 《博物志》卷1；冯承钧：《中国南洋交通史》，第35页；李东华：《中国海洋发展关键时地个案研究（古代篇）》，第154页；刘淑芬：《六朝南海贸易的开展》，第338页；《隋书》卷31，第887—888页。

人震惊。而在交趾糜冷、九真都庞二县，"兄死弟妻其嫂"的地方风俗也得不到有效抑止。此外，交趾以南的日南郡也不见风俗改易，仍然是"男女倮体，不以为羞"。[1]换言之，中央政府虽然对岭南地区进行了长达四个世纪的统治，但对于当地越人的汉化措施收效甚微。特别是越南周边地带，基本上仍然处在"未经开化"的阶段。

或许，我们可将中华帝国控制下的越南与罗马帝国控制下的大不列颠进行横向对比。公元43年，罗马帝国克劳狄大帝（Claudian）征服了大不列颠。公元409年，大不列颠大规模反叛，罗马驻军全部撤离，宣告了罗马帝国对大不列颠近四百年的统治彻底结束。就整个大不列颠诸岛而言，古老的凯尔特语（Celtic）作为大多数人的日常交际语言被保留了下来。虽然罗马帝国的征服统治长达四个世纪，但岛内的农业生产方式几乎没有任何变化。不过，另一方面，岛上的布立吞人（Britons，原为凯尔特人的一支）却接受了罗马的"托伽"（Toga）长袍服饰，拉丁文也成为有教养贵族通行的语言。因此，英国学者彼得·萨尔维（Peter Salway）坚称："前罗马时期的部落痕迹几乎全部消

---

1 《三国志》卷53，第1251—1252页；[美]基斯·威勒·泰勒：《越南的诞生》，第75—76页。

失……大不列颠彻底融入了罗马帝国。……大不列颠的'罗马化'程度极深，而非太浅。"[1]罗马帝国征服以前的大不列颠再也无法得到复兴，甚至其文化面貌也消失在记忆之中。

虽然地方文化保持了一定的延续性，但历经罗马帝国四个世纪的统治后，大不列颠的文化面貌确实发生了剧变。或许，对于罗马帝国而言，大不列颠的战略地位极为重要。相比之下，越南对于中国的战略地位则不可与之同日而语。因此，罗马帝国向大不列颠派驻了大量军队，以维持征服统治。但是，换一个角度进行观察，又可发现交趾的贸易地位也非伦敦可以比拟。那么，罗马帝国治下的大不列颠与中华帝国治下的越南到底有何区别？笔者以为，二者的显著差异在于中华帝国对于越南的控制时间更长，直到公元939年，越南吴朝建立以后，越南才最终取得独立。相较而言，罗马帝国撤离大不列颠后，随之而来的是蛮族盎格鲁—撒克逊人（Angles and Saxons）的入侵，并从此改变了大不列颠的发展轨迹，揭开了大不列颠历史的新篇章。[2]换言之，

---

1 [美]彼得·布莱尔（Peter Hunter Blair）：《罗马征服时期的大不列颠与早期英国史（前55—871）》，第118—119页；[英]彼得·萨尔维：《罗马不列颠史》，第3、18—19、119、254—355、360页。

2 除了地名以外，现代英语中保留下来的日耳曼人入侵以前的古英语只有十五六个词语，详见[法]卢西恩·缪塞著，[英]爱德华·詹姆斯、[英]哥伦布·詹姆斯译：《日耳曼人的入侵：公元400—600年欧洲的形成》，第104页。

由于统治时间更长，而且后续的吴朝政权仍然采用汉制，因此中华帝国对越南的文化烙印也更为深刻。这与罗马军队撤离以后其他蛮族相继入侵并削弱了罗马文化对大不列颠的影响有着显著不同。

今越南红河河谷地带原是岭南诸郡的组成部分，更是帝国势力延伸到岭南的核心据点。与罗马统治大不列颠的模式相同，华夏政府对岭南的开发主要集中于低洼的河谷冲击地带，这里土壤肥沃、人口集中。同时，中央政府又不断压缩周边未附部众的生存空间，将其驱往山林地带（显然，对于地方部族而言，低洼的河谷泽地也是最佳定居区域）。番禺原是南越国初代国王赵佗建国时的都城，但汉武帝时南越被并入了汉朝版图，番禺城毁于大火，渐渐被人废弃。随后，一方面为了回避对南越独立政权的记忆，一方面也因为越南红河三角洲地带的人口远较珠江三角洲地带更为密集，汉帝国将赢娄县（今越南河内一带）立为岭南的首府。[1]直至汉代灭亡以前，三个世纪间这里也一直是汉帝国南疆的重要都会。

而在岭南内部，蛮夷族群的残部仍有广泛分布。至少，这些

---

1 ［澳］詹妮弗·霍姆格伦：《中国在越北的殖民：公元1至6世纪越南三角洲的行政区划与政治发展》，第64页；吕士朋：《北属时期的越南：中越关系史之一》，第48页；王赓武：《南海贸易：中国人在南海的早期贸易史研究》，第17—18页。

残余部众在两广地区及交州一带仍十分活跃。公元280年，西晋平吴，实现了全国范围内的短暂统一。随后，西晋政府打算施行"普减州郡兵"的政策。然而，使持节、交州牧陶璜上表反对，称"广州南岸，周旋六千余里，不宾属者乃五万余户，及桂林不羁之辈，复当万户。至于服从官役，才五千余家。二州唇齿，唯兵是镇"。及至南朝时期，"广州诸山并狸獠，种类繁炽，前后屡为侵暴，历世患之"。[1]

在广州以南的两广深山之中，常有俚人蛮部杂处其间。据《南州异物志》载："广州南有贼曰俚，此贼在广州之南……往往别村各有长帅，无君主，恃在山险，不用城。"此外，今中越边境及其以西地区，还生活着一群"啖人"的乌浒部落。同据《南州异物志》所载，"交、广之界，民曰乌浒，东界在广州之南、交州之北。恒出道间，伺候二州行旅，有单辈者，辄出击之，利得人食之，不贪其财货也"。在两广之间，还栖息着一群"文郎野人"部落（引人关注的是，在古汉语当中，"文郎野人"与传说时代的"文郎人"仅一字之差，这一点值得玩味）。此外，广东沿海地区长期以来还存在着十分活跃的奴隶贸易活动，直至晚

---

1 《晋书》卷57，第1560页；《南史》卷78，第1951页。

唐时期才有所收敛。[1]

在本书探讨的时段内，岭南地区还存在着相当数量的"未开化"或"半开化"的土人部落，但这些蛮夷部落与南端的交州地区并无特殊的关联。相反，今越南红河河谷的交州虽然被周边的蛮夷部落所包围，但自身却发展成为华夏文明的"绿洲地带"。

第三节　被"遗弃"的帝国

汉末战乱频仍。对于不断南迁的北方流民而言，交趾及红河河谷地带是一处天然的避难场所。汉帝国的大厦摇摇欲坠，而交趾周边仍是一片安定繁荣的景象。然而，由于缺少中央政权强有力的管辖，交州及其周边地带唯有主动寻求自治，方可保境安民。

东汉中平四年（187），士燮迁任交趾太守，直至东吴黄武五年（226）士燮逝于任上，他统治交趾的时间达四十余年之久。

1　关于俚人蛮族部落的记载，见《太平御览》卷785引《南州异物志》，第3609页。关于乌浒部落"啖人"风俗的记载，见《太平御览》卷786引《南州异物志》，第3611页；《通典》卷188，第1005页，将乌浒啖人部落的活动地方描述为交州以西。关于"文郎野人"部落的记载，见《太平御览》卷172引《林邑记》，第971页。关于广东沿海地区的奴隶贸易记载，见《韩昌黎全集》卷33，第416页；《梁书》卷33，第470页；《新唐书》卷163，第5009页。

据载，士燮称其先祖本鲁国汶阳（今山东省泰安市西南）人，因避新莽之乱而移居交州。魏晋时期，南人冒充中原高门大族的事例不绝于史料。笔者以为，对于士燮族出中原的记载虽然不可据以为真，但也不可全然否定。不过，士燮乃是"苍梧广信人"（即今广西壮族自治区苍梧县，位于两广交界地区），定居此地已久。而且，士燮之父士赐，也曾于桓帝时任日南（今越南中部地区）太守。那么，将士氏一族视为岭南本土人氏可能更为贴近史实。士燮生活的时代，岭南尚为汉帝国治下的疆土，中央政府会派驻交州刺史对此地加以管辖。据《越史略》所记，"燮少游京师，好《左氏春秋》，为之注解，又通《尚书》大义"，俨然是一副儒生的形象。

士燮治理交趾期间，百姓尊其为"王"，"民皆乐业，威尊无上"。显然，士燮名义上是中央政府派驻地方的太守，实际上则建立了割据交州的自治政权。士燮兄弟士䵋、士武也官至九真（今越南清化、河静地区）太守、南海（今粤中、粤东地区及广西苍梧、合浦的一部分）太守，其侄士匡也官至中郎将，可见士氏家族基本垄断了岭南的政治。正如前文所述，东汉末年，公孙家族对于辽东地区的政治垄断令人惊愕。一方面，公孙家族割据辽东，自立为王，另一方面公孙家族又与曹魏政权通好，向其称臣。与公孙家族的做法相同，士燮家族在割占岭南的半个世纪间，也同时向孙吴政权示好，不断遣使贡奉。[1]

吴黄武五年（226），士燮病卒，吴主闻讯后，"以交州悬远，乃分合浦以北属广州，吕岱为刺史；合浦以南属交州，戴良为刺史"。至此，原本统辖整个岭南地区的交州被一分为二。对于传统中国来说，将州县及其治所冠以相同的名称的做法十分常见。由此，广州（英文中称"canton"）正式得名，并被沿用至今。而交州所辖的范围则难以厘清，有时它可用于指代今天的越南全境，有时则仅仅指代交州治所所在的龙编（今越南河内）。虽然士燮之子士徽叛吴期间，广州刺史吕岱曾一度将广州、交州合并，但吴景帝永安七年（264），为便于治理，东吴又重新从交州划出南海、苍梧、郁林、高梁等4郡别置广州（治在番禺）。此后，交、广二州的分治成为历朝的定制。[2]

从上文中不难看出，远在南端的交州，确实难于管制。从地理上看，交州与东吴都城远隔万里，而士燮主动示好，似乎并无

---

1 《安南志略》卷7，第171—172页；《越史略》卷1；关于交趾士燮家族与辽东公孙家族的对比，可参见[日]大庭修：《日本研究者所见中日文化交流史》，第49、63、94页。尽管士燮不断向孙吴遣使纳贡，并将其子士廞遣往建康宫廷为质，但都未能打消孙吴对其割据反叛的疑心。如果岭南果真独立，孙吴将无法容忍。因此，孙权任命亲信步骘为交州刺史，以监督士燮的动向。东汉建安二十二年（217），步骘将岭南首府由交州迁往原来南越国赵佗所立的都城番禺，并重修"番禺城"，招抚百越流民，其事具见《水经注》卷37，第708页。

2 《安南志略》卷7，第173页；《大越史记全书·外传四》，第137—137页。

任何叛逆的举动。在漫长的南北大分裂时代，南朝政权是由"五胡乱华"时避乱江左的北方流亡世族所把持的。对于这些把持朝局的南迁北人，南方的衣冠士族多有怨言。然而，这一现象却不见于交州。东汉末年，士燮一族割据交州长达四十年之久，交州实际上也已成为士氏家族控制的独立王国。[1]令人惊奇的是，交州百姓却十分拥戴这位"世居岭南"的北人领袖。后来，交州的自治局面愈来愈公开化。南朝梁大同八年（542），龙兴（今属越南）望族李贲（503—548）正式起兵叛梁，企图割据自立。

据载，李贲虽为"龙兴太平人"，但"其先北人，西汉末苦于征伐避居南土，七世遂为南人"。李贲起兵反叛后，迅速攻占了梁朝管辖下的交州、德州地区。梁大同十年（544）正月，李贲自称南越（"南越"乃是对赵佗南越国号的复辟）帝，国号"万春"，定都龙编，并试图建立汉式的政权。次年（545），萧梁政府命令交州刺史杨瞟、司马陈霸先等领兵征讨，并于梁大同

1　关于南迁北人对朝局的控制，可参见武仙卿：《南朝大族的鼎盛与衰落》，第4页；周一良：《南朝境内之各种人及政府对待之政策》，第55—56，58页；关于南方衣冠士族对北人的憎恨，可参见《魏晋南北朝史纲》，第176页；[日]大川富士夫：《六朝初期吴兴郡的豪族——以武康沈氏家族为主》，第534页；关于交州的自治，可参见[澳]詹妮弗·霍姆格伦：《中国在越北的殖民：公元1至6世纪越南三角洲的行政区划与政治发展》，第115，119，129—130页；吕士朋：《北属时期的越南：中越关系史之一》，第58，62页。

十二年（546）攻陷嘉宁城，李贲战败溃逃，不久死去。李贲死后，李贲的兄长李天宝等纠集残部两万人，据守九真郡继续与梁朝抗衡。梁大宝元年（550），侯景之乱爆发，陈霸先受命抽兵北上支援，李贲之乱的剿灭任务才不得不告一段落。侯景之乱虽然得以平定，但萧梁政权却元气大伤，很快就为陈朝所取代。陈永定元年（557），陈朝建立，定都建康，但其国力十分空虚。自陈霸先撤兵北上，直至6世纪末，交州及其邻近区域兵力空虚，李氏家族又重新控制了这一地区。隋朝一统中国后，仁寿二年（602），隋文帝诏刘方为交州道行军总管，领兵征讨僭越称帝的俚人李佛子。刘方大军直捣南越故城，"佛子惧而降，送于京师"，交州又被重新纳入中原王朝版图。[1]

　　自汉末以来，红河河谷地带便长期游离于中华帝国的视线之外，这期间仅有东吴及南朝梁、陈政权对交州给予了特殊关切。其结果是，交州实质上成为一个独立的王国，前后脱离中央政府长达半个世纪之久。尽管隋文帝仁寿二年，李氏政权最终被剿灭，交州重新回到中央王朝怀抱，但是，隋朝享国不到四十年即被大唐推翻（时在618年），这就为交州地方豪族割据自立提供

1　《大越史记全书·外传四》，第147—153页；关于隋朝对李佛子的征讨，见于《隋书》卷53，第1357—1358页。

了机会。

隋大业末年，"海南苦吏侵，数怨畔"，隋炀帝遂拜丘和为交趾太守，以"抚接尽情，荒憬安之"。而后，隋朝灭亡，丘和并不知晓，但他仍然尽力抚恤民情。唐朝建立以后，改交趾为安南都护府，加强了对交州的控制。同时，又"授和交州大总管"，直接统领交州事务，至贞观十一年（637）才止。丘和治理交州"凡六十年余"，且"富埒王者"，与割据政权并无太大差别。不过，需要注意的是，丘和本是"河南洛阳人，后徙家郿"，是地地道道的中原人士。[1]这一时期，越南的独立多是因为中原战乱、强人把持地方政局所致。

当然，"强人政治"（Strongman Rule，又作"豪族政治"）并非交州独有的现象。世居南平（即今广西壮族自治区内，位于交州以北）的獠族渠帅猛力曾于陈朝末年受命担任"宁越太守"，猛力死后，其子长真承袭刺史之位。隋军南征此地时，因受瘴气所阻，兵"不能进"。虽然南平獠并未入朝归附，但是在隋朝讨伐林邑、辽东的战事中，长真曾多次领兵助讨，"及讨林邑，长真出兵攻其后，又率部落数千从征辽东"。唐高祖武德初年，长真最终归附大唐，并"以宁越、郁林之地降"，高祖乃授长真为

1　《大越史记全书·外传五》，第158页；《新唐书》卷90，第3777—3778页。

钦州都督。[1]相较于丘和治下的交州"王国"，南平獠族治下的南平诸郡同样拥有相当程度的自治性，二者的差异之处在于丘和是地道的中原汉人，而南平獠则是地道的土人。

广州的"强人政治"就更为有趣了，割据此地的乃是军阀冯盎（？—649）。据载，冯盎自称"高州良德（今广东省高州市）人，本北燕冯弘裔孙。弘不能以国下魏，亡奔高丽，遣子业以三百人浮海归晋。弘已灭，业留番禺"。换言之，冯盎一族本是北燕皇嗣，因被北魏灭国，族人先是逃奔高丽，后又流落至广州，并最终定居此地。冯盎祖母乃是谯国夫人冼氏，高凉（今广东省茂名市、阳江市一带）冼氏"世为南越首领，跨据山洞，部落十余万家"。梁大同初年，冯盎高祖、罗州刺史冯融听闻"夫人有志行，为其子高凉太守宝聘以为妻"。至此，"三世为守牧"的高州冯氏与高凉冼氏完成了跨族联姻。6世纪时，在岭南和平归附大隋的过程中，谯国夫人曾起到了至关重要的作用。为表彰谯国夫人的贡献，其孙冯盎也被大隋任命为宋康令。[2]

隋亡唐兴之际，冯盎南征北讨，遂有"番禺、苍梧、朱崖地，自号总管"。此时，冯盎部下纷纷进言，称"公克平二十州，地数

---

1 《新唐书》卷222下，第6326页。

2 《隋书》卷80，第1800—1803页。

千里，名谓未正，请南越王号"。对于部下的劝谏，冯盎十分谨慎，他不仅没有割据自立，而且还于武德五年（622）归附了大唐。不过，冯盎似乎只是名义上归降，唐高祖封其为越国公后，冯盎控制下的岭南地区实际上已形成了高度的自治局面。冯盎所建立的武人政权也与日本的武士政权及西欧的骑士社会十分相似。据载，冯盎"奴婢至万人"，"赏予不可计"。贞观中，冯盎族人冯猷受命入朝，曾"载金一舸自随"，冯氏政权的豪富可见一斑。[1]

这一时期，岭南地区普遍出现了世袭的地方强人政权，直至7世纪下半叶、8世纪上半叶才被中央政府陆续剿灭。例如，广州冯氏政权遭到毁灭性的打击，是在武周圣历元年（698）。[2]当时，冯盎之孙、潘州刺史冯君衡因受到监察御史万国俊的诬告，被没籍抄家。与广州周边獠夷混杂的情形不同，交州作为唐帝国的"化内"之地，局势十分安定。不过，交州此时的经济与贸易则出现了停滞，甚至倒退的现象。

长期以来，红河河谷地带的交趾一带一直是汉帝国岭南的最南端地区。吴黄武五年（226），吴帝将交州一分为二，合浦以北属广州、以南属交州，由此广州的贸易地位进一步提升。此时，

1　《新唐书》卷110，第4112—4114页；《资治通鉴》卷193，第932—933页。
2　王承文：《唐代"南选"与岭南溪洞豪族》，第97—98页。

穿越东南亚东部诸岛、直接北上停靠广州的海上贸易航线已经打通，无须循着交州的海岸线缓缓北上。两汉时期，贸易船只停靠交州后，再由陆路辗转北上，直达长安、洛阳等京畿之地。到了南朝以后，海上贸易航线东移，船只一般先停靠在广州，然后再经陆路将货物运至建康。作为重要的贸易港口，广州的地位甚至超过了交州。据中国台湾学者李东华先生推测，约在7、8世纪时，广州一举超过交州，成为最重要的国际贸易港口，而红河河谷的交州等港口再也无法重拾昔日的辉煌。[1]

有唐一代，中原地区南迁的北人往往选择位置偏北的广州避居，而极南的红河河谷地带不再受到青睐。据《隋书》记载，"交趾郡旧曰交州，统县九，户三万五十六"，而"南海郡（旧置广州）统县十五，户三万七千四百八十二"。由此可见，广州的户籍人口已经超过了交州，这与汉代二州的人口对比正好相反。[2]

而且，交州作为中国的州县，日益为周边的敌对势力所包围。4、5世纪时，与交州南端接壤的林邑国（亦作占婆国，位于

---

1 李东华：《中国海洋发展关键时地个案研究（古代篇）》，第150—154页；吕士朋：《北属时期的越南：中越关系史之一》，第103，119页。
2 关于中原人口的南迁，可参见李庆新：《"荒服之善部，炎裔之凉地"——论唐代粤北地区的经济与文化》，第80页；关于交州与广州的户口对比，见《隋书》卷31，880页及《隋书》卷31，第885页。

今越南中部）日益"印度化"，屡屡为患交州。唐时，安南都护府[1]也屡为林邑侵扰。唐代宗大历二年（767），"昆仑阇婆（今印度尼西亚爪哇一带）来寇，攻陷州城"。9世纪中期，交州西北端的南诏国开始崛起，并逐渐威胁到交州的安全。南诏两次出兵侵占交州，交州死伤人数多达15万。[2]

况且，从地缘上看，交州与帝国其他地区几乎完全隔绝，唯一的陆路交通也需取道容州（今广西壮族自治区境内，与广东省相接）的"鬼门关"。据《十道志》记载："鬼门关，在北流县南三十里，两石相对，状若关形，阔三十余步。"由于鬼门关以南"尤多瘴疠"，渡关者罕得生还，因此时人有谚："鬼门关，十人去，九不还。"8世纪中叶，安史之乱爆发，大唐政府无暇南顾。于是，番禺贼帅冯崇道起兵叛乱，陷落地方十余州，切断了广州与交州的陆路联系。直至唐代宗大历六年（771），官军才平定叛军，"五岭皆平"。[3]

---

1 唐肃宗至德三年（758），唐改安南都护府为镇南都护府。——译者注
2 《安南志略》卷10，第265—266页；《大越史记全书·外传五》，第158—160,165页；[美]基斯·威勒·泰勒：《越南的诞生》，第198—199页。关于林邑国（占人）的侵边，见《晋书》卷8，第193页；《梁书》卷54，第785页；《南史》卷78，第1949页；《通典》卷188，第1008页。
3 关于"鬼门关"的记载，见《太平御览》卷172引《十道志》，第970页；《新唐书》卷43上，第1109页。关于8世纪俚族的叛乱，可参见[美]基斯·威勒·泰勒：《越南的诞生》，第196—200页；《新唐书》卷6，第157,175—176页；《新唐书》卷222下，第6329页；《资治通鉴》卷224，第180—181页。

在岭南诸州之中，交州也极易遭受内部蛮族叛乱的影响。据载，武后垂拱三年（687），交州刺史、安南都护刘延祐企图改变对俚族的征税办法，"旧俚户岁半租，延祐责全入"，结果招致土人的怨恨，引发了俚族的反叛。刘延祐本人被围困在安南都护府城内，城中缺兵少粮，亟待广州的支援。然而，广州大族冯子猷按兵不出，刘延祐最终遇害。[1]

交州作为隋唐帝国的南部边境，地位十分特殊。因此，调露元年（679），唐高宗改交州总管府为安南（越南语中作"Annam"，该词传入英文后，专门用于指代19世纪以前的越南）都护府。与此同时，唐政府又在其他边境地区增置安东、安西、安北都护府。一般而言，都护府置都护一人，"掌所统诸蕃慰抚、征讨、斥堠，安辑蕃人及诸赏罚，叙录勋功，总判府事"。[2]

然而，晚唐时期，交州在不断的官军起义、土人暴动及外敌入侵中，屡屡遭受兵燹之灾。例如，唐德宗贞元十九年（803），都督裴泰代赵昌为安南都护，率众增筑府城，州将王季元起兵作乱，后将裴泰驱逐；唐武宗会昌三年（843），"经略使武浑役将士治城府，将士作乱，烧城楼，劫府库"，武浑无奈之下只得逃

---

1 《安南志略》卷9，第212—213页；《大越史记全书·外传五》，第159页；《越史略》卷1；《新唐书》卷4，第86页；《新唐书》卷201，第5732—5733页。
2 《通典》卷32，第186页；《新唐书》卷43上，第1111页。

奔广州；唐僖宗乾符四年（877），"安南戍兵乱，逐桂管观察使李瓒"；唐僖宗广明元年（880）十二月，安南戍将闵顼也将湖南观察使李裕驱逐，"自称留后"。[1]

历唐一代，交州的户口仍十分稀疏。贞观二年（628），唐太宗将瀛州刺史卢祖尚征入朝堂，并改任祖尚为交趾都督。卢祖尚先是拜谢领命，但详加思索后，他"既而复悔，以疾辞"。朝廷命人再三催促卢祖尚赴任，卢祖尚无奈之下只得辩驳，称"岭南瘴疠，去无还理"。可见，在时人眼中，岭南尚是一片"徼外"之地，乃是流放刑徒的场所。从地理位置上看，交趾与中原相互隔绝，又为外敌包围，且多瘴疠之疾，对大唐而言确实是个烫手山芋。然而，8世纪末，此时的唐帝国已处在内忧外患之中，岌岌可危。唐德宗贞元八年（792），岭南节度使李复奏请朝廷派遣判官前往安南收市，但中书侍郎陆贽认为不妥，称"岭南、安南，莫非王土，中使、外使，悉是王臣，岂比信岭南而绝安南，重中使以轻外使"。[2]据此可知，至少在此年以前，大唐仍将交州、

---

1 《大越史记全书·外传五》，第161—162,169页；《新唐书》卷9，第267页；《新唐书》卷170，第5175页。
2 《安南志略》卷9，第208—209页；《大越史记全书·外传五》，第158—159页。关于唐朝流放刑徒至岭南的记载，见《新唐书》卷4，第88页；《新唐书》卷5，第133页。关于岭南节度使李复的谏议，见《资治通鉴》卷234。

广州二地一视同仁。

自8世纪下半叶起，地方节度使纷纷割据自立。唐昭宗天祐元年（904），上蔡人（今河南上蔡）刘隐（873—911）受任清海节度使一职，以番禺为其藩镇大本营。天祐四年（907），朱温废唐自立，建立了后梁政权。后梁开平二年（908），刘隐兼任静海节度使、安南都护，占据了岭南全境。后梁乾化元年（911），刘隐病卒，其弟刘岩接掌节度使职，主持留后事务。随着势力一步步壮大，刘岩最终于后梁贞明三年（917）八月即皇帝位于番禺，国号"大越"。"大越"这一国号也直接得名于西汉赵佗所建的"南越"国。不过，到了次年（918），越主刘岩祭祀南郊后，决议将国号改为"汉"，即南汉。这一举动背后的寓意不难揣测，无非是想以正统王朝自居，借着兴复汉室的旗号获取百姓的支持。说来也巧，"大越"与两汉的皇室都是刘姓。[1]

当据有番禺的刘氏家族渐渐壮大之时，静海节度使、安南都护曲颢（？—908）则据有交州一带，双方互成水火。"时，隐据番禺，交州人曲承颢据州治，称节度使，志在相图"。由于双方僵持不下，曲颢便与刘氏假意通好，并在刘岩称帝后，"遣子承美为欢好使如广州"，而其目的却是为了"因觇虚实"。曲颢死

---

[1] 《资治通鉴》卷270及卷263；关于唐代的地方控制，见《新唐书》卷64，第1759页。

后，曲承美袭位为静海节度使。一方面，曲承美与南汉通好；另一方面，他又向北方的中原王朝称臣，"遣使求节钺于梁"。后梁龙德三年（923），后唐庄宗李存勖灭梁自立，南汉君主于是遣骁将李克正领兵攻打广州，"擒节度使承美以归"，这才除了心头大患。曲氏死后，一时间交州出现了权力真空，直至后唐长兴元年（930），交州的混乱局面才得到遏制。当时，静海节度使杨廷艺被部下绞杀，牙将吴权举义兵攻打叛将矫公羡。矫公羡求救兵于南汉，于是，汉主便遣其子弘操领兵支援，"弘操将舟师自白藤江入，欲攻权"。对于顺流而下的水上援军，吴权心知若不提前防备，则胜负尚未可知。于是，他心生一计，"使人先于海门潜植大杙铁，其首冒之，以缑彼船，随潮涨入杙内，然后我易制，无有出此者"。计定以后，吴权使人以轻舟挑衅，弘操果然率舟师驶入了"杙"内。潮水一退，弘操的水军就被困在木桩之中不得动弹，吴权轻而易举地就将汉军歼灭了。后晋天福四年（939），吴权称王，定都螺城。[1]自此以后，越南终于取得了独立地位，永久地从中原王朝版图中独立了出去。

在中原王朝一千多年的统治中，红河河谷地带基本上处于

---

1 《安南志略》卷4，第99—100页；《大越史记全书·外传五》，第169—171页；《越史略》卷1；相关研究可参见吕士朋：《北属时期的越南：中越关系史之一》，第140，142页。

半自治状态，甚至有时还公然建立自治政权。不过，这里所谓的"自治"，并非越南土民按照民主方式、人人自治。相反，它多是在军阀武人的垄断下实现的自治。越南最终演变成现代意义上的独立民族国家，多半是由其地理环境决定的。它地处绝远之境，与中原彼此阻隔，导致中央政府无法对其实行长期有效的行政管辖。与雒越人的后裔建立越南不同，分布在浙江、福建、两广地区的百越人的后裔则渐渐"汉化"，并最终融入了中华民族。[1]

越南之所以能够建立独立政权，其背后的政治野心及制度框架基本上都来自中原王朝。正如近代以来西方帝国主义激发了全球范围内反对殖民主义的民族独立运动一样，前近代时期，"华夏帝国的统治也促进了越南的民族觉醒"。[2]当然，采用"民族主义"（Nationalism）一词来描述10世纪的越南独立并不十分妥当，但总归言不害义。越南吴朝作为独立于中原之外的王国，其开创者吴权，"本唐林人，世为贵族"。与广州的南汉王室刘氏一样，吴氏也是汉人后裔。吴朝建立以后，"置百官，制朝仪，定服色"，"帝王规模可见矣"。此时，现代意义上的"国家"概念还未见端倪。

后晋开运元年（944），吴权薨逝，在位仅仅7年。吴权死后，

1　吕士朋：《北属时期的越南：中越关系史之一》，第3页。
2　[美]萨德赛：《越南：民族认同的追求》，第17页。

杨王后之兄、平王杨三哥改诏篡位，吴权长子吴昌岌、次子吴昌文等出逃，其后安南"十二使君"互相混战，吴朝大乱。公元965年，"万胜王"丁部领（923—979）一支崛起，红河河谷周边地区的局势才稍稍稳定。宋太祖开宝三年（970），北宋大军攻灭南汉，将中原统一王朝的势力一直延伸到了广州一带。丁部领审时度势以后，主动向北宋臣服。次年（971），丁部领遣其子丁琏向北宋进献方物，请求册封。开宝五年（972），宋太祖册封丁琏为静海节度使、安南都护，更册封丁部领为"交趾郡王"，这实际上是中央王朝对越南独立政权的官方认可。当然，越南虽然取得了合法的政治地位，但它仍然向大宋称臣，未能摆脱以中国为中心的"册封体制"。[1]

笔者以为，北宋政府承认丁朝的独立地位，应当只是权宜之计，料想北宋国力强盛后，它必然会再度夺回对交州的控制权。而事实也确实如此，丁朝内乱时，宋太宗有意通过武力手段征服安南，但被征南马步军转运使许仲宣劝止："交趾炎热瘴疠，士卒未战，死者十二三，虽得之不能守。"最后，宋太宗才罢此想法，接受了安南名义上的臣服。此后，除了明初时永乐皇帝挥师

---

1 《安南志略》卷11，第278，282页；《越史略》卷1。相关研究可参见[美]萨德赛：《越南：民族认同的追求》，第20页；[美]基斯·威勒·泰勒：《越南的诞生》，第275—295页。

三十余万，在付出了沉重的代价后，短暂地征服越南以外，越南一直独立于中原王朝版图之外。[1]

而新建立的丁朝则完全复制了中原王朝的制度，设有文武百官、州县诸道，还采用科举取士的办法选拔人才。虽然取得了独立，越南仍然沿用了中国传统的度量衡，中原的货币也可正常流通。而且，正是建立独立政权以后，儒家文化才在越南兴盛起来。由于中越两国君主频繁地遣使往来，所以南方汉人迁居越南并在此处为官的记载屡屡见诸史料。[2]

与此同时，越南又与东南亚、东亚诸国建立了长期的外交联系。随着越南领土一步一步向南扩张，到16、17世纪时，越南[3]几乎占领了整个半岛南部地区，并将占城人、高棉人及其他非汉民族吸纳进来，民族成分十分多元。不过，由于后黎朝与莫朝的长期对峙，越南进入200多年的南北分裂时期（1527—1802）。到了19世纪初，原阮氏家族的后裔嘉隆（Gia Long）[4]最

---

1 《安南志略》卷16，第381页；关于明永乐年间出征越南，可参见[美]李露晔（Louise Levathes）：《当中国称霸海上》，第159，168页。
2 《安南志略》卷14，第324，329页；高明士：《唐代东亚教育圈的形成：东亚世界形成史的一侧面》，第40页；[美]伍德赛：《越南与中国模式：19世纪上半叶阮氏王朝与清朝文官政府的比较研究》，第8页。
3 当时越南处于后黎朝统治时期。——译者注
4 嘉隆即阮朝开国君主阮福映，1802—1820年在位。——译者注

终在法国的支持下统一了越南全境。以越南西贡（Saigon，即今胡志明市）为大本营的嘉隆，就此建立了一个"前所未见"的新国家——阮朝。[1]

与后黎朝相同，阮朝也仿照汉制建立了国家（阮朝首次采用"越南"为其国号，并沿用至今）。与此同时，越南的地方文化也开始兴盛，"字喃""六八体"等为民众所推崇。例如，汉语中"皇帝"一词（越南语中读作"Hoang-de"，但书写与汉语相同）正式被越南采用，而产生于19世纪阮氏执政以后的带有越南地方特色的王号称谓"Vua"也并未遭到摈弃。[2]

然而，（对于前近代的东亚世界而言）精英文化与地方文化的差异时时存在（这完全在预料之内）。即便是在华夏内部，也存在这样的差异，只是程度稍稍浅一些罢了。例如，先秦时期的南方大国——楚国，虽然是荆楚蛮族建立的政权，却长期接受中原王室册予的封号。而在早期的日朝地区，情况也是如此，地方文化与大陆文化总是存在着冲突。[3]

---

1 [美]基斯·威勒·泰勒:《越南的表面倾向：透过民族与区域史》，第966页。
2 [美]伍德赛:《越南与中国模式：19世纪上半叶阮氏王朝与清朝文官政府的比较研究》，第10，12—13页。
3 [美]蒲百瑞:《楚地与楚国：图像与现象》，第53—54页；关于日本、朝鲜地方特殊称谓的介绍，见第七、八章的探讨。

19世纪时，越南阮朝的内外形势确实十分特殊，但话又说回来，东亚其他地区的形势又何尝不特殊。"皇帝"一词的传入虽是越南受到中国外来文化影响的铁证，但若认为外来文化打破了传统文化，日后势必要受到排挤，那就大错特错了。毕竟，任何事物对某个地方而言，一开始总是全新的，而且可能还是由别处传入的。1945年，胡志明当选越共主席，而"主席"一词显然是西方的概念。与此前从中国传入的"皇帝"称谓相比，这的确又是一个全新的概念。只是，进入20世纪以后，"皇帝"一词已经彻底本土化，完全被视为越南的地方传统。

第七章　朝鲜的诞生

第一节　汉帝国的"属地"

与越南的情形相同，朝鲜的历史也只能从汉文史料中溯源。据载，早在先秦时期，当时的燕国已经占领了朝鲜丰岛部分地区，并筑城设官，对朝鲜加以治理，"自始全燕时，尝略属真番、朝鲜，为置吏，筑鄣塞"。秦灭燕国、统一六合时，"（朝鲜）属辽东外徼"。秦亡汉兴时，中原的统一局面仍得以延续，但由于朝鲜地处绝远，难以守卫。于是，汉室"复修辽东故塞，至浿水（即今朝鲜大同江）为界"，辽东故地由隶属于汉朝的诸侯国——燕国管辖。

卢绾曾随汉高祖南征北战，立下了汗马功劳，于是被高祖封为燕王。然而，公元前195年，汉高祖病卒，政事皆出于吕后。由于淮阴王、彭越王等都被吕后设计剪除，卢绾惊恐之下，决定带领部众投奔匈奴，"匈奴以为东胡卢王"。此时，卢绾的部下卫满也流亡在外，"满亡命，聚党千余人，魋结蛮夷服而东走出塞……居秦故空地上下鄣，稍役属真番、朝鲜蛮夷及故燕、齐亡命者王之，都王险"。[1]

卫满在朝鲜建立的政权，史书上称之为"卫氏朝鲜"。这一政权到底属于朝鲜政权，还是中国政权，一直被当成大问题，因此也长期受到朝鲜民族主义者的特别关切。[2] 说到这里，不由地让人感觉到时空错乱。历史上来自浙江、广东、海南，甚至中国东北的周边族群，在与中原文明不断交流之后，最终才形成所谓的"华夏文明"。可以想象，当时并无所谓的"越南人"，抑或"朝鲜人"。此时，东亚世界尚未出现现代意义上的民族国家，甚至所谓的"中华文明"也不过是今人视角下的术语。若明白这一点，就能避开误区，正确地理解东亚世界的起源。不过，现代英语中的术语常常词不达意，所以才出现了上文的"时空错置"。

关于卫满其人，将其视为燕国遗民，才最为贴近史实。而

---

1 《汉纪》卷14，第139页;《汉书》卷95，第3863—3864页;《三国遗事》卷1，962页;《史记》卷93，第2637—2639页;《史记》卷115，第2985页。
2 [韩]李基白著，[美]爱德华·瓦格纳译:《韩国史新论》，第16—17页;关于早期朝鲜民族性的探讨，可参见[美]布鲁斯·库明斯:《阳光普照下的朝鲜:现代史的考察》，第30—31页。

卫氏朝鲜统治下的国民，除了燕、齐移民以外，多是真番郡（今韩国礼成江、汉江之间）及箕子朝鲜的当地百姓。不过，笔者以为，无论是燕人、箕子朝鲜属民，还是辽东人，彼此的族群差异应当并不显著。据汉儒扬雄（前53—18）所著《方言》一书，可知战国时期"西起北燕、东至朝鲜"的广大区域基本上属于同一方言区。[1]

笔者推测，卫满并不会将自己视为"朝鲜人"。同样的，笔者相信卫满也绝不会以（现代意义上的）"中国人"自居。卫满的子孙若能繁衍到今日，必然都是地地道道的朝鲜人。燕国虽是战国七雄之一，但它不过是游离于中原文明之外的北方诸侯。卫满东逃时，生活在朝鲜半岛的史前居民与燕人不断地交流往来，最终才形成了独特的"朝鲜文明"。

一开始，卫满还是汉帝国的臣民，但建立卫氏朝鲜以后，情况就并非如此了。为了维持边境稳定，西汉惠帝时，辽东太守在奏请中央政府的同意后，主动与卫满达成约定，"约满为外臣，保塞外蛮夷，无使盗边"。在汉帝国的默许和支持下，卫满也"得兵威财物侵降其旁小邑，真番、临屯皆来服属"。然而，卫氏

---

1 关于"北燕"语的探讨，可参见许倬云，[美]林嘉琳编：《西周文明》，第201页；马长寿：《乌桓与鲜卑》，第11，34—35页；严耕望：《扬雄所记先秦方言地理区》，第85页附图。

朝鲜传位至第三代君主卫右渠时，朝鲜仍不向汉朝进贡，不臣之心露出端倪；而且，作为流民避难的理想场所，朝鲜"所诱汉亡人滋多"。这些都令汉朝大为不满。

汉元封二年（前109），辽东东部都尉涉何为朝鲜国君卫右渠派兵击杀，汉朝天子大为震怒。同年秋，汉武帝"募罪人击朝鲜"，兴师五万，由水陆两道向朝鲜进发。元封三年夏（前108），朝鲜王卫右渠为部将弑杀，卫氏朝鲜覆灭，而其故地也被并入了西汉版图，汉朝遂定朝鲜为真番、临屯、乐浪、玄菟四郡。巧合的是，几乎是在同一时候，长期割据岭南及越南北部的南越国也被汉朝平定[1]。据3世纪成书的《三国志》所载："汉武帝伐灭朝鲜，分其地四郡。自是之后，胡、汉稍别。"换言之，正是在汉武帝平定朝鲜以后，才出现了所谓的"胡汉意识"。[2]

汉武帝在位期间，曾发动了一系列的军事战争，东并朝鲜、南吞百越，极大地拓宽了汉朝的疆土范围，而其目的则在于抵御来自北方草原民族的威胁，以与匈奴部落联盟政权相抗衡。然而，频繁的军事行动给汉帝国及其百姓带来了沉重的负担。虽然"攘夷拓土、三征匈奴"的政策十分英明，但也饱受非议。后

---

1 时在汉武帝元鼎五年，前112年。——译者注
2 《汉纪》卷14，第139页；《汉书》卷95，第3864—3867页；《三国遗事》卷1，第962a；《三国志》卷30，第848页.

世的帝王往往也容易站在儒学的立场上，对汉武帝的政策加以批判。例如，唐贞观五年（631），唐太宗在康国请求内附时，这样思忖道："前代帝王，好招来绝域，以求服远之名，无益于用而糜弊百姓。今康国内附，傥有急难，于义不得不救。师行万里，岂不疲劳！劳百姓以取虚名，朕不为也。"[1] 可见，帝国扩张往往充满着风险，不得不详加权衡。

汉朝平定朝鲜、设立郡县以后，四百余年的时间内，朝鲜政局一直动荡不堪。"korea"原是英文中的词语，而非朝鲜国的本名。早在西汉末年，中国东北地区及朝鲜半岛北部就已出现了"高句丽"政权，在朝鲜语中被称作"Koguryŏ"，想必"korea"应当是朝鲜语称谓的简略表达吧！到了公元2世纪下半叶，东汉王朝渐渐衰微，"桓、灵之末，韩濊强盛，郡县不能制，民多流入韩国"。[2] 公元3至6世纪，中国进入了漫长的南北大分裂时期。此时，辽东地区的公孙政权及朝鲜半岛上的高句丽、百济及新罗国纷纷加强了其政权的统治，因此朝鲜并未出现岭南及辽东地区的人口汉化现象。不过，这一时期半岛上的"朝鲜人"到底是何

1　[英]鲁惟一:《汉武帝的征战》，第77，104—105页；关于唐太宗对康国内附一事的看法，见《资治通鉴》卷193，第932页。

2　《三国志》卷30，第851页。关于"朝鲜"一名的得来，可参见[美]布鲁斯·库明斯:《阳光普照下的朝鲜：现代史的考察》，第23页；《后汉书·志二三》，第3529页。

面貌，也不大容易归纳。

与公元前2世纪的卫满朝鲜（统治范围为今辽东及朝鲜半岛地区）及南越国（统治范围为今广州及越北地区）不同，"三韩"并不是逸出于中原文明之外的地方汉人政权，相反它们都是"朝鲜人"所建立的非汉民族国家。需要指出的是，汉献帝初平元年（190）至魏明帝景初二年（238），统治辽东地区及朝鲜半岛北部地区的公孙家族是一个例外，他们出身于汉地，是传统意义上的"汉人"。不过，这些半岛国家都或多或少效仿了中原制度，建立了相对稳固的政权。公元675年，新罗灭亡百济、高句丽，朝鲜半岛进入"统一新罗时代"。而在此之前，历代中原王朝曾发动了20多次远征行动，意在吞并朝鲜，只是都以失败而告终罢了。半岛上的"朝鲜人"与中原王朝顽强地周旋着，避免了被征服的命运。不过，即便如此，"朝鲜人"并不希望，也并不能够摆脱中原的影响。[1]

第二节　本土的多元化

中原王朝对朝鲜半岛的直接管辖长达4个世纪，这无疑在一

1　黄枝连：《天朝礼制体系研究·中卷：东亚的礼仪世界——中国封建王朝与朝鲜半岛关系形态论》，第59—60页。

定程度上给朝鲜文化打上了中原文化的烙印。据公元1世纪成书的《汉书》记载，虽然在玄菟、乐浪郡的乡野地区，"其田民饮食以笾豆"，但是城中居民已有改观，"都邑颇放效吏及内郡贾人，往往以杯器食"。考古发掘资料也可证实，这一时期朝鲜半岛的地方平民墓葬与汉人品官墓葬中的出土器物已显示出了相当程度的文化差异。然而，在使用"朝鲜土人"与"汉人"这样的民族标签时，我们务必要格外谨慎。笔者以为，罗马征服时代的北欧地区，正与汉朝控制下的朝鲜半岛的情形相似：

> 当我们利用出土材料时，"罗马文化""罗马行省文化""地方文化""凯尔特文化""日耳曼文化"等类别并不会自动生成，若不详加辨别则不可明其类别。当我们认识到文化模式是无穷无尽的时候，那么任何聚落、任意墓葬都是独一无二的。从罗马征服的第一天起，就再无纯粹的"罗马文化"，也再无纯粹的"地方文化"了，因为无论哪一处遗址都应当是不同文化传统相互融合的结果。[1]

---

1 《汉书》卷28下，第1658页；[韩]洪顺昌：《朝鲜古代史》，第43页；[美]南沙娜：《朝鲜考古》，第5页；[美]彼得·威尔斯：《话说蛮族：入侵族群对罗马欧洲的塑造》，第264页。

此时，朝鲜的"地方文化"不仅难免受到中原文化（"中原文化"本身也是由不同的文明元素融合而成）的影响，而且其本身也是由半岛上不同的史前地方文明元素所组成的。例如，朝鲜半岛东部沿海地区出土的陶器就与南越及日本的器形、纹饰十分接近，似乎可以证明三者之间存在着海上的贸易联系。而朝鲜半岛西海岸出土的新石器时代的陶器则与中国东北地区存在密切联系。直到7世纪时，朝鲜半岛上生活的诸多地方族群不仅在政治上分属不同的国家，而且语言不同、风俗各异。[1]

上古时期，朝鲜与华夏并非通过鸭绿江一线就可以决然分开的，而且当时中原王朝、朝鲜与今中国东北的三角关系也尚未形成。现有的考古资料表明，早在公元前4000年时，生活在山东半岛与辽东半岛的史前部落就已存在明显的文化交往。不过，山东地区（即龙山文化）与辽东半岛（即红山文化）的史前文化又与中原核心地区的史前文化（即仰韶文化）存在着一定的差异。到了新石器时代末期，山东、辽东地区已进入到岳石文化的发展阶段（约前1700），而这一支考古学文化常常被推定为史书中所载的"东夷"文明。[2]只是，（奇怪的是，）到了春秋时期，山东

<hr />

1 ［美］南沙娜：《史前朝鲜民族的政治》，第221，225页；［韩］金达寿：《朝鲜：民族、历史与文化》，第54—55页。

2 李东华：《中国海洋发展关键时地个案研究（古代篇）》，第10—12，79页。

半岛却又成了儒家文化的发祥地。

上古时期，在中国东北地区的南端，生活着形形色色的史前部落，而其中的扶余、沃沮、濊貊等部落则被视为朝鲜民族的祖先（以及今中华民族祖先的一部分）。关于早期中国东北与朝鲜半岛的文化联系，可从朝鲜檀君的创世神话（Tan'gun Foundation Myth）及山东嘉祥武氏祠汉画像石（约当东汉建和元年，147）中得到一些印证。[1] 在朝鲜半岛的内部，虽然史前族群曾出现了大规模的人口流动，但现有考古资料并不支持半岛上曾出现过单一外来族群横扫其他族群的推论。

约在公元前2000年左右，朝鲜半岛开始出现巨石文化及青铜文明，但这应当是地方文明逐渐进化的结果，而不可视为外来移民流入的证据。当然，这其中也并不能排除曾受到其他文化思想启发的可能性。朝韩学界通常认为，史前时期曾有一支原始族群迁徙到朝鲜半岛，并由此成为朝鲜民族的祖先。然而，今天意义上的"朝鲜人"其实是史前时期就在半岛上定居的不同族群逐渐融合后的结果。[2] 至于新石器时代的朝鲜先民，无论他们是出

1　[美]彼得·李编：《朝鲜文明资料导读（第1卷）：从上古时期到公元6世纪》，第4—5页。

2　[韩]金达寿：《朝鲜：民族、历史与文化》，第41页；[美]南沙娜：《朝鲜考古》，第58，108—110，161—163页；[美]南沙娜：《史前朝鲜民族的政治》，第218，223页；韩国学者洪顺昌认为朝鲜民族的起源应从中国北方阿尔泰语系的族群中寻找。约在公元前2000年前后，当中原移民征服朝鲜半岛以后，半岛上的本土居民就被驱逐，见[韩]洪顺昌：《朝鲜古代史》，第3—5页。

自单一的族群，还是来自多个族群，都与朝鲜成熟文明的演进并无太大关联，因此也不必过于深究。

不过，进入历史时期以后，朝鲜半岛的民族融合则离不开若干从中国迁徙而来的族群。公元前3世纪末，中国第一个统一大帝国——秦帝国在国内叛乱中被推翻。战乱之中，东北地区成千上万的百姓只得避难于朝鲜，"陈胜等起，天下叛秦，燕、齐、赵民避地朝鲜数万口"。当然，史料中提及的"朝鲜"，其地理范围应该涵盖了今天的辽东及朝鲜半岛等地。公元前2世纪初，汉武帝在位期间，朝鲜半岛北部被并入汉帝国的版图之中，其旧地被分为乐浪、玄菟、真番、临屯等四郡。直到公元2世纪末（即汉末三国时期），朝鲜才重新脱离中原的控制。在这四个世纪的统治中，主动前往朝鲜半岛落籍的汉朝内地百姓应当不在少数。只是，由于汉帝国的灭亡，这些中原移民就被困在朝鲜而无法回归故土。显然，在汉末的战乱之中，由中原逃亡至此的流民数量也很可观。[1]

4世纪时，西晋政权灭亡，华夏帝国陷入四分五裂的局面中。而在北方中原地区，局势更是十分动荡，人口流动非常频繁。其

---

1 [韩]金达寿：《朝鲜：民族、历史与文化》，第44页；[德]布鲁诺·列文：《汉与秦：古代大陆的原始人口》，第6页；马长寿：《乌桓与鲜卑》，第37—38页；《三国志》卷30，第848页；夏应元：《秦汉至隋唐时代的中日文化交流》，第94—97页。

中，发源于今中国东北地区且汉化程度极深的慕容鲜卑部落与崛起于辽东及朝鲜半岛北部地区的高句丽部落最为引人注目。[1]因助曹魏政权征讨公孙氏，慕容鲜卑迁居到辽西与燕北地带，而高句丽则在吞并濊南、东沃沮后，占领了辽东地区，势力不断壮大。这一时期，混乱的局势导致部落与豪族之间的流动性极大，而现代意义上的国境概念则往往为当时人所忽略。

不过，如果认为汉朝灭亡以后，高句丽政权就此填补了朝鲜北部的政治空白，似乎是将问题太过简单化了。尽管高句丽最终演化为一个庞大的国家，但这一过程却十分缓慢。在辽东至朝鲜半岛北部的广大区域内，仍然散布着许多大大小小的部落。例如，据史料记载，从西晋统一全国（280）至3世纪末，短短的十数年间，就有多达200余个东夷小国前来中原遣使纳贡。显然，这些东夷国家，不少都是从朝鲜半岛而来的。按照传统的认识，6世纪时，朝鲜半岛应当处于高句丽、新罗、百济三国并立的时代。然而，实际的情形是，在这三个国家之间，仍然存在着相当数量的散民，或者未经征服的部族。[2]

---

1 [英]肯尼斯·加德纳:《朝鲜早期史：公元4世纪佛教传入半岛之前的历史发展》，第39—41页;《翰苑》抄本，第36页及注;[日]川胜义雄:《魏晋南北朝》，第47—51页。
2 [日]鬼头清明:《大和国家与东亚》，第86页;吕思勉:《读史札记》，第885—887页;[日]大庭修:《日本研究者所见中日文化交流史》，第59—60页。

在今天中国东北的集安县禹山区东南，曾出土了一方刻于东晋义熙十年（414）的纪功碑，碑主即为高句丽早期君主好太王（系第十九代王）。碑文开篇就追溯了高句丽王族的起源："惟昔始祖邹牟王之创基也，出自北夫馀，天帝之子。"言外之意，高句丽王族源出于夫馀（余）。作为夫余的一支，高句丽渐渐崛起后，又将其部落划分为"五族"，分别为消奴部、绝奴部、慎奴部、藿奴部、桂娄部。正是从划分"五族"开始，高句丽作为独立的部族才正式形成。不过，单就文化特征而言，高句丽诸部与夫余或许并无太大差异。而且，据史书记载，夫余衰落以后，高句丽继承了其言语风俗，"言语诸事，多与夫余同"。[1]

当然，夫余的族群构成同样并不单一。夫余原是从古濊貊人的故地发展壮大的，其"国中有古濊城，本濊貊之城也"。据《三国志》所载，夫余立国以后，"国之耆老自说古之亡人"。由此可见，夫余的崛起也建立在对其他部族的兼并之上。而且，夫余国就位于中原王朝的东北边境，制度颇与中原王朝类同。对于

---

1 [英]肯尼斯·加德纳：《朝鲜早期史：公元4世纪佛教传入半岛之前的历史发展》，第29—30页；黄枝连：《天朝礼制体系研究·中卷：东亚的礼仪世界——中国封建王朝与朝鲜半岛关系形态论》，第5页；[德]布鲁诺·列文：《汉与秦：古代大陆的原始人口》，第6页；《梁书》卷54，第801页；《三国遗事》卷1，第963c；王建群：《好太王碑研究》，第202页；关于夫余部落的语言，可参见[德]布鲁诺·列文：《日本与朝鲜：基于语系比较的历史与问题》，第407—408页。

罗马、秦汉等大帝国而言，周边政权采取这一方式建立国家的情形确实十分常见。而在夫余建国以前，占据汉四郡地区的是濊貊政权。所谓"濊貊"，原本是指"濊"与"貊"两个不同的族群。只是，由于汉代人对于东北族群的认知程度有限，所以才将"濊""貊"二字连用，以作为对东北地区部分非汉族群的泛称。[1]

高句丽与夫余两国都发展成为高度成熟的（奴隶制）贵族社会，"尊卑各有等级"。一般来说，国中大族可携铠甲弓矢等器械，以便随时征战，而平民则负责"担米粮鱼盐供给"。两国都有"杀牛观蹄以占吉凶"的习俗，"蹄解者为凶，合者为吉"。在汉人的眼中，高句丽除了好战以外，还盛产一种便于登山的马匹，"其马皆小，便登山"。此外，高句丽的婚俗也十分特别。据载，高句丽人善歌善舞，每当暮夜之时，"男女群聚，相就歌戏"。无须任何正当的仪式，男女就可同处一地、自由嬉戏，这显然与汉人眼中的儒家伦理道德相悖。更有甚者，在男女成婚以后，男子还需赘居在女方家，直至子女长大后才可携妻子同回自家，"其俗作婚姻，言语已定，女家作小屋于大屋后，名婿屋……至生子

---

[1] 夫余占领了原来濊貊人的故地，其事见于《晋书》卷97，第2532页；《山海经》卷6，第293页；关于濊貊人，可参见林沄：《说"貊"》，载《史学集刊》1994年第4期；引文见《三国志》卷30，第841页；[加]蒲立本：《史前及早期历史时期的中国及其周边》，第443—444页。

已长大，乃将妇归家"。相反，与高句丽不同，在汉人的传统婚俗中，男女成婚后，新妇会被立即迎至夫家，与丈夫一同居住生活。[1]

在控制朝鲜半岛的各个族群之中，夫余最先走向消亡。当时，高句丽与鲜卑同时崛起，"夫馀夹处在二虏之间"，情势十分危急。西晋太康六年（285），慕容鲜卑从西部入侵夫余，夫余王依虑乱中自杀，而其"子弟走保沃沮"。慕容廆还多次将夫余种人掠至中原贩卖，由此夫余人便开始融入华夏的人口之中。后来，夫余又几次复国成功。然而，经过三燕政权的打击及高句丽的蚕食，夫余逐渐衰落，并最终在北魏太和十八年（494）为勿吉国（即后来的"靺鞨"）所灭，而其残部则流散到了高句丽。这样，作为独立政治实体的夫余国，就彻底消失于历史记载当中。当然，有关夫余的记忆则一直延续下来。唐高宗总章元年（668），大唐与新罗的联军攻破高句丽后，高句丽遗民乘乱逃亡至今中国东北，并在酋首大祚荣的率领下，建立了渤海国（698—926）。据载，渤海国迅速恢复了高句丽故地，并继承了夫余的旧俗。最终，渤海国又被契丹所灭，而其部族也逐渐融为了

---

1 《翰苑》抄本，第27，35页及注；《梁书》卷54，第802页；《三国志》卷30，第841，843—844页；关于中国传统的婚姻模式，可参见[美]易劳逸：《家庭、土地与祖先：1550至1949中国社会经济史中的变与不变》，第24—31页。

靺鞨人（Malgal）。后来，靺鞨人又成为建立金朝的女真人的祖先。明清之际，女真人的后裔成为所谓的"满人"（Manchus）。[1]

正值北朝中原动荡之际，高句丽建立国家，渐渐臻至鼎盛，并最终取代中原王朝控制了朝鲜北部及今中国东北一带。至于朝鲜半岛南端，由于未曾被汉帝国纳入版图之内，则处于"前三国时代"。所谓的"前三国时代"，是指"三韩"（Three Han Peoples）部落并立的时代。其中，马韩（Mahan）在西，辰韩（Chinhan）在东，弁韩（Pyǒnhan）居于二者之南。据载，东汉时期，三韩内部存在着大大小小的政权，"凡七十八国"。[2]

关于三韩地区的建筑及居住风俗，《三国志》也有明确记载，其"居处作草屋土室，形如冢，其户在上，举家共在中，无长幼男女之别"。对于后来定居在今中国东北地区的通古斯语系人而言，这一风俗其实十分普遍。此外，三韩人在庆祝春耕秋收时，也有独特的风俗。他们会在五月春耕、十月秋收之后，采取祭祀

1　关于夫余的消亡，可参见[韩]洪顺昌：《朝鲜古代史》，第46页；《后汉书》卷85，第2810页；姚薇元：《北朝胡姓考》，第269—270页。关于渤海国的族源，可参见[韩]金达寿：《朝鲜：民族、历史与文化》，第56—57页；《三国遗事》卷1，第963a及注。关于渤海国的消亡，可参见[美]柯娇燕：《满族》，第15页。

2　黄枝连：《天朝礼制体系研究·中卷：东亚的礼仪世界——中国封建王朝与朝鲜半岛关系形态论》，第20—21页；[德]布鲁诺·列文：《汉与秦：古代大陆的原始人口》，第6—7页。

鬼神、欢歌燕舞的方式加以庆祝，仪式之上三韩人"群聚歌舞，饮酒昼夜不休。其舞，数十人俱起相随，踏地低昂，手足相应，节奏有似铎舞"。[1]

在三韩人的意识中，勇武之人若要表现其男子气概，常常会采取绳木穿凿脊背皮肤的做法，"诸年少勇健者，皆凿脊皮，以大绳贯之，又以丈许木锸之，通日欢呼作力，不以为痛"。而在辰韩及弁韩二地，婴儿出生以后，通常会"以石厌（压）其头，欲其褊，今辰韩人皆褊头"。此外，朝鲜半岛的"文身"之俗，也与新石器时代的日本列岛及中国的百越地区如出一辙。[2]总之，在文明兴起之初，朝鲜半岛曾生活着诸多不同的地方部落族群，而正是这些部落的文明元素融合以后，才形成了所谓的三韩人。而在三韩分立结束以后，朝鲜才最终进入统一国家的时代。

第三节　统一朝鲜时代

东汉时期，高句丽逐渐统一各部，建立了独立政权，并控制了朝鲜半岛北部地区。据载，高句丽国内"多大山谷，无原泽"，

1　《翰苑》抄本，第29页及注；《三国志》卷30，第851—852页；关于通古斯语系族群的发源地，可参见[美]柯娇燕：《满族》，第19页。
2　《三国志》卷30，第852—853页。

当地百姓"虽力佃作，不足以实口腹"。于是，公元2世纪时，高句丽多次侵袭辽东。汉建安十四年（209），割据辽东地区的公孙家族遂"出军击之，破其国"。为报复高句丽的常年侵扰，公孙康还在征服高句丽以后，"焚烧邑落"。与此同时，高句丽国王伊夷模的长兄拔奇也因未能顺利继承父亲的王位，对弟弟怀恨在心，主动率部归降了公孙康，"与涓奴加各将下户三万余口诣康降"。无奈之下，伊夷模只得"更作新国"，迁于丸都。"丸都"，又作丸都山城，即今鸭绿江西岸的吉林省集安市。作为一座依山而建的山城，丸都与同一时期东北其他地区纷纷修筑的防御性城市并无太大差别。[1]

魏景初二年（238），声势日渐壮大的三国曹魏政权在太傅司马懿的率领下平定了辽东公孙家族的割据势力。紧接着，正始五年（244），曹魏又派幽州刺史毌丘俭出兵讨伐高句丽。此时，前燕开国之君慕容廆的祖父木延因从军助讨有功，被封为了"大都督"。将近一个世纪以后（342），前燕国君慕容皝再度讨伐高句丽，大军长驱直入，势如破竹，并一度占领丸都城，"句骊王钊单马奔窜"。随后，慕容皝纵火焚毁了丸都宫城，"乃掠男女五万

1　[英]肯尼斯·加德纳:《辽东地区的诸侯公孙氏》卷5，第85—89页;《梁书》卷54，第802页;《三国志》卷30，第843，845页;关于这一时期高句丽代表性的防御都城丸山城，可参见刘淑芬:《魏晋北朝的筑城运动》，第389—391页。

余口，焚其宫室毁丸都而归"。

不过，以上的军事行动，都未能彻底灭亡高句丽。后燕时期，高句丽再度复国，并仿照中原模式，"始置长史、司马、参军官"。据《三国史记》记载，在小兽林王在位初期（372—373），高句丽始"立太学""颁律令"，并"创肖门寺"，初兴佛法。到了故国壤王在位二年（385），高句丽又再度侵袭辽东，"遂陷辽东、玄菟"二郡。后来，由于高句丽再度强大，后燕只得封其国君广开土王为"平州牧，辽东、带方二国郡主"。[1]

公元396年，辽西地区慕容鲜卑所建的后燕国，被其姻亲之国（确切地说，北魏开国之君拓跋珪的庶祖母是后燕开国之君慕容垂的同胞姐妹）拓跋鲜卑所建的大代国（即后来的"北魏"）所破，后燕被迫将都城从中山（今河北定州）迁往龙城（今辽宁朝阳）。龙城时期，后燕朝局混乱，最终于公元409年被北燕政权取代。讽刺的是，在位仅仅两年的后燕末代君主慕容云其实也并非慕容鲜卑族人。据载，慕容云原为高句丽的旁支宗族，本名高云，只是后来因战功而被烈宗慕容宝收为义子，并赐姓慕容氏

---

1 关于高句丽的变迁及崛起，见《翰苑》抄本，第36页及注；《梁书》卷54，第803页；[日]大庭修：《日本研究者所见中日文化交流史》，第72页；《三国史记》卷1《高句丽本纪六》，第345页；《十六国春秋》卷23，第401页；《十六国春秋》卷24，第415页。

罢了。[1]

广开土王（又作永乐王、好太王）在位期间（391—412），西面的北燕政权国力逐渐衰弱，高句丽于是转守为攻，重新控制了辽河以西地区，同时又向朝鲜半岛的南部积极扩张。据《好太王碑》所记，广开土王在位第五年（395），"岁在乙未，王以稗丽不息□人，躬率往讨。……破其三部洛六七百营，牛马群羊，不可称数"。据考证，文中所称的"稗丽"即后燕控制下的"裨离国"。北魏代燕以后，国力强大，高句丽向西扩张的雄心受到了阻碍。于是，高句丽转移了视线，于公元418年以后开始向朝鲜半岛的南端扩张。[2]

在朝鲜半岛的早期族群中，高句丽是第一个仿照中原模式建立起来的地方政权，并且也一度是其中最为强大的政权。位于半岛西南端的马韩，原是由流亡南方的箕子朝鲜后裔侯准建立的。公元前2世纪时，在燕人卫满的侵袭下，侯准率领余部逃至南方建立了马

---

1 《晋书》卷124，第3108页；《三国史记》卷1《高句丽本纪六》，第348页；《十六国春秋》卷47，第570页；关于鲜卑拓跋部与慕容部的通婚，可参见万绳楠：《魏晋南北朝史论稿》，第253—254页；关于鲜卑拓跋部对慕容部的威胁，可参见刘学铣：《鲜卑史论》，第142—143页。

2 韩昇：《"魏伐百济"与南北朝时期东亚国际关系》，第38—39页；关于好太王碑的研究，可参见王健群：《好太王碑研究》，第208—210页；关于好太王碑刻铭的折中观点，可参见[美]威廉·韦恩·法里斯：《宗教文本与墓葬宝物：古代日本历史时期考古的诸问题》，第115页。

韩。据《三国志》所载，马韩"凡五十余国"，"散在山海间，无城郭"。由此可见，马韩实际上是一个内部联系十分松散的政权。[1]

在马韩内部诸国当中，有后来逐渐壮大的百济国。按《三国史记》所记，百济吞并诸国后，就占领了马韩故地。而且，相传百济国君也是夫余王朱蒙的后裔。现代学者通常认为，夫余王子建国一说或许并不全然是子虚乌有之事。试作一番推想，由于百济王室作为夫余的外族，与其治下的马韩人存在明显的文化差异，那么在面对同为异域而来的华夏文化时，就必然能够更为轻易地接纳，而后来的史实也确实如此。如果这一推想成立，那么另外一个难题也解决了。按《三国志》所记，两汉之际，马韩习俗中"不知乘牛马"；可到了唐初，《通典》却称百济人"俗善骑射"。关于史料中的抵牾之处，笔者以为可以解释为百济人在征服马韩故地后，积极吸收异域风俗的结果。所以，7世纪编纂而成的《梁书》也称，"（百济）今言语服章，略与高骊同"。[2]

1　《三国志》卷30，第849—851页；关于流民的安置，见《三国遗事》卷1，第962b。
2　关于百济起源于夫余的记载，见《三国史记》卷2《百济本纪一》，第10页；《翰苑》抄本，第44页及注。关于夫余王子建国一说真伪的辨别，可参见[美]乔纳森·贝斯特：《百济与中国的外交及文化交往》，第444—446页；[英]肯尼斯·加德纳：《朝鲜早期史：公元4世纪佛教传入半岛之前的历史发展》，第45页；[美]伽里·莱德亚德：《追逐骑马民族：寻找日本创世之源》，第234页。关于百济"骑射技术"记载的抵牾之处，见《翰苑》抄本，第29，46页及注；《梁书》卷54，第805页。

综上所言，早期阶段，整个朝鲜半岛地区给人的印象是政权更迭频繁。一般来说，朝鲜半岛凡有新政权建立，其君主必称贵族之后。而且，每个政权内部又可细分为大小国家若干，国君皆筑城自守，招抚流亡，保境安民。

关于朝鲜早期历史的记载，多只是传说，因此对其中的细节不必全然相信。不过，对于史书中所描述的梗概，却颇可参考。据载，百济开国君主温祚王立国后不久，靺鞨就大军围城，"（温祚王）八年，靺鞨贼兵八千来围慰礼城[1]"。温祚王在位第十年，靺鞨又犯，"靺鞨寇北境，王遣兵二百，拒战于昆弥川上，我军败绩，依青木山自保。王亲帅精骑一百，出烽岘，救之。贼见之，即退"。关于温祚王退敌的这段文字记载，详见于《三国史记·温祚王本纪》中，可谓栩栩如生。不过，虽然这一历史事件看似真切，却只是后世的杜撰，不可信以为真。奇怪的是，一般而言，历史传说的叙事往往容易夸大其词，如将战争规模扩大、兵力投入增加等等，像本篇中近乎写实的书写风格反倒极为罕见。

紧接着，《三国史记》又记载了温祚王迁都汉山城（今韩国京畿道广州）的事情：

---

1 慰礼城为百济国都，即今首尔松坡区。——译者注

（十三年夏五月）王谓臣下曰："予昨出巡，观汉水之南，土壤膏腴，宜都于彼，以图久安之计。"秋七月，就汉山下，立栅，移慰礼城民户。八月，遣使马韩，告迁都。……九月，立城阙。

从温祚王巡视南方，到迁都汉山，再到告知马韩，这一连串的动作似乎都十分真切。然而，同样的，由于这段文字也是后世的追述，因而只能被视为"传说"。不过，虽然温祚王迁都一事只是"传说"，却反映了百济修筑山城及其内部拥有若干城邦小国的史实。

随着百济领土的逐步扩张，马韩开始感到不安。温祚王二十四年，百济修筑熊川栅后，马韩立即遣使向百济表示了谴责："王初渡河，无所容足，吾割东北一百里之地安之。……今以国完民聚，谓莫与我敌，大设城池，侵犯我封疆，其如义何？"

据现代学者对朝鲜三国历史的重建，可知百济近肖古王二十四年（369）时，马韩最终为百济所吞灭，而其人口则被迁往汉山以北的新都汉山城内。[1]

1　关于温祚王迁都、修筑熊川栅、马韩王遣使的记载，具见《三国史记》卷2《百济本纪一》，第10—12页；关于百济近肖古王二十年（369）百济灭国的时间推定，可参见[韩]李基白著，[美]爱德华·瓦格纳译：《韩国史新论》，第37页。

这样，通过不断地征战与兼并，百济逐渐由一个弹丸之地的小国崛起为强大兴盛的王国。这期间，百济以东的新罗、以北的高句丽政权也同时崛起，彼此不断发生着摩擦。据日人田村圆澄的研究，早期百济的佛寺多分布在都城及其周边地区，这就表明当时百济的人口及文化在地域上呈现出了集中分布的特点。然而，到了大唐龙朔三年（663），唐朝新罗联军攻占其王都，灭亡百济时，百济已经发生了剧烈的变化，"分统三十七郡，二百城，七十六万户"。[1]

为抵御来自中原地区北朝政权的威胁，南朝政府与百济保持着密切的外交往来。例如，东晋义熙十一年（415），晋安帝册封百济国君夫馀腆为"使持节、都督百济诸军事、百济王"。而据韩昇先生收集的史料来看，百济国遣往南北朝的使臣中不乏华夏人的后裔。由此可见，5世纪时华夏在百济的势力很大。[2]

一般认为，大唐气象确实彻底席卷了朝鲜半岛。然而，在此

1　关于百济与新罗的摩擦，见《三国史记》卷2《百济本纪一》，第19页。日本学者田村圆澄先生对百济佛寺的分布进行了探讨，见［日］田村圆澄《百济佛教史引论》，第334—336页。关于唐龙朔三年（663）百济灭国前的户口数，见《三国史记》卷2《百济本纪六》，第80页；《三国史记》卷2《杂志六》，第232页。

2　［美］乔纳森·贝斯特：《百济与中国的外交及文化交往》，第491—492页；韩昇：《"魏伐百济"与南北朝时期东亚国际关系》，第40—41，43页；［日］大庭修：《古代与中世纪中日关系研究》，第92页；［日］毛利久：《朝鲜三国时代与日本飞鸟时代的佛教》，第7—8页；《三国史记》卷2《百济本纪三》，第42页。

之前，南朝的文化元素已对百济产生了重要影响。例如，6世纪初，百济的墓葬砖基本上是仿照南朝样式烧制的。而据唐初编纂而成的地理学著作《括地志》记载，南朝时期，百济人颇"解阴阳五行，用宋元嘉历，其纪年无别号，但数六甲为次第。亦解医疗蓍龟占相婚姻之制，略同于华。丧制，父母及夫皆制服三年；余亲，葬讫即除"。[1]

唐贞观八年（634，百济武王三十五年），仿照中国园林样式修筑的百济王兴寺（亦作弥勒寺）落成：

> 其寺临水，彩饰壮丽，王每乘舟，入寺行香。三月，穿池于宫南，引水二十余里，四岸植以杨柳，水中筑岛屿，拟方丈仙山。

贞观十年（636，百济武王三十七年），在这座"杨柳依依"的中国式样的园林中，百济武王在文武百官的陪同下乘兴游览了一番：

1　[美]李雪曼:《远东艺术史》(第5版)，第163页。关于百济的墓葬砖与南朝的联系，可参见[美]乔纳森·贝斯特:《百济三僧远游巡法记》，第147—148页;[日]田村圆澄:《百济佛教史引论》，第322页。关于百济人解阴阳五行等的记载，见《翰苑》抄本引《括地志》，第46页及注; 黄约瑟:《略论古代中日韩关系研究：代序》，第2页。

王率左右臣寮，游燕于泗河北浦。两岸奇岩怪石错立，间以奇花异草，如□□图。王饮酒极欢，鼓琴自歌，从者屡舞。时人谓其地"大王浦"。[1]

百济武王极力地仿照中原文化的标准，将王兴寺打造为如画一般的园林，确实无法想象。笔者以为，关于朝鲜文化有别于汉文化这一点，无须过分地加以强调。不过，如今所谓的"朝鲜文化""朝鲜传统"，确实与古代朝鲜精英阶层主动吸收中原文化存在密切的关联。尤其是李氏朝鲜建立（1392，明洪武二十五年）以后的几个世纪间，中原文化对朝鲜的影响达到了顶峰，朝鲜完全成为一个儒学国家。[2]但就早期而言，百济一直是中原文明传播至半岛的文化中心。正是经由百济国，汉文化才进一步东传到了日本。

不过，最终首次实现朝鲜半岛政治统一的却是新罗国。新罗发源于朝鲜半岛的东南部，占据着辰韩的故地。据《三国志》载，3世纪时，"弁、辰韩合为二十四国，大国四五千家，小国六七百家"。关于辰韩的民族起源，《三国史记》载："朝鲜遗民，分居山

<hr />

1 《三国史记》卷2《百济本纪五》，第71页。
2 ［美］布鲁斯·库明斯：《阳光普照下的朝鲜：现代史的考察》，第48—49页。

谷之间为六村……是为辰韩六部。"那么，辰韩似乎就应当是箕子朝鲜的后人。不过，其他史料中又存在着另外一种说法："辰韩在马韩东，其耆老传世，自言古之亡人避秦役来使韩国。"那么，若按《三国志》的这一记载，辰韩似乎又应是秦人的后裔。然而，《通典》等史书中又有第三种记载："其王本百济人，自海逃入新罗，遂王其国。"如此种种传言，未知孰是。唯一可以确定的是，从辰韩时代开始，新罗的族群成分就十分复杂。[1]

新罗与高句丽、百济的国界也常常变动，彼此之间相互交错，有如"犬牙之状"。一开始，新罗曾臣服于百济，"其先附属于百济"。由于百济、高句丽多年征战，百济人不堪其苦，只得逃亡南方，并归降了新罗。由此，新罗实力渐渐强大，族群进一步混杂。新罗地处于"百济东南五百里"，距中原更为遥远，且交通受到阻断。因此，直到6世纪末，新罗才开始与中国直接通使往来。[2]不过，即便如此，新罗也一直跟随着中原文化变迁的

---

1 《三国史记》卷1《新罗本纪一》，第16—17页；《三国遗事》卷1，第964b；《三国志》卷30，第852页。关于百济与新罗王室的渊源关系，可参见黄枝连：《天朝礼制体系研究·中卷：东亚的礼仪世界——中国封建王朝与朝鲜半岛关系形态论》，第22页；《隋书》卷81，第1820页。关于3世纪弁辰的人口规模及分布，见《三国志》卷30，第853页。

2 《翰苑》抄本，第42页及注；[日]毛利久：《朝鲜三国时代与日本飞鸟时代的佛教》，第9页；《三国史记》卷2《百济本纪三》，第40页；《三国史记》卷2《杂志三》，第187页。

步伐，不曾滞后脱节。

据《三国史记》记载，新罗国王炤智麻立干九年（487），新罗开始设置驿站，增修官道，"始置四方邮驿，命所司修理官道"；新罗国王智证麻立干三年（502），又下令停止殉葬之风；次年（503），正式改定国号为"新罗"，其王自号为新罗国王；新罗国王智证王五年（504），又制定了丧服之法，推行全国；新罗国王智证王十五年（514），"王薨，谥曰智证。新罗谥法始于此"；新罗法兴王七年（520），"颁示律令，始制百官公服、朱紫之秩"；新罗法兴王二十三年（536），新罗正式使用年号，"云建元元年"；新罗真兴王六年（545），新罗王命大阿飡居柒夫等人，广集文士兴修国史。[1]

6、7世纪之交，新罗僧人圆光大师在其著《世俗五戒》中，融合了儒、释、道及新罗本土哲学，提出了更为世俗化的"风流思想"，从而将儒家的"忠孝"、道家的"无为"、佛教的"积善"与新罗本土的"无畏"等合而为一。新罗真德王四年（650）前后，在遣唐使邯帙许、金春秋的谏议下，新罗开始行用大唐正朔，并"始服中朝衣冠"。就早期朝鲜半岛的历史而言，采用中原王朝的正朔纪年是一大惯例。如此一来，整个东亚汉字文化圈

---

[1] 《三国史记》卷1《新罗本纪三》，第67，72—73，75，78页。

都建立起了共同的时间标杆（此时，西方的耶稣纪年或公元纪年并不为东亚世界所熟知）。据载，自新罗善德王七年（640）开始，新罗就频频地"遣子弟于唐，请入国学"。到了新罗神文王二年（682），新罗开始设立自己的"国学"，教授儒学。一个世纪以后（788），新罗圣元王在位期间，新罗终于建立起了科举取士制度，"始定读书，三品以出身"。[1]

7、8世纪时，大唐对新罗上层文化的影响几乎是全面而立体的。需要注意的是，以今人的视角审视，引入新罗的大唐文化虽然高效、务实、先进，但其中又存在不少形而上的"文化"及"宗教"元素。例如，新罗圣德王五年（706），新罗国内发生大饥荒。在应对这场灾荒时，新罗除了"赐老人酒食""发仓廪赈之"以外，竟然也照搬大唐的做法，"下教禁杀生"，"大赦"天下。[2]在英文当中，谥号、年号等概念都很难准确表达。大概，除了对于古代东亚世界的精英士人阶层外，这些概念都毫无意

1　关于圆光大师的世俗哲学观"风流思想"，可参见[韩]李基白著，[美]爱德华·瓦格纳译：《韩国史新论》，第55页；《三国史记》卷2《列传五》，第372页；《三国遗事》卷4，第1003a。关于新罗真德王四年（650）前后行用大唐正朔及服中朝衣冠的谏议，见《三国史记》卷1《新罗本纪五》，第103页；《三国遗事》卷4，第1005c。关于新罗的教育，可参见王周昆：《唐代新罗留学生在中朝文化交流中的作用》，第110，113页。
2　《三国遗事》卷2，第974a；关于唐文化对早期朝鲜的影响，可参见王仪：《隋唐与后三韩关系及日本遣隋使运动》，第86—91页。

义吧!

唐总章元年（668），在大唐的帮助之下，新罗征服了朝鲜半岛的敌对势力。随后，唐朝在百济故地设立了熊津都督府，在高句丽故地设立了安东都护府，并打算以新罗之地为鸡林都督府，意图恢复中原王朝对朝鲜半岛的羁縻统治。大唐的政治野心令新罗极为不满，两国之间的争夺战一触即发。结果，新罗在伎伐浦之战中大败唐军，唐朝只得从朝鲜班师回朝。至此，朝鲜半岛在新罗的努力下，首次实现了统一。不过，需要说明的是，新罗也只是"多取百济故地，遂抵高句丽南境为州郡"。至于高句丽北境，则为渤海国及靺鞨所控制。事实上，统一新罗国的统治甚至未能向北延伸到今平壤以北的区域。鸭绿江一线固定地成为朝鲜北疆的国界线也是迟至1022年以后的事情。当然，这也远远地超出了本书所探讨的时间下限。[1]

在本书所探讨的时段内，朝鲜半岛上的政权长期与华夏帝国展开对峙，最终才一步一步取得了政治上的独立。不过，与政治上摆脱中原政府的控制不同，朝鲜半岛在外交与文化上与中原的联系则日益紧密。到9世纪新罗统一朝鲜半岛将近两个世纪以后，

1　[美]伽里·莱德亚德:《东北亚三角地带的"阴阳"哲学》，第323页；[美]迈克尔·罗杰斯（Michael C. Rogers）:《朝鲜中古时期的民族觉醒：论辽金对高丽的影响》，第152页；《三国史记》卷2《杂志六》，第230页。

仍有大批新罗人活跃在大唐帝国的内部。在唐代山东、江淮地区的登州、青州、德州等州县内，聚集着大量新罗侨民的村落，史书上称之为"新罗村""新罗院"。据日僧圆仁所著的《入唐求法巡礼行记》记载，唐开成年间（836—840），日本遣唐使、求学僧一行路经海州将要登岸时，便与一群从密州前往楚州贩卖薪炭的新罗船队不期而遇，"吾等从密州来，船里载炭，向楚州去，本是新罗人"。而且，在唐中晚期的一百年间，通过科举考试而进入大唐仕途的新罗士子就多达90余人。总体而言，在进入大唐求学的诸国留学生中，新罗人的规模最为庞大。那么，可以这样认为，在唐新之战后，统一新罗与大唐的联系不仅没有中断，反而更为密切了。[1]

正如《三国遗事》所载，新罗王（一直以来都是）：

> 以至诚事中国，梯航朝聘之使，相续不绝。常遣子弟，造朝宿卫。入学而诵习，于以袭圣贤之风化，革鸿荒之俗，为礼仪之邦。[2]

1 陈尚胜：《唐代的新罗侨民社区》，第161—162，164页；[日]池田温：《隋唐世界与日本》，第6页；张永禄：《唐都长安》，第238页。
2 《三国遗事》卷2，第978b。

公元907年，朱温篡唐，大唐覆灭。几乎同时，公元918年，朝鲜半岛也进入王氏高丽时代（918—1392）。当然，王氏高丽与中原王朝的关系，已超出了本文探讨的时代下限，在此不做详细探讨。不过，正如史料所见，高丽与中原的交往仍然十分密切。特别是在14世纪以后，高丽的汉化程度更是大为加深。

王氏高丽开国之君王建对中原的态度似乎有些模棱两可。一方面，他似乎大力弘扬朝鲜的地方文化，刻意强调朝鲜的大国地位；而另一方面，他又积极遵守东亚文明中的规范。正如其在后晋天福八年（943）对臣下所耳提面命的那样：

> 惟我东方，旧慕唐风。文化礼乐，悉遵其制。殊方异土，人性各异，不必苟同。[1]

那么其结果是，在东亚文明的大框架下，高丽发展出了极具

---

1 [朝鲜]郑麟趾撰：《高丽史》卷2，第15b；[美]彼得·李编：《朝鲜文明资料导读（第1卷）：从上古时期到公元6世纪》，第264页；关于高丽王朝开国之君王建对中原王朝模棱两可的态度，可参见方亚光：《唐代对外开放初探》，第166页；黄枝连：《天朝礼制体系研究·中卷：东亚的礼仪世界——中国封建王朝与朝鲜半岛关系形态论》，第65—68页；[美]伽里·莱德亚德：《东北亚三角地带的"阴阳"哲学》，第313，343页；[美]迈克尔·罗杰斯：《朝鲜中古时期的民族觉醒：论辽金对高丽的影响》，第158页；杨廷福：《唐律初探》，第185—187页。

地方特色的文化变体。现存最早的两部朝鲜国史，就编纂于王氏高丽时期，分别是1145年成书的《三国史记》及1280年成书的《三国遗事》。其中，《三国遗事》是由僧人一然编修的，著者的"民族主义情绪"也在该书中得到了体现，因为自始至终该书都站在朝鲜的立场上书写东亚历史。[1] 不过，《三国遗事》一书仍是以汉文编写而成的，在记录朝鲜半岛发生的历史事件时也不时地采用中国纪年。

13、14世纪，蒙古族征服了亚欧大陆后，作为元朝的附属国，高丽常常被迫将王世子押质于元大都（今北京市）内。[2] 当然，此时的元大都既是蒙古大帝国的国都，更是汉人眼中的"京城"。换言之，朝鲜仍然牢牢地处在东亚世界内，而东亚世界则被包罗到了更广阔的世界秩序之中。

明洪武二十五年（1392），王氏高丽终于被推翻，取而代之的是李氏朝鲜政权（亦作"李朝"）。李朝享国时间长达五百余年，直到20世纪初（1910）才在日本殖民者的入侵下灭国。李氏朝鲜正式国号"朝鲜"的得来，也有一段说法。明太祖朱元璋以为"朝鲜"一名古已有之，且其"朝日鲜明"的出处文雅，所

1　[韩]金其忠：《朝鲜古典文学导论：从乡歌到史诗说唱》，第51页。
2　[美]伽里·莱德亚德：《东北亚三角地带的"阴阳"哲学》，第325页。

以才按照李成桂的请求，裁定其为李氏朝鲜的国号。李朝建立以后，坚定地奉行"以儒治国"的理念。虽然李朝也注意弘扬自身的文化传统，但到18世纪时，朝鲜已经成为近乎纯粹的儒学社会，其对程朱之学的恪守甚至大有超过中国之势。[1]

然而，由于政治上长期独立于华夏帝国之外，文化上一直保持着自身的传统，历史进程也与中国大不相同，朝鲜半岛始终没有被彻底地"汉化"。相反，朝鲜反而更加"朝鲜化"了。朝鲜就是朝鲜，又为何要用"朝鲜化"一词加以强调呢？显然，这句话并不是无谓的句式重复，其背后的结论很值得玩味。朝鲜的文化面貌并不一直就是现在的样子。毕竟，哪有什么事情是一成不变的呢？试想一下，如果朝鲜的历史轨迹稍稍偏移一点，今天的朝鲜就是另一番面目了。虽然朝鲜在其反复的历史演进过程中，通过不断地人为措施，刻意凸显其鲜明的地方文化，但它始终都未能突破儒学世界的框架。其结果是，今天的朝鲜文化既自成一格，又不离其宗。所谓"一格"，是指朝鲜蕴藏着鲜明的地方文化；而所谓"其宗"，则是指朝鲜有时可视为东亚儒学国家的典范。

---

1 ［韩］金滋焕：《朝鲜社会的儒学化》，第84—85页；关于"朝鲜"国号的得来，可参见［美］布鲁斯·库明斯：《阳光普照下的朝鲜：现代史的考察》，第46页；［美］迈克埃·德森·罗宾逊：《1920—1925年朝鲜殖民时代的文化国家主义》，第16，25—26页。

第八章　日本：东亚的孤岛

第一节　移民

若站在中国的立场上审视，日本列岛似乎永远地"游离在大陆文明之外"。[1]从表面上看，这些海洋上的孤岛居民注定只能是东亚世界的局外人。与朝鲜、越南不同，日本与中国在陆地上完全不接壤，因此也从未遭受过中原王朝的征服。相应地，中国文化对日本的影响也往往较为间接。

同样，日本正面遭遇其他非汉民族的情况也十分有限。日本以西的朝鲜半岛西部承受了来自北部西伯利亚、西北蒙古草原及南部中原地区的文化影响。越南作为南北文化的分水岭，不可避

1　[美]道格拉斯·霍兰德：《华夏文明的边疆：帝国尽头的地理与历史》，第12页。

免地会被卷入东亚与南亚文明圈的较量之中。[1]相较于朝鲜、越南地区，日本则隔绝闭塞得多。除非相信了日本天照大神的创世传说，要不然在追溯日本列岛早期居民的来源时，一定可以得出他们是由大陆迁徙而来的结论。由于相对孤立的地理环境，早期日本文明的演化进程极为缓慢。然而，又因为并未与大陆完全隔绝，日本列岛很快迎来了第一批大陆移民。

秦汉时期，伴随着朝鲜半岛上"渡来人"的流入，日本逐渐开始融入东亚世界的文明之中。此时，日本尚处在传说中的绳纹时代（Jōmon period，じょうもんじだい）与弥生时代（Yayoi period，やよいじだい），社会文化等正在急剧地发生着变化。绳纹时代末期（约相当于中国的春秋战国时代），岛上还停留在原始的渔猎采集经济阶段。但是，到了弥生时代以后（约相当于中国的秦汉时期），日本则迅速地步入了定居农业社会阶段。直到飞鸟、奈良时代（约相当于中国的隋唐时期），大陆文明对岛内的影响臻至顶峰，日本开始进入成熟的文字社会阶段。[2]

显然，东亚大陆上秦汉大帝国的崛起，导致了东亚世界的一系列连锁反应，其影响甚至还波及日本。然而，早在秦汉以前，

1　［美］基斯·威勒·泰勒：《越南的表面倾向：透过民族与区域史》，第972页。
2　［日］今村启尔：《史前日本：东亚内陆的新观察》，第127，216—223页；［日］鬼头清明：《大和国家与东亚》，第245页。

日本就已经和大陆产生了联系。部分日本学者认为，"倭（Wa，わ）"作为对早期日本的书面称谓，最初应见于朝鲜半岛，甚至印度尼西亚的史料记载中间。反过来，这些朝鲜、印尼先民又与史前时期中国南方的"越人"颇有渊源。此外，根据汉初成书且对上古史料多有援引的《山海经》一书提供的重要线索，又产生了另外一种观点。《山海经·海内北经》首次记载了"倭"的名称，"盖国在钜燕南，倭北，倭属燕"。按照王金林先生最新的解释，"倭"既然处在燕国之南，且为燕国的国土，那么这里所载的"倭"应当对应古越国的范围。换言之，"倭"应是"越"的他称，而并非指代日本。王氏此论不可谓不振聋发聩！ [1]

由于朝鲜与日本在地缘上彼此邻近，因此经由朝鲜泛海而入日本的海上航线就成为大陆沟通日本的最佳路线。早在绳纹时代，日本的史前文化就与大陆南方的百越文化在风俗上多有相似之处。例如，绳纹人与古越人都有拔齿、文身及喜好珠玉的习俗。对此，3世纪成书的《魏略》已有明确的记载：

1　[日]诹访春雄：《中国古越人的马桥文化与日本》，第56页；王贞平：《汉唐中日关系论》，第2页注4。关于从《山海经》中"倭"的位置推断倭与越国的关联，可参见王金林：《汉唐文化与古代日本文化》，第46—47页；《山海经校注》卷12，第321页。

自带方至女王国，万二千余里。其俗男子黥面文身，闻
其旧语自谓太伯之后。昔夏后少康之子封于会稽，断发文身
以避蛟龙之害，今倭人亦文身，以厌水害也。

会稽，在今浙江省内，常被推定为古越人的文化中心。由
此，不难看出绳纹人与古越人的文化联系。[1]

那么，由绳纹人与古越人的联系进一步推展开来考虑，则又
可将日本与更广阔的东南亚联系起来。毕竟，东南亚的文明发展
也常常被认为是百越人向四周扩散的结果。关于早期日本与东南
亚的文化联系，笔者试举一例说明。据《日本书纪》记载：

（允恭天皇四年，）故诸氏姓人等，沐浴斋戒各为盟神
探汤。……坐探汤翁，而引诸人令赴曰："得实则全，伪者
必害。"……或泥纳釜煮沸，攘手探汤泥。或烧斧火色，置
于掌。

按照该书的叙事顺序，此事被系于415年，这里姑且不论其

1　[日]诹访春雄：《中国古越人的马桥文化与日本》，第60—61页；王金林：《汉唐
文化与古代日本文化》，第48,148—150页；《翰苑》引《魏略》，第50—51页及注释。

真伪。所谓"盟神探汤",是指采用手探沸汤、验定真伪的断狱风俗。巧合的是,中国史家在描述扶南(今越南南部及柬埔寨一带)的习俗时,也留下了类似的记载:"有讼者,先斋三日,乃烧斧极赤,令讼者捧行七步。又以金镮,若鸡卵投沸汤中,令探取之,若无实者,手即烂,有理者则不。"瓮棺葬原本被推定为东南亚群岛上的地方葬俗,但是在绳纹时代末期及弥生时代的日本,也多见成人死后采用瓮棺葬式,这无疑也显示了两地之间的文化联系。不过,由日本到东南亚的海路十分遥远,而以新石器时代先民的航海水平来看,似乎是无法完成的任务。然而,不可否定的是,早在新石器时代末期起,东南亚诸岛就已经被大洋上的南岛民族纷纷占领。[1]

越来越多的考古出土材料证明,绳纹时代初期日本的渔猎文明与史前时期中国南方及东南亚的越文化存在着极深的渊源关系。而后,弥生时代的日本社会变革也与先秦以来朝鲜半岛上的大陆移民息息相关。这些渡海而来的大陆移民将新兴的水稻栽培技术引入日本,并引发了岛上的人口大增长,从而使得移民人口大大超过了绳纹人口。关于"渡来人"的人口规模,学界历来存

---

[1] 《日本书纪》卷13,第340页;关于扶南的"探汤"习俗,见《册府元龟》卷959,第11288页;关于瓮棺葬俗,可参见[美]贝尔吾:《印度—马来西亚半岛的史前文化》,第306—307页。

在争议。其中，日本学者通常对其规模持保守的态度。不过，即便如此，据推测仅在弥生时代，由朝鲜半岛迁入日本的大陆移民恐怕就不少于百万。[1]

"渡来人"涌入日本时，自然而然地也将全新的语言带入了日本。尽管日语中包含某些南岛语系的成分，但多数学者认为日语应属阿尔泰语系，且与朝鲜半岛及辽东地区的扶余—高句丽—百济语存在着亲缘关系。[2]需要强调的是，现代日语与朝鲜语之间并无太大的相似性，日语远较朝鲜语更为复杂、特别。不过，确如专家所言，日语的语言源头应当在朝鲜半岛上寻找。

从朝鲜半岛而来的大陆移民，将阿尔泰语一同带到了日本诸岛，并奠定了现代日语的语言基础。而且，正是通过这些阿尔泰语系的大陆移民，日本才开始接触到非阿尔泰语系的中原文明。笔者以为，这一时期，华南、朝鲜半岛及越南地区先后都被中原文明所"吞并"并非偶然。公元前333年，迁都寿春的"中原"

---

1 [美]威廉·韦恩·法里斯：《宗教文本与墓葬宝物：古代日本历史时期考古的诸问题》，第25页；[日]埴原和郎：《日本人群的种族起源与演化》，第157，169，173页；[日]池田温：《隋唐世界与日本》，第4页；[日]今村启尔：《史前日本：东亚内陆的新观察》，第155—160页；[日]片山一道：《亚太人口圈中的日本》，第23—24页。

2 [德]布鲁诺·列文：《日本与朝鲜：基于语系比较的历史与问题》，第395，405—408页；格林伯格先生认为韩语—日语—虾夷语与阿尔泰语系不同，但都同属于欧亚语系的大范畴内，详见[美]约瑟夫·格林伯格：《印欧民族及其近缘亲属：欧亚语系》第一卷《语法》，第11—21，280—281页。

大国——楚国最终将南方大国越国吞灭。[1]公元前214年，秦始皇南征岭南，将番禺、交趾首度并入中华帝国的版图中。

随后，公元前194年，燕人卫满脱离汉帝国的控制，并攻占了箕子朝鲜，占领其国都王俭城（今朝鲜平壤），建立了卫氏朝鲜政权。朝鲜半岛"渡来人"进入日本以后，一方面传来了中原地区的文化，另一方面又将阿尔泰语的影响带至此地。

日本民族主义者倾向于认为，4世纪时，古代大和国家建立后不久，随即迅速扩张并侵占了朝鲜半岛南端的任那地区（Mimana，みまな）。直到公元663年，唐新联军击败倭军以后，倭国才失去了对任那"日本府"的控制。当然，在韩国民族主义者看来，这些都是无稽之谈。在他们看来，倭国不仅未曾占领任那地区。相反，日本列岛上还存在着许多被百济、新罗控制的小国，而倭国本身不过是朝鲜的属地罢了。在日韩两国相互竞争的现实背景及日本侵略朝鲜的历史记忆双重因素影响下，上述两种截然矛盾的观点大为流行。此外，在日韩之外，中国还存在着第三种观点。现代中国民众常常认为，日本是秦汉之际东渡求药的徐福及其后人所建。换言之，日本还曾是秦汉帝国的

---

1 《史记》卷41，第1751页；关于楚国伐越的时间，又可对照《史记》卷15，第728页。

"属地"。[1]

关于历史上中国曾直接殖民日本的传说，尚无任何的考古学材料可资证明。不过，若能排除现代民族主义情绪的干扰，那么以上看似矛盾的观点中任何一种都有可取之处。所谓的日韩相互殖民之说，不过反映了国家建立以前朝鲜半岛与日本列岛上的先民曾错土而居的事实。那么，既无国家，何来殖民一说？现有资料证明，史前时期朝鲜半岛与日本的文化内涵十分接近，而从中原地区辐射而来的文化影响更大大促进了东亚世界的文明发展。[2]

显然，早期阶段文化传播及人口流动的主要方向是由大陆传往日本。关键性的文化技术因素，诸如文字、律法等等，最初都是从中原起源的。佛教虽然发源于更西端的天竺国，但也是从中原辗转而来的。当然，传入日本的文化中也有一些完全是朝鲜半岛所特有的因素。例如，步兵所穿的金属铠甲及锻铁技术（Bloomery Metallurgy）就是从朝鲜起源后再传至日本的，时间大致在公元500年前后。所谓的锻铁技术，是指借助小型高温熔炉，对熟铁进行锻打，从而生产出延展性更高、韧性更好的铁

1　关于日本与韩国两种截然不同的民族主义观点，可参见[美]威廉·韦恩·法里斯:《宗教文本与墓葬宝物：古代日本历史时期考古的诸问题》，第56，106页；关于中国的第三种观点，可参见释东初:《中日佛教交通史》，第8页。
2　可参见[日]斋藤忠:《朝鲜古代文化的研究》，第15页。

质器具。这与中原地区盛行的"块炼铁法"存在着显著不同。后者多借助大型鼓风设备（Blast Furnace），在高温下对铁矿石进行还原，但所产出的生铁块仅可铸造，不可锻打。毫无疑问，朝鲜半岛一直是大陆文化传入日本的直接起点。儒学文化就是通过这一途径传播到日本的。从公元6世纪起，就不断有"五经博士"（Gokyō Hakushi，ごきょうはくし）从百济渡海前往日本，推动着日本的儒学发展。[1]

如果说从文化角度看，主要传播方向是由朝鲜半岛到日本，那么在政治及军事方面，则主要是日本列岛的倭人频频侵入朝鲜。据《三国史记》记载："（南解次次雄十一年，）倭人遣兵船百余艘，掠海边民户。"新罗王南解次次雄十一年，即公元14年。需要说明的是，虽然"倭国"所涵盖的范围不能完全包括今天的日本，但它作为史书上日本的别称，一直到7世纪末仍在使用。另外，还存在所谓"大和国"的称谓，它主要是倭人的自称。早期日本史书中记载的历史事件及其时间或许并不可信，但总体而言，倭人多次侵袭朝鲜半岛应当是没有疑问的。

---

1 [美]威廉·韦恩·法里斯：《古代日本与朝鲜的交流》，第3—4,6页；[美]威廉·韦恩·法里斯：《宗教文本与墓葬宝物：古代日本历史时期考古的诸问题》，第72—77页；关于朝鲜半岛"五经博士"赴日的情况，可参见[日]辻善之助：《日本佛教史研究》第6卷，第124页。

除上文提及的倭人入侵事件外,《三国史记》还保留了许多类似的记载。新罗王奈勿尼师今三十八年（393），倭国大军来犯,但被新罗王设计围歼:"夏五月,倭人来围金城,五日不解,将士皆请出战。王曰:'今贼弃舟深入,在于死地,锋不可当。'乃闭城门,贼无功而退。王先遣勇骑二百,遮其归路。又遣步卒一千,追于独山,夹击大败之,杀获甚众。"新罗王实圣尼师今七年（408），倭人又企图突袭新罗,但被事先发现:"春二月,王闻倭人于对马岛置营,贮以兵革资粮,以谋袭我,我欲先其未发,拣精兵击破兵储。"[1]

　　与此同时,新罗西南面的敌对政权——百济开始与倭国暗中通好,以应对北方邻国高句丽的威胁。为巩固与倭国的同盟关系,百济阿莘王（392—405年在位）甚至将世子腆支送往倭国为质。"六年（397），夏五月,王与倭国结好,以太子腆支为质。"阿莘王死后,腆支王子还滞留在倭国,并不知晓死讯。紧接着,阿莘王的仲弟训解暂时摄政,并遣使往倭国迎回腆支。不料,阿莘王次子碟礼突然发动政变,并杀掉训解自立为王。此时,"腆支在倭闻讣,哭泣请归,倭人以兵士百人卫送。……腆支留倭人自卫,依海岛以待之。国人杀碟礼,迎腆支即位"。于是,在倭

---

1 《三国史记》卷1《新罗本纪三》,第20,57,59页。

人的护卫下，腆支（405—420年在位）成功继承王位。由此可见，倭国对百济朝局有着举足轻重的影响。[1]

这一时期，倭与百济两国军事结盟以共同对抗高句丽的情形，也可从集安出土的高句丽好太王碑（414）的碑文记载中得到佐证。部分韩国学者怀疑，"二战"时日本帝国主义侵略者出于证明自己曾经长期统治朝鲜半岛的考虑，极有可能在殖民期间对好太王碑文的内容进行过篡改。当然，这不过是无端猜测罢了。（从现行的碑文内容来看，好太王碑脱泐严重，字迹难以辨认，而从流传下来的早期拓片看，似乎保存状况较好。）与其说倭国曾在朝鲜半岛上建立了常态化的统治，不如说倭国曾经屡次派兵侵袭朝鲜边境。换言之，后者的表述更为贴近朝鲜历史的史实。[2]

在朝鲜半岛的持续混战之中，高句丽（最先）占据霸主地位。然而，由于高句丽的军事威胁越来越大，倭国与百济的军事同盟关系进一步深化。这样，倭国在朝鲜半岛的军事活动就不断造成百济军将及高句丽俘虏流入日本。[3]由此，朝鲜半岛对日本

---

1 《三国史记》卷2《百济本纪三》，第40、42页；相关研究可参见［日］铃木靖民：《东亚诸国的形成与大和国家的王权》，第202页。

2 王建群：《好太王碑研究》，第181—184页。

3 参见［日］直林不退：《渡来家族的佛教信仰考察》，第49页；关于7世纪中期百济僧人道宁与倭军一同撤往日本的记载，见《元亨释书》卷9，第134页。

的文化影响也不断增强。

推古天皇三十一年（623），百济僧人观勒被正式任命为"僧正"，成为日本历史上首位佛教最高首领，总掌僧尼戒律之事。整个6、7世纪间，日本早期的僧正、僧都基本上都由百济或高句丽僧人担任。虽然高句丽在政治、外交上更为强大，但对6、7世纪日本宫廷文化影响最深刻的却是百济。然而，另一方面，百济自身又向南朝政权臣服纳贡，因而又促进了南朝政府与百济、倭国之间的佛教文化交流。敏达天皇六年（577），百济国王向倭国派遣了一批造佛工、造寺工，而这批工匠极有可能为日本早期寺庙建筑的修建提供了援助。推古天皇二十年（612），百济国又有二人归化，分别是善于"构须弥山形及吴桥"的路子工及"学于吴得伎乐舞"的味摩。从中国学得技艺的二人得到了日本朝廷的任用，进而将园艺技术及宫廷乐舞传至日本。[1]

---

1 《元亨释书》卷16，第231页；[日]毛利久：《朝鲜三国时代与日本飞鸟时代的佛教》，第12—23页；《日本书纪》卷22，第164—165页；夏应元：《秦汉至隋唐时代的中日文化交流》，第117页。关于日本、百济与南朝的交往，可参见[日]斋藤忠：《朝鲜古代文化的研究》，第245页；[日]园田香融：《早期佛教崇拜》，第366，370页；[日]吉川怜：《飞鸟样式南朝起源论》，载[日]田村圆澄先生古稀纪念会编：《东亚与日本：历史篇》，东京：吉川弘文馆，1987年。关于公元577年百济造佛工、造寺工赴日，可参见[日]田村圆澄：《百济佛教史引论》，第330—331页。关于百济路子工、味摩的归化，可参见[美]乔纳森·贝斯特：《百济与中国的外交及文化交往》，第475页；《日本书纪》卷22，第155—156页。

唐龙朔元年（661）至龙朔三年（663），在唐新联军的合攻之下，百济与倭国大军几乎被围剿殆尽，百济国由此覆灭。从此，百济与倭国的官方交往戛然而止。当然，百济亡国以后漂泊至日本的百济流民，仍然充当着东亚文化的传播使者。例如，著名诗人山上忆良（660—773）就是从百济逃亡而来的移民山上亿任之子。百济亡国时，尚在幼年的山上忆良跟随父亲逃至日本，并最终成长为奈良时期著名的和诗大家。文武天皇大宝元年（701），他又以"少录"身份随遣唐使粟田真人一同入唐。负责督造奈良东大寺的"造东大寺次官"国中连公麻吕（？—774）也是百济人的后裔，其祖父原为百济官吏国骨富，百济灭国以后国骨富逃亡至日本落户。奈良时代，身为造佛大师的国中连公麻吕十分活跃，亲自督造了大量日本早期的佛教造像。毫无疑问，这些杰出的百济移民，曾对日本早期"民族文化"的塑造起到过关键性的作用。[1]

当然，外来文化的来源并不仅仅局限于百济与高句丽，新罗与日本也存在着一定的文化交往。据《日本书纪》记载，允恭天皇三年（414），由于天皇病重，倭国便遣使往新罗寻访良医："春

1　[美]罗伊·安德鲁·米勒：《邪马台与百济》，第4页；《续日本纪》卷33，第442页；[日]上田正昭：《归化人：围绕日本古代国家的成立》，第10—11页。

正月辛酉朔，遣使求良医于新罗。秋八月，医至自新罗，则令治天皇病。未经几时，病已差矣。天皇欢之，厚赏医以归于国。"同据《日本书纪》记载，仁德天皇五十三年（365），倭国因为新罗拒不朝贡，再度发兵征讨，结果得胜而回："五十三年，新罗不朝贡。……于是，田道连精骑兵击其左，新罗军溃之。因纵兵乘之，杀数百人，即虏四邑之民以归焉。"对于这一历史事件的发生时间，学界历来存在争议。虽然《日本书纪》将其推定为公元365年，但实际上可能要晚至5世纪以后。[1]

前文早已提及，天竺及西亚也曾有少量梵僧、商人抵达过日本本土。不过，这些西方来客多是在南岛传播佛教、经商时不慎离航才漂至日本的。此外，还有从今中国东北地区北部或西伯利亚地区而来的原始族群。据《日本书纪》所记，钦明天皇五年（544），本州东北端的佐渡岛上（今日本新潟县西北）有肃慎人的船只泊岸，并引发了当地人的骚动："十二月，越国言：'于佐渡岛北御名部之碕岸有肃慎人。乘一船舶而淹留，春夏捕鱼而食。彼岛之人言非人也，亦言鬼魅，不敢近之。'"皇极天皇元年（642），《日本书纪》又记载了百济来使将船上的"昆仑人"投入

---

1 《日本书纪》卷13，第339页；《日本书纪》卷11，第312页；韩昇：《日本古代的大陆移民研究》，第18页。

大海一事，"又百济使人掷昆仑使于海里"。"昆仑人"是汉文史料中对来自东南亚一带住民的泛称，那么这则史料似乎证明日本列岛与东南亚地区也存在着直接的海上交往。[1]

不过，总体而言，日本与东南亚及西伯利亚的文化交往应当十分有限，一来次数并不频繁，二来以间接交往为主。按正仓院文书所载，日本多经新罗人中转才得以获取来自东南亚地区的象牙及香料。[2]显然，早期日本的主要外交活动范围都局限在东亚世界以内。起初日本是与朝鲜各国相互往来，而后才开始与隋唐帝国互遣使节。而且，早期日本的政权十分分散，直到后来形成相对独立的集权国家后，才开始以统一的身份与外界展开交往。与此同时，史前时期岛上原始国家自发性的民间交往模式也逐渐被集权制度下的日本官方交往模式所取代。正如大家所见，3世纪成书的汉文史料《三国志·倭国传》保留了对日本史前国家最早的记载，书称"倭人在带方东南大海之中。……无良田，食海物自活，乘船南北市籴"。那么，可以这样认为，早在日本建立集权国家以前，岛上的渔民及海商已经与大陆建立了民间贸易联系。[3]从大陆

---

1 《日本书纪》卷19，第70页；《日本书纪》卷24，第190页。

2 [日]鬼头清明：《大和国家与东亚》，第155页。

3 《三国志》卷30，第854页；相关研究可参见[日]上田正昭：《论究：古代历史与东亚》，第101—103页。

渡来日本的移民活动更持续了几个世纪之久，而并无所谓的"日本政府"对其加以管控。当然，此时谈论"日本"，似乎还为时尚早！

据载，日本立国之时，"依山岛为国邑，旧百余国"。岛内山地丘陵的地貌环境决定了早期的移民村落在地理分布上会较为分散，而且彼此之间相互隔绝。可以想见，陆路的交通也远无水上交通来得便利。与现行的认知不同，笔者以为，早在史前时期，日本就应当是一个十足的海洋社会。海洋作为开阔的交通要道，可任由岛民自由往来。它的存在并没有阻断岛上的交往。那么，相较于日本的岛民而言，后来的大陆移民似乎就怀有更深的乡土情结和意识。[1]

隋大业四年（608），文林郎裴清奉隋炀帝之命使于倭国，并对海上国家的分布及归属情况进行了详细的描述，"度百济，行至竹岛，南望耽罗国，经都斯麻国，迥在大海中。又东至一支国，又至竹斯国，又东至秦王国，其人同于华夏，以为夷洲，疑不能明也。又经十余国，达于海岸。自竹斯国以东，皆附庸于倭"。据考证，文中提及的"秦王国"（与中国古代的"秦"朝

1　参见［日］直林不退：《渡来家族的佛教信仰考察》，第46页；［澳］乔安·皮戈特：《日本王权的兴起》，第12页。

同名），即位于今本州岛西端（濑户内海海岸）的山口县。日本学者平野邦雄先生推测"秦王国"应为新罗移民"秦氏"的后人所建，而这支"秦氏"移民的汉化程度颇深。[1]

史前时期，日本岛内诸国并立，尚无统一的政权应对岛外涌入的各色移民群体。平野邦雄等学者认为，早在4世纪初时，大和国家就已经试图建立与大陆国家之间的外交关系，并取代之前非法的民间交往。不过，近来学界出现了另一种声音，认为至少要迟至6世纪以后，日本与大陆国家间的外交关系才真正出现。[2]正如上文所记，7世纪初，隋炀帝大业年间隋使裴清出使倭国之时，本州岛以西的广阔区域内仍有竹斯国、秦王国等十多个国家，而且这些国家仅仅在名义上臣服于倭国而已。也许，在很长的一段时间内，倭国都只是岛上诸国之中的中心国家，虽然占据一定的霸主地位，但其势力又不足以统一整个日本列岛。

然而，到了6世纪，在控制了濑户内海至朝鲜半岛的海上交通以后，倭国真正建立起远超其他部落国家的绝对优势。到8世纪以后，日本列岛上近畿周边的大部分区域最终实现了"大和

---

1 《隋书》卷81，第1827页；[日]平野邦雄：《归化人与古代国家》，第145—146页。
2 相关研究，可对比[日]平野邦雄：《归化人与古代国家》，第160—161页；[日]鬼头清明：《大和国家与东亚》，第20，256—257页。

化",并开始以共同的文化及政治面貌——"大和国家"的身份活跃在东亚世界的舞台上。不过,这一时期,北海道北端、南九州、四国及本州极北部地区还未融入"大和国家"的版图内,当时它们都还是大和国家的周边区域。到了平安时代末期(1189),本州东北地区的奥州等地才首次被纳入大和政权的范围之内。至于整个本州东北地区被日本完全兼并,更要迟至15世纪末的室町幕府统治时期。[1]

大约从奈良时代(710—794)开始,日本天皇的权力开始高度集中。笔者以为,天皇权威的提升与其对"唐物"(即从大唐舶来的奢侈品及先进技术)获取及分配权力的垄断不无关联。当然,天皇之所以能够垄断"唐物",也与日本采纳唐朝制度息息相关。因为按照当时的唐制规定,唯有官方之间的朝贡贸易才是正式合法的,其他的贸易形式都要被取缔,这就大大便利了天皇对"唐物"的垄断。尽管这一时期东亚大陆各国间的海上民间贸易活动仍然十分频繁,但从史料来看日本却卓有成效地将海上贸易垄断在了政府手中。(当然,不能排除史料记载有夸大的

1　[日]网野善彦:《日本社会的历史》(全3册),第74—77,114,158—159页;[英]马克·哈德森:《身份废墟:日本岛内的民族起源》,第204—205,221—224页;[美]威廉·麦卡洛夫:《平安时代的日本:797—1070》,第30—32页。

嫌疑。)[1]

最初，大和国家只是对民间贸易加以限制，后来又进一步对移民群体加以管控。随着倭国的崛起，新兴的大陆移民开始被赐姓"秦"氏或"汉"氏。在汉语当中，这两大移民姓氏分别对应着中国历史上的"秦"朝与"汉"朝。从某种程度上说，这或许能反映出移民群体的主要来源地为中国的事实。不过，在倭人的口语当中，这两大姓氏的读音（即"Hata，はた"和"Aya，あや"）却很特别，似乎是直接从朝鲜半岛南部的弁辰等国传播而来的。[2]

据《日本书纪》记载，雄略天皇十五年（471）前后，倭国开始对移民日本且分散在地方上的"秦"氏、"汉"氏人口进行集中管理。先是，"十五年，秦民分散，臣连等各随欲驱使，勿委秦造。……天皇爱宠之，诏聚民赐于秦酒公"。随后，"十六年（472）冬十月，诏：'聚汉部，定其伴造者，赐姓曰直'"。由此，秦民、汉民纷纷被赐以和姓，开始摆脱地方豪族的控制。钦明天

---

1 [日]榎本淳一：《"国风文化"与中国文化：文化移入过程中的朝贡与贸易》，第170，172—173页；[韩]李宋思：《东亚世界的王权与商贸：正仓院宝物渡来的新路线》，第107—108，123—124，160—166，174—184页；[澳]乔安·皮戈特：《日本王权的兴起》，第36，100页；关于8世纪后唐代民间海上贸易的增长，可参见介永强：《唐代的外商》，第99页。
2 [美]威廉·韦恩·法里斯：《宗教文本与墓葬宝物：古代日本历史时期考古的诸问题》，第100页；[日]上田正昭：《归化人：围绕日本古代国家的成立》，第26页。

皇元年（540），倭国正式采用战国时代法家"编户齐民"的方式对日本的户籍进行统计管理，"（元年八月，）召集秦人、汉人诸蕃投化者，安置国郡，编贯户籍，秦人户数总七千五十三户"。[1]当时，秦人的户口总数达到了七千多户。不过，与其他早期日韩史书中的记载相同，上文提到的编定秦人户口的确切时间仍有待商榷。但毋庸置疑的是，这一时期日本的中央集权正在逐步得到强化。其中，对于大陆归化人群的动员，更是为此后大和国家的崛起奠定了坚实的基础。

6、7世纪时，外来移民中的秦氏等家族常被任命为国家的"大藏官"，负责全国的财政及赋税管理。之所以选用外来移民为财政大臣，其原因恐怕也是他们熟悉大陆国家复杂的经济管理方法。例如，据《日本书纪》所记，大陆移民秦大津父（539—571）就被钦明天皇（539—571年在位）任命为"大藏省"的主要官员，"天皇幼时梦。有人云：'天皇宠爱秦大津父者，及壮大，必有天下。'寤惊，遣使普求，得自山背国纪伊郡深草里，姓字果如所梦。于是忻喜遍身……及至践祚，拜大藏省"。因托梦事件而重用秦大津父，并将其升为大藏掾，说来也确实离奇！[2]

---

1 《日本书纪》卷14，第385—386页；《日本书纪》卷15，第51页。
2 《日本书纪》卷19，第49—50页；相关研究可参见[日]上田正昭：《归化人：围绕日本古代国家的成立》，第137—139页。

在早期日本史上，大陆移民曾长期垄断着文字读写方面的技能。例如，熊本县江田船山古坟大刀（Eta-Funayama Sword）刻铭作为日本最古老的文字记录材料，就是由中、朝而来的"渡来人"张安所撰。此外，《日本书纪》也记载了一则敏达天皇元年（572）的轶事。当时，高句丽来使向倭国呈上鸟羽国书，尴尬的是，满朝文官耗时三日都无法识读，最终还是通过百济移民王辰尔才得以破释，"五月丙辰，天皇执高丽表疏授于大臣，召聚国史令读解之。是时，诸史于三日内皆不能读，爰有船史祖王辰尔能奉释读"。7世纪下半叶，日本初设太学寮，而首位太学头即是"渡来人"僧旻。直到8世纪以前，中央太学及地方国学中负责授课的博士及助教也多为大陆移民。8世纪初，文武天皇诏令刑部亲王、藤原不比等等人撰定《大宝律令》，而奉敕编纂律令的19人中，即有唐人萨弘格等8位大陆移民的后裔。此外，渡来人又常常因为熟谙国际事务、掌握书写技能而被日本政府选拔担任外交使节。[1]

1　[美]包瀚德：《菅原道真与早期平安时代的日本朝局》，第71页；[美]威廉·韦恩·法里斯：《宗教文本与墓葬宝物：古代日本历史时期考古的诸问题》，第105页；[日]鬼头清明：《大和国家与东亚》，第261页；[日]上田正昭：《归化人：围绕日本古代国家的成立》，第133页；关于熊本县江田船山古坟大刀刻铭，可参见[日]穴泽和光，马目顺一：《日本古坟中的两柄刻铭铁剑：埼玉稻荷山古坟与伊田熊本县江田古坟的发现与研究》，第392—393页；关于敏达天皇元年（572）船史祖王辰尔释读高丽表疏的记载，见《日本书纪》卷20，第102页。

然而，7、8世纪时，这些大陆移民虽然可以凭借技艺特长进入仕途，但大多都职位卑微，国家的实际权力仍然掌握在"土民"的手中。需要说明的是，日本并无真正意义上的"土民"，岛上的早期居民原本都是从大陆迁徙而来的，而所谓的"土民"是指那些更早流入日本、倭化程度更深的外来移民。然而，在早期日本历史中，仍然不乏来自移民家庭的显赫人物。例如，苏我氏家族据说就与渡来人有很深的渊源。6、7世纪之交，苏我氏家族涌现出一批代表性人物（如苏我马子、苏我入鹿、苏我虾夷等），甚至一度控制了日本的朝局。而日本第五十代天皇——桓武天皇（781—806年在位）的生母据载也是从大陆而来的百济武宁王族的后裔。整个奈良时代及平安时代（794—1185）初期，渡来人的后裔也屡屡位至高官。[1]

然而，与拓跋鲜卑入主中原后改定汉姓一样，这些移民家庭最终都被赐予和姓，或主动改为和姓，并最终融入周边的倭人群体当中，渐渐失去其自身的文化特性。由此，这些渡来人就转变为大和人。当然，为了融入倭人的社会，这些大陆移民可能早

---

[1] 关于朝鲜半岛的归化人因技术特长而被安排到卑微的职位上，可参见[英]科尼利厄斯·基利：《奈良时代日本移民官员姓氏注释》，第177页。关于苏我氏、恒武天皇生母等都是渡来人的后裔，可参见[日]鬼头清明：《大和国家与东亚》，第271页；[日]上田正昭：《归化人：围绕日本古代国家的成立》，第12, 14, 16—17, 19, 173—174页。

就已经在私底下改定了自己的和姓。可是，直到几个世纪以后的奈良时代中期，中央集权制度臻至顶峰的日本政府才最终承认这一行为，并为天下氏族赐予和姓。据载，孝谦天皇天平宝字元年（757），日本政府规定：

> 其高丽、百济、新罗人等，久慕圣化，来附我俗，志愿给姓，悉听许之。其户籍记无姓及族字，于理不稳，宜为改正。[1]

这一政策实施以后，到了8世纪末，渡来人的姓氏几乎与倭人的姓氏毫无二致。[2]换言之，这些"渡来人"已完全被同化为"日本人"。

大约自公元830年以后，渡来人的记载就鲜见于史书，日本的对外开放程度出现了显著下降。到了14世纪以后（日本南北朝时期），南朝大臣北畠亲房一方面承认早期阶段曾有大量大陆移民进入日本，另一方面他又极力否认日本与朝鲜、中国系出一脉。他还宣扬日本民族是天神、日神的后裔，"大日本者神国

---

1 《续日本纪》卷20，第184页。
2 ［英］科尼利厄斯·基利：《奈良时代日本移民官员姓氏注释》，第177—178，184—185页。

也，天祖创基，日神传统焉……盖自天地开辟初有此名矣"。[1]由于宗教传统极端、历史记忆缺失，加之20世纪初"种族纯洁论"及"神皇后裔说"的煽动等原因，日本的民族主义情绪一直十分高涨。

第二节 "大和族"的形成

不过，日本文化确实独树一帜。今天，所谓的"和风"与"洋风"之间的差异，一眼就能够辨认。而且，"和风"与"中国风"之间也存在着显著差异。如今来看，中日两国的文化确实已经是"异大于同"了。当然，这里并不能排除两国在一定程度上故意放大文化差异的嫌疑，但平心而论，这种文化上的差异的确实实在在地存在着。因此，这也使得赴日旅行一直充满着吸引力。不过，这并不意味着"日本文化传统"总是沿着某种单一的原始文化演变而来。再者，这些所谓的"传统"文化其实大多并不传统。[2]

---

1 ［日］北畠亲房撰，［美］保罗·瓦利译：《神皇正统记》，第104—105页；关于公元830年以后大陆移民的中止，可参见［日］上田正昭：《归化人：围绕日本古代国家的成立》，第176页。

2 关于"传统创造"现象所援引的几处例证，见［英］艾瑞克·霍布斯鲍姆（Eric Hobsbawm），［英］特伦斯·兰杰（Terence Ranger）等编：《传统的创造》。

从日本文明发展之初起，就有外来移民源源不断地从大陆流入日本。中原文化对于日本早期国家形成的作用十分关键。因此，后来所说的"日本文明"其实起源十分多元化，它与东亚世界的其他地区有着千丝万缕的联系。长期以来，民俗学家总希望能够寻找到史前时期日本"本土先民"的孑遗。所谓"本土先民"是指史前时期就已定居在日本列岛，时至今日仍然一脉相承、血统纯正且风俗未改的早期族群。不过，日本文明原本就存在着多重起源，单一本土文化起源的理论前提并不具备。况且，日本文明的演进脚步也从未停歇。那么，试图寻找"本土先民"就无异于水中捞月了。正如英国学者哈德森所言，"纵观整个日本历史，可知对其进行文化层面的简单定性并不可能"。[1]

中原文化对早期日本的影响几乎是全方位的，从历法到诗词，从书法到绘画，从建筑到音乐再到医学，无所不包。不过，正如津田左右吉（1873—1961）先生认为的那样，儒家经典及思想传入日本后，仅仅在贵族圈的礼仪生活中有所借用。在一般民众的价值观念中，儒学则显得十分陌生。作为20世纪早期日本著名的东洋史学家，津田左右吉先生极力否定日本文化与中国文

1　[美]哈里·哈鲁图涅（Harry D. Harootunian）:《解读民间：历史、诗学及其意向》，第144页；[英]马克·哈德森:《身份废墟：日本岛内的民族起源》，第236页。

化的渊源关系，并主张所谓的"东洋共同文化"并不存在。[1]

18世纪以前，日本一直缺少对"仁""义""礼""忠""孝"等儒家基本价值观念的训读读音。相反，日语在标识这些概念时基本上都采用音读的方法。由此不难看出，儒学思想一开始对于日本而言十分陌生。[2]"仁""孝"等概念都是从中国传入日本的外来文化负载词，在日本本地并无相应的文化对应词，因此只能采取音读的方法加以标识。

另一方面，这些外来的价值观念又以某种方式巧妙地嫁接到了日本的"传统文化"上。例如，"忠""孝"就是如此。如果现在想要证明"忠孝"思想不是日本的本土观念，那得向前一直追溯到新石器时代才行！就像基督教在欧洲取代多神教那样，世界上任何一个角落里，外来文化总会周期性地取代本土文化。然而，如果要称基督教是欧洲的外来宗教，恐怕就有些不妥，甚至有些荒谬了！那么，不难想象的是，差异性的地方文化与普世性

1　[日]津田左右吉:《文学中出现的日本国民思想研究》第1卷《贵族文学时代》，第18，28，128，132—134页。关于津田左右吉先生的"皇国史观否定论"及战前极端民族主义分子对他的抵制，可参见[美]理查德·米切尔（Richard H. Mitchell）:《日本帝国的监察制度》，第298—299页；[美]斯特凡·田中（Stefan Tanaka）:《日本的东方：粉饰过去，沉淀历史》，第4—5，279—281页。释东初先生对唐文化对日本的影响进行了探讨，见释东初:《中日佛教交通史》，第285—349页。
2　参见朱云影:《中国文化对日韩越的影响》，第39页。

的儒家传统的有机结合，就是前近代时期东亚世界的文化常态。

不过，需要澄清的是，儒学最早确实是从北方中原地区发源，之后才南渐到越地，最后才转而扩散到日本、朝鲜及越南地区的。与宁绍平原及岭南地区的百越文化一样，早期日本社会的文化面貌与中原地区相差极大。例如，8世纪时，日本妇女的土地财产权利受到日本律令的保护，这显然与中国父系社会的要求相违背。如果仔细钩沉日本文学中的材料将不难发现，直到12世纪末，日本仍然流行着传统的"访妻制"（即"走婚制"）。所谓"访妻制"，是指夫妻婚后各住自家，或男方宿住在女方家的婚姻习俗。这与中原地区女性婚后"从夫而居"的婚姻制度存在着明显不同。与朝鲜一样，日本最终也接纳了中原地区父系制度下的婚姻模式，将"从夫婚"作为后来的婚姻典范。不过，在融入东亚社会的早期阶段，日本文化与中原文化长期存在着较大分歧。[1]

---

1 萧公权先生认为至少在公元前4世纪时，儒学思想对于长江流域以南的华南地区来说还十分陌生，详见萧公权著，[美]牟复礼（F. W. Mote）译：《中国政治思想史·上卷：上古时期至公元6世纪》，第54页；伊佩霞先生对北方地区儒学的兴起进行了描绘，详见[美]伊佩霞（Patricia Buckley Ebrey）：《中国家庭与儒学的传播》，第45，83页；网野善彦先生对早期日本妇女的土地权利及婚姻模式进行了深入研究，详见[日]网野善彦：《日本社会的历史》第1册，第130—131页；[美]威廉·麦卡洛夫：《平安时代的日本婚姻制度》，载《哈佛亚洲研究学刊》1967年第27卷；关于近现代日本的婚姻模式，可参见[美]别府春海：《日本的父系家族与血亲》，第1329—1330页。

与中国相比，古代日本对于血亲婚姻的限制似乎松弛得多。总体而言，在早期日本社会中，女性的社会地位较为显赫，这一情形显然不见于中国。例如，神道教中一直存在神职巫女的传统。佛教传入日本以后，也有相当数量的年轻女信众。相反，中国寺院中则多是男性僧侣持戒修行。从早期日本史书的记载中不难看出，曾有多位女性天皇统治日本，或是多次出现以女皇为首的双重政权结构。关于双重结构，最早的实例就是推古天皇（592—628年在位）与圣德太子（574—622）。而且，正是此二人开创了日本历史上独具特色的君主、摄政大臣分立的政治传统。当然，这一传统则未见于中国。[1]

关于天皇世系是否起源于天照大神，一直都是日本最早的两部史书——《三国史记》与《三国遗事》争论的核心。在传统日本社会中，宗教与政治的界限十分模糊（即所谓的"祭政一体"）。而且，日本习惯性地将天皇奉为"神灵"。以上种种，都能看出日本"君权神化"观念背后浓厚的宗教色彩。相比之下，

---

1 [美]约瑟夫·北川（Joseph M. Kitagawa）:《光影之下：藤原氏及日本皇室管窥》，第104—105页。关于婚姻关系中的血亲通婚限制，可参见[美]威廉·麦卡洛夫:《平安时代的日本婚姻制度》，第135—136页;[日]辻善之助:《日本文化史（一）:高古与奈良时期》，第128—129页。关于日本佛教中的女信众传统，可参见[日]速水修:《日本佛教史：古代》，第41—42页;[日]佐藤弘夫:《佛教戒律与宗教生活》，第82页。关于日本的女帝现象，可参见[澳]乔安·皮戈特:《日本王权的兴起》，第39页。

虽然中国的传统政治一直推崇略带宗教意味的儒家礼仪，但世俗文化在施政过程中则具有更为举足轻重的作用。[1]

作为日本的"本土"宗教，神道教同样十分特别。不过，话又说回来，与大家想象的不同，神道教并不是由日本本土发源的原始宗教。近来，日本学者黑田俊雄在反思神道教时说道："传统观点认为，神道教作为本土宗教从史前时期起源以后一直持续演化到现在，中间未曾中断。然而，事实并非如此。神道教发展成为独立的宗教要晚至近代以后，古代流行的神道教信仰，充其量不过是道教传播至日本后的变体。"《日本书纪》记载了钦明天皇三年（552）日本改拜佛教时朝堂上发生的争论："冬十月，中臣连镰子同奏曰：'我国家之王天下者，恒以天地神稷百八十种，春夏秋冬祭拜为事，方今改拜蕃神，恐致国神之怒。'"从连镰子的奏言中不难看出，日本所奉的神灵达到百种之多，不过这些神灵都被改换成"天""地""社""稷"等汉文中的表述了。[2]

日本早期文献基本上采用汉文（特别是经典文言文）编写，

1　关于"祭政一体"概念，可参见［美］约瑟夫·北川：《祭祀与祭事：早期日本的宗教与国家》，第117页；关于天皇为"神"的说法，可参见［美］约瑟夫·北川：《光影之下：藤原氏及日本皇室管窥》，第110页。

2　［日］黑田俊雄：《日本宗教史中的神道教》，第1，3，5—6，19—20页；《日本书纪》卷19，第77—78页。

这就意味着"在书籍编纂时，日本的本土传统词汇要首先转换为汉文才行"，"神道教"的译名即是一个典型的例证。充其量，"神道教"只是一个中日文合体的概念。早在汉字传入日本以前，"神道"二字就已经出现在传统中文典籍——《周易》之中了："观天之神道，而四时不忒；圣人以神道设教，而天下服矣。"[1]更者，"神道"一名主要是因为书面表达需要，才被摘取出来的。这一译名，一来抓人眼球，二来汉义贴切。从读音上看，"神道"作为外来词语，仍被"音"读为"shintō"（しんとう）。这一读音与"神道"的汉文发音十分接近。试想，如果"神道"是本土的概念，它就应当被训读为"神の道"，因为这样才更容易引起日本人的听觉共鸣。

　　早期阶段，曾有少量的渡来人家庭长期担任神道教的祭司（如弓月氏）。伊势神宫历来与日本皇室关系紧密，据说其举行的神道祭祀活动与"百越"人的宗教仪式颇为相似。天照大神崇拜及伊势神宫祭祀作为日本天皇立国的宗教利器，也要迟至7、8世纪以后才最终成型。此时，弥生时代的大陆移民潮已经结束，受到大陆国家制度的启发，日本大和国家正处在勃兴

1　[荷]卡姆斯特拉（J. H. Kamstra）:《碰撞还是融合？——日本佛教的早期发展》，第55页;《周易正义》卷3，第36页。

阶段。[1]

在与大陆地区加强交往的同时，日本尤为注重的"本土传统"也一并得到了发展。日本的民族特性更是未曾减弱。这也说明，所谓的"日本民族性"，并不是一味地固守原始文化。相反，它在不断发展的过程中逐渐丰富了自身的内涵。

根据罗伊·米勒的研究，"部"（べ）作为日本早期阶段氏姓豪族所支配的社会阶层，其称谓最初也是从通古斯语系中直接借入的。"部"（べ）在汉语中作"部"（bu），早在3世纪时，"部"就被用于描述生活在辽河以西、渤海湾以北地区的鲜卑部落族群单元。而"部曲"一词，更是早在汉代时就被采用，它是指汉帝国时代地方的军事组织单元。东汉中晚期，中央皇权衰落，地方豪族并起，部曲就成为地方上的私募武装力量。闲时，部曲可在田间参加劳作，战时又可持兵自我防卫。"部民制"虽然是日本所独有的制度，但也深受大陆文化的影响。换言之，它的形成建立在对大陆地区"部""部曲"等模式的参照之上。威廉·韦恩·法里斯指出，"氏姓、封衔、位阶、部民等作为日本早期的人身控

1　关于伊势神宫，可参见[澳]乔安·皮戈特：《日本王权的兴起》，第62页；关于渡来人弓月氏等长期以神道祭司为业，可参见[日]上田正昭：《归化人：围绕日本古代国家的成立》，第141—142页；其他研究可参见[日]家永三郎监修：《日本佛教史：古代篇》，第112页。

制手段，其实都可以在朝鲜半岛上寻找到其蓝本"。[1]

早期日本社会的一大显著特征是血缘关系明确的"氏"（う
じ）姓豪族的存在。与同一时期的中国相比，日本的"氏"族集
团势力十分强大，而中国的世袭血缘贵族则逐渐没落，取而代之
的是日益崛起的精英阶层。从这一点来说，日本"氏"族的坚挺
确实显得独树一帜。然而，最早的"氏"似乎是5世纪以后才开
始被日益集权化的倭国君主赐下，作为对"氏"姓成员功劳的褒
奖。[2]"氏"的制度虽然看上去极具日本特色，但它仍然不过是在
大陆文化影响下，日本为建立国家集权、加强王权统治而做出的
应对措施。而且，"氏"多采用汉文方式命名，且以汉字书写记
录，从这些方面都能看出一些端倪。

7世纪末，大和国家正式改定国名，定国号为"日本"（にほ
う，nihon），君主则改称"天皇"（てんのう，tennō）。尽管"天
皇"一词与中国常用的"皇帝"称号稍有不同，但"日本"国号

---

1 [美]威廉·韦恩·法里斯：《宗教文本与墓葬宝物：古代日本历史时期考古的诸问题》，
第235页；[美]罗伊·安德鲁·米勒：《语言证据与日本史前史》，第113页；韩昇对日本
的"部民"制度进行了溯源，认为它虽由朝鲜半岛传入，但其根源在魏晋南北朝时期的
"部曲"制度，可参见韩昇：《日本古代的大陆移民研究》，第22—23页；关于鲜卑
部落的诸"部"记载，见《晋书》卷108，第2803页；关于"部曲"，可参见王伊同：
《北朝的奴隶与其他社会阶层》，第152页。
2 [澳]乔安·皮戈特：《日本王权的兴起》，第55页；又可参见[日]井上光贞：《律令
制国家圈的形成》，第132页。

及"天皇"称谓都取自其汉文内涵,而非日本的本土口头用语,二者也主要用于正式的书面场合。其实,中国行用的"皇帝""陛下""天皇"等尊号几乎全都传入了日本,只不过"天皇"一词在日本书面场合的使用中最为普遍罢了。按公元8世纪编纂的《令义解》(即对《养老律令》的官方注释)所载,在口头场合中,"天皇"常常被习惯性地读为"すめら みこと"(sumera mikoto,即"天皇"一词的训读)。[1]

不过,正如其他汉文史料一样,这些记载都具有一定的误导性,所幸其背后传达的历史信息却十分值得关注。据载,8世纪末,奈良时期的日本文豪淡海三船(722—785)曾为上起传说时代的神武天皇(前660—前585)、下迄奈良末期的光仁天皇(770—781年在位)等历代天皇撰选了汉式谥号。由此,天皇的名号才传及后世,上千年来一直被日本历代臣民所敬仰。淡海三船的这一举动意义重大,它为新建立的"日本国"建构了完整的天皇谱系,赋予其深厚的历史渊源及制度内涵。[2]

当然,将中国传入的汉字系统与日本的本土语言截然分开并不妥当。但可以肯定的是,语言差异一直是区分东亚世界中、

---

1 《令义解》卷6,第205页;相关研究可参见[日]泷川政次郎:《律令制的研究》,第324—325页;[日]山尾幸久:《古代日中关系》,第467页。
2 参见释东初:《中日佛教交通史》,第292页;《续日本纪》卷3,第493页及注21。

日、朝、越等不同民族的最显著标志。而且，正是不同地区之间的语言差异构成了任何学者研究东亚民族起源问题的巨大障碍。同样的，语言之间若不能超出单纯的词汇借用范畴，那么这些语言也无法实现真正意义上的耦合独立。当然，为了临时性的贸易需要而发展起来的洋泾浜语（Pidgins）及克里奥耳语（Creoles）就需要另当别论了。不过，话又说回来，这两种特殊语言也并不独立，它们不过是对语法结构进行了删改罢了。[1]那么，这似乎意味着，语言若要实现独立，必须保持其传统，这样它才能从根本上与其他语言区分开来。

据学者推测，日语大约在3世纪前后开始起源。与克里奥耳语的形成原理相同，日语同样是作为贸易活动及其他场合下的通用交际语，而在史前时期日本西部地区不同族群中发展起来的。到了5世纪末，在西起九州中部、东至关东平原的广大区域内，不同族群之间已能够通过口头语言交际传义，而且这种通行语言已开始与朝鲜半岛的语言有所区别。（需要说明的是，日本原始语言一开始与朝鲜半岛存在着亲缘关系。）然而，从考古出土资料中不难看出，这一时期的刻铭文字中仍然保留了相当数量的地方词汇。直到9世纪末，仍需借助译语人的翻译，日本人方能与

---

1 ［德］布鲁诺·列文：《日本与朝鲜：基于语系比较的历史与问题》，第405—406页。

本州东北地区实现语言上的交流。[1]诚然，若仅从地方方言与通用语言并存便判断早期日本曾存在着不同的语言，那么现在的日本何尝不存在着多种语言？[2]

早期阶段，日本列岛上的语言相对比较丰富。而且，从语言进化的角度看，岛上语言的日益多元化应当是正常的趋势。可是，从之后的情况来看，日本列岛上的语言却十分单一，对于这一现象专家颇为不解。因此，部分学者怀疑，可能是弥生时代渡来人的涌入，一举取代了列岛上的本土语言。如若不是这些阿尔泰语系大陆移民的到来，那么绳纹人（绳纹人更新世时就已定居在日本）的语言很可能会分裂出成百上千种地方方言。[3]

一开始，弥生时代移民的语言也十分混杂，还远远没有实现统一化。然而，这些大陆来的弥生人一方面吸收了绳纹人的本土词汇，另一方面又不断地叠加渡来人的外来语言。最终，弥生人渐渐丢失了其原来的语言面貌。纵观整个历史时期及绳纹时代末期，来自中原地区的词汇影响尤其不容忽视。进入近现代以后，英文及其

1　[英]约翰·马厄（John C. Maher）:《北九州克里奥尔语：日语起源中的语言接触模式》，第31—32，34，39—41页；[日]山尾幸久:《古代日中关系》，第494，498页；关于5世纪时日本列岛口头语与朝鲜半岛产生区别，可参见[日]上田草苗:《贵族官制的成立：官制的由来及其性质》，第15页。

2　[美]罗伊·安德鲁·米勒:《日本语》，第147页。

3　[英]马克·哈德森:《身份废墟：日本岛内的民族起源》，第4，82—102页。

他西方语言对日语词汇的扩充也有重要贡献。据估计，现代日语词汇中来自英语国家的外来词所占比重已经达到了10%左右。[1]至于汉语外来词对日语的影响，其时间则更早，也更为彻底。

与英文相同，汉语一直被日本岛民视为外来语言。从语法及音调上看，日语与汉语的差异十分明显。然而，自日本书写文明肇始之初，汉字就被用于记录日语，而且直至今天日语仍然广泛地将汉字与假名并用。日语中借用汉语词汇及字义的现象极为常见。早在日本进入书写、城市及金属文明阶段之初，汉语外来词汇就已经出现。因此，汉字对于日本人而言，并不陌生。正如罗马字母成为英文的书写工具一样，汉字也已经成为日本本土文化的有机组成部分。汉字传入日本以前，日本文明的发展程度十分有限。但是，随着汉字传入日本，日本文明就成为东亚世界不可分割的一部分。

当然，正如史前时期中国华南、朝鲜半岛及越南都存在史前文化一样，日本列岛上也曾活跃着大量的绳纹时代先民。不过，这些史前族群目前已经湮没不见。从文化脉络上看，处在渔猎阶段的绳纹先民与后世社会的联系十分微弱。从某种意义而言，今

---

1 [美]詹姆斯·斯坦洛（James Stanlaw）:《"为了美好人生"——英语在日本的使用》，第61页。

天所说的"日本文明",其起源可追溯到6、7世纪的日本。当时,以世袭君主制为基础的集权国家——"大和国家"形成以后,所谓的"日本文明"才开始出现。[1]

所谓"日本文明",目前尚无统一的概念(恐怕只有神话或是宗教才有明确的概念吧)。日本列岛上的弥生人在克服多元文化因素的障碍后,最终形成了日本文化。一般情况下,高度复杂的文明社会都要经历复杂的文化杂糅,才能渐渐形成!因此,直到平安时代中期以后,日本历史才走向独立的发展轨道。不过,独立的发展轨道并未让日本偏离东亚世界前进的大方向,相反,随着时间的推移,日本文明反倒与华夏日益靠拢。至于对儒家思想的反思,那就更要迟至17、18世纪以后了。

第三节 另一个太阳:日本的"天下"观

随着一系列的征战及宗教文化、政治制度的发展,大和国家最终在6世纪左右形成。尽管5世纪初近畿周边地区已形成以倭王为首的联合政权,但直到7世纪时地方豪族仍然把持着地方权

---

1 参见[澳]加文·麦考马克(Gavan McCormack):《国际化:日本深层结构中的阻碍》,第267—268页;[日]山尾幸久:《古代日中关系》,第493页。

力，他们只是名义上向天皇称臣而已。[1]

隋开皇九年（589），东亚大陆上的华夏帝国终于在隋朝的努力下再度实现统一，由此结束了长达四个多世纪的分裂局面，而且其声威也进一步传播到了日本。仁寿三年（603），野心勃勃的隋帝国灭亡了前李朝，征服了交州故土，再度将越南北部地区直接纳入中央政府的管辖范围内。接着，隋军又继续南讨占城，并一度攻占林邑国都。大业三年（607），隋炀帝遣虎贲郎将陈棱等浮海击流求，占领了今天的台湾岛。大业八年到十年（612—614），炀帝又亲率大军三征高句丽，力图攻占朝鲜半岛。在华夏帝国强大国力的威慑之下，大和国（倭国）主动加强了与隋朝的交往。自隋大业三年（607）直至隋朝灭亡（618）的十二年间，倭国先后五次遣使入隋朝贡。隋亡唐兴以后，倭国更是多次派遣留学生、求学僧等入唐学习，人数多达几千人。直至晚唐乾宁元年（894），日本才停止了遣唐使的派遣。[2]

1　[澳]乔安·皮戈特：《日本王权的兴起》，第45，62，96—99页；又可参见[美]约瑟夫·北川：《光影之下：藤原氏及日本皇室管窥》，第100页；[英]卫德礼，[英]托马斯·西伊：《从庭院到首都：试析日本城市的起源》，第91页。
2　王贞平：《汉唐中日关系论》，第3页；杨廷福：《唐律初探》，第174页；关于隋朝远征流求，可参见[美]宾板桥：《唐代的建国：隋亡唐兴初探》，第25页；王赓武：《南海贸易：中国人在南海的早期贸易史研究》，第64—65页；王力平：《隋朝的边疆经略》，第12—14页。

历史学界一般认为，7世纪时日本积极效仿中原建立集权制国家，其实是为了应对隋唐帝国的崛起。特别是唐龙朔三年（663）白江口海战中百济倭国联军的大溃败，更是导致日本最终下定决心进行制度上的改革。白江口之战中，倭国水军四百余艘舰艇不仅未能扶持百济复国势力重建国家，反而一夜之间全部被唐新联军击沉。于是，这一年就成为唐倭关系史上的重要转折点。[1]白江口之战惨败后，日本担心唐新联军会继续乘胜追击，进而攻占日本本土。于是，倭国政府急于进行自我防卫。显然，效仿大唐制度重建国家，就成为日本此时的当务之急。

随着百济国的覆灭，日本自史前时期就已开始的接触大陆文明的文化窗口突然关闭。无奈之下，倭国只得另开窗口，主动与大唐建立直接的外交联系。平定高句丽、百济以后，唐帝国曾短暂地将朝鲜半岛划入帝国的版图内（只是随后被统一的新罗国驱逐出去罢了）。麟德元年（664）至咸亨三年（672）之间，唐朝在控制朝鲜半岛的同时，又遣刘德高、郭务琮等率领使团先后6

---

1 关于唐日之间的白江口海战记载，见《三国史记》卷2《百济本纪六》，第81页；关于历史分期研究中的案例选取，可参见[日]荒野泰典，石井正敏，村井章介编：《论历史分期》，第18—19页；[美]布鲁斯·巴顿：《外交威胁与国内改革：论日本律令国家的诞生》，第200，208—219页；[日]井上光贞：《律令制国家圈的形成》，第138—140页；[日]关晃：《律令国家的政治理念》，第28—29，31页。

次抵达日本。与此同时，日本派往大隋的首批遣隋使纷纷在632年至640年之间陆续回到日本，并为日本带来了第一手的信息。[1]总之，这些都为日本决心推行政治改革奠定了基础。

围绕着行政法及刑法条款的制定，隋唐帝国的行政制度得以在日本建立起来，而这种制度即传统史料中所载的"律令制度"（日语中作"Ritsuryō，りつりよう"）。据载，早在天治天皇元年（668），日本就仿照大唐《贞观令》颁布了《近江令》，是为日本律令制的开端。遗憾的是，《近江令》的原文已经散佚。日本现存最古老的律法是元正天皇养老二年（718）制定的《养老律令》。大约在同一时期（7、8世纪之交），建立在全国户籍统计基础上的"郡名分国制"也在日本正式推行，极大地加强了天皇的中央权威。当然，这一制度很容易让人联想到战国时代中国出现的"郡县制"。[2]

8世纪时（即奈良时代），日本政府规定全国户籍必须每隔六年就重新编定一次，并据此进行班田收授、征收田税徭役。毫无

1　[日]毛利久:《朝鲜三国时代与日本飞鸟时代的佛教》，第26—28页；[日]铃木秀夫:《古代倭国与朝鲜诸国》，第334页。

2　高明士:《唐代东亚教育圈的形成：东亚世界形成史的一侧面》，第42—43页；[日]直木孝次郎:《奈良国家》，第221，231—241页；[日]大町健:《东亚中的日本律令制国家》，第325页。

疑问，这种班田制也是根据隋唐均田制改定而成的。日本律令基本上是效仿唐朝律令的模本编订的，照搬大唐条文或改定大唐条文之处颇多。据统计，单是"田令"一条，日本现存律令与大唐律令的重合度就高达73%。不过，此处的论证逻辑也存在着明显的漏洞，其原因在于大唐律令存世至今者，多为零星的片段，大唐律令的复原也多是学者参照日本现存律令才得以展开的。当然，日本律令中的改定条文及原始条文，都有理由受到相同程度的重视。[1]

不过，大和国家并不是简单地复制大唐制度。例如，"班田制"就常常被学界视为日本所创立的全新土地分配制度。它是日本结合自身实际情况，在吸收隋唐帝国的均田制及其他儒家思想的精华后，最终推出的极具日本特色的土地制度。进入奈良时代以后，班田制与其效仿的蓝本——均田制的差异进一步扩大。日本政府规定，凡是年龄5岁以上的男女都可分得数量不等的口分

---

[1] 关于早期日本的户籍管理，可参见陈水逢：《日本文明开化史略》，第85页；[日]早川二郎：《王朝时代日本庄园制度产生诸前提》，第16页；关于奈良时代的田律，可参见《令义解》卷3，第107页；史丽华先生对唐日的田律进行了细致对比，可参见史丽华：《日本班田令与唐代均田令的比较》，第48—49，56页；高明士先生利用日本的材料复原大唐律令，可参见高明士：《唐代东亚教育圈的形成：东亚世界形成史的一侧面》，第43页；关于唐代田律的复原，可参见[英]杜希德：《唐代财政》，第124—135页。

田。与之相比，唐代的均田令中明确规定，只有成年男子（丁男）才可分得永业、口分田。那么，可以这么说，日本的班田制主要是作为一种土地分配制度而存在的，而大唐的均田制则更侧重于对私有土地的控制。[1]

现代日本及西方学者通常认为，7、8世纪律令制度之所以被引入到日本，主要因为其在权力集中、国家建设、赋税征收及徭役征发等方面存在着无可比拟的优越性。[2]对于任何效能型的政府而言，以上几个方面都是必须关注的核心问题。无论对于古代罗马，还是中华帝国，抑或现代国家而言，都是如此。若往前探寻，7、8世纪的大和国家原本可以效法战国秦汉时期的法家治国理念进行建设。只是，战国时代已经过去了将近千年，眼下的隋唐帝国早已不是在法家理念基础上建立的国家。相反，秦以后兴盛的儒家思想成为隋唐帝国的立国之本。

需要说明的是，在传统的东亚社会中，古代制度往往会受到格外的推崇。在古人的想象当中，更古老的社会才是儒学礼制的

1　[日]大町健：《东亚中的日本律令制国家》，第333页；王金林：《奈良文化与唐文化》，第210页；[日]山本行彦：《国有土地支配的特征与转变》，第33页。
2　关于律令制度优越性的举例，可参见[日]早川庄八：《律令制的形成》，第214—215页；[美]威廉·韦恩·法里斯：《早期日本的人口、疾病与土地：645—900》，第17页；吉田孝先生坚持认为日本律令制度更强调实用性，而不是概念性，参见[日]吉田孝：《律令国家与古代社会》，第41页。

典范，远非其所处时代可以比拟的。因此，儒家经典中的圣王传说及大唐帝国现行的政治理念就为日本的制度改革提供了完美的儒学治国蓝本。只是，大唐帝国的实际施政纲领与儒家理想社会中的"为政以德""化民成俗"的理念到底有何分别呢？也许，在今天看来，现实与虚构之间的分别往往一目了然。可是，对于奈良、平安时代的日本人而言，这两者的界限则似乎有些模糊不清。[1]

早期大和国家的统治者似乎受儒家"以礼治国"理念的影响极深。据推古天皇十二年（604）刊定的"宪法十七条"所记：

> 群卿百寮，以礼为本。其治民之本，要在乎礼。上不礼而下非齐，下无礼以必有罪。是以，群臣有礼，位次不乱；百姓有礼，国家自治。[2]

关于"宪法十七条"颁行的确切时间，学界尚存较大争议。毕竟，对于7世纪日本所发生的历史事件，日本史书中所附会的年代都不可轻易相信。不过，既然"宪法十七条"首见于《日本

---

1 ［日］石田英一郎：《日本思想史概论》，第42页；王家骅：《儒家思想与日本文化》，第233页。
2 《日本书纪》卷22，第142—143页。

书纪》的记载，那么其颁行的时间绝不会晚于该书的成书时间，即元正天皇养老四年（720）。同样，《日本书纪》虽然将大化改新的时间放在了7世纪中期，但也很值得怀疑。不过，即便按照质疑者的推测，整个7世纪的日本历史发展次序全部都被打乱，也仍然不能推翻一点，那就是日本的制度革新一定发生于7世纪以内。而且，毫无疑问，《日本书纪》也在一定程度上反映了8世纪初日本的社会观念与认识。

此外，对于"大化改新"是否真正落到实处的怀疑本身就是将7世纪日本社会放在现代政治术语体系中考量的一种时空错乱的误解。就当时而言，"以德治国"的儒家理念是否切实施行其实并不像我们现在想象的那么关键。毕竟，"宪法十七条"明确主张，治国之本在于"礼制"。

7世纪时，日本社会发生了巨大变革。对于这一点，想必并无争议。在归国遣隋（唐）使节的倡议及指导下，参照中国模式重塑大和政权成为举国理想。由此，日本开始了自上而下的政治制度改革。[1] 推古天皇十一年（603）至十二年（604）间，日本政府锐意革新，修造新宫、建立冠阶制度、颁行"宪法十七条"，

---

1 ［日］井上光贞：《日本古代国家研究》，第15页；林文月：《唐代文化对日本平安文坛之影响：从日本遣唐使时代到〈白氏文集〉之东传》，第372页。

试图将原来的倭王改造为中国式的君主（即皇帝）。按照乔安·皮戈特的说法："中国的皇帝就像万民所向的圣人，他躬亲行礼，教服天下。"[1]随着时间的推移，7世纪中后期，日本政治革新的步伐进一步加快。

庆云四年（707），元明天皇发表她的治国之道，认为"凡为政之道，以礼为先"。而且，在她看来，礼与乐缺一不可，"礼主于敬，以成五别；乐本于和，亦抱八音。节身陶性之用，御世治民之义，既尽于焉"[2]。按照儒学的思维逻辑，如果君主躬亲表率、以礼治国，那么群民必然争相效仿；如果群民守礼有信，那么天下必然太平安宁，君主自然就能够垂拱而治了。

延喜十四年（914），文章博士三善清行（847—918）向醍醐天皇奏上"意见十二条"，详陈其安邦治国的理念。在其看来，理想中的国家应该轻徭薄赋、民风淳朴，"国俗敦庞，民风忠厚，轻赋税之科，疏征发之役"。而且，君主也要体察民情、善待百姓，"上垂仁而牧下，下尽诚以戴上。一国之政，犹如一身之治"。那么，按照三善清行的理解，峻法苛税对于建设理想中的儒家社

1　[澳]乔安·皮戈特：《日本王权的兴起》，第82—92页；[日]铃木靖民：《东亚诸国的形成与大和国家的王权》，第226页。

2　《续日本纪》卷4，第124—127页；《经国集》卷20，第381页。

会有百害而无一利。[1]

7、8世纪时，日本律令制国家主要是建立在"律"（即刑法）的基础之上，"令"的制定则主要是为了将儒家理念中的"礼法"贯彻到具体政策当中。而且，"律"似乎也被高度儒学化了。例如，在具体量刑时，君臣士民等不同的身份等级也有明显的差异。这显然是受到了"君君、臣臣、父父、子子""刑不上大夫"等儒学社会等级观念的影响。

奈良时代，日本律令中有所谓的"八虐"之罪，正好呼应了中国律令所不容的"十恶"之罪。在"八虐"之中，很多条都与叛逆不敬有关。例如，"谋叛""毁山陵""伪造御宝""合和御药""对捍制使"等等。

然而，由于在儒家观念中"君"与"父"被视为一体，那么"恶逆"与"谋叛"二罪的严重程度就几乎相同了。所谓"恶逆"，是指殴打或者杀害近亲，"谓殴及谋杀祖父母、父母，杀伯叔父母，姑，兄姊，外祖父母，夫，夫之祖父母、父母"。而所谓的"不道"，是指"谋杀一家非死罪三人，造畜蛊毒、厌魅及支解人"，也是极凶之罪。"八虐"中的第七条是"不义"之罪，

1　关于延喜十四年（914）三善清行所奏的"意见十二条"，见《本朝文粹注释》卷2，第233，239页。

其中显然也包含了浓厚的儒学"忠义"思想。"不义"是指"杀本属府主、刺史、县令、现受业师；吏卒杀本部五品官以上官长；及闻夫丧匿不举哀，守丧期间作乐、穿吉服及改嫁等"。[1]

在奈良时期人们的意识当中，所谓"惠政"，应该是天皇"仁以待民"、百官"勤以为政"。与此同时，天地万物也会报以相应的征兆。与中国一样，当时日本也认为"德政防邪，善言招福"。因此，天历十年（956），右大臣菅原文时（899—981）才向时任的村上天皇上表，请求"减服御常膳，并恩赦诏"。在他看来，"俭者德之本也，明王能迳。惠者仁之源也，圣主必施"。如果天皇仁德并施，那么上天一定"丹诚有感，苍穹无欺。则降霖泽于不日，望谷稼于如云"。据统计，从元明天皇和铜元年（708）到光孝天皇仁和二年（886）的一百多年间，日本天皇为显示其德政，曾大赦天下多达123次。[2]

日本律令中对于各种灾异祥瑞的出现都有相应的规定，因

---

1 《律》卷1，第2—4页。关于"礼"在律令中的体现，可参见高明士：《唐代东亚教育圈的形成：东亚世界形成史的一侧面》，第58页；[日]泷川政次郎：《律令制的研究》，第305，323—333页；[日]山尾幸久：《古代国家与庶民的习俗》，第95页。关于"八虐"重刑，可参见王家骅：《日中儒学比较》，第78—84页。
2 关于奈良时代"惠政"的认知，可参见[日]藤原正巳：《历史中的象征世界：古代日本宗教史中的佛教、儒学及天神地祇与天皇》，第48—49页；关于菅原文时的表文，见《本朝文粹注释》卷2，第154—158页；关于屡次"大赦"的记载，可参见《类聚国史》卷86，第501—510页列表。

为在时人看来，"圣王出世，治天下时，天则应之，示其祥瑞"。宇多天皇仁和四年（888），日本各州出现山崩水灾，天皇感叹："百姓何辜，频遭此祸？"在他看来，相比于"先帝陛下，敬受人时"，他远远未能顺从"天道"，所以才有此祸。又，庆云二年（705），由于"阴阳错谬，水旱失时，年谷不登，民有菜色"，文武天皇自责不已，认为这是自己不能"德感上天"的缘故。于是，他下诏减免天下租税，并令诵经求法，"宜令五大寺，读《金光明经》，为救民苦。天下诸国，勿收今年举税之利，并减庸半"。从上举两例中不难看出，当时日本人认为天皇德政与自然气候之间存在着因果关系。[1]

除了维持四季的正常运转外，以天皇为核心的大和政权还需要以仁为本、教抚万民。与中国的主张相同，日本社会中"公义"与"私德"二者也彼此相辅相成。政治上的"忠君"与伦理上的"孝悌"就是如此。在时人看来，孝子必然忠君。例如，天平宝字元年（757），孝谦天皇在废储诏令中称："古者，治民安国，必以孝理。百行之本，莫先于兹。"7、8世纪之交，在日本

---

1 关于灾异祥瑞，可参见［日］泷川政次郎：《律令制的研究》，第330页；［美］威廉·韦恩·法里斯：《早期日本的人口、疾病与土地：645—900》，第52页；关于宇多天皇仁和四年（888）的诏令，见《类聚三代格》卷17，第525—526页；关于文武天皇庆云二年（705）的救灾举措，见《续日本纪》卷3，第84—85页。

的科举策文中，主金兰对于忠、孝二者之间的关系也有精辟的阐述："虽公私不等，忠孝相悬，扬名立身，其揆一也。……即是能孝于亲，移忠于君。引古方今，实足为鉴。"[1]

鉴于忠孝之间的紧密关联，为了更好地"治国安民"，孝谦天皇（749—758年在位）当年（757）就下令"宜令天下，家藏《孝经》一本，精勤诵习，倍加教授"。而这一举措，似乎也是模仿天宝三年（744）唐玄宗"诏天下家藏《孝经》"的做法。[2]当然，笔者十分怀疑孝谦天皇的这一举措是否真正得到了施行。毕竟，大多数底层平民根本就目不识丁，诵读《孝经》谈何容易！不过，按照儒家所提倡的观点，"天子"与"百姓"原本就位分不同，二者之间天然地存在着难以逾越的鸿沟，因而也不必强求。唯一重要的是，天子在施政治国时，应当摆出正确的道德伦理姿态。

依照律令规定，日本各州郡长官应当每年巡行辖地，纠察非违，举荐贤良，"凡国守，每年一巡行属郡，观风俗、问百年……部内有好学荐道、孝悌忠信、清白、异行，发闻于乡间者，举而

1　关于孝谦天皇天平宝字元年（757）的诏令，见《续日本纪》卷20，第174—175页；关于主金兰的科举对策文，见《经国集》卷20，第375—376页。

2　《续日本纪》卷20，第182—183页；关于唐玄宗天宝三年（744年）"诏天下家藏《孝经》"的举措，见《新唐书》卷5，第144页。

进之"。对于违背孝悌礼俗、胡作违法之人，则应当及时"纠而绳之"。据载，8世纪早期，日本政府频频对"高年""老疾""孝悌""节妇"等群体加以表旌，并给予其租税减免等优惠政策。例如，和铜改元时（708），元明天皇下令："高年百姓，百岁以上，赐籺三斛；九十以上，二斛；八十以上，一斛；孝子、顺孙、义夫、节妇，表其门闾，优复三年。"[1]

天平宝字元年（757），孝谦天皇宣称，"治国理民，莫过于礼"。而礼教兴盛与否，则有赖于太学。为了鼓励太学的发展，她又下令赐太学生世业田各二十町。按照儒学提倡的观点，唯有兴教才能"化民"。这其中，对儒家经典的修习必不可少。据《藤原家传》所载，大宝四年（704），藤原武智麻吕（680—737）官拜大学助，由于太学寮生员萧条，他痛心疾首："夫学校者，贤才之所聚，王化之所宗也。理国理家，皆赖圣教；尽忠尽孝，率由兹道。今学者散亡，儒风不扇，此非所以抑扬圣道、翼赞王化也。"[2]

正如德国学者卡尔·曼海姆（Karl Mannheim）所说："我们

---

1 《令义解》卷2，第102—103页；《续日本纪》卷2，第60—61页；《续日本纪》卷4，第128—129页；《续日本纪》卷5，第184—185页；《续日本纪》卷6，第216—219页。
2 关于孝谦天皇天平宝字元年（757）赐太学生世业田的记载，见《类聚国史》卷107；关于大宝四年（704）藤原武智麻吕对太学寮萧条景象的描绘，见《藤原家传》第2部分，第882页。

属于一个群体并不仅仅是因为我们生于其中，不仅仅因为我们承认属于它，最后也不因为我们把我们的忠诚和依附给予了它，而主要是因为我们用世界以及世界上的某些事物的存在方式来看待他们（即根据讨论中的群体的含义）。"[1]在前近代的东亚世界中，"礼"是东亚各国所认同的核心思想，并由此缔造了东亚知识阶层共同的价值观念及社会秩序。大宝二年（702），遣唐使粟田真人由大唐返回日本。据载，他初至大唐时，唐人对其谨守礼义的行为印象深刻："唐人谓我使曰：'亟闻，海东有大倭国，谓之君子国。人民丰乐，礼义敦行。今看使人，仪容大净，岂不信乎？'"文中提到的"唐人"，姓名阙载于史。但是，不难发现，在时人的眼中，评判东亚国家是否进入文明阶段，"礼义"是一条很普遍的衡量标准。平安时代初期，日僧最澄曾随遣唐使入唐求法。延历二十四年（805），最澄结束了求法活动并启程回国。当时，明州刺史郑富对其也有高度评价，"最澄阇梨，性禀生知之才，来自礼义之国，万里求法，视险若夷"。9世纪时，中纳言菅原道真（845—903）在亲历"释奠"祭礼、听讲《孝经》后，感悟颇深，"芸其草，修其书，去圣曾未咫尺"。以上种种，不难

---

1 引自[德]卡尔·曼海姆著，黎鸣、李书崇译：《意识形态与乌托邦》，北京：商务印书馆，2000年，第23页。——译者注

看出在东亚世界之中，礼、义、忠、孝等儒学思想已将各国融为一个共同的文明单元。[1]

两个世纪以前，约在唐贞观二十年（646），南海郡地方部落——"介蛮夷"剽悍不驯，吉安丞王义方以儒礼成功将其招抚，"义方召首领，稍选生徒，为开陈经书，行释奠礼，清歌吹蘥，登降跽立，人人悦顺"。[2] 释奠、祭拜等仪式在东亚世界的成熟文明中被普遍地遵循着。那么，虽然"介蛮夷"生活在中国境内，但日本著名宫廷诗人菅原道真很可能更能领会儒学的奥秘，更像一个地地道道的儒家士子。

然而，菅原道真并没有彻底"华化"。事实上，正是因为他的谏阻，宽平六年（894），日本第19次遣唐使才未能成行，遣唐使的外交活动由此废止。当然，暂停派遣遣唐使，只是出于对时局的考量，并不是有意回避与大唐的文化联系。不过，话又说回来，虽然日本一直仰慕大唐制度，但与此同时它也没有停止"日本化"的脚步。

1　参见[德]卡尔·曼海姆著，[美]路易斯·沃斯（Louis Wirth）、[美]爱德华·希尔斯（Edward Shils）译：《意识形态与乌托邦：知识社会学引论》，第19页；关于大唐人给予日本"礼仪之国"的评价，见《续日本纪》卷3，第80—81页；关于对最澄和尚的评价，见《传教大师将来目录》，第382页；关于菅原道真的言论，见《本朝文粹》卷9，第210页。
2　《新唐书》卷112，第4160页；[日]宫川尚志：《华南的儒学化》，第40页。

正是在与大陆的交往过程中，日本的"民族意识"才开始慢慢觉醒。通常情况下，在全球化的过程中，往往会出现一种"逆反效应"，即地方族群对自我身份的刻意强调。正如彼得·威尔斯所说："公元1世纪末，罗马帝国的势力渗入北欧以后，虽然上层精英接受了帝国的文化……但其他阶层却有意强调其地方族群的身份。从考古出土资料看，直至罗马帝国崩溃以前，北欧地方族群的物质文化仍然与罗马文化保持着相当的距离。"[1]

而且，日本文化的特殊性唯有靠其他东亚传统文化的衬托，才能够显现出来。所谓的"和魂"一词，最早出现于平安时代中期（已超出了本书的时间下限）。在当时的日本文学中，它常常被用来与汉文学问直接进行对比。直到平安时代末期以后，独特鲜明的日本民族文化才真正开始繁荣。不过，它仍然深受中国书法、文学及其他方面的影响。如果没有中国文化的滋养、没有中国文学的衬托，那么也就没有所谓的"日本本土文学"了。[2]

1　[美]彼得·威尔斯：《话说蛮族：入侵族群对罗马欧洲的塑造》，第193—194页；关于菅原道真对于遣唐使活动中止所起的作用，可参见[美]包瀚德：《菅原道真与早期平安时代的日本朝局》，第240—253页。

2　关于"和魂"，可参见[美]大卫·波兰克：《词义分裂：8至18世纪日本的中国化》，第58—59页；关于平安时代大唐风气对日本"民族文化（国风文化）"的影响，详见[日]榎本淳一：《国风文化》与中国文化：文化移入过程中的朝贡与贸易》，第154—159页。

虽然西方学者向来对古代日本科举取士制度及太学国学制度的普及抱有贬抑的看法，但事实上儒家教育及选拔机制在日本发育得十分完整，并且从8世纪一直沿用到12世纪。不过，不可否认的是，日本太学制度的发展远远不如中国、朝鲜等大陆国家那样成功。延喜十四年（914），文章博士三善清行向醍醐天皇上奏了"意见十二条"。其中，在《请加给大学生徒食粮事》一条中，他提到了太学寮式微的情形："由是南北讲堂，鞠为茂草；东西曹局，闻而无人。于是博士等，每至贡举之时，唯以历名荐士，尝不问才之高下、人之劳逸，请讬由是间起，滥吹为之繁生。……先王庠序，遂成丘墟。"[1] 由此可见，律令中精心设计的教育制度逐渐在日本萎缩，乃至彻底消亡。

而在更早之前的8世纪初，日本仿照大唐均田制颁布的"班田令"，也在推行了不到半个世纪后，最终走向废弛。究其原因，主要在于户籍人口的逃亡及国家控制以外的私田开垦。据载，桓武天皇延历二十五年（806），日本最后一次按照"六年一班"的惯例[2]在全国范围内进行班田收授。之后，日本的"公田"制度

1　参见［美］包瀚德：《菅原道真与早期平安时代的日本朝局》，第69—88页；史家鸣：《日本古代国家的发展》，第42页；王家骅：《儒家思想与日本文化》，第39—43页；关于三善清行的谏议，见《本朝文粹》卷2，第285页。
2　弘仁元年（810）的"畿内班田"及天长五年（828）的再度授田都不在此限。——译者注

逐渐被"私田"制度（即"庄园"）所取代。这一过程在东亚地区仅见于日本一地，也常被解读为日本中世纪封建制形成的关键。而且，日本的"封建"化进程大致也与欧洲保持了同步。[1]

日本仿照大唐田税制度所做的律令尝试（即"班田收授法"）最终还是以失败而告终，但其失败并不是因为太过照搬唐制而忽略了本国国情。对这一点，早期学者似乎有些想当然了。[2]需要提请大家关注的是，均田制在唐朝的崩溃时间其实更早。大约在"安史之乱"爆发前后（天宝十四年，755），这一制度就已名存实亡了。而且，均田制最初也是由北魏时期的拓跋鲜卑人草创的。作为一种"非汉"制度，它与两千年华夏帝国所秉持的传统也多有出入之处。因此，日本农耕经济的发展演化不能理解为本土制度与中原制度对抗后的结果。相反，它是大和政权为应对不断变化的具体国情，而坚持借鉴东亚各国优秀施政举措的结果。

平安时代，日本的私有大庄园开始出现。与此同时，在"均田制"崩坏以后，唐朝的"庄园"也开始增多。显然，唐代庄园

1　关于日本"班田制"的崩溃，可参见[英]科尼利厄斯·基利:《早期平安时代的部省制与土地占有》，第278页；史家鸣:《日本古代国家的发展》，第40页；[日]山本行彦:《国有土地支配的特征与转变》，第39—40页；[日]吉田孝:《律令国家与古代社会》，第217页。关于"私田（庄园）"出现在日本中世封建制的关键性作用，可参见[美]彼得·杜斯（Peter Duus）:《日本的封建主义》（第2版），第31—36页。

2　[英]桑塞姆:《日本简明文化史》，第103—104页。

的形成过程与日本并不完全相同。不过，值得特别注意的是，无论在大唐，还是日本，对这一性质的私有土地，当时的汉文史书中都采用了同一称谓——"庄园"（莊園）。[1]笔者以为，之所以两国史料中出现了同一表述方法，是因为稍晚出现的日本"庄园"采用了当时早已存在的汉文名称。

长期以来，日本历史的发展一直都遵循着它自己的结构模式。而在中国，世袭贵族政治制度自从崩溃以后，就再也没有恢复，取而代之的是建立在科举考试基础上的精英政治、官僚政治。而且，很长一段时间内，这一新型的官僚行政机制都保持着旺盛的生命力。此后，虽然中华帝国反复分裂了若干次，但很快又恢复了统一。相比之下，日本则仍然是一个高度重视血缘关系的世袭贵族社会。随着班田制的崩溃、科举制的废止，日本新兴的武士阶层开始崛起，而这一特殊的社会阶层则完全不见于中国。

随着历代王朝的更迭，中国的帝王家族不断地发生着变换。相反，在早期的天皇谱系被杜撰出来以后，后来的日本天皇世系就一直在同一个家族之内绵延不断。不过，日本天皇的权力逐渐

1　关于中唐时期"庄园"的出现，可参见邱添生：《唐宋变革期的政治与社会》，第7页。

衰微，并最终沦为象征性的国家元首，而真正的政治实权逐渐被武士阶层把持。公元12世纪末（1185），以镰仓为最高统治中心、具有独立政治机构的武家政权——镰仓幕府正式开幕，从此日本开启了幕府统治的时代。由于天皇的权力完全被幕府将军架空，幕府就直接凌驾于朝廷之上，成为实际上的政治中枢。不过，在握有实权的地方武士阶层首领——大名面前，幕府将军有时候也很无奈。1482年，室町幕府第8代将军足利义政（1435—1490）就这样抱怨，大名恣意妄为，不听政令，国家完全失去了政治管理。[1]

换言之，日本的历史发展轨迹从此与大陆国家完全不同。在传统的东亚世界中，历史发展并无统一的规律可循。有趣的是，幕府的最高统帅——"将军"（しようぐん）与中国军队中的武官"将军"二者字形相同，发音也十分接近。早期阶段，"将军"常常会作为中国天子的册封称号，被赐给东亚其他国家。例如，6世纪时，百济、高句丽及契丹首领都得到了中国册封的将军称号。更者，"幕府（ばくふ）"原本也是汉语中的词汇。早在战

1　[日]林屋辰三郎：《室町时期的京都》，第22页；关于"幕府将军"，可参见[美]约翰·霍尔：《政府与日本的幕藩体制：500—700》，第152—154，200—201，359—360页。

国时代，中国就出现了"幕府"一词，它常被用于指代"军政大吏的营帐府署"。[1]而且，中国历史上也不乏独霸一方的地方武装豪强。

当然，在汉语与日语当中，这样的语言关联十分常见，也十分琐碎，因此不足以削弱幕府统治时代"将军"的独特属性。但是，这也说明，前近代时期日本始终无法逃离东亚文化圈的影响。在吸收大陆文化时，日本十分灵活，甚至常常让这些文化元素融于日本文化之中，并消失得无影无踪。不过，若要细细品味日本的文化与历史，就不得不将日本本土文化与东亚共同文化剥离开来。

中原地区的核心文化不断向周边地区传播，并深深地植根在东亚社会的每一个地方角落之中。所以，若要试图区分出所谓的"地方文化"与"外来文化"，大多数时候只能是徒劳。在交流碰撞当中，这些"地方文化"与"外来文化"不断地融合、杂糅而形成新的混合文化。不过，只有在中华帝国版图之内融合而成的族群，才被称之为"华夏人"（或"中国人"）。而且，就算在华

1　关于6世纪中国册封百济、高句丽、契丹为"将军"的事例，可参见[日]毛利久：《朝鲜三国时代与日本飞鸟时代的佛教》，第8页；王力平：《隋朝的边疆经略》，第7页。关于"幕府"，可参见[美]贺凯（Charles O. Hucker）：《中国古代官名辞典》，第336—337页；《册府元龟》卷716，第8511页。

夏帝国的内部，也仍然存在着多元的地方文化与族群。在中原文明向周边扩散的过程中，它并没有将沿途的地方文化全部消除。"与古代地中海世界的希腊文化一样，东亚世界的中原文化并没有发展成为地方文化的对立面。相反，它只是一个包罗万象的文化介质，耐心地传达出它动人的声音。"[1]

早期阶段，日本越是按照中国的方式思考，它就越有可能自我膨胀，将自己视为"天下之中的国家"。进而，华夏帝国的倨傲姿态就越让它无法忍受。因此，大力模仿中国制度，颁布律令、行用年号、改定历法、采纳谥号等诸多举措，其背后都有着共同的动机，那就是与中国一较高下。如果中华帝国自成一个"天下"，那么日本就要另立"天下"，就要在日本列岛上建立一个臣服于自己的"天下"，以与中国抗争。[2]

8世纪时，日本崇信佛教，甚至在奈良都城内铸造了庞大的东大寺铜佛。其实，这其中也有日本为了取代大唐而成为佛法大国的考虑。甚至，仿照大唐长安、洛阳两都营建的平安京，也象征着日本"天下"的行政中枢。圣武天皇神龟元年（724）十一

---

1 [美]包骚客（G.W.Bowersock）:《近古时期的希腊化》，第7页。

2 [澳]乔安·皮戈特:《日本王权的兴起》，第167页；[日]辻善之助:《日本文化史（一）：高古与奈良时期》（重印本），第257—273页；[日]吉田孝:《律令国家与古代社会》，第29页。

月，日本政府允许五位以上的官员在营造屋舍时，"拘立瓦舍，涂为赤白"。当然，这一建筑装饰方法也参照了大唐的风格。在传统日本社会中，"板屋草舍"才是常制。从当时太政官的奏言中可以发现，之所以要装饰建筑，原因在于："帝王为居，万国所朝，非是壮丽，何以表德？"[1]

从汉文中引入的"王治"一词，原本就有统治四方的意思，因此就埋下了日本"天下观"的种子。5世纪时，倭国虽然一度向南朝政权遣使纳贡，而且国内的权力也掌握在具有文字能力的少数大陆移民家族手中，但从现存的早期日本刻铭文字中不难看出，当时的倭国君主已经萌生了"天下"意识。例如，江田船山古坟铁刀铭文中，就有"大王……治天下"的字样，而埼玉稻荷山古坟铁剑铭文也有"左治天下"的记载。[2]

就当时而言，"天下"一词是日本在表述集权政治国家时能够借用的唯一汉文政治术语。与"天下"搭配使用的词语是统治天下的"天子"，可惜中国已经采用了。那么，像日本、朝鲜这

---

1 《续日本纪》卷9，第156—157页；相关研究可参见[澳]乔安·皮戈特：《日本王权的兴起》，第244页；关于奈良时期日本佛教的接受，可参见[日]辻善之助：《日本佛教史研究》第6卷，第109，113页。

2 [日]穴泽和光，马目顺一：《日本古坟中的两柄刻铭铁剑：埼玉稻荷山古坟与伊田熊本县江田古坟的发现与研究》，第382页；[日]西嶋定生：《日本历史的国家环境》，第76—80页；王金林：《汉唐文化与古代日本文化》，第158—159页。

样的东亚小国，似乎只能采取"事大主义"的策略，主动向中国天子俯首称臣。不过，日本并没有遵循这样的常规思路。相反，7世纪时，日本采纳了极具中国特色的政治词语——"天皇"来表示大和国家至高无上的君主。一方面，"天皇"可凌驾于朝鲜半岛的"大王"之上；另一方面，"天皇"又可与中国的"天子"相互匹敌，平起平坐。[1]

孔子有曰："天无二日，民无二主。"大化二年（646），新政刚刚开始时，这句话也被圣德太子拿来特意重申："天无双日，国无二王。"[2]按照汉文的理解，普天之下，可有万国，但"天下"只有一个，而且只有"天子"才是合法的共主。因此，圣德太子又言："是故兼并天下可使万民，唯天皇耳。"

站在这样的逻辑观点之上，大和国家的姿态自然十分倨傲。隋大业三年（607、推古天皇十五年），日本派遣小野妹子等使于隋朝，竟然在上呈的国书中称"日出国天子致书日没国天子"。显然，双方各以"天子"的口吻自居，无疑会天然地导致两国关系走向对立。这一时期，倭使所致国书，常常因为自称"天子"、语气傲慢，而被大隋天子下令雪藏，或者直接撕毁："帝览之不

---

1 ［日］石田英一郎：《日本思想史概论》，第37页。

2 《日本书纪》卷25，第233页。

悦，谓鸿胪卿曰：'蛮夷书有无礼者，勿复以闻。'"想来，日本的处境也确实尴尬！[1]

澳大利亚学者乔安·皮戈特先生反对将"天皇"一词直接英译为"emperor（皇帝）"，因为8世纪时天皇远远未能征服整个日本列岛。"除了掌握少量的地方'守备兵士'外，天皇手中并无常设武装，而且他所管辖的领地极其分散，并且只是名义上臣服于他而已。"皮戈特的言论有其合理之处，不过他似乎有些高估军事对于早期日本社会的重要性。军事征服对于界定一个"帝国"的作用并不十分关键，对于"以儒为本"的东亚帝国而言尤其如此。例如，16世纪时，早在吞并庞大的海上殖民地以前，英国就已经被时人称作"大英帝国"。而其原因在于，英国长期以来都是一个独立国家，且与欧洲大陆相对隔绝。从这一点来说，采用"帝国"一词来描述早期的大和国家也并无不可。如果"帝国"的核心内涵在于将原本彼此分立的国家纳入共同的政权之中，那么早期的日本也完全符合这一定义。更何况，大和国家对于成为"天下共主"有着近乎疯狂的追求。在大和政权的臆想之中，它常将自己想象为"天下之中"的"中国"，而周边蛮夷国

---

1 《隋书》卷81，第1827页；关于隋朝时倭使遭遇的尴尬外交情况，可参见徐先尧：《隋倭邦交新考：倭使朝隋并非所谓对等外交》，第529—530页。

家都需要向其臣服纳贡。[1]

齐明天皇五年（659、唐显庆四年），日本派遣坂合部石布等人使于大唐。在日本进献给大唐的贡品当中，即有从本州西北俘获的"虾夷男女二人"。当时，唐高宗特别向来使询问了虾夷的情况。"天子问曰：'虾夷几种？'使人谨答：'类有三种，远者名都加留，次者麁虾夷，近者名熟虾夷。今此熟虾夷，每岁入贡本国之朝。'"据日本早期的汉文史书记载，使者口中的这些"虾夷"国仍然不断地向日本贡献土物。为了显示天皇的宽厚姿态，文武天皇三年（699），大和政权便给这些不远千里而来的虾夷使者赐予了爵号，"越后虾狄一百六人赐爵，有差。"[2]显然，天皇的这一举动也是参照了中国天子的做法，都是为了在天下子民面前树立仁君的形象。

除了上文所说的"虾狄"之外，8世纪的日本史书中还常常出现统一新罗前来向天皇纳贡称臣的记载。例如，庆云三年

---

1 [澳]乔安·皮戈特：《日本王权的兴起》，第8—9页。关于16世纪时英国被视为"帝国"，可参见[英]尼古拉斯·坎尼（Nicolas P. Canny）：《序言：帝国的起源》，第1页。关于日本自诩为"天下正中"的"中国"，可见[英]泰莎·莫里斯·铃木（Tessa Morris-Suzuki）：《反观过去：日本身份的构建及其边界》，第83页；朱云影：《中国文化对日韩越的影响》，第286—287页。

2 《续日本纪》卷1，第10—11，16—17页；关于唐显庆四年（659）倭使进贡虾夷奴婢的记载，见《日本书纪》卷26，第270—271页。

（706），新罗贡调使金儒吉在完成了每年例行的纳贡任务后，即将准备启程"还蕃"。这时，文武天皇特意令其携带答书回国，一方面向新罗王表示问候，另一方面又对其加以褒奖："天皇敬问新罗王……所献调物并具之。王有国以还，多历年岁。所贡无亏，行李相属。款诚既著，嘉尚无已。春首犹寒，比无恙也。国境之内，当并平安。"[1]

唐显庆五年（660、齐明天皇六年），在唐新联军的合围下，百济灭国。而后，在百济遗臣鬼室福信及僧侣道琛的扶持下，百济王扶余丰曾企图复国。不过，未等百济复国势力羽翼丰满，唐新联军又再度击溃了倭国与百济的联军。扶余丰之弟善光一支残余势力逃往日本，并在天智天皇的支持下，建立了流亡政府。善光更是接受了天皇的册封，称"善光王"。那么，从百济流亡政府向日本天皇俯首称臣一点来看，大和国家的"天下"似乎有几分真切了。唐至德二年（757、孝谦天皇天平宝字元年），由于新罗"渐阙蕃礼"，日本的朝臣纷纷主张对新罗用兵威慑，"多发楼船，远扬威武"。然而，这一提议遭到了文章生纪真象的反对，在他看来出兵不是良策，怀柔远夷才是妙方："礼仪隔于人灵，

1 《续日本纪》卷3，第92—95页；相关研究可参见[日]山尾幸久：《古代日中关系》，第474—475页。

侵伐由于天性。……爰警居安之惧，仍想柔边之方。"[1]

换言之，前近代时期，日本完全接受了中华帝国的"天下观"。但是，在他们看来，统领"天下"的并不是中国天子，而是居中而处的大和国家的"天皇"。由于"乡国之土俗各异"，那么天皇就必须采用儒学经典对其进行同化，"朝宗分仪，类细流之赴东海"。7、8世纪之交，日本地方上的行政长官，更像是现代意义上的文化使者。正是通过这些"国守"，汉字文明才从宫廷传播到了民间。[2]

例如，和铜三年（710），日向国（即西海道日州、向州二地，今宫崎县境内）地方酋首（"隼人"）曾君细麻吕因为"教喻荒俗，驯服圣化"，被元明天皇授命为从五位下的国守。8、9世纪，奈良政府常常给富豪之家赐予爵位，以褒奖他们在灾荒之年赈抚百姓时所做的贡献。例如，宝龟五年（774），"（三月戊申，）赐诸国枲私稻者七人，爵各一级"。[3]

---

1 《经国集》卷20，第354，356页；关于百济王扶余丰之弟善光一支势力流亡日本的情形，可参见[澳]乔安·皮戈特：《日本王权的兴起》，第117页。
2 关于藤原敦光所说的"细流"理论，见《本朝续文粹》卷3，第516页；皮戈特先生将日本的地方"国守"称作"文化使者"，参见[澳]乔安·皮戈特：《日本王权的兴起》，第153—154页。
3 《续日本纪》卷5，第160—161页；[日]西别府元日：《公营田政策的背景：弘仁末期的太宰府与西海道诸国》，第431页。

以上种种，都可视作典型的儒学治国模式，即采取"仁政"的方式治理国家。总之，中华文明的精髓几乎完全被日本吸收消化。甚至，可以这么认为，到了14世纪时，在经历了秦始皇最初的焚书坑儒运动及蒙元帝国最后的压迫以后，"完整的儒家典籍就只见于日本国内了"。[1]换言之，虽然儒学典籍仍然以汉文方式保留了下来，但儒家文明的普世价值却只在日本得到了完整贯彻。

1　[美]保罗·瓦利:《战争怪谈中塑造的日本武士》，第10，91页。

第九章　余论：汉化及其背后的"躁动"

唐天宝十四年（755），由于天下承平日久，安禄山（703—757）"计天下可取"，遂以今中国东北地区南部为大本营正式起兵谋反。对于这场叛乱，安禄山"谋逆十余年"，可谓蓄谋已久。一方面，对于归降番夷将士，安禄山以夷语亲自抚慰，"故其下乐输死，所战无前"；另一方面，他又兼领范阳、平卢、河东三镇节度使，积攒了雄厚的兵力。而且，安禄山虽为大唐军将，但本是胡族出身。据载，安禄山乃是"营州柳城胡"，其母阿史德为突厥巫觋，其父安延偃则为粟特虏将。安禄山出生于"穹庐"帐中，成长于胡族环境下，相传能"通六蕃语"。在起兵叛唐以前，安禄山还暗中"遣贾胡行诸道，岁输财百万"，又"阴令群贾市锦彩朱紫服数万为叛资"。[1]

1　关于安禄山的记载，见《新唐书》卷225上，第6411—6421页。

对于"两唐书"《安禄山传》中的历史缺环，现代学者多有讨论。不过，细察这些史料不难发现，安禄山叛乱背后隐藏着强大的外族势力，而且正是这些躁动的周边族群，真正对大唐局势构成了长期的潜在威胁。对于这一点，我们尤其应当注意。据潘以红的研究，这一时期唐代的地方节度使职往往由胡族出身的军将担任。[1]当然，这与宰相李林甫"嫌儒臣以战功进，尊宠间己，乃请颛用蕃将"的谏议不无关联。不过，到叛乱前夕，安禄山已不是原来那位身份卑贱的胡族军士。相反，他已经是大唐的高级军将，且深受唐玄宗、杨贵妃的恩宠，"帝大悦，命与杨铦及三夫人约为兄弟"。讽刺的是，安禄山起兵以后，反倒是胡族色彩更为浓厚的回纥人派兵支援，才拯救大唐于水火。不过，"安史之乱"严重消耗了大唐国力，从此之后大唐由盛而衰。一开始，对于"开化"蛮夷一事，大唐充满着自信。可是，到了安史之乱以后，唐人对藩外族群却只有戒备与恐惧。

虽然此后唐朝平定了叛乱，重新收复了两京，但是"初唐以来一直实行的一元财政体制完全废弛，已无法恢复其原貌，唐帝

---

1 ［加］蒲立本:《安禄山叛乱的背景》，第7—23页；潘以红先生指出，"除了岭南节度使外，安史之乱以前地方藩镇节度使基本上都由外族军将担任"，详见潘以红:《天子与天可汗：隋唐帝国及其近邻》，第155页。

国的统治根基面临崩塌。尽管政府试图挽回局面，但都只是停留在表面上，原来的'律令'常态已经一去不复返了"。无论叛乱本身，还是其他因素，目前都尚不能被认定为大唐衰败的原因。总之，唐中期爆发的"安史之乱"就此成为中国历史发展进程的重要分水岭。[1]

而在整个亚欧大陆上，全新的时代也已开启。及至唐朝，横贯东西的贸易网络已经形成，并且将旧大陆的各个角落连为了一个有机的整体。从某种程度上说，亚欧大陆可视为一个内部联系紧密的文明共同体。如果大陆的一端发生变乱，大陆的另一端往往也会有所反应。当然，这其中的因果关联有时候很难察觉。天宝十四年（755），大唐国土上燃烧的是堪称中国历史分水岭的"安史之乱"的战火。而在遥远的大陆西端，公元751年，加洛林王朝取代了墨洛温王朝，开始统治法兰克王国；公元747年，阿拔斯王朝（即黑衣大食）也取代倭马亚王朝（即白衣大食），统治了阿拉伯世界；公元742年前后，回纥大败突厥，控制了蒙

1　[美]查尔斯·彼得森（Charles A. Peterson）:《中兴的完成——论唐宪宗和藩镇之关系》，第151—152页；关于安史之乱以后唐代政治体制的变化，详见刘后滨:《安史之乱与唐代政治体制的演进》，载《中国史研究》1999年第2期；关于中唐以来社会、政治、经济等领域的变革，详见邱添生:《唐宋变革期的政治与社会》，台北：文津出版社，1999年。

古大草原。[1]

从安史之乱爆发（755）开始，直至唐朝最终灭亡（907），这一百多年的时间可以看作东亚世界一个时代的终结。公元894年，日本列岛上的大和国家停止了遣唐使的派遣活动。而在朝鲜半岛上，公元918年，王建率领泰封弓裔部起事，最终在公元935年灭掉新罗，建立了高丽王朝。至于岭南地区，公元939年，交州一带（今越南北部）最终在安南都护吴权的领导下，永久性地独立出华夏帝国的版图。总之，东亚世界的每一个地方都在发生翻天覆地的变化。

而在中国，这种变化最为持久，也最为彻底。这时，严格按照律令规定建立起来的行政体制已无法继续推行，取而代之的是更为灵活自由的儒家伦理治国模式，即在简化国家行政措施的前提下，依靠儒家伦理感化百姓，从而使国家得到治理。从短期来看，这一改变大大地释放了国家潜藏的商业能量，加速了中国经济的发展。因此，"此后的一千多年中，中国一直都是世界上最为发达的国家"。[2]北魏至隋唐以来推行的均田制彻底崩溃，国

1　参见［美］白桂思：《吐蕃在中亚：中古早期的吐蕃、突厥、大食、唐朝争夺史》，第177—178，182，192页。
2　详见［英］伊懋可：《中国历史的模式：社会与经济史的解读》，序言。

家对商业的限制也无法继续维持。此后，中国历代王朝都采取相对宽松的商业政策，并没有过多地干预商业的发展。而这一经济政策，就是18世纪法国重农学派所说的"放任主义"（Lassez-faire）。[1]

然而，从长远来看，由于缺乏必要的法律条文及公共措施，国家的经济活力最终也反受其害。当时，诸如度量衡、货币等最基本的经济工具都没有在全国范围内实行统一的标准。相比之下，唐以前的历代王朝则没有出现此类情形。1912年，辛亥革命最终推翻了帝制。当时，革命派对旧帝国的谴责并不集中在"专制皇权"等方面。相反，他们口口声声指责的是两千多年的封建

1　关于晚期中华帝国经济的衰退，可参见［美］易劳逸：《家庭、土地与祖先：1550年至1949年中国社会经济史中的变与不变》，第133—134页；［美］郝若贝（Robert M. Hartwell）：《750—1550年间中国的人口、政治与社会变迁》，第395，404页；［美］康拉德·希诺考尔（Conrad Schirokauer），［美］韩明士（Robert Hymes）：《序言》，载其编：《燮理天下：宋代对政府和政策的讨论》，第2—3，12—31，48—51页；［英］杜希德：《序言》，载其编：《剑桥中国隋唐史（596—906）》，第18—19页。孟德卫先生认为："法国所说的'放任主义'思想应该受到了同一时期中国儒家思想的影响。'放任主义'一词的源起已无法确知，但一般认为是由法国重农学派最先提出的。魁奈（Francois Quesnay）作为重商学派的创始人，在其著《中国的专制制度》（Le Despotisme de la Chine）中坚持认为：'在自然法则基础上，唯一需要补充的只有儒学思想。……而且，对待商业的政策就是放任自由与无限竞争。'正是在魁奈的影响下，才出现了后来亚当·斯密（Adam Smiths）所说的'看不见的手'的隐喻。"详见［美］孟德卫（D.E. Mungello）：《中国与西方的大遭遇（1500—1800）》，第89—90页；［法］魁奈著，［美］刘易斯·马弗里克（Louis Maverick）译：《中国的专制制度》，第274，296页。

王朝未能将中华民族凝聚成西方那样的民族国家。[1]

显然，安史之乱以后，大唐所建立的高效行政体系并没有立即瓦解。从日僧圆仁在大唐的求法经历来看，会昌五年（845），唐武宗"裁并天下僧寺"的灭佛运动也波及山东一带，而且相较于两京，山东的执行力度并没有因为距离的缘故而大打折扣。[2]唐代的户籍管理制度十分严格，但似乎从一开始推行就面临着崩溃的危险。唐政府需要不断地努力维系，才能够间歇性地恢复其活力。然而，唐朝覆灭以后，严格的户籍政策基本被废弃。这样，此后的历代王朝就再也无法奢望像大唐那样对全国户籍实行强有力的控制。

公元907年，唐朝灭亡。从此，中国、日本、朝鲜与越南纷纷走向了不同的历史发展道路。例如，自平安初期开始，日本的历史轨迹就与大唐帝国发生了偏离。不过，从最终的演化结果看，多个世纪以后，东亚各国都发展成了更为彻底的儒学国家。

---

1 关于唐以后必要公共举措的减少，可参见[美]易劳逸：《家庭、土地与祖先：1550年至1949年中国社会经济史中的变与不变》，第107—112页。关于辛亥革命以后革命派的批判，可参见[法]格莱尔·白吉尔（Marie-Claire Bergère）著，[法]珍妮特·劳埃德译：《孙中山》，第371—372页；[美]费约翰：《被误解的革命：1923—1926年国民革命时期的国家与社会》，第326页。

2 [美]埃德温·赖肖尔译：《入唐求法巡礼行记》（《圆仁日记：中国巡礼记》），第268页。

直到19世纪以后，高度默契的东亚儒学世界才被西方近代工业文明所打破。

当然，东亚世界从来都不是在孤立中进化发展的。与同一时期的西欧相比，唐帝国的国际化程度更深，国门更为开放。海外贸易、佛教传法及胡族入侵等等，无一不将东亚世界与更为广阔的亚欧大陆联系到一起。然而，由于文化传播的距离太过遥远，加之华夏帝国向外文明扩张的脚步从未停歇，外来文化因素的影响被大大地削弱了。中华帝国希望开化西戎，而不是被其"胡化"。毕竟，以"教化诸夷为己任"的华夏，如何肯让远夷颠倒了"师生"关系呢？

如果说东亚从属于更广阔的的世界，东亚内部也存在多元的地方文化。也许，有人会心存疑惑，认为相比于西方文明对早期中国的影响，中国对早期日本的文化影响也同样十分有限。同理，早期大和国家对日本列岛周边地区的文化辐射也基本可以忽略不计。大家知道，这个世界上并不存在两个完全相同的人类个体，但与此同时整个人类又大体上彼此相近。那么，在关注东亚地区时，我们应当时刻记住，所谓的文化共性及差异性都是无穷无尽的，而且每一个侧面都不容忽视。不过，单就上层精英文化而言，前近代时期整个东亚世界存在着高度的共性。为了更好地观察东亚世界的文化共性，我们必须竭尽全力排除现代民族主义情绪的干扰。

现代越南民族主义者通常认为，中华帝国对交州一带长达千年的控制不过是"过眼云烟"而已。早在华夏帝国的势力进入以前，交州周边就已经有越南先民在此生息繁衍。而在华夏帝国的势力撤离以后，越南更是建立了庞大而独立的民族国家。[1]这一观点的谬误之处在于并不理解"民族"身份的内涵。从石器时代起，世界上某些偏远隔绝地区的原始族群总能够单线进化，直至今日不受过多干扰。越南族群的进化情况就大致如此，它在很长一段时间内都保持了相当程度的延续性。而且，这些原始族群的"语言"及"地方风俗"也常常能够保存下来。然而，10世纪时，越南吴朝独立政权的建立并不是对史前时期越南地方风俗的恢复。例如，从考古地层上看，东山文化并没有再度出现。（即便出现了疑似的晚期东山文化地层，也只能被认定为刻意复古的结果。）而且，当时沿着红河河谷所建立的新兴政权（即吴朝政权），也与今天意义上的越南国家相去甚远。

诚然，东山文化衰落以后，东山铜鼓仍然作为鲜明的南方文化器物继续沿用了几个世纪之久。直到隋唐五代时期，东山铜鼓

1　[美]基斯·威勒·泰勒:《越南的诞生》，第4页。

仍然被番禺一带的岭南族群视为财富与权力的象征。[1]而这并不令人感到奇怪，因为对于当时的南方人而言，交州或者番禺，都不过同属于岭南罢了。因此，今天中国华南南部与越南的文化差异主要是由历史发展轨迹的不同造成的，并不是由于两地原始族群的差异所致。

此外，今天越南的国土范围横跨了东亚及东南亚两个地理单元。之所以如此，主要是因为"汉化"以后的越南独立政权不断地向南扩张，兼并了占城人、高棉人及其他族群的活动区域，并最终建立起北起红河河谷、南至湄公河三角洲的"庞大"国家。从某种意义上说，过去的三千年间，东南亚的北部边界慢慢地从最初的长江一线（中国中部）一直向南退缩到现在的湄公河三角洲（今越南南部）。那么，从越南及两广地区的历史发展进程来看，东亚文明也曾南渐到此地。所谓的"东亚化"并不是一个空洞的命题，它实实在在地发生在越南及两广地区。总之，经意或者不经意间，不同的文化就在此地发生了交融。

上文所说的"东亚化"，又可称为"汉化"，或者"中国化"。毫无疑问，东亚文明最显著的共同特征是汉字及儒学政治，而这两者最初都是从古代中国的核心地区（即今天中国的华北地区）

1　王承文：《六祖慧能早年与唐初岭南文化考论》，第13页。

起源的。需要注意的是，东亚世界的发展几乎呈现出了一边倒的趋势。中国不仅成为东亚文明的起源地，更发展成为东亚世界国土面积最广、人口规模最庞大的地区。

例如，隋大业二年（606），隋朝官方统计的户籍人口是4600万。当然，这一数字应当低于实际的人口规模。相比之下，7世纪时，日本的户口规模据推测仅仅为300万到550万之间。7世纪末，作为唐帝国统辖下的交州地区，其户籍人口只有148 431口。当然，联想到700年前汉武帝时期统计的交州人口已达到百万，那么可知唐代交州地区应当存在相当数量的脱漏户口。同一时期，朝鲜半岛的人口总数则更难推定，不过百济与高句丽的户口较为明确。唐龙朔三年（663），百济灭国时的户籍人口为76万户。据载，高句丽的户籍人口在7世纪时达到了顶峰，达到了"六十九万余户"，"士三十万，抗唐为敌"。[1]虽然对于当时的家庭平均户口数、丁男所占的人口比例，甚至以上统计数据的可

1　关于隋朝的户籍人口，可参见[英]杜希德：《唐代的人口与瘟疫》，第35页；赵冈，陈仲毅：《中国土地制度史》，第137,145页及表3.2。关于日本的人口规模，可参见[美]威廉·韦恩·法里斯：《早期日本的人口、疾病与土地：645—900》，第8页。关于越南的户口数，可参见[美]基斯·威勒·泰勒：《越南的诞生》，第176—181页。关于高句丽、百济的户口，见《三国史记》卷1《高句丽本纪十》，第413页；《三国史记》卷2《百济本纪六》，第80页；《三国史记》卷3《杂志六》，第230,232页；《新唐书》卷220，第6197页。

靠性，目前都无法确认，但毫无疑问的是，中国的人口规模远远大于东亚其他国家。

除了中华帝国版图内出现了规模庞大的"华夏人"，东亚其他国家的族群都没有彻底的"华化"。对于东亚其他国家而言，来自中原的文化因素只是叠加在了多元的本土文化之上，并成为东亚世界共同的文化标杆。诚然，接受共同的东亚文明标准，确实在很大程度上促进了东亚世界的文明趋同。但是，笔者以为，接受统一的文明标准不过是为了扼制地方文明的日益多元化罢了。中原文明不断地在东亚世界中传布，并渐渐与各地的史前文化相互融合，而融合的结果就是，东亚各国陆续形成了极具地方特色的东亚文明变体。

在面对不同族群及地域文化并合的风险时，我们应当很自然地回想一下达尔文的"自然选择"理论，即"物竞天择，适者生存"。其实，这一理论主要不是用来解释自然界中无法适应环境的物种最终会遭到淘汰这一现象。相反，它主要是为了证明自然界新生的物种都是由共同的祖先进化而来的。归根结底，达尔文的"进化论"是站在"物种多样化"的立场上进行阐释的，他这样写道：

在每一个纲内，凡是属于较大物群的优势物种，便更能产出新的优势体型，因此大物群将更趋于增大，同时形状也将更趋于歧异。但是世界上的地盘有限，不能是一切物群都增大不已，所以较优胜的物群，将打倒较不优胜的物群。这种倾向——大物群的不断增大和形状的不断分歧，加以不可避免的大量物种的灭绝——便可以解释为什么一切生物体都能排成许多大小的类别，而归纳于少数大纲之下。[1]

人类是自然界中进化极为成功的物种，目前已经繁衍到了地球上的每一个角落，而且人类的内部族群分化也尤其引人注目。按照现行学说的推测，人类早在15万年至20万年前就从非洲开始起源。同样的，人类最早的语言也从非洲诞生。[2]自从走出非洲以后，十几万年以来，人类始终朝着更加多元化的方向进化。不过，由于不同族群的交往日益频繁、殖民战争的不断上演、新技术新理念的广为传播，有时候这种多元化的进化趋势会被暂时或者局部地扭转。一旦无法迅速地接受新技术、新工具、新方

1 ［英］查尔斯·达尔文著，［美］莫尔斯·派克汉姆（Morse Peckham）编：《〈物种起源〉集注本》，第735页。译者按：译文引自谢蕴贞译：《物种起源》，北京：科学出版社，1955年，第331页。

2 ［意］卡瓦利·斯福札（Luigi Luca Cavalli-Sforza）：《基因、人口与语言》，第104，106，108—109页。

法，这些地方族群很快就会面临毁灭的风险。

中原地区由石器时代到农耕时代的巨大突破，就伴随着青铜国家和文明的发展。最终，强大的"华夏人"统一了分裂的中国，并一度控制朝鲜半岛及越南北部地区。同样，东亚历史的演进发展也一直是本书探讨的核心问题。正是在中原核心文明的影响之下，周边地区的日本、朝鲜半岛及越南等地才逐渐发展出了具有地方特色的东亚文明变体。

然而，尽管采用了这样温和的表述，仍然有不少人对"汉化"的概念十分抵触。毕竟，在他们看来，"汉化"也是一种"文化霸权主义"，即使换了名头也不能改变它的本质。而且，"汉化"的背后已经隐藏了这样的概念，即这一过程中只有中国才是"赢家"，东亚其他国家都只是"输家"；只有中国才是"文明"国家，其他地区都只是"蛮夷"之地。由于"汉化"的概念太过刺耳，这些人就极力矮化"汉化"的成果，认为长期以来地方文化的抵制大大抵消了"汉化"所带来的影响。

与"汉化"的处境一样，20世纪以来全球范围内的普遍"西化"也遭遇了冰火两重天的对待。支持者认为，"西化"是时代发展的大趋势，并对其所带来的"社会进步"大加赞美。然而，反对者则极力抹黑"西化"，或者对其心生抱怨。乔伊·亨得利（Joy Hendry）先生是杰出的英国人类学家，他在长期研究现代日本社会的过程中发现，所谓的"工业社会趋同理论"完全不具有现实的说服力。"二战"以后，美国社会中也流行着一种观点，认为21世纪将会是"历史的终结"，世界各地都会不可避免地"可口可乐化"（Coca-colonization）[1]。当然，最终的结果可能不会如此极端，但它一定是朝着这一趋势发展的。[2]

对于"全球趋同"与"地方应对"二者之间的辩证关系，本杰明·巴伯（Benjamin Barber）先生进行了极为深入的研究，其成果反映在他那部轰动全球的名著——《圣战与麦当劳世界》（*Jihad Vs. McWorld*）中。近年来，标准化的美国快餐连锁店在东亚地区快速发展。当然，对于东亚而言，美国快餐的吸引力始终在于提供了一种有别于本土的美国风味。然而，为了扎根于东亚市场，美国快餐连锁店也经历了"本土化"的过程。阎云翔先生对于麦当劳在中国的传播也有敏锐的观察，从新世纪以来"麦当劳在北京"的发展历程看，他认为"麦当劳文化的全球传播，其实是多元与一体的结合"。[3]

文化互动一直以来都是十分自然的现象，而且以后仍将会如

1　"可口可乐化"指以美国为代表的西方文明对全球的文化殖民。——译者注
2　[英]乔伊·亨得利：《日本：当代人类学》，第348页；[美]弗朗西斯·福山（Francis Fukuyama）：《历史终结了吗？》，载《国家利益》1989年夏第16卷。
3　阎云翔：《麦当劳在北京：美国文化的地方化》，第72—76页。

此。一般来说，某些观念或做法从一个地区起源以后，开始向周边地区传播，并最终为更为分散的人群所接受。如此一来，这些地区的历史发展进程就不乏共通之处。那么，共同的历史发展模式或历史发展规律就成为一种臆想并存在于人们的脑中。通常来说，在不同文化进行互动时，总会呈现出"一边倒"的趋势，即更容易朝着某一个方向进化。这可能是由不同文化的力量对比造成的，也有可能是文化扭转的代价太大所致。不过，话又说回来，文化互动并不会导致彻底的趋同，或是一种文化全面地复制另一种文化。即便是在最极端的事例中，"全面复制"也是可想而不可为的。

社会面貌总是万象丛生的，想要简单地加以复制谈何容易，形形色色的人群、方方面面的事物都不得不加以考虑。正如墙上的画板无法彻底擦拭干净一样，不同文化之间的差异也不能简单地通过互动、复制而全部抹除。同理，世界上也并不存在两个彼此分离、封闭、静止却完全相同的地方文化，文化之间的互动交流与相互影响是永恒不止的。大约自20万年以前人类文明刚刚诞生于非洲时起，人类就开始缓慢地向全球迁徙。与此同时，贸易及其他形式的交流也开始出现。虽然这一过程总是起起伏伏，或者快慢不一，但从未停止。为了适应不同的地方环境，人种的差异开始出现，固定的民族渐渐形成。由于缺乏一种安稳感，担心"受到不确定因素的冲击",这些新兴的民族更愿意相信自己是亘古有之,且从未改变的。当然,这不过是幻想罢了![1]

不同族群之间存在着天然的交往动力,而族群文化的互动局面却难以预测,且族群文化的力量对比也存在不均(围绕着一个数值上下波动,就是"平衡"),那么出现所谓的"汉化"或者"西化"现象就在情理之中了。但是,如果误以为"汉化"或者"西化"都是全面而彻底的,那就有些天真了(似乎现在很多人都怀有这样幼稚的看法)。关于前近代时期的跨文化交流,杰里·本特利先生近来这样描述到:

> 一般来说,只有在强大的政治、社会和经济力量的推动下才会出现对异域文化标准的普遍认可,导致文化融合现象的出现,而非大规模改宗异域文化传统。如果缺少强大的动因,顽固的文化保守主义会坚决抵制异域文化的渗透。[2]

---

1 [美]查尔斯·凯斯(Charles F. Keyes):《族群变迁的辩证法》,载其著:《族群变迁》,第27—28页。
2 [美]杰里·本特利:《旧世界的相遇:近代之前的跨文化联系与交流》,第19页;译者按,译文引自李大伟、陈冠堃译:《旧世界的相遇:近代之前的跨文化联系与交流》,上海:上海三联书店,2015年,第14页。

文化"趋同"是一个十分正常的社会现象，但无论怎样"趋同"，两种文化也不会完全相同。"趋同"的结果是丰富多彩的"融合"文明的出现，这不得不令人感到惊讶。

作为当代美国朝鲜史研究领域的领军人物，布鲁斯·库明斯先生这样疾呼："朝鲜从来就未曾完全中国化……实际上，朝鲜保持着鲜明的地方文化，反倒是外来因素被'朝鲜化'了，切记不要颠倒了事实真相！"当然，库明斯的主张不无道理。（只是，他的观点总是让人联想到"杯中水只剩一半"与"杯中水还剩一半"的争论。）对于日本的"汉化"情形，大卫·波兰克先生也做了类似的探讨："日本并不是被动地接受中国文化的影响。相反，它积极地吸收外来文化中的合理元素，并将其与地方文化融合到一起。"不过，在此基础上波兰克又进行了进一步的深入思考，他注意到："所谓的'地方'文化，本身就是早期阶段不同文化反复融合后的产物。"[1]

一方面，我们既不能简单地说朝鲜或者日本被"中国化"了；另一方面，我们更不能武断地称朝鲜或日本将"选取"的中国元素"本土化"了。相反，朝鲜、日本，甚至中国，都不过是

1　[美]布鲁斯·库明斯：《阳光普照下的朝鲜：现代史的考察》，第19—20页；[美]大卫·波兰克：《词义分裂：8至18世纪日本的中国化》，第57页。

东亚文明互动的产物，而非起点。而且，这一过程仍然在持续着，东亚各国还远远不是最终的"成品"。一开始，东亚世界并无所谓的"朝鲜"，也无所谓的"日本"，甚至"中国"也是后来才渐渐形成的。虽然不免有些过于简单化，但笔者以为，"中国化（或者汉化）"是造就东亚地区不同文明的动力。正是因为"中国化"的驱动，东亚世界才从石器时代庞杂的部落文化中走出来。从一定意义上说，"东亚文明"的区域性差异正是不同地区长期交流的结果。

需要承认的是，"中国化""朝鲜半岛儒学化"等术语似乎确实有一点文化单向传播的意味。在国土面积、人口规模及古老程度等方面，朝鲜与中国存在着巨大的差距。这从朝鲜半岛长期奉行的"事大主义"外交政策中也能看出一些端倪。不过，虽然中国的历史较朝鲜更为古老，但二者都不是开天辟地时就已出现的。如今，中朝边界的界定，更多是由政治因素而非自然地理环境决定的。在经历了多个世纪的文化互动以后，中国及朝鲜半岛国家才渐渐兴起，并进而推动东亚世界的诞生。虽然朝鲜的面积远远小于中国，但它在东亚世界中的活跃程度并不亚于后者。站在朝鲜的视角看，一部朝鲜地方文明的形成史，就是一部朝鲜如何与史前朝鲜族群、中华帝国及周边地区交流的历史。

7世纪时，新罗平定了百济、高句丽，并对半岛上的新罗人、百济人、高丽人及大唐移民进行文化整合，在此基础上建立了朝鲜半岛第一个统一的政权——"统一新罗国"。因此，在"统一新罗国"以前，采用"朝鲜"一词并无实质意义，它最多只是用于指代一片地理区域罢了。[1]之后，"朝鲜"又不断地发展演化。直到公元1392年，李氏朝鲜建立以后，"朝鲜"一词才有了充分的内涵。崇尚儒学的李氏朝鲜，完全成为一个教科书式的儒学国家。进入20世纪以后，李氏朝鲜才在日本殖民者的入侵下灭亡。其间，朝鲜一方面是儒学社会的典范，另一方面又保持着独特的文化传统。

如果说要从一堆选项中，抽象出"儒学国家"的概念，那么与之最接近的社会形态一定是李朝时期的朝鲜，而非中国。不过，即使是在儒学氛围浓厚的李氏朝鲜，严格的儒学规范也仅仅适用于上层社会的"两班"阶层。而"两班"占总人口的比例最多也不过10%。那么可以这样认为，"朝鲜社会的儒学化只是发生于上层社会的文化现象"。[2]

当然，这一现象并不局限于朝鲜，其实对于任何地方都是如此。现如今，跨国交流常常能够影响到普通大众。然而，古代

1 [韩]金达寿：《朝鲜：民族、历史与文化》，第64页。
2 [英]玛蒂娜·多伊希勒：《朝鲜的儒学转型：社会与意识形态的研究》，第12—14页；[韩]金滋焕：《朝鲜社会的儒学化》，第85页。

的国家交往只是将不同社会的统治阶层联系到了一起，而无法触及广大的中下层百姓。[1]这也进一步说明，打造共同的上层文化、维持多元的地方文化才是中华文明向周边地区传播的"题中之意"。需要补充的是，特别是在早期阶段，朝鲜半岛这样的交通要冲极容易出现不同地方族群大规模融合的现象。

至于日本，成熟国家的形成更是晚至7、8世纪。而且，对大唐制度有意识的模仿也都是日本的官方行为。不过，随后这种中国风气确实有所扩散。9世纪时，日本上层社会中开始流行中国的烹饪技法及饮食风俗。弘仁九年（818），大学头菅原清公向嵯峨天皇奏请改着唐服，并以唐法装饰宫殿，"天下仪式，男女衣服，皆依唐制。五位已上位记，改从汉样。诸宫殿院堂门阁，皆著新榜"。此外，关于平安时代（794—1192）汉文学对日本贵族雅士风格塑造的影响，也不可过于低估。[2]

当然，以上这些也都是对日本贵族阶层的要求。甚至，从早

1　[日]鬼头清明：《大和国家与东亚》，第149页。
2　家永三郎先生就早期大陆文化的影响形式进行了探讨，详见[日]家永三郎：《飞鸟与白凤文化》，第343页。关于奈良、平安时代中原文化的影响，可参见林文月：《唐代文化对日本平安文坛之影响：从日本遣唐使时代到〈白氏文集〉之东传》，第373页；[美]海伦·克雷格·麦卡洛夫（Helen Graig McCullough）：《星夜繁锦：〈古今和歌集〉与日本古典诗歌的宫廷风格》，第1—72页；松崎：《佛教东传及其对日本文化的影响》，第43页。

期日本文学作品、11世纪成书的《源氏物语》来看，日本贵族社会仍然对于男女之事十分随意，而且男女之间的社会地位并未失衡。这些都与中国父系社会中的"尊卑""节制"等观念显著不同。[1]那么，通过以上描述，我们可以这样认为：所谓的"中国化"，应当是东亚儒学文化与周边地方文化之间进行的一场开放式对话，而不是周边地区对中原文明的全面复制。因此，即便是上层社会中的贵族精英，也都同时受到儒家伦理规范及地方文化风俗的双重影响。

甚至，哪怕是在某个以地理范围界定的"民族文化"的内部，也不存在一套共同遵循的"文化准则"。换言之，"文化（互动）"就像一场"永无止境的对话"，而展开对话的前提是"共同的语言"，或是"一套相对固定且共同认可的价值观念"。[2]"单一民族文化"赋予一定地理范围内所有族群共同的文化特性，并将这些族群凝结为一个不可分割的整体。可是，它只是一个想象中的概念，距离历史现实十分遥远。[3]完全统一的民族文化只是一

1　王家骅:《儒家思想与日本文化》，第266—270页。

2　[美]理查德·马德逊（Richard Madsen）:《中国与美国梦：基于道德的观察》，第210，214页。

3　可参见[美]鲁伯特·埃默森（Rupert Emerson）:《从殖民帝国到民族国家：亚非人民的意识觉醒》，第149页。

个幻想。

然而，在个体差异及多元国家之外，文言文（通常被表述为"汉字"）作为早期东亚世界通用的书面文字，确实为东亚社会的知识阶层提供了可供相互交流的语言，并创造了共同的文学环境。儒家经典、佛教经书及其他书籍都是通过汉字向周边地区传播的，并进而推动了整个东亚世界共同价值观念的形成。而且，这一观念并不只在少数知识阶层中流通，它还进一步传播到了民间。

前近代时期，东亚世界中并无真正意义上的"国家"。当时所称的"中国"，不过是想象中的"天下"正中的区域罢了。相比之下，日本更不过是传统东亚世界的周边孤岛。因此，当日本高谈"天下"时，总会有些令人忍俊不禁。不过，前近代时期的日本似乎出现了一丝丝"民族主义"的萌芽。但要确切地说来，"日本大和民族的自我意识，直到20世纪以后才真正觉醒"。"日本作为一个独立国家，完全是19世纪后半叶人为划分地理界限的结果。然而，在日本的国界线以内，仍然生活着许多不同的族群，他们语言、风俗及信仰都各不相同。"[1]

1　详见[英]马克·哈德森：《身份废墟：日本岛内的民族起源》，第13页；[英]泰莎·莫里斯·铃木：《反观过去：日本身份的构建及其边界》，第82页。

如今，"民族国家"的概念已经深入人心。这时候，如果有人站出来声称并不存在绝对单一的民族，或者完全相同的文化，那么他一定会受到非议。所有民族都是在历史中塑造出来的，没有哪个"民族"一开始就是如此。同样，所谓的"地方文化"也是相对的，因为还存在更原始的"地方文化"。"世界上并不存在'亘古已有'的文化，也没有创造现代文化的'土著族群'。"[1]

不过，另一方面，中华文明延续几千年而未曾中断也是一个不争的事实。在中国文化塑造东亚世界的同时，也出现了一股反对中国文化的地方力量（特别是抵制中原王朝对地方的政治管辖），而恰恰是两者的结合才推动了古代东亚社会的形成。"一般认为，正是为了应对伊特鲁里亚人、高卢人等异民族的外部压力，古罗马才渐渐兴起"，而罗马帝国建立以后对周边族群的征服，反过来又引起了周边地区对罗马帝国的反抗。同样的，东亚世界的周边国家也在效仿中原文化、吸收华夏养分的同时，竭尽全力地抵制华夏帝国的干涉。由此，才逐渐形成各具特色的东亚地方文明。[2]

---

1 详见[美]普利普·考尔（Philip L.Kohl），[俄]高佳·采赫拉泽（Gocha R. Ttsetskhladze）：《民族主义、政治与高加索地区的考古实践》，第150—151页。
2 关于古罗马，可参见[美]威廉·麦克尼尔：《西方的兴起：人类共同体史》，第313—314页。

第九章　余论：汉化及其背后的"躁动"　439

"文明化的矛盾之处在于，有时候它会搬起石头砸自己的脚。"[1]近代西方的全球称霸，虽然加速了世界的近代化进程，却也激发了世界各地反抗殖民主义的民族独立运动，由此新兴民族国家才纷纷建立。前近代时期，基于固定体质特征而界定的"民族"概念尚未形成（或者说，尚未完全成熟），因此像大唐这样强大的华夏帝国很轻易就能将周边民族"化夷为华"。然而，到了20世纪初，殖民同化就没那么简单了。例如，遭受法国殖民者控制的中南半岛人（即法国眼中的"越南人"）并没有完全的"法国化"。而且笔者料想，大概唐朝的"啬夫"并不会奢望自己能像"士子"那样知书达理，"居高临下"的中原文化在向周边扩散时也确实频频遭到抵制。

也许，只有人类才会在不断模仿的同时，又出于本能的冲动去抵制"家长权威"，特别是获得这样的"家长权威"就意味着站在等级体系的顶端。想要站在等级体系的顶端，只有两种途径：要么推翻并取代站在权力顶端的权威，要么另行建立一套森严的等级制度。总之，复制"家长权威"模式，就意味着否定之前的"权威"。毕竟，"天子"只有一人。因此，东亚国家的汉化程度越深，它追求自立的要求就越强烈，它企图另立"天下"、

1　参见[美]郝瑞（Stevan Harrell）:《引言：文明工程及其应对》，第25页。

自成"天子"的野心也越膨胀。

诚然，简单模仿有时候确实是应对外部威胁的最有效方法。"日本'明治维新'、沙俄'二月革命'、晚清'洋务运动'以及奥斯曼帝国'仁政改革'等等，都是各国为了避免陷入欧洲列强的殖民统治，而主动采取的'西式'改革。与之相同，古代东亚世界中也有不少周边族群及边疆王朝采取了类似的策略，它们主动向中原地区学习，不断增强自己的实力，以摆脱华夏帝国的控制。当然，更多时候，它们不是依靠战争，而是凭借中原地区的行政制度来'武装'自己。"[1]

随着现代日本社会"国际化"（通常也被理解为"西化"，甚至"美国化"）程度的日益加深，"故乡"（furusato，ふるさと）情结这样一种文化逆反心理也越来越浓重。其实，"故乡"一词几乎是整个东亚世界通用的表述。在韩语当中，"故乡"读作"kohyang"（고향）；在汉语当中，"故乡"读作"guxiang"。但是，在书写时，三种语言却完全相同，而且传达的情感也完全一致。讽刺的是，现代的"全球化"进程与传统的"日本文化"之间并不截然对立。相反，时下的"全球化"正是对"明治维新"以来

---

1 参见[美]邓茹萍（RuthW.Dunnell）:《大白上国:11世纪西夏之佛教与立国》，第9页。

所形成的日本民族文化的继承和发展。[1]与之类似，前近代时期日本、朝鲜及越南的"中国化"也与这些地区传统地方文化的形成密不可分。总体而言，东亚世界体系的成熟正与东亚内部不同国家的分离完全同步。

需要注意的是，东亚周边国家积极地效仿中原文明时，正值华夏帝国陷入长时间的南北大动乱、大分裂时期，也就是常说的"六朝时期"（又作"南北朝时期"）。六朝以前，是统一的汉帝国；六朝以后，则是强盛的唐帝国。[2]然而，六朝时期的政治分裂反倒为周边地区与中国的外交交往，以及东亚其他国家的形成与独立创造了特殊机遇。毕竟，这一时期，中国对周边国家的威胁明显下降。不过，随着隋唐帝国重新统一中国，这样的外部威胁再度凸显。于是，在这样的压力之下，朝鲜、日本纷纷加快效仿中原文化的步伐，并最终在7、8世纪时完成了制度改革，建立了独立政权。

公元6至9世纪，日本正紧锣密鼓地效仿大唐建立国家。然而，同样讽刺的是，这一时期却是日本对与大陆往来控制最为严密的时期。在大和国家建立以前，很长一段时间内，大规模的大

1　详见[美]詹尼弗·罗伯特森（Jennifer Robertson）:《村庄的消亡：国际化与战后日本的怀旧情结》，第128页。
2　参见[日]川胜义雄:《魏晋南北朝》，第54—55页。

陆移民及民间往来几乎完全不受控制；进入10世纪以后，大陆内部及海上各国的民间贸易也呈现递增的趋势。[1]而恰恰是在日本大规模且有意识地效仿中原文明时，日本政府加强了对与大陆往来的垄断控制。当然，这恐怕也是"中原模式"的一种表现吧！

从公元700年的大唐长安城向周边地区极目眺望，看到的是一个以长安为中心的庞大帝国，其地理范围东达朝鲜半岛，南及扶南，西抵波斯、吐蕃，北接蒙古草原。"当然，以上所提及的都只是大唐帝国势力所及的周边蛮夷地区，而再往外延伸，就'自古未通中国也'。"[2]对于大唐长安的百姓而言，即便是见闻最广博的人，恐怕也不知晓"日本"到底在何处。另一方面，8世纪的平城京也被当时的大和国家自诩为"天下"的中心，即便奈良政府对于大唐帝国的存在有着清晰的认知。而且，在这两个"中心"看来，越往周边延伸，就越是蛮荒之地。

1　参见[日]池田温：《隋唐世界与日本》，第4—5页。
2　《唐会要》卷100，第1798页；相关研究可参见王赓武：《南海贸易：中国人在南海的早期贸易史研究》，第92页注14。

参考文献

※东亚历史文献一律译为中文，不保留英文。
※今人学术著作中日文著作译为中文，不保留英文；
其他语言著作译为中文，同时保留原文。

一、东亚历史文献

[越]黎崱撰：《安南志略》，北京：中华书局，1995年。

（晋）张华撰：《博物志》，台北：台湾中华书局，1983年。

（晋）曹嘉之撰：《晋纪》，见（清）汤球 辑：《晋纪辑本》，广雅书局丛书，1920年。

（宋）王钦若等编：《册府元龟》，台北：台湾中华书局，1981年。

（唐）姚思廉等撰：《陈书》，北京：中华书局，1972年。

（南朝梁）僧祐撰：《出三藏记集》，北京：中华书局，1995年。

（唐）徐坚等辑：《初学记》，北京：中华书局，1962年。

（汉）董仲舒撰：《春秋繁露》，台北：台湾中华书局，1965年。

（战国）公羊高撰，（汉）何休注，（唐）徐彦 疏：《春秋公羊传》，见（清）阮元 校刻：《十三经注疏》，台北：大华书局，1982年。

（晋）杜预注，（唐）孔颖达 正义：《春秋左氏传》，见（清）阮元 校刻：《十三经注疏》，台北：大华书局，1982年。

（唐）李隆基撰，（唐）李林甫等 注：《大唐六典》（古佚丛书影印本），北京：中华书局，1984年。

[越]吴士连等编：《大越史记全书》，东京：东京大学东洋文化研究院藏汉籍珍本，1986年。

（晋）邓粲撰：《晋纪》，见（清）汤球 辑：《晋纪辑本》，广雅书局丛书，1920年。

[日]最澄撰：《传教大师将来目录》，见于《传教大师全集》，东京：世界圣典刊行协会，1989年。

（汉）刘珍等撰：《东观汉记》，台北：台湾中华书局，1965年。

（宋）徐天麟撰：《东汉会要》，上海：上海古籍出版社，1978年。

[日]最澄撰：《大唐新罗诸宗义匠依凭天台义集》，见于《传教大师全集》，东京：世界圣典刊行协会，1989年。

[日]僧仁忠撰：《睿山大师传》，见于《传教大师全集》，东京：世界圣典刊行协会，1989年。

（宋）志磐撰：《佛祖统纪》，见于《大藏经》影印本第49册，台北：中华佛教文化馆，1957年。

（南朝梁）慧皎撰：《高僧传》，台北：汇文堂，1987年。

[日]虎关师炼撰：《元亨释书》，见于《新订增补国史大系》第31卷，东京：吉川弘文馆，1930年。

（春秋）管仲等编：《管子》，台北：台湾中华书局，1965年。

（唐）道宣撰：《广弘明集》，台北：台湾中华书局，1966年。

[高丽]觉训撰：《海东高僧传》，首尔：韩国民俗苑出版社，1991年。

（唐）韩愈撰：《韩昌黎全集》，北京：中国书店，1991年。

（汉）荀悦撰：《前汉纪》，台北：台湾商务印书馆，1974年。

（汉）班固撰：《汉书》，北京：中华书局，1962年。

（唐）张楚金撰：《翰苑》，东京：吉川弘文馆，1977年。

[日]藤原明衡等编，柿村重松 注释：《本朝文粹》，东京：内外出版社，1968年。

[日]藤原季纲等编：《本朝续文粹》，见于《朗读日本文学大系》第24册，东京：国民图书株式会社，1927年。

（南朝梁）僧祐撰：《弘明集》，台北：台湾中华书局，1983年。

（南朝宋）范晔撰：《后汉书》，北京：中华书局，1965年。

（汉）刘安等撰：《淮南子》，台北：台湾中华书局，1965年。

（汉）桓谭撰：《桓子新论》，台北：台湾中华书局，1976年。

（晋）常璩撰，任乃强 校补：《华阳国志校补图注》，上海：上海古籍出版社，1987年。

（唐）房玄龄等撰：《晋书》，北京：中华书局，1974年。

（明）钟惺辑：《晋文归》，台北：台湾商务印书馆，1973年。

（后晋）刘昫等撰：《旧唐书》，北京：中华书局，1975年。

[日]惠美押胜编：《藤氏家传》，见于[日]竹内理三 编：《奈良遗文》下卷，东京：东京堂出版，1962年。

[日]良岑安世，滋野贞主撰：《经国集》，见于《朗读日本文学大系》第24卷，东京：

国民图书株式会社，1927年。

[朝鲜]郑麟趾撰：《高丽史》，首尔：景仁出版社，1981年。

（宋）施宿撰：《嘉泰会稽志》，绍兴：民国十五年影清刊本，1926年。

（宋）王应麟撰：《困学纪闻》，上海：商务印书馆，1935年。

王梦鸥：《礼记今注今译》，台北：台湾商务印书馆，1984年。

（唐）姚思廉等撰：《梁书》，北京：中华书局，1973年。

（唐）柳宗元撰：《柳河东全集》，北京：中国书店，1991年。

林品石：《吕氏春秋今注今译》，台北：台湾商务印书馆，1989年。

（汉）王充撰：《论衡》，台北：台湾中华书局，1981年。

（三国魏）何晏注，（宋）邢昺疏：《论语注疏》，见（清）阮元校刻：《十三经注疏》，台北：大华书局，1982年。

（北魏）杨衒之撰：《洛阳伽蓝记》，北京：中华书局，1991年。

（汉）赵岐注，（宋）孙奭疏：《孟子注疏》，见于（清）阮元校刻：《十三经注疏》，台北：大华书局，1982年。

（唐）义净撰，王邦维注：《南海寄归内法传校注》，北京：中华书局，1995年。

（唐）李延寿等撰：《南史》，北京：中华书局，1975年。

[日]修荣撰：《南天竺婆罗门僧正碑》，见于[日]竹内理三编：《奈良遗文》下卷，东京：东京堂出版，1967年。

（清）赵翼：《廿二史札记》，台北：华世出版社，1977年。

[日]僧景戒著：《日本灵异记》，见于[日]佐竹昭广编：《新日本古典文学大系》第30卷，东京：岩波书店，1996年。

（三国蜀）谯周撰：《谯子法训》，见于（清）马国翰辑：《玉函山房辑佚书》，（清）光绪十年楚南书局刻木，1884年。

（清）董诰等编：《（钦定）全唐文》，台北：大通书局，1979年。

（清）严可均辑：《全晋文》，见严可均辑：《全上古三代秦汉三国六朝文》第6册，京都：中文出版社，1981年。

[越]潘叔直等编：《国史遗编》，香港：香港中文大学新亚研究所，1965年。

[日]藤原不比等编修：《养老律令》，见于《新订增补国史大系》第22卷，东京：吉川弘文馆，1966年。

（宋）洪迈撰：《容斋随笔》，台北：大立出版社，1981年。

[日]菅原道真编著：《类聚国史》，见于《新订增补国史大系》第5、6卷，东京：吉川弘文馆，1965年。

[日]无名氏编：《类聚三代格》，见于《新订增补国史大系》第25卷，东京：吉川弘文馆，1965年。

[日]清原夏野，小野篁等编：《令义解》，见于《新订增补国史大系（普及本）》，东京：

吉川弘文馆，1972年。

[高丽]金富轼等编撰，崔虎注译：《三国史记》，首尔：弘新文化社影印本，1994年。

[高丽]僧一然编：《三国遗事》，见于《大藏经》影印本第49册，台北：中华佛教文化馆，1957年。

（晋）陈寿撰，（南朝宋）裴松之 注：《三国志》，北京：中华书局，1959年。

无名氏撰，裴珂 注：《山海经校注》，上海：上海古籍出版社，1980年。

（战国）商鞅撰，高亨注译：《商君书译》，北京：中华书局，1974年。

曾运乾注：《尚书正读》，香港：中华书局，1972年。

（汉）司马迁撰：《史记》，北京：中华书局，1959年。

（北魏）崔鸿撰，（清）汤球辑：《十六国春秋辑补》，见袁康、吴平：《野史精品》第1辑，长沙：岳麓书社，1996年。

（南朝宋）刘义庆等编，徐震堮校笺：《世说新语校笺》，香港：中华书局，1987年。

[日]菅野真道等编：《续日本纪》，见于[日]佐竹昭广编：《新日本古典文学大系》第12卷，东京：岩波书店，1989年。

（北魏）郦道元注：《水经注》，上海：上海古籍出版社，1990年。

睡虎地秦墓竹简整理小组编：《睡虎地秦墓竹简》，北京：文物出版社，1978年。

（汉）刘向编：《说苑》，台北：台湾中华书局，1977年。

（南朝梁）沈约等撰：《宋书》，北京：中华书局，1974年。

（唐）魏徵等撰：《隋书》，北京：中华书局，1973年。

（宋）李昉等编：《太平广记》，北京：中华书局，1981年。

（宋）李昉等编：《太平御览》，台北：台湾中华书局，1980年。

（宋）王溥撰：《唐会要》，台北：台湾商务印书馆，1968年。

（唐）长孙无忌等撰：《唐律疏议》，台北：台湾商务印书馆，1990年。

[日]真人元开撰：《唐大和上东征传》，见于[日]竹内理三编：《奈良遗文》，东京：东京堂出版，1967年。

（唐）杜佑撰，王文锦等点校：《通典》，北京：中华书局，1984年。

[日]仁井田陞辑：《唐令拾遗》，东京：东京大学出版社，1964年。

[越]无名氏撰：《越史略》，见于（清）钱熙祚辑：《守山阁丛书》第1辑。

（北魏）魏收撰：《魏书》，北京：中华书局，1974年。

（元）马端临撰：《文献通考》，上海：商务印书馆，1936年。

（晋）杨泉撰：《物理论》，见于郑国勋编：《龙溪精舍丛书》，上海：上海古籍出版社，1962年。

（汉）赵煜撰：《吴越春秋》，台北：台湾中华书局，1980年。

（宋）欧阳修，宋祁撰：《新唐书》，北京：中华书局，1975年。

（战国）荀卿著：《荀子》，台湾：台湾中华书局，1965年。

（北齐）颜之推撰：《颜氏家训》，台北：台湾中华书局，1974年。

（汉）桓宽著：《盐铁论》，上海：上海古籍出版社，1990年。

（汉）无名氏：《越绝书》，见于袁康、吴平：《野史精品》第1辑，长沙：岳麓书社，1996年。

（南齐）臧荣绪撰：《晋书》，见于（清）汤球辑：《九家旧晋书辑本》，番禺：广雅书局丛书，1920年。

（汉）刘向编：《战国策》，台北：台湾中华书局，1965年。

（唐）吴兢：《贞观政要》，台北：宏业书局，1990年。

（魏）王弼等注，（唐）孔颖达疏：《周易正义》，见于（清）阮元校刻：《十三经注疏》，台北：大华书局，1982年。

（宋）司马光等编，李宗侗、夏德仪等校注：《资治通鉴今注》，台北：台湾商务印书馆，1966年。

二、今人学术著作

[美]安乐哲：《王术：中国古代政治思想研究》，奥尔巴尼：纽约州立大学出版社，1994年。

Ames, Roger T. *The Art of Rulership: A Study of Ancient Chinese Political Thought.* Albany: State University of New York Press, 1994.

[日]网野善彦：《君王、稻米与平民》，载[澳]唐纳德·德农等主编：《多元日本：从旧石器时代到后现代》，剑桥：剑桥大学出版社，1996年。

Amino Yoshihiko. "Emperor, Rice, and Commoners." *Multicultural Japan: Palaeolithic to Postmodern.* Ed. by Donald Denoon et al. Cambridge: Cambridge University Press, 1996.

[日]网野善彦：《日本社会的历史》（全3册），东京：岩波书店，1997年。

[美]帕特里克·亚莫里：《东哥特王朝时期意大利的人民与身份》，剑桥：剑桥大学出版社，1997年。

Amory, Patrick. *People and Identity in Ostrogothic Italy, 489–554.* Cambridge: Cambridge University Press, 1997.

安作璋：《从睡虎地秦墓竹简看秦代的农业经济》，载中国秦汉史研究会编：《秦汉史论丛》第1辑，西安：陕西人民出版社，1981年。

[日]穴泽和光，马目顺一：《日本古坟中的两柄刻铭铁剑：埼玉稻荷山古坟与伊田熊本县江田古坟的发现与研究》，载[美]理查德·皮尔森等编：《日本历史之窗：考古学研究与日本史前史》，安娜堡：密歇根大学日本研究中心，1986年。

Anazawa Wakou and Manome Jun´ichi. "Two Inscribed Swords from Japanese Tumuli: Discoveries and Research on Finds from the Sakitama-Inariyama and Eta-Funayama Tumuli." *Windows on the Japanese Past:Studies in Archaeology and Prehistory.* Ed. by Richard J. Pearson et al. Ann Arbor: Center for Japanese Studies, University of Michigan, 1986.

［英］本尼迪克特·安德森：《想象的共同体：民族主义的起源与散布》，伦敦：沃索出版社，1991年第2版。

Anderson, Benedict. *Imagined Communities: Reflections on the Origin and Spread of Nationalism.* 1983; London: Verso, 1991.

［日］荒川正晴：《唐帝国与粟特人的交易活动》，载《东洋史研究》第56卷第3号，1997年。

［日］荒野泰典，石井正敏，村井章介 编：《论历史分期》，载东京大学馆编：《亚洲之中的日本史》第1章《亚洲与日本》，东京：东京大学出版社，1992年。

［美］约翰·阿姆斯特朗：《民族主义之前的民族》，查珀尔希尔：北卡罗来纳大学出版社，1982年。

Armstrong, John A. *Nations before Nationalism.* Chapel Hill: University of North Carolina Press, 1982.

［日］朝河贯一：《日本的早期制度："大化改新"之研究》，纽约：巴拉贡图书复印公司，1963年。

Asakawa, Kan'ichi. *The Early Institutional Life of Japan: A Study in the Reform of 645* a.d. New York: Paragon Book Reprint Corp., 1963.

［日］舍人亲王等敕撰，［英］威廉·阿斯顿 译：《日本书纪》，拉特兰郡：查尔斯塔特尔出版公司，1972年。

Aston, W. G., trans. *Nihongi: Chronicles of Japan from the Earliest Times to* a.d.*697.* 1896; Rutland: Charles E. Tuttle Company, 1972.

［美］查尔斯·巴克斯：《南诏与唐代的西南边疆》，剑桥：剑桥大学出版社，1981年。

Backus, Charles. *The Nan-Chao Kingdom and T'ang China's Southwestern Frontier.* Cambridge: Cambridge University Press, 1981.

白翠琴：《魏晋南北朝民族观初探》，载《民族研究》1993年第5期。

［法］艾蒂安·白乐日 著，［美］亨利·莱特 译：《中国文明与官僚主义》，纽黑文：耶鲁大学出版社，1964年。

Balazs, Etienne. *Chinese Civilization and Bureaucracy.* H. M. Wright, trans. New Haven, Conn.: Yale University Press, 1964.

［美］迈克尔·班顿：《族群演变：方向与速度》，载［美］查尔斯·凯斯编：《族群变迁》，西雅图：华盛顿大学出版社，1981年。

Banton, Michael. "The Direction and Speed of Ethnic Change."*Ethnic Change.* Ed. by Charles F. Keyes. Seattle: University of Washington Press, 1981.

[美]本杰明·巴伯:《圣战与麦当劳世界》,纽约:时代书店,1995年。

Barber, Benjamin R. *Jihad vs. McWorld*. New York: Times Books, 1995.

[美]伊丽莎白·巴伯:《乌鲁木齐的古尸》,纽约:诺顿出版社,1999年。

Barber, Elizabeth Wayland. *The Mummies of ürümchi*. New York: W. W. Norton,1999.

[美]托马斯·巴菲尔德:《危险的边疆:游牧帝国与中国》,马萨诸塞州剑桥镇:布莱克威尔出版公司,1989年。

Barfield, Thomas J. *The Perilous Frontier: Nomadic Empires and China, 221* b.c.*to* a.d. *1757*. Cambridge, Mass.: Blackwell Publishers, 1989.

[英]吉娜·巴恩斯:《中国、朝鲜与日本:东亚文明的崛起》,伦敦:泰晤士&哈德逊出版公司,1993年。

Barnes, Gina L. *China Korea and Japan: The Rise of Civilization in East Asia.*London: Thames and Hudson, 1993.

[美]布鲁斯·巴顿:《外交威胁与国内改革:论日本律令国家的诞生》,载《日本文化志丛》1986年第41卷第2号。

Batten, Bruce L. "Foreign Threat and Domestic Reform: The Emergence of the *Ritsuryō* State." *Monumenta Nipponica,* 41.2 (1986).

[美]布鲁斯·巴顿:《早期日本的部省制:从"律令"国家到"王朝"国家》,载《哈佛亚洲研究学刊》1993年第53卷第1期。

Batten, Bruce L. "Provincial Administration in Early Japan: From *Ritsuryō kokka* to *ōchō kokka.*" *Harvard Journal of Asiatic Studies,* 53.1 (1993).

[美]白桂思:《吐蕃在中亚:中古早期的吐蕃、突厥、大食、唐朝争夺史》,普林斯顿:普林斯顿大学出版社,1987年。

Beckwith, Christopher I. *The Tibetan Empire in Central Asia: A History of the Struggle for Great Power among Tibetans, Turks, Arabs, and Chinese during the Early Middle Ages.* Princeton, N.J.: Princeton University Press,1987.

[美]别府春海:《日本的父系家族与血亲》,载《美国人类学家》1963年第65卷第6期。

Befu, Harumi. "Patrilineal Descent and Personal Kindred in Japan." *American Anthropologist,* 65.6 (1963).

[美]贝尔吾:《印度—马来西亚半岛的史前文化》,火奴鲁鲁:夏威夷大学出版社,1997年。

Bellwood, Peter. *Prehistory of the Indo-Malaysian Archipelago.* 1985; Honolulu:University of Hawai'i Press, 1997.

[美]杰里·本特利:《旧世界的相遇 : 近代之前的跨文化联系与交流》,纽约:牛津大学出版社,1993年。

Bentley, Jerry H. *Old World Encounters: Cross-Cultural Contacts and Exchanges in*

Pre-Modern Times. New York: Oxford University Press, 1993.

[法]格莱尔·白吉尔 著,[法]珍妮特·劳埃德 译:《孙中山》,斯坦福:斯坦福大学出版社,1998年。

Bergère, Marie-Claire. *Sun Yat-sen.* Trans. by Janet Lloyd. 1994; Stanford,Calif.: Stanford University Press, 1998.

[美]乔纳森·贝斯特:《百济与中国的外交及文化交往》,载《哈佛亚洲研究学刊》1982年第42卷第2期。

Best, Jonathan W. "Diplomatic and Cultural Contacts between Paekche and China." *Harvard Journal of Asiatic Studies,* 42.2 (1982).

[美]乔纳森·贝斯特:《百济三僧远游巡法记》,载《哈佛亚洲研究学刊》1991年第51卷第1期。

Best, Jonathan W. "Tales of Three Paekche Monks Who Traveled Afar in Search of the Law." *Harvard Journal of Asiatic Studies,* 51.1 (1991).

[瑞典]毕汉思:《公元2年至742年中国的人口统计》,载《远东古文物博物馆通报》1947年第19期。

Bielenstein, Hans. "The Census of China during the Period 2–742 a.d." *Bulletin of the Museum of Far Eastern Antiquities,* 19 (1947).

[瑞典]毕汉思:《唐末以前福建地区的移民开发》,载[瑞典]埃盖罗德、格拉赫思编:《高本汉汉学纪念文集》,哥本哈根:埃及纳·蒙斯卡出版公司,1959年。

Bielenstein, Hans. "The Chinese Colonization of Fukien until the End of T'ang." *Studia Serica Berhard Karlgren Dedicata.* Ed. by Soen Egerod and Else Glahn.Copenhagen: Ejnar Munksgaard, 1959.

[瑞典]毕汉思:《汉代的中兴》,载《远东古文物博物馆通报》1967年第39期。

Bielenstein, Hans. "The Restoration of the Han Dynasty, 3." *Bulletin of the Museum of Far Eastern Antiquities,* 39.2 (1967).

[美]宾板桥:《唐代的建国:隋亡唐兴初探》,纽约:八角图书出版公司,1970年。

Bingham,Woodbridge.*The Founding of theT'ang Dynasty: The Fall of Sui and Rise of T'ang, A Preliminary Survey.* 1941; New York: Octagon Books, 1970.

[美]彼得·布莱尔:《罗马征服时期的大不列颠与早期英国史(公元前55——871)》,纽约:诺顿出版社,1963年。

Blair, Peter Hunter. *Roman Britain and Early England, 55* b.c.–a.d. *871.* New York: W. W. Norton, 1963.

[美]蒲百瑞:《楚地与楚国:图像与现象》,载[美]柯鹤立、[澳]梅约翰 编:《探索楚文化:古代中国的图像与现实》,火奴鲁鲁:夏威夷大学出版社,1999年。

Blakeley, Barry B. "Chu Society and State: Image versus Reality." *Defining Chu: Image and*

Reality in Ancient China. Ed. by Constance A. Cook and John S. Major. Honolulu: University of Hawai'i Press, 1999.

[美]蒲百瑞:《楚国的地理概况》,载[美]柯鹤立、[澳]梅约翰主编:《探索楚文化:古代中国的图像与现实》,火奴鲁鲁:夏威夷大学出版社,1999年。

Blakeley, Barry B. "The Geography of Chu." *Defining Chu: Image and Reality in Ancient China.* Ed. by Constance A. Cook and John S. Major. Honolulu: University of Hawai'i Press, 1999.

[美]卜德:《秦国与秦朝》,载[英]杜希德、鲁惟一主编:《剑桥中国秦汉史》,剑桥:剑桥大学出版社,1986年。

Bodde, Derk. "The State and Empire of Ch'in." *The Cambridge History of China. Vol. 1: The Ch'in and Han Empires, 221 b.c.–a.d. 220.* Ed. by Denis Twitchett and Michael Loewe. Cambridge: Cambridge University Press, 1986.

[美]包弼德:《斯文:唐宋思想的转型》,斯坦福:斯坦福大学出版社,1992年。

Bol, Peter K. *"This Culture of Ours": Intellectual Transitions in T'ang and Sung China.* Stanford, Calif.: Stanford University Press, 1992.

[美]鲍则岳:《语言与文字》,载[英]鲁惟一、[美]夏含夷主编:《剑桥中国上古史:从文明的起源至公元前221年》,剑桥:剑桥大学出版社,1999年。

Boltz, William G. "Language and Writing." *The Cambridge History of Ancient China: From the Origins of Civilization to 221 b.c.* Ed. by Michael Loewe and Edward L. Shaughnessy. Cambridge: Cambridge University Press,1999.

[美]卜弼德:《拓跋魏的语言》,载[美]柯文 编:《卜弼德著述选》,伯克利与洛杉矶:加州大学出版社,1979年。

Boodberg, Peter A. "The Language of the T'o-Pa Wei." *Selected Works of Peter A. Boodberg.* Ed. by Alvin P. Cohen. 1936; Berkeley and Los Angeles:University of California Press, 1979.

[美]卜弼德:《北朝史琐谈》,载[美]柯文 编:《卜弼德著述选》,伯克利与洛杉矶:加州大学出版社,1979年。

Boodberg, Peter A. "Marginalia to the Histories of the Northern Dynasties." *Selected Works of Peter A. Boodberg.* Ed. by Alvin P. Cohen. 1938–1939; Berkeley and Los Angeles: University of California Press, 1979.

[美]卜弼德:《突厥、回纥与中华文明》,载[美]柯文 编:《卜弼德著述选》,伯克利:加州大学出版社,1979年。

Boodberg, Peter A. "Turk, Aryan and Chinese in Ancient Asia." *Selected Works of Peter A. Boodberg.* Ed. by Alvin P. Cohen. 1942; Berkeley and Los Angeles: University of California Press, 1979.

[美]包瀚德:《菅原道真与早期平安时代的日本朝局》,马萨诸塞州剑桥镇:哈佛大学出版社,1986年。

Borgen, Robert. *Sugawara no Michizane and the Early Heian Court.* Cambridge, Mass.: Harvard University Press, 1986.

[美]丹尼尔·布歇:《再论犍陀罗与中国早期佛经的翻译:以〈法华经〉的译介为中心》,载《美国东方学会会刊》1998年第118卷第4期。

Boucher, Daniel. "Gāndhārī and the Early Chinese Buddhist Translations Reconsidered: The Case of the *Saddharmapundarīkasūtra*." *Journal of the American Oriental Society*, 118.4 (1998).

[美]包骚客:《近古时期的希腊化》,安娜堡:密歇根大学出版社,1990年。

Bowersock, G. W. *Hellenism in Late Antiquity.* Ann Arbor: University of Michigan Press, 1990.

[美]罗伯特·巴斯韦尔:《序言:中国佛教疑伪经研究绪论》,载其编:《中国佛教疑伪经》,火奴鲁鲁:夏威夷大学出版社,1990年。

Buswell, Robert E., Jr. "Introduction: Prolegomenon to the Study of Buddhist Apocryphal Scriptures." *Chinese Buddhist Apocrypha*. Ed. by Robert E Buswell, Jr. Honolulu: University of Hawai'i Press, 1990.

蔡学海:《西晋种族辩论细论》,载《编译馆馆刊》1986年第15卷第2期。

[英]尼古拉斯·坎尼:《序言:帝国的起源》,载其编:《牛津大不列颠帝国史》第一卷《帝国的起源——17世纪末英国的海外扩张》,牛津:牛津大学出版社,1998年。

Canny, Nicholas. "The Origins of Empire: An Introduction." *The Oxford History of the British Empire. Vol. 1: The Origins of Empire: British Overseas Enterprise to the Close of the Seventeenth Century.* Ed. by Nicholas Canny. Oxford: Oxford University Press, 1998.

曹革成:《周代村社土地制度的演变》,载《北方论丛》1984年第1期。

曹仕邦:《史称"五胡源出中国圣王之后"的来源》,载《食货月刊》1974年第4卷第9期。

曹贤衮:《日本儒学的发展》,载张其昀主编:《中日文化论集续编》第1辑,台北:中华文化出版事业委员会,1958年。

[美]托马斯·卡特 著,[美]傅路德 修订:《中国印刷术的发明及其西传》,纽约:罗纳德出版社,1955年。

Carter, Thomas Francis. *The Invention of Printing in China and Its Spread Westward.*Rev. by L. Carrington Goodrich. 1925; New York: The Ronald Press, 1955.

[意]卡瓦利·斯福札:《基因、人口与语言》,载《科学美国人》1991年11月。

Cavalli-Sforza, Luigi Luca. "Genes, Peoples and Languages." *Scientific American* (Nov. 1991).

张光直:《历史时期前夜的中国》,载[英]鲁惟一、[美]夏含夷主编:《剑桥中国上古史:从文明的起源至公元前221年》,剑桥:剑桥大学出版社,1999年。

Chang, Kwang-chih. "China on the Eve of the Historical Period." *The Cambridge History of*

Ancient China: From the Origins of Civilization to 221 b.c. Ed. by Michael Loewe and Edward L. Shaughnessy. Cambridge: CambridgeUniversity Press, 1999.

［美］S.V.R·查尔：《竺法兰传略》，载《中国文化》1982年第23卷第3期。

Char, S. V. R. "Dharmaraksha—A Short Biography." *Chinese Culture*, 23.3(1982).

［美］S.V.R·查尔：《汉译佛教〈三藏经〉的方法与原则》，载《中国文化》1991年第32卷第3期。

Char, S. V. R. "Methods and Principles Used in Translating the Buddhist Tripitika into Chinese." *Chinese Culture*, 32.3 (1991).

陈启云：《荀悦与中世儒学》，剑桥：剑桥大学出版社，1975年。

Ch'en, Ch'i-yün (Chen Qiyun). *Hsün Yüeh (*a.d. *148–209): The Life and Reflections of an Early Medieval Confucian.* Cambridge: Cambridge University Press, 1975.

陈启云：《荀悦与汉末的思想》，普林斯顿：普林斯顿大学出版社，1980年。

Ch'en, Ch'i-yün (Chen Qiyun). *Hsün Yüeh and the Mind of Late Han China.* Princeton, N.J.: Princeton University Press, 1980.

陈弱水：《柳宗元与唐代思想变迁》，剑桥：剑桥大学出版社，1992年。

Chen, Jo-shui. *Liu Tsung-yüan and Intellectual Change in T'ang China, 773–819.* Cambridge: Cambridge University Press, 1992.

［美］陈观胜：《佛教在中国：史学的考察》，普林斯顿：普林斯顿大学出版社，1964年。

Ch'en, Kenneth K. S. *Buddhism in China: A Historical Survey.* Princeton, N.J.:Princeton University Press, 1964.

陈启云：《魏晋南北朝时期中国知识分子的特色》，载《"中央研究院"国际汉学会议论文集：历史考古组》中册，台北："中央研究院"，1981年。

陈启云：《中国中古"士族政治"考论之一：渊源论》，载《新亚学报》1977年第12卷。

［加］陈三平：《"阿干"再考：拓跋的文化与政治遗产》，载《亚洲历史学报》1996年第30卷第1期。

陈尚胜：《唐代的新罗侨民社区》，载《历史研究》1996年第1期。

陈绍棣：《秦国重农抑商政策兼论：商鞅秦律与云梦出土秦律的比较研究之一》，载中国秦汉史学会编：《秦汉史论丛》第3辑，西安：陕西人民出版社，1986年。

陈水逢：《日本文明开化史略》，台北：台湾商务印书馆，1967年版，1993年再版。

陈书良：《六朝烟水》，北京：现代出版社，1990年。

陈啸江：《三国时代的人口移动》，载《食货半月刊》1935年第1卷第3期。

陈寅恪：《隋唐制度渊源略论稿》，台北：台湾商务印书馆，1994年。

陈寅恪：《天师道与滨海地域之关系》，载其著：《陈寅恪先生文史论集》（第1册），香港：文文出版社，1972年。

陈勇：《刘裕与晋宋之际的寒门士族》，载《历史研究》1984年第6期。

程喜霖：《汉唐过所与中日过所比较》，载《敦煌研究》1998年第1期。

程章灿：《世族与六朝文化》，哈尔滨：黑龙江教育出版社，1998年。

金发根：《中国中世纪的地方主义：基于东晋建国的考察》，载《第二十届东方学国际会议论文集：古代中国组》，巴黎，1977年。

Chin, Frank Fa-ken. "The Element of Regionalism in Medieval China: Observations on the Founding of the Eastern Chin." *Actes du XXIXe congrès international des orientalistes; Chine ancienne*. Paris, 1977.

楚客：《古代中朝两国的书籍交流》，载恽茹辛编：《书林掌故续编》，香港：中山图书公司，1973年。

瞿同祖：《中国阶级结构与其意识形态》，载[美]费正清 主编：《中国的思想与制度》，芝加哥：芝加哥大学出版社，1957年。

Ch'ü T'ung-Tsu. "Chinese Class Structure and Its Ideology." *Chinese Thought and Institutions*. Ed. by John K. Fairbank. Chicago: University of Chicago Press, 1957.

[法]乔治·塞岱司 著，[美]苏珊·布朗·考因 译：《东南亚的印度化国家》，火奴鲁鲁：东西中心出版社，1968年。

Coedès, George. *The Indianized States of Southeast Asia*. Trans. by Susan Brown Cowing. 1944; Honolulu: East-West Center Press, 1968.

[美]孔迈隆：《汉化：传统身份的边缘化》，载[美]杜维明编：《常青树：今天做中国人的意义》，斯坦福：斯坦福大学出版社，1994年。

Cohen, Myron L. "Being Chinese: The Peripheralization of Traditional Identity."*The Living Tree: The Changing Meaning of Being Chinese Today*. Ed.by Tu Wei-ming. Stanford, Calif.: Stanford University Press, 1994.

[美]柯嘉健：《日本儒学的遗存》，载[美]饶济凡 编：《东亚地区：儒学遗产及其现代调适》，普林斯顿：普林斯顿大学出版社，1991年。

Collcutt, Martin. "The Legacy of Confucianism in Japan." *The East Asian Region:Confucian Heritage and Its Modern Adaptation*. Ed. by Gilbert Rozman.Princeton, N.J.: Princeton University Press, 1991.

[美]克里斯托弗·康纳利：《文本帝国：早期中华帝国的文字与权威》，拉纳姆：罗曼·利特菲尔德出版公司，1998年。

Connery, Christopher Leigh. *The Empire of the Text: Writing and Authority in Early Imperial China*. Lanham, Md.: Rowman and Littlefield, 1998.

[英]亚瑟·考特瑞尔：《东亚：从中国主导到环太平洋的崛起》，纽约：牛津大学出版社，1993年。

Cotterell, Arthur. *East Asia: From Chinese Predominance to the Rise of the Pacific Rim*. New York: Oxford University Press, 1993.

[美]埃德温·克兰斯通:《飞鸟与奈良文化：文化、文学与音乐》，载[美]约翰·惠特尼·豪尔 编:《剑桥日本史》第1卷《古代日本》，剑桥：剑桥大学出版社，1993年。

Cranston, Edwin A. "Asuka and Nara Culture: Literacy, Literature, and Music."*The Cambridge History of Japan. Vol. 1: Ancient Japan.* Ed. by John Whitney Hall. Cambridge: Cambridge University Press, 1993.

[美]顾立雅:《汉代思想的流派》，载张春树编:《中国的形成：近代以前中国历史的主题》，恩格尔伍德·克利夫斯：普伦蒂斯霍尔出版公司，1975年。

Creel, Herrlee Glessner. "The Eclectics ofHanThought."*The Making of China: Main Themes in Premodern Chinese History.* Ed. by Chun-shu Chang. Englewood Cliffs, N.J.: Prentice Hall, 1975.

[美]柯娇燕:《满族》，剑桥：布莱克威尔出版公司，1997年。

Crossley, Pamela Kyle. *The Manchus.* Cambridge: Blackwell Publishers, 1997.

[美]孔为廉:《土断：东晋南朝的北来移民与户籍问题》，载[美]丁爱博 编:《中国中世纪早期的国家与社会》，斯坦福：斯坦福大学出版社，1990年。

Crowell, William G. "Northern émigrés and the Problems of Census Registration under the Eastern Jin and Southern Dynasties." *State and Society in Early Medieval China.* Ed. by Albert E. Dien. Stanford, Calif.: Stanford University Press, 1990.

[美]布鲁斯·库明斯:《阳光普照下的朝鲜：现代史的考察》，纽约：诺顿出版社，1997年。

Cumings, Bruce. *Korea's Place in the Sun: A Modern History.* New York: W. W.Norton, 1997.

戴蕃豫:《唐代青龙寺之教学与日本文化》，载张曼涛编:《中日佛教关系研究》，台北：大乘文化出版社，1978年。

[英]查尔斯·达尔文著，[美]莫尔斯·派克汉姆编:《〈物种起源〉集注本》，费城：宾夕法尼亚大学出版社，1959年。

Darwin, Charles. *The Origin of Species by Charles Darwin: A Variorum Text.* Ed. By Morse Peckham. 1859; Philadelphia: University of Pennsylvania Press, 1959.

[美]狄百瑞:《东亚文明：五个文明阶段的对话》，马萨诸塞州剑桥镇：哈佛大学出版社，1988年。

de Bary, Wm. Theodore. *East Asian Civilizations: A Dialogue in Five Stages.* Cambridge, Mass.: Harvard University Press, 1988.

[澳]张磊夫:《南方将领：三国孙吴政权的建立及其早期历史》，载《澳大利亚国立大学亚洲研究系论文集》1990年第16号。

de Crespigny, Rafe. *Generals of the South: The Foundation and Early History of the Three Kingdoms State of Wu.* Canberra: Australian National University,Faculty of Asian Studies Monographs No. 16, 1990.

[澳]张磊夫:《北部边疆：后汉帝国的政治与策略》,载《澳大利亚国立大学亚洲研究系论文集》1984年第4号。

de Crespigny, Rafe. *Northern Frontier: The Policies and Strategy of the Later Han Empire.* Canberra: Australian National University, Faculty of Asian Studies Monographs No. 4, 1984.

[澳]张磊夫:《公元1至3世纪中国南方的政区与人口》,载《"中央研究院"历史语言研究所集刊》1968年第40本。

[澳]张磊夫:《三国与西晋：公元3世纪的中国历史》,载《东亚历史》1991年第1、2期。

de Crespigny, Rafe. "The Three Kingdoms and Western Jin: A History of China in the Third Century a.d." *East Asian History,* 1 and 2 (1991).

[澳]张磊夫:《重建和平：公元189年至220年的后汉史》,译自《资治通鉴》卷59至卷69,堪培拉：澳大利亚国立大学,1996年。

de Crespigny, Rafe. trans. *To Establish Peace: Being the Chronicle of Later Han for the Years 189 to 220* a.d. *as Recorded in Chapters 59 to 69 of the Zizhi tongjian of Sima Guang.* Canberra: Australian National University, 1996.

[美]约翰·德范克:《汉语：现实与幻想》,火奴鲁鲁：夏威夷大学出版社,1984年。

DeFrancis, John. *The Chinese Language: Fact and Fantasy.* Honolulu: University of Hawai'i Press, 1984.

[美]约翰·德范克:《越南的殖民主义与语言政策》,海牙：莫顿出版集团,1977年。

DeFrancis, John. *Colonialism and Language Policy in Viet Nam.* The Hague: Mouton Publishers, 1977.

[法]戴密微:《佛教中国》,载其著:《佛教研究选集：1929——1970》,莱顿：布里尔书店,1973年。

Demiéville, Paul. "Le bouddhisme chinois." *Choix d'études bouddhiques (1929–1970).* 1970; Leiden: E. J. Brill, 1973.

[法]戴密微:《佛教对中国传统哲学思想的渗透》,载《世界历史学刊》1956年第3期。

Demiéville, Paul. "La pénétration du bouddhisme dans la tradition philosophique chinoise." *Cahiers d'histoire mondiale,* 3 (1956).

邓小南:《六至八世纪的吐鲁番妇女：以婚外生活的考察为主》,载《亚洲研究学刊》1999年第58卷第1期。

[美]邓尔麟:《钱穆与七房桥世界》,纽黑文：耶鲁大学出版社,1988年。

Dennerline, Jerry. *Qian Mu and the World of Seven Mansions.* New Haven,Conn.: Yale University Press, 1988.

[英]玛蒂娜·多伊希勒:《朝鲜的儒学转型：社会与意识形态的研究》,马萨诸塞州剑桥镇：哈佛大学出版社,1992年。

Deuchler, Martina. *The Confucian Transformation of Korea: A Study of Society and Ideology.* Cambridge, Mass.: Harvard University Press, 1992.

[美]狄宇宙:《古代内亚的游牧民族：试论其经济基础及其在中国历史上的重要地位》，载《亚洲研究学刊》1994年第53卷第4期。

Di Cosmo, Nicola. "Ancient Inner Asian Nomads: Their Economic Basis and Its Significance in Chinese History."*Journal of Asian Studies,* 53.4 (1994).

[美]贾雷德·戴蒙德:《枪炮、病菌与钢铁：人类社会的命运》，纽约：诺顿出版社，1999年。

Diamond, Jared. *Guns, Germs, and Steel: The Fates of Human Societies.* New York:W. W. Norton, 1999.

[美]丁爱博:《新论鲜卑及其对中国文化影响》，载[美]秋山乔治 编:《中国古代的葬俗：中国随葬陶器铭文研究论文集》，洛杉矶：洛杉矶县立艺术博物馆，1991年。

Dien, Albert. "A New Look at the Xianbei and Their Impact on Chinese Culture."*Ancient Mortuary Traditions of China: Papers on Chinese Ceramic Funerary Sculptures.* Ed. by George Kuwayama. Los Angeles: Los Angeles County Museum of Art, 1991.

[荷]冯客:《近代中国之种族观念》，斯坦福：斯坦福大学出版社，1992年。

Dikötter, Frank. *The Discourse of Race in Modern China.* Stanford, Calif.: Stanford University Press, 1992.

丁毅华:《秦始皇的政纲宣言和心理记录：秦始皇东巡刻石文辞评议》，载《秦陵秦俑研究动态》1992年第1期。

[英]大卫·迪林格尔:《印刷术诞生前的书籍：古代、中世纪与东方》，多佛：1982年重印。

Diringer, David. *The Book before Printing: Ancient, Medieval and Oriental.* Reprint; Dover, 1982.

[美]罗德明，[美]塞缪尔·金:《国家认同理论探究》，载其编:《中国的民族认同诉求》，纽约伊萨卡镇：康奈尔大学出版社，1993年。

Dittmer, Lowell, and Kim, Samuel S. "In Search of a Theory of National Identity." *China's Quest for National Identity.* Ed. by Lowell Dittmer and Samuel S. Kim. Ithaca, N.Y.: Cornell University Press, 1993.

[日]土肥义和:《唐天宝年间敦煌县受田簿断简考——与田土还受问题相关联》，载《东洋文库和文纪要》1984年第42号。

杜守素:《魏晋南北朝的社会经济及其思想动向》，载《文讯月刊》1948年第8卷第4期。

杜正胜:《"编户齐民"的出现及其历史意义：编户齐民的研究之一》，载《"中央研究院"历史语言研究所集刊》1983年第54本第3期。

杜正胜:《从封建制到郡县制的土地权属问题》，载《食货月刊》1985年第14卷第9、

10期。

段塔丽:《试论三国时期东吴对岭南的开发与治理》,载《南京大学学报》(哲学·人文·社科版)1991年第1期。

[印]杜赞奇:《复线历史观:中国、印度的民族与历史》,载《形势:东亚文化评论》1993年第1卷第3期。

Duara, Prasenjit. "Bifurcating Linear History: Nation and Histories in China and India." *Positions: East Asia Cultures Critique*, 1.3 (1993).

[美]威廉·杜伊科尔:《越南:渐变与革命》(第2版),博尔德:西方观察出版社,1995年。

Duiker, William J. *Vietnam: Revolution in Transition*. 2nd ed. Boulder, Colo.: Westview Press, 1995.

[美]杰克·达尔:《正统归属与帝王秩序》,载[美]白保罗、黄俊杰编:《中国古代的帝王统治与文化变异》,西雅图:华盛顿大学出版社,1994年。

Dull, Jack L. "Determining Orthodoxy: Imperial Roles." *Imperial Rulership and Cultural Change in Traditional China*. Ed. by Frederick P. Brandauer and Chun-chieh Huang. Seattle: University of Washington Press, 1994.

[美]杰克·达尔:《中国王治的演进化》,载[美]保罗·罗普:《中国的遗产:中国文明的当代视野》,伯克利与洛杉矶:加州大学出版社,1990年。

Dull, Jack L. "The Evolution of Government in China." *Heritage of China: Contemporary Perspectives on Chinese Civilization*. Ed. by Paul S. Ropp. Berkeley and Los Angeles: University of California Press, 1990.

[美]邓茹萍:《大白上国:11世纪西夏之佛教与立国》,火奴鲁鲁:夏威夷大学出版社,1996年。

Dunnell, Ruth W. *The Great State of White and High: Buddhism and State Forma*bibliography*phy tion in Eleventh-Century Xia*. Honolulu: University of Hawai'i Press, 1996.

[美]彼得·杜斯:《日本的封建主义》(第2版),纽约:亚飞诺普出版社,1976年。

Duus, Peter. *Feudalism in Japan*. 2nd ed. New York: Alfred A. Knopf, 1976. Eastman, Lloyd E. *Family, Fields, and Ancestors: Constancy and Change in China's Social and Economic History, 1550–1949*. New York: Oxford University Press, 1988.

[美]易劳逸:《家庭、土地与祖先:1550年至1949年中国社会经济史中的变与不变》,纽约:牛津大学出版社,1988年。

Eastman, Lloyd E. *Family, Fields, and Ancestors: Constancy and Change in China's Social and Economic History, 1550–1949*. New York: Oxford University Press, 1988.

[德]霍夫曼·艾伯华:《征服者与统治者:中国中古时期的社会力量》,莱顿:布里尔书店,1952年。

Eberhard, Wolfram. *Conquerors and Rulers: Social Forces in Mediaeval China*. Leiden: E. J.

Brill, 1952.

[德]霍夫曼·艾伯华 著，艾莱德·艾伯华 译：《中国东部与南方的地方文化》，莱顿：布里尔书店，1968年。

Eberhard, Wolfram. *The Local Cultures of South and East China.* Trans. by Alide Eberhard. Leiden: E. J. Brill, 1968.

[德]霍夫曼·艾伯华：《汉代天文学与天文学家的政治功能》，载[美]费正清 编：《中国思想与制度》，芝加哥：芝加哥大学出版社，1957年。

Eberhard, Wolfram. "The Political Function of Astronomy and Astronomers in Han China." *Chinese Thought and Institutions.* Ed. by John K. Fairbank. Chicago: University of Chicago Press, 1957.

[美]伊佩霞：《早期中华帝国的贵族家族：博陵崔氏个案研究》，剑桥：剑桥大学出版社，1978年。

Ebrey, Patricia Buckley. *The Aristocratic Families of Early Imperial China: A Case Study of the Po-Ling Ts'ui Family.* Cambridge: Cambridge University Press, 1978.

[美]伊佩霞：《中国家庭与儒学的传播》，载[美]饶济凡 编：《东亚地区：儒学遗产及其现代调适》，普林斯顿：普林斯顿大学出版社，1991年。

Ebrey, Patricia Buckley. "The Chinese Family and the Spread of Confucian Values." *The East Asian Region: Confucian Heritage and Its Modern Adaptation.* Ed. by Gilbert Rozman. Princeton, N.J.: Princeton University Press, 1991.

[美]伊佩霞：《后汉时期的经济与社会》，载[英]杜希德、鲁惟一 编：《剑桥中国秦汉史》，剑桥：剑桥大学出版社，1986年。

Ebrey, Patricia Buckley. "The Economic and Social History of Later Han." *The Cambridge History of China. Vol. 1: The Ch'in and Han Empires, 221 b.c.–a.d. 220.* Ed. by Denis Twitchett and Michael Loewe. Cambridge: Cambridge University Press, 1986.

[美]伊佩霞：《〈四民月令〉所见后汉时期的庄园与家族经营》，载《东方经济与社会史学刊》1974年第17卷第2期。

Ebrey, Patricia Buckley. "Estate and Family Management in the Later Han as Seen in the *Monthly Instructions for the Four Classes of People.*" *Journal of the Economic and Social History of the Orient,* 17.2 (1974).

[美]伊佩霞：《后汉高门士族的再考察》，载[美]丁爱博编：《中国中世纪早期的国家与社会》，斯坦福：斯坦福大学出版社，1990年。

Ebrey, Patricia Buckley. "Towards a Better Understanding of the Late Han Upper Class." *State and Society in Early Medieval China.* Ed. by Albert E. Dien. Stanford, Calif.: Stanford University Press, 1990.

[美]兰德尔·爱德华：《中华帝国的边疆管控法律》，载《中国法学学报》1987年第1卷

第1期。

Edwards, R. Randle. "Imperial China's Border Control Law." *Journal of Chinese Law,* 1.1 (1987).

[美]艾森斯塔德:《帝国的政治体制》,纽约:格伦科自由出版社,1963年。

Eisenstadt, S. N. *The Political Systems of Empires.* New York: The Free Press of Glencoe, 1963.

[英]伊懋可:《中国历史的模式:社会与经济史的解读》,斯坦福:斯坦福大学出版社,1973年。

Elvin, Mark. *The Pattern of the Chinese Past: A Social and Economic Interpretation.* Stanford, Calif.: Stanford University Press, 1973.

[美]鲁伯特·埃默森:《从殖民帝国到民族国家:亚非人民的意识觉醒》,马萨诸塞州剑桥镇:哈佛大学出版社,1960年。

Emerson, Rupert. *From Empire to Nation: The Rise to Self-Assertion of Asian and African Peoples.* Cambridge, Mass.: Harvard University Press, 1960.

[日]榎本淳一:《"国风文化"与中国文化:文化移入过程中的朝贡与贸易》,载[日]池田温编:《思考古代——唐与日本》,东京:吉川弘文馆,1992年。

[美]罗泰:《中国考古学的地方区系》,载[美]菲利普·考尔、克莱尔·福赛特编:《民族主义、政治与考古学实践》,剑桥:剑桥大学出版社,1995年。

Falkenhausen, Lothar Von. "The Regionalist Paradigm in Chinese Archaeology." *Nationalism, Politics, and the Practice of Archaeology.* Ed. by Philip L. Kohl and Clare Fawcett. Cambridge: Cambridge University Press, 1995.

[美]罗泰:《青铜时代的衰落:公元前770至公元前481年的物质文化与社会发展》,载[英]鲁惟一、[美]夏含夷主编:《剑桥中国上古史:从文明的起源至公元前221年》,剑桥:剑桥大学出版社,1999年。

Falkenhausen, Lothar Von. "The Waning of the Bronze Age: Material Culture and Social Developments, 770 – 481 b.c." *The Cambridge History of Ancient China: From the Origins of Civilization to 221* b.c. Ed. by Michael Loewe and Edward L. Shaughnessy. Cambridge: Cambridge University Press, 1999.

范宁:《论魏晋时代知识分子的思想分化及其社会根源》,载《历史研究》1955年第4期。

方立天:《魏晋南北朝佛教论丛》,北京:中华书局,1982年。

方循:《唐代中国和亚洲各族的文化交流》,载何冠彪编:《隋唐史研究论集:学术文化篇》,香港:史学研究会,1979年。

方亚光:《唐代对外开放初探》,合肥:黄山书社,1998年。

[美]威廉·韦恩·法里斯:《古代日本与朝鲜的交流》,载《韩国研究》1996年第20卷。

Farris, William Wayne. "Ancient Japan's Korean Connection." *Korean Studies,* 20 (1996).

[美]威廉·韦恩·法里斯:《神圣武士:公元500年至1300年间日本军事的嬗变》,马萨诸塞州剑桥镇:哈佛大学出版社,1992年。

Farris, William Wayne. *Heavenly Warriors: The Evolution of Japan's Military, 500–1300.* Cambridge, Mass.: Harvard University Press, 1992.

[美]威廉·韦恩·法里斯:《早期日本的人口、疾病与土地:645——900》,马萨诸塞州剑桥镇:哈佛大学出版社,1985年。

Farris, William Wayne.*Population, Disease, and Land in Early Japan, 645–900.* Cambridge, Mass.: Harvard University Press, 1985.

[美]威廉·韦恩·法里斯:《宗教文本与墓葬宝物:古代日本历史时期考古的诸问题》,火奴鲁鲁:夏威夷大学出版社,1998年。

Farris, William Wayne.*Sacred Texts and Buried Treasures: Issues in the Historical Archaeology of Ancient Japan.* Honolulu: University of Hawai'i Press, 1998.

[美]威廉·韦恩·法里斯:《奈良时期日本的商贸、货币与商人》,载《日本文化志丛》1998年第53卷第3号。

Farris, William Wayne. "Trade, Money, and Merchants in Nara Japan." *Monumenta Nipponica,* 53.3 (1998).

[美]科大卫,[美]萧凤霞:《序章》,载其编:《根植乡土:华南地缘关系》,斯坦福:斯坦福大学出版社,1995年。

Faure, David, and Siu, Helen F. "Introduction." *Down to Earth: The Territorial Bond in South China.* Ed. by Faure and Siu. Stanford, Calif.: Stanford University Press, 1995.

法尊:《西藏前弘期佛教》,载中国佛教协会编:《中国佛教》第1辑,上海:东方出版中心,1980年。

[美]费爱华:《礼:文化与生活中的仪式与礼节——基于古代中国文化史的观察》,香港:香港中文大学,1971年。

冯承钧:《中国南洋交通史》,台北:台湾商务印书馆,1993年。

冯崇义:《追寻荒野中消失的法则——海南文化初探》,载《中国季刊》1999年第160卷。

冯天瑜:《乱世裂变:南北朝文化刍议》,载《中国文化研究》1994年冬之卷。

[澳]费子智:《蛮族座榻:中国座椅之起源》,堪培拉:澳大利亚国立大学,1965年。

Fitzgerald, C. P. *Barbarian Beds: The Origin of the Chair in China.* Canberra:The Australian National University, 1965.

[美]费约翰:《唤醒中国:国民革命中的政治、文化与阶级》,斯坦福:斯坦福大学出版社,1996年。

Fitzgerald, John. *Awakening China: Politics, Culture, and Class in the Nationalist Revolution.* Stanford, Calif.: Stanford University Press, 1996.

[美]费约翰:《被误解的革命:1923——1926年国民革命时期的国家与社会》,载《亚

洲研究学刊》1990年第49卷第2期。

Fitzgerald, John. "The Misconceived Revolution: State and Society in China's Nationalist Revolution, 1923–26." *Journal of Asian Studies,* 49.2 (1990).

[美]费约翰：《无民族的国家：近代中国民族主义的"民族"追求》，载[澳]乔纳森·昂格尔编：《中国的民族主义》，阿蒙克：梅龙·夏普出版公司，1996年。

Fitzgerald, John. "The Nationless State: The Search for a Nation in Modern Chinese Nationalism." *Chinese Nationalism.* Ed. by Jonathan Unger. Armonk,N.Y.: M. E. Sharpe, 1996.

[美]傅礼初：《蒙古人：生态环境与社会史视野》，载《哈佛亚洲研究学刊》1986年第46卷第1期。

Fletcher, Joseph. "The Mongols: Ecological and Social Perspectives." *Harvard Journal of Asiatic Studies,* 46.1 (1986).

[美]傅佛果：《围绕"支那"地名的中日争议》，载其编：《中日关系的文化考察：19至20世纪中日关系研究论文集》，阿蒙克：梅龙·夏普出版公司，1995年。

Fogel, Joshua A. "The Sino-Japanese Controversy over *Shina* as a Toponym for China." *The Cultural Dimension of Sino-Japanese Relations: Essays on the Nineteenth and Twentieth Centuries.* Joshua A. Fogel. 1989; Armonk, N.Y.:M. E. Sharpe, 1995.

[德]安德烈·冈德·弗兰克：《重新面向东方：亚洲时代的全球经济》，伯克利与洛杉矶：加州大学出版社，1998年。

Frank, Andre Gunder. *ReOrient: Global Economy in the Asian Age.* Berkeley and Los Angeles: University of California Press, 1998.

[美]莫里斯·傅利曼：《长远观之：东南亚世界中的中国》，载[美]施坚雅：《中国社会研究——傅利曼先生论文集》，斯坦福：斯坦福大学出版社，1979年。

Freedman, Maurice. "The Chinese in Southeast Asia: A Longer View." *The Study of Chinese Society: Essays by Maurice Freedman.* Ed. by G. William Skinner. 1964; Stanford, Calif.: Stanford University Press, 1979.

[美]卡尔·弗莱德：《私募武装：早期日本社会私人武装的兴起》，斯坦福：斯坦福大学出版社，1992年。

Friday, Karl F. *Hired Swords: The Rise of Private Warrior Power in Early Japan.* Stanford, Calif.: Stanford University Press, 1992.

傅克辉：《魏晋南朝黄籍之研究》，载《山东大学学报》（哲学社会科学版）1989年第1期。

傅乐成：《唐代夷华观念之演变》，载其编：《汉唐史论集》，台北：联经出版社，1977年。

傅乐成：《唐型文化与宋型文化》，载中国唐代学会编：《唐代研究论集》（第1辑），台北：新文丰出版社，1992年。

[日]藤原正已：《历史中的象征世界：古代日本宗教史中的佛教、儒学及天神地祇与天皇》，载《佛教史研究》第28卷第1号，1985年。

[日]藤善真澄：《隋唐佛教的视角》，载中国中世史研究会编：《中国中世史研究：六朝隋唐的社会与文化》，东京：东海大学出版社，1970年。

[美]弗朗西斯·福山：《历史终结了吗？》，载《国家利益》1989年夏第16卷。

Fukuyama, Francis. "The End of History." *National Interest,* 16 (1989).

[日]福井文雅：《佛教与"清谈"文体：中印交流之我见》，载《中国文化》1969年第10卷第2期。

高观如：《中外佛教关系史略》，载中国佛教协会编：《中国佛教》第1辑，上海：东方出版中心，1980年。

高敏：《曹魏士家制度的形成与演变》，载《历史研究》1989年第5期。

高敏：《秦汉魏晋南北朝土地制度研究》，开封：中州古籍出版社，1986年。

高敏：《魏晋南北朝赋役豁免的对象与条件》，载《江汉论坛》1990年第6期。

高明士：《论武德到贞观律令制度的成立：唐朝立国政策的研究之二》，载《汉学研究》1993年第11卷第1期。

高明士：《唐代东亚教育圈的形成：东亚世界形成史的一侧面》，台北：编译馆中华丛书编审委员会，1984年。

高明士：《云梦秦简与秦汉史研究：以日本的研究成果为中心》，载《食货月刊》第11卷第3期，1981年。

高尚志：《秦简律文中的"受田"》，载中国秦汉史研究会编：《秦汉史论丛》第3辑，西安：陕西人民出版社，1986年。

高至喜：《楚文化的南渐》，武汉：湖北教育出版社，1995年。

[英]肯尼斯·加德纳：《朝鲜早期史：公元4世纪佛教传入半岛之前的历史发展》，火奴鲁鲁：夏威夷大学出版社，1969年。

Gardiner, Kenneth H. J. *The Early History of Korea: The Historical Development of the Peninsula up to the Introduction of Buddhism in the Fourth Century* a.d.Honolulu: University of Hawai'i Press, 1969.

[英]肯尼斯·加德纳：《辽东地区的诸侯公孙氏》，载澳大利亚国立大学远东历史系编：《远东历史论文集》1972年第5、6卷。

Gardiner, Kenneth H. J. "The Kung-sun Warlords of Liao-Tung (189–238)." *Papers on Far Eastern History,* 5 and 6 (1972).

[英]肯尼斯·加德纳，[澳]张磊夫：《檀石槐及公元2世纪的鲜卑部落》，载澳大利亚国立大学远东历史系编：《远东历史论文集》1977年第15卷。

Gardiner, Kenneth H. J. and de Crespigny, R. R. C. "T'an–shih–huai and the Hsien–pi Tribes of the Second Century a.d." *Papers on Far Eastern History,* 15 (1977).

葛建平：《东晋南朝社会中的家庭伦常》，载《中山大学学报》（哲学社会科学版）1990年3期。

[美]帕特里克·格里:《法兰西与德意志以前：墨洛温帝国的形成与渐变》，牛津：牛津大学出版社，1988年。

Geary, Patrick J. *Before France and Germany: The Creation and Transformation of the Merovingian World.* Oxford: Oxford University Press, 1988.

格勒:《中华大地上的三大考古文化系统和民族系统》，载《中山大学学报》（哲学社会科学版）1987年第4期。

[法]谢和耐 著，[美]费瑞伦 译:《中国社会中的佛教: 5至10世纪的寺院经济》，纽约：哥伦比亚大学出版社，1995年。

Gernet, Jacques. *Buddhism in Chinese Society: An Economic History from the Fifth to the Tenth Centuries.* Trans. by Franciscus Verellen. 1956; New York: Columbia University Press, 1995.

[荷]巴里·吉尔斯，[德]安德烈·冈德·弗兰克:《资本积累：五千年世界体系形成史研究论集》，载《辩证人类学》1990年第15卷第1期。

Gills, Barry K., and Frank, Andre Gunder. "The Cumulation of Accumulation:Theses and Research Agenda for 5000 Years of World System History."*Dialectical Anthropology,* 15.1 (1990).

[德]沃特·戈法特:《公元418至584年的蛮族与罗马人：适应的手段》，普林斯顿：普林斯顿大学出版社，1980年。

Goffart, Walter. *Barbarians and Romans, a.d. 418–584: The Techniques of Accommodation.* Princeton, N.J.: Princeton University Press, 1980.

[美]理查德·贡布里希:《小乘佛教：从古代的贝那勒斯到今天的科伦坡》，伦敦：劳特里奇&开根保罗出版公司，1988年。

Gombrich, Richard F. *Theravāda Buddhism: A Social History from Ancient Benares to Modern Colombo.* London: Routledge and Kegan Paul, 1988.

龚维英:《古秦楚两族同源疏证》，载《史学月刊》1999年第2期。

[美]霍华德·古德曼:《曹丕代汉：汉末王朝代换的政治文化》，西雅图：汉学快报，1998年。

Goodman, Howard L. *Ts'ao P'i Transcendent: The Political Culture of Dynasty-Founding in China at the End of the Han.* Seattle: Scripta Serica, 1998.

[美]斯蒂芬·杰·古尔德:《奇妙人生：市民阶层与历史的本质》，纽约：诺顿出版社，1989年。

Gould, Stephen Jay. *Wonderful Life: The Burgess Shale and the Nature of History.*New York: W. W. Norton, 1989.

[美]丹尼斯·格罗夫林:《中世纪中国南方的世家大族》，载《哈佛亚洲学刊》1981年第41卷第1期。

Grafflin, Dennis. "The Great Family in Medieval South China." *Harvard Journal of Asiatic Studies,* 41.1 (1981).

[美]丹尼斯·格罗夫林:《重塑中国:南朝早期的伪官僚主义》,载[美]丁爱博编:《中国中世纪早期的国家与社会》,斯坦福:斯坦福大学出版社,1990年。

Grafflin, Dennis. "Reinventing China: Pseudobureaucracy in the Early Southern Dynasties."*State and Society in Early Medieval China.* Ed. by Albert E. Dien.Stanford, Calif.: Stanford University Press, 1990.

[美]约瑟夫·格林伯格:《印欧民族及其近缘亲属:欧亚语系》第一卷《语法》,斯坦福:斯坦福大学出版社,2000年。

Greenberg, Joseph H. *Indo-European and Its Closest Relatives: The Eurasiatic Language Family. Vol. 1: Grammar.* Stanford, Calif.: Stanford University Press, 2000.

[美]贾祖麟:《胡适与中国的文艺复兴:1917——1937年近代中国革命中的自由主义》,马萨诸塞州剑桥镇:哈佛大学出版社,1970年。

Grieder, Jerome B. *Hu Shih and the Chinese Renaissance: Liberalism in the Chinese Revolution, 1917–1937.* Cambridge, Mass.: Harvard University Press,1970.

[荷]威兰·皮尔特·格罗尼:《中国文献所见马来群岛与马六甲的记载》,巴达维亚,1876年。

Groeneveldt, Willem Pieter. *Notes on the Malay Archipelago and Malacca, Compiled from Chinese Sources.* Batavia, 1876.

[美]保罗·格罗纳:《最澄:日本天台宗的创立》,首尔:伯克利佛教研究丛书,1984年。

Groner, Paul. *Saichō: the Establishment of the Japanese Tendai School.* Seoul:Berkeley Buddhist Studies Series, 1984.

[法]雷纳·格鲁塞 著,[美]娜奥米·沃福德 译:《草原帝国:中亚的历史》,新不伦瑞克市:罗格斯大学出版社,1994年。

Grousset, René. *The Empire of the Steppes: A History of Central Asia.* Trans. by Naomi Walford. 1939; New Brunswick, N.J.: Rutgers University Press,1994.

谷霁光:《府兵制度考释》,台北:弘文馆出版社,1985年。

谷霁光:《六朝门阀》,载《国立武汉大学文哲季刊》1936年第5卷第4期。

顾颉刚:《秦汉的方士与儒生》,台北:里仁书局,1985年。

[韩]金滋焕:《朝鲜社会的儒学化》,载[美]饶济凡编:《东亚地区:儒学遗产及其现代调适》,普林斯顿:普林斯顿大学出版社,1991年。

Haboush, JaHyun Kim. "The Confucianization of Korean Society." *The East Asian Region: Confucian Heritage and Its Modern Adaptation.* Ed. by Gilbert Rozman. Princeton, N.J.: Princeton University Press, 1991.

[韩]金滋焕:《忠义情节与忠诚价值观:高丽朝鲜末期"忠孝"的文体变化》,载《哈佛亚洲研究学刊》1995年第55卷第1期。

Haboush, JaHyun Kim. "Filial Emotions and Filial Values: Changing Patterns in the Discourse of Filiality in Late Chosŏn Korea." *Harvard Journal of Asiatic Studies,* 55.1 (1995).

[美]约翰·霍尔:《政府与日本的幕藩体制:500——700》,普林斯顿:普林斯顿大学出版社,1966年。

Hall, John Whitney. *Government and Local Power in Japan, 500 to 1700: A Study Based on Bizen Province.* Princeton, N.J.: Princeton University Press,1966.

[美]约翰·霍尔:《历史大背景下的京都》,载[美]约翰·霍尔、[美]杰弗瑞·马斯 编:《日本中世纪:制度史研究论文集》,斯坦福:斯坦福大学出版社,1988年。

Hall, John Whitney. "Kyoto as Historical Background." *Medieval Japan: Essays in Institutional History.* Ed. by John W. Hall and Jeffrey P. Mass. 1974; Stanford, Calif.: Stanford University Press, 1988.

[美]肯尼斯·霍尔:《早期东南亚的海上贸易与国家发展》,火奴鲁鲁:夏威夷大学出版社,1985年。

Hall, Kenneth R. *Maritime Trade and State Development in Early Southeast Asia.*Honolulu: University of Hawai'i Press, 1985.

韩复智:《东汉的选举》,载《台湾大学历史学系学报》1977年第4期。

韩国磐:《北朝隋唐的均田制度》,上海:上海人民出版社,1984年。

韩国磐:《南北朝隋唐与百济新罗的往来》,载《历史研究》1994年第2期。

韩国磐:《南朝经济试探》,上海:上海人民出版社,1963年。

韩国磐:《魏晋南北朝史纲》,北京:人民出版社,1983年。

韩建业:《夏文化的起源与发展阶段》,载《北京大学学报》(哲学社会科学版)1997年第4期。

韩昇:《日本古代的大陆移民研究》,台北:文津出版社,1995年。

韩昇:《"魏伐百济"与南北朝时期东亚国际关系》,载《历史研究》1995年第3期。

韩昇:《魏晋隋唐的坞壁和村》,载《厦门大学学报》(哲学社会科学版)1997年第2期。

[日]羽田明:《东西交通史》,载京都大学东洋史研究会编:《贵族社会》,大阪:创元社,1981年。

[日]埴原和郎:《日本人群的种族起源与演化》,京都:人文书院,1995年。

[美]威廉·汉纳斯:《亚洲方块字的困境》,火奴鲁鲁:夏威夷大学出版社,1997年。

Hannas, William C. *Asia's Orthographic Dilemma.* Honolulu: University of Hawai'i Press, 1997.

[美]陈汉生:《中国的象形字与西方的思想》,载《亚洲研究学刊》1993年第52卷第2期。

Hansen, Chad. "Chinese Ideographs and Western Ideas." *Journal of Asian Studies,* 52.2 (1993).

[美]哈里·哈鲁图涅:《解读民间:历史、诗学及其意向》,载[美]斯蒂芬·瓦拉斯托斯 编:《现代性的借镜:当代日本的创新传统》,伯克利与洛杉矶:加州大学出版社,1998年。

Harootunian, H. D. "Figuring the Folk: History, Poetics, and Representation."*Mirror of Modernity: Invented Traditions of Modern Japan.* Ed. by Stephen Vlastos. Berkeley and Los Angeles: University of California Press, 1998.

［美］郝瑞:《引言：文明工程及其应对》，载其编:《中国民族边疆的文化碰撞》，西雅图：华盛顿大学出版社，1995年。

Harrell, Stevan. "Introduction: Civilizing Projects and the Reaction to Them."*Cultural Encounters on China's Ethnic Frontiers.* Ed. by Stevan Harrell.Seattle: University of Washington Press, 1995.

［美］郝若贝:《750——1550年间中国的人口、政治与社会变迁》，载《哈佛亚洲研究学刊》1982年第42卷第2期。

Hartwell, Robert M. "Demographic, Political, and Social Transformations of China, 750 –1550." *Harvard Journal of Asiatic Studies,* 42.2 (1982).

［日］桥本芳契:《〈维摩诘所说经〉对中国文化的哲学影响》，载《第29届世界东方学会论文集》，巴黎，1977年。

Hashimoto Hokei. "The Philosophic Influence of *Vimalakīrti-Nirdeśa Sūtra* upon Chinese Culture." *Actes du XXIXe congrès international des orientalistes; Chine ancienne.* Paris, 1977.

［英］戴维·霍克斯译:《〈楚辞〉：南方之歌——屈原及其他诗人古代诗歌选》，哈蒙兹沃思：企鹅图书公司，1985年。

Hawkes, David, trans. *The Songs of the South: An Anthology of Ancient Chinese Poems by Qu Yuan and Other Poets.* Harmondsworth: Penguin Books, 1985.

［日］早川二郎:《王朝时代日本庄园制度产生诸前提》，载［日］户田芳实 编集:《日本封建制社会与国家》第1卷，东京：校仓书房，1973年。

［日］早川庄八:《律令制的形成》，载岩波书店编:《岩波讲座：日本历史》第2册《古代2》，东京：岩波书店，1975年。

［日］速水修:《日本佛教史：古代》，东京：吉川弘文馆，1986年。

［日］林屋辰三郎:《室町时期的京都》，载［美］约翰·霍尔、［日］丰田武 编:《室町时代的日本》，伯克利与洛杉矶：加州大学出版社，1977年。

Hayashiya Tatsusaburō. "Kyoto in the Muromachi Age." *Japan in the Muromachi Age.* Ed. by John Whitney Hall and Toyoda Takeshi. Berkeley and Los Angeles: University of California Press, 1977.

贺昌群:《汉唐间封建的国有土地制与均田制》，上海：上海人民出版社，1958年。

何光岳:《百越源流史》，南昌：江西教育出版社，1989年。

何炼成等:《中国经济管理思想史》，西安：西北大学出版社，1988年。

何联奎:《中国礼俗研究》，台北：台湾中华书局，1978年。

何其敏:《汉晋变局中的中原诗风》，载《中国历史学会集刊》1973年第5期。

何清谷：《论战国商业的发展》，载《中国史研究》1981年第2期。

何清谷：《秦始皇时代的私营工商业》，载《文博》1990年第5期。

何兹全：《两汉豪族发展的三个时期》，载中国秦汉史学会编：《秦汉史论丛》第3辑，西安：陕西人民出版社，1986年。

何兹全：《南北朝时期南北儒学风尚不同的渊源》，载北京大学中国中古史研究中心编：《纪念陈寅恪先生诞辰百年学术论文集》，北京：北京大学出版社，1989年。

何兹全：《三国时期农村经济的破坏与复兴》，载《食货半月刊》第1卷第5期，1935年。

何兹全：《魏晋南北朝史略》，上海：上海人民出版社，1958年。

何兹全：《魏晋时期庄园经济的初兴》，载《食货半月刊》第1卷第1期，1934年。

[英]乔伊·亨得利：《日本：当代人类学》，载[英]格兰特·埃文斯 编：《亚洲文化的"万花筒"：人类学的引介》，纽约：普伦蒂斯霍尔出版公司，1993年。

Hendry, Joy. "Japan: The Anthropology of Modernity." *Asia's Cultural Mosaic: An Anthropological Introduction.* Ed. by Grant Evans. New York: Prentice Hall, 1993.

[美]乔荷曼：《帝国的西南方：清初对土司制度的改革》，载《亚洲研究学刊》1997年第56卷第1期。

Herman, John E. "Empire in the Southwest: Early Qing Reforms to the Native Chieftain System." *Journal of Asian Studies,* 56.1 (1997).

[古希腊]希罗多德 著，[英]罗宾·沃特菲尔德 译：《历史》，牛津：牛津大学出版社，1998年。

Herodotus. *The Histories.* Trans. by Robin Waterfield. Oxford: Oxford University Press, 1998.

[美]雷尼耶·海塞林克：《骑乘战术传入日本考》，载《日本亚洲学会学刊》1991年第6期。

Hesselink, Reinier H. "The Introduction of the Art of Mounted Archery into Japan." *Transactions of the Asiatic Society of Japan,* 4th series, 6 (1991).

[日]东晋次：《后汉时期的选官与地方社会》，载《东洋史研究》1987年第46卷第2号。

[新西兰]查尔斯·海厄姆：《东南亚的青铜时代》，剑桥：剑桥大学出版社，1996年。

Higham, Charles. *The Bronze Age of Southeast Asia.* Cambridge: Cambridge University Press, 1996.

[日]平井正士：《汉代儒家官僚对公卿阶层的渗透》，载《历史上的民众与文化——酒井忠夫先生古稀祝贺纪念论集》，东京：图书刊行会，1982年。

[日]平野邦雄：《归化人与古代国家》，东京：吉川弘文馆，1993年。

[英]艾瑞克·霍布斯鲍姆，[英]特伦斯·兰杰等编：《传统的创造》，剑桥：剑桥大学出版社，1983年。

Hobsbawm, Eric, and Ranger, Terence, eds. *The Invention of Tradition.* Cambridge: Cambridge University Press, 1983.

[英]理查德·霍奇斯，[英]大卫·怀特豪斯：《穆罕默德、查理与欧洲的起源——考古学与皮朗命题》，伦敦：杰拉德·杜克华斯出版公司，1983年。

Hodges, Richard, and Whitehouse, David. *Mohammed, Charlemagne and the Origins of Europe: Archaeology and the Pirenne Thesis.* London: Gerald Duckworth, 1983.

[美]何肯：《早期中华帝国与日本的"州"》，载《中国史研究》1995年第5卷。

Holcombe, Charles. "The Administrative State in Early Imperial China and Japan." *Studies in Chinese History,* 5 (1995).

[美]何肯：《帝国的羁绊：中国中世社会早期的民间自由》，载《历史学家》第54卷第4期，1992年。

Holcombe, Charles. "The Bonds of Empire: Liberty in Early Medieval China." *The Historian,* 54.4 (1992).

[美]何肯：《中华帝国早期的最南方：唐代的安南地区》，载《唐代研究》1997、1998年第15、16期。

Holcombe, Charles. "Early Imperial China's Deep South: The Viet Regions through Tang Times." *T'ang Studies,* 15–16 (1997–98).

[美]何肯：《理想国家：4世纪中国的观念、修养与权力》，载《哈佛亚洲研究学刊》1989年第49卷第1期。

Holcombe, Charles. "The Exemplar State: Ideology, Self-Cultivation, and Power in Fourth Century China." *Harvard Journal of Asiatic Studies,* 49.1 (June 1989).

[美]何肯：《重塑中国：南朝初期中国的身份危机》，载《美国东方学会学刊》1995年第115卷第1期。

Holcombe, Charles. "Re-Imagining China: The Chinese Identity Crisis at the Start of the Southern Dynasties Period." *Journal of the American Oriental Society,* 115.1 (1995).

[美]何肯：《律令制下的儒学》，载《哈佛亚洲研究学刊》1997年第57卷第2期。

Holcombe, Charles. "*Ritsuryō* Confucianism," *Harvard Journal of Asiatic Studies,* 57.2(1997).

[美]何肯：《在汉帝国的阴影下：南朝初期的文学思想与社会》，火奴鲁鲁：夏威夷大学出版社，1994年。

Holcombe, Charles. *In the Shadow of the Han: Literati Thought and Society at the Beginning of the Southern Dynasties.* Honolulu: University of Hawai'i Press,1994.

[美]何肯：《"舶来"佛教：海上贸易、移民与佛教传入日本》，载《美国东方学会会刊》1999年第119卷第2期。

Holcombe, Charles. "Trade-Buddhism: Maritime Trade, Immigration, and the Buddhist Landfall in Early Japan." *Journal of the American Oriental Society,* 119.2(1999).

[澳]詹妮弗·霍姆格伦：《代郡志：〈魏书·序纪〉所见拓跋先史》，堪培拉：澳大利亚国

立大学出版社，1982年。

　　Holmgren, Jennifer. *Annals of Tai: Early T'o-Pa History according to the First Chapter of the Wei-Shu.* Canberra: Faculty of Asian Studies, Australian National University Press, 1982.

　　[澳]詹妮弗·霍姆格伦：《中国在越北的殖民：公元1至6世纪越南三角洲的行政区划与政治发展》，堪培拉：澳大利亚国立大学出版社，1980年。

　　Holmgren, Jennifer. *Chinese Colonization of Northern Vietnam: Administrative Geography and Political Development in the Tongking Delta, First to Sixth Centuries* a.d. Canberra:Australian National University, 1980.

　　[澳]詹妮弗·霍姆格伦：《高祖孝文帝改革背景下的北魏早期官僚精英构成》，载《亚洲历史学报》1993年第27卷。

　　Holmgren, Jennifer. "The Composition of the Early Wei Bureaucratic Elite as Background to Emperor Kao-tsu's Reforms (423– 490 a.d.)." *Journal of Asian History,*27 (1993).

　　[澳]詹妮弗·霍姆格伦：《代郡卢氏及5世纪时其对拓跋北魏的贡献》，载《通报》1983年第69卷第4、5期。

　　Holmgren, Jennifer. "The Lu Clan of Tai Commandery and Their Contribution to the T'o-Pa State of Northern Wei in the Fifth Century." *T'oung Pao,* 69.4–5 (1983).

　　[澳]詹妮弗·霍姆格伦：《门阀的形成：5世纪中国东北的地方政治与社会关系》，载澳大利亚国立大学远东历史系：《远东历史论文集》1984年第30卷。

　　Holmgren, Jennifer. "The Making of an élite: Local Politics and Social Relations in Northeastern China during the Fifth Century a.d." *Papers on Far Eastern History,* 30 (1984).

　　[澳]詹妮弗·霍姆格伦：《北魏征服王朝：新观念与旧学术》，载澳大利亚国立大学远东历史系编：《远东历史论文集》1989年第40卷。

　　Holmgren, Jennifer. "Northern Wei as a Conquest Dynasty: Current Perceptions; Past Scholarship." *Papers on Far Eastern History,* 40 (1989).

　　[澳]詹妮弗·霍姆格伦：《公元5世纪的民族与阶层：高祖孝文帝的婚制改革》，载《中国中古研究》1995、1996年第2卷。

　　Holmgren, Jennifer. "Race and Class in Fifth Century China: The Emperor Kao-tsu's Marriage Reform." *Early Medieval China,* 2 (1995–96).

　　[法]侯思孟：《中国中世的选官制度：公平与公正的新型制度》，载《法国高等汉学研究所丛刊》第1卷，巴黎：法国巴黎大学出版社，1957年。

　　Holzman, Donald. "Les débuts du système médiéval de choix et de classement des fonctionnaires: Les neuf categories et l'impartial et juste." *Mélanges publiés par l'institut des hautes études chinoises,* vol. 1. Paris: University of Paris, 1957.

　　[美]大卫·哈尼：《中国征服王朝的"汉化"国策：以早期中国中古国家为中心》，载《亚洲历史学报》1996年第30卷第2期。

Honey, David B. "Sinification as Statecraft in Conquest Dynasties of China:Two Early Medieval Case Studies." *Journal of Asian History,* 30.2 (1996).

[韩]洪顺昌:《朝鲜古代史》,东京:吉川弘文馆,1992年。

洪涛:《三秦史》,上海:复旦大学出版社,1992年。

[韩]洪元卓:《朝鲜之百济与日本邪马台国之起源》,首尔:库达拉国际出版公司,1994年。

洪修平:《佛教般若思想的传入和魏晋玄学的昌盛》,载《南京大学学报》(哲学·人文·社科版),1985年增刊。

[日]堀敏一:《中国与古代东亚世界:中华世界与诸民族》,东京:岩波书店,1993年。

[日]堀敏一:《均田制的研究:中国古代国家的土地政策与土地所有制》,东京:岩波书店,1975年。

[日]堀毅:《秦汉法制史论考》,北京:法律出版社,1988年。

[日]星野英纪:《日本佛教的民众化与仪式习俗》,载[日]山折哲雄编:《讲座:佛教的受用与变容》第6辑《日本编》,东京:佼成出版社,1991年。

侯外庐:《中国封建社会土地所有制形成的问题:中国封建社会发展规律商兑之一》,载《历史研究》1954年第1期。

侯旭东:《近年利用敦煌吐鲁番文书研究魏晋南北朝史概况》,载《中国史研究动态》1992年第5期。

[美]道格拉斯·霍兰德:《华夏文明的边疆:帝国尽头的地理与历史》,达勒姆:杜克大学出版社,1996年。

Howland, D. R. *Borders of Chinese Civilization: Geography and History at Empire's End.* Durham, N.C.: Duke University Press, 1996.

萧公权 著,[美]牟复礼 译:《中国政治思想史·上卷:上古时期至公元6世纪》,普林斯顿:普林斯顿大学出版社,1979年。

Hsiao, Kung-chuan. *A History of Chinese Political Thought. Vol. 1: From the Beginnings to the Sixth Century* a.d. Trans. by F. W. Mote. 1945; Princeton,N.J.: Princeton University Press, 1979.

许倬云:《国家形态的发展:东周到秦汉》,载《"中央研究院"历史语言研究所集刊》1986年第57本第1期。

许倬云:《汉晋代换之际的士人及地方主义》,载[美]诺曼·叶斐、[美]乔治·考吉尔 编:《古代国家与制度的崩溃》,图森:亚利桑那大学出版社,1988年。

Hsu, Cho-yun."The Roles of the Literati and Regionalism in the Fall of the Han Dynasty."*The Collapse of Ancient States and Institutions.* Ed. by Norman Yoffee and George L. Cowgill. Tucson: University of Arizona Press, 1988.

许倬云:《春秋时期》,载[英]鲁惟一、[美]夏含夷 主编:《剑桥中国上古史:从文明的起源至公元前221年》，剑桥：剑桥大学出版社，1999年。

Hsu, Cho-yun. "The Spring and Autumn Period." *The Cambridge History of Ancient China: From the Origins of Civilization to 221 b.c.* Ed. by Michael Loewe and Edward L. Shaughnessy. Cambridge: Cambridge University Press,1999.

许倬云，[美]林嘉琳 编：《西周文明》，纽黑文：耶鲁大学出版社，1988年。

Hsu, Cho-yun. and Linduff, Katheryn M. *Western Chou Civilization.* New Haven, Conn.: Yale University Press, 1988.

胡如雷：《唐代中日文化交流高度发展的社会政治条件》，载林天蔚、黄约瑟编：《古代中韩日关系研究》，香港：香港大学亚洲研究中心，1987年。

胡适：《佛教对中国宗教的影响》，载《中国社会与政治科学评论》1925年第9卷第1期。

胡适：《汉代儒学国教地位的确立》，载《皇家亚洲文会北中国支会学刊》1929年第60卷。

胡适：《中国的印度化：文化输入案例研究》，载哈佛大学300周年校庆大会编：《独立、统一与外来制度、思想及艺术的输入》，马萨诸塞州剑桥镇：哈佛大学出版社，1937年。

华友根：《西汉的礼法结合及其在中国法律史上的地位》，载《复旦学报》（社会科学版）1995年第6期。

华芷荪：《魏晋南北朝之经济状况》，载《中国经济》1934年第2卷第9期。

黄崇岳，孙霄：《华南古越族对中华民族文化的历史贡献》，载《文博》1998年第3期。

黄烈：《魏晋南北朝民族关系的几个理论问题》，载《历史研究》1985年第3期。

黄仁宇：《中国大历史》，阿蒙克：梅龙·夏普出版公司，1990年。

Huang, Ray. *China: A Macro History.* 1988; Armonk, N.Y.: M. E. Sharpe, 1990.

黄仁宇：《赫逊河畔谈中国历史》，台北：时报文化出版，1989年。

黄约瑟：《大唐商人"李延孝"与九世纪中日关系》，载《历史研究》1993年第4期。

黄约瑟：《略论古代中日韩关系研究：代序》，载林天蔚、黄约瑟编：《古代中韩日关系研究》，香港：香港大学亚洲研究中心，1987年。

黄枝连：《天朝礼制体系研究·中卷：东亚的礼仪世界——中国封建王朝与朝鲜半岛关系形态论》，北京：中国人民大学出版社，1994年。

[美]贺凯：《中国古代官名辞典》，斯坦福：斯坦福大学出版社，1985年。

Hucker, Charles O. *A Dictionary of Official Titles in Imperial China.* Stanford,Calif.: Stanford University Press, 1985.

[英]马克·哈德森：《身份废墟：日本岛内的民族起源》，火奴鲁鲁：夏威夷大学出版社，1999年。

Hudson, Mark J. *Ruins of Identity: Ethnogenesis in the Japanese Islands.* Honolulu:University of Hawai'i Press, 1999.

[荷]何四维：《秦汉法律》，载[英]杜希德、鲁惟一 编：《剑桥中国秦汉史》，剑桥：剑

桥大学出版社，1986年。

Hulsewé, A. F. P. "Ch'in and Han Law." *The Cambridge History of China. Vol. 1:The Ch'in and Han Empires, 221* b.c.–a.d. *220.* Ed. by Denis Twitchett and Michael Loewe. Cambridge: Cambridge University Press, 1986.

[荷]何四维：《汉朝——福利国家的雏形？中国西北地区汉代律简拾零》，载《通报》1987年第73卷第4、5期。

Hulsewé, A. F. P. "Han China—A Proto 'Welfare State'? Fragments of Han Law Discovered in North-West China." *T'oung Pao,* 73.4–5 (1987).

[荷]何四维：《秦律辑佚：1975年湖北云梦出土公元前3世纪秦朝法律及行政法令竹简释文》，莱顿：布里尔书店，1985年。

Hulsewé, A. F. P. *Remnants of Ch'in Law: An Annotated Translation of the Ch'in Legal and Administrative Rules of the 3rd Century* b.c. *Discovered in Yün-meng Prefecture, Hu-pei Province, in 1975.* Leiden: E. J. Brill, 1985.

[美]塞缪尔·亨廷顿：《文明冲突与世界秩序的重建》，纽约：西蒙&舒斯特出版公司，1996年。

Huntington, Samuel P. *The Clash of Civilizations and the Remaking of World Order.* New York: Simon and Schuster, 1996.

[美]卡梅伦·赫斯特：《院政的演变：日本历史及编史中的一个问题》，载[美]约翰·霍尔、[美]杰弗瑞·马斯 编：《日本中世纪：制度史研究论文集》，斯坦福：斯坦福大学出版社，1988年。

Hurst, G. Cameron III. "The Development of the *Insei:* A Problem in Japanese History and Historiography." *Medieval Japan: Essays in Institutional History.* Ed. by John W. Hall and Jeffrey P. Mass. 1974; Stanford, Calif.:Stanford University Press, 1988.

[日]家永三郎：《飞鸟与白凤文化》，载岩波书店编：《岩波讲座：日本历史》第2册《古代2》，东京：岩波书店，1962年。

[日]家永三郎 监修：《日本佛教史：古代篇》，东京：法藏馆，1967年。

[日]池田温：《东亚古代籍帐管见》，载林天蔚、黄约瑟编：《古代中韩日关系研究》，香港：香港大学亚洲研究中心，1987年。

[日]池田温:《唐代户籍制度与相关文书》，载[美]芮沃寿、[英]杜希德 编：《唐代的概观》，纽黑文：耶鲁大学出版社，1973年。

Hurst, G. Cameron III. "T'ang Household Registers and Related Documents." *Perspectives on the T'ang.* Ed. by Arthur F. Wright and Denis Twitchett. New Haven,Conn.: Yale University Press, 1973.

[日]池田温：《隋唐世界与日本》，载其编：《思考唐代——唐与日本》，东京：吉川弘文馆，1992年。

［日］今枝二郎：《唐朝文化的考察一：以"阿倍仲麻吕"研究为核心》，东京：弘文堂书房，1979年。

［日］今村启尔：《史前日本：东亚内陆的新观察》，火奴鲁鲁：夏威夷大学出版社，1996年。

Imamura, Keiji. *Prehistoric Japan: New Perspectives on Insular East Asia.* Honolulu: University of Hawai'i Press, 1996.

［日］稻叶一郎：《中唐时期新儒学运动的考察："刘知几"的经典批判与啖助、赵匡、陆淳的〈春秋〉学研究》，载中国中世史研究会编：《中国中世史研究：六朝隋唐的社会与文化》，东京：东海大学出版社，1970年。

［日］稻叶一郎：《汉代私人秩序的形成：以豪族为中心的探讨》，载［日］川胜义雄，［日］砺波护编：《中国贵族制社会的研究》，京都：京都大学人文科学研究所，1987年。

［日］井上光贞：《日本古代国家研究》，东京：岩波书店，1965年。

［日］井上光贞：《律令制国家圈的形成》，载其著：《井上光贞著作集》第5卷，东京：岩波书店，1986年。

［日］入江昭：《全球背景下的中国与日本》，马萨诸塞州剑桥镇：哈佛大学出版社，1992年。

Iriye, Akira. *China and Japan in the Global Setting.* Cambridge, Mass.: Harvard University Press, 1992.

［美］哈罗德·伊罗生：《群氓之族：群体认同与政治变迁》，纽约：哈珀&罗出版公司，1975年。

Isaacs, Harold R. *Idols of the Tribe: Group Identity and Political Change.* New York: Harper and Row, 1975.

［美］哈罗德·伊罗生：《心影录——美国人心中的中国与印度形象》，阿蒙克：梅龙·夏普出版公司，1980年。

Isaacs, Harold R. *Scratches on Our Minds: American Views of China and India.* 1958; Armonk, N.Y.: M. E. Sharpe, 1980.

［日］石田英一郎：《日本思想史概论》，东京：吉川弘文馆，1963年。

［日］石上英一：《律令制论比较：绪论》，载［日］荒野泰典等编：《亚洲之中的日本史》第1章《亚洲与日本》，东京：东京大学出版社，1992年。

［日］石母田正：《古代日本的国际意识：以古代的贵族制为例》，载《思想》1962年第454期。

［美］尼尔·杰米逊：《理解越南》，伯克利：加州大学出版社，1993年。

Jamieson, Neil L. *Understanding Vietnam.* Berkeley and Los Angeles: University of California Press, 1993.

［美］马里乌斯·詹森：《德川时代的中国》，马萨诸塞州剑桥镇：哈佛大学出版社，

1992年。

Jansen, Marius B. *China in the Tokugawa World*. Cambridge, Mass.: Harvard University Press, 1992.

（北魏）杨衒之 撰，[英]威廉·詹纳尔 译：《〈洛阳伽蓝记〉——洛阳之忆：杨衒之和毁弃的京城（493—534）》，牛津：克拉伦登出版社，1981年。

Jenner, W. J. F., trans. *Memories of Loyang: Yang Hsüan-chih and the Lost Capital(493–534)*. Oxford: Clarendon Press, 1981.

[美]詹启华：《创造儒学：中国传统与普世文明》，达勒姆：杜克大学出版社，1997年。

Jensen, Lionel M. *Manufacturing Confucianism: Chinese Traditions and Universal Civilization*. Durham, N.C.: Duke University Press, 1997.

[德]卡尔·耶特马：《突厥以前的阿尔泰》，载《远东古文物博物馆通报》1951年第23卷。

Jettmar, Karl. "The Altai before the Turks." *Museum of Far Eastern Antiquities,Bulletin,* 23 (1951).

姜伯勤：《中国田客制、部曲制与英国维兰制的比较研究》，载《历史研究》1984年第4期。

蒋福亚：《东晋南朝的大土地所有制》，载《江海学刊》1992年第2期。

蒋维乔：《六朝文学与佛教影响》，载《国学论衡》1935年第6期。

介永强：《唐代的外商》，载《晋阳学刊》1995年第1期。

金发根：《永嘉乱后北方的豪族》，台北：台湾商务印书馆，1964年。

金观涛，刘青峰：《兴盛与危机：论中国封建社会的超稳定结构》，台北：天山出版社，1987年。

金家瑞：《东晋南朝大地主的土地占有与劳动力的编制》，载《史学月刊》1957年第1期。

金眉，张仲秋：《大唐律令与唐代经济繁荣关系之研究》，载《南京大学学报》（哲学·人文·社科版）1990年第2期。

[美]姜士彬：《中国中古的寡头政治》，博尔德：西方观察出版社，1977年。

Johnson, David G. *The Medieval Chinese Oligarchy*. Boulder, Colo.: Westview Press, 1977.

[日]加地伸行：《中国思想所见日本思想史研究》，东京：吉川弘文馆，1985年。

[日]镰田茂雄：《佛教传入》，东京：讲谈社，1995年。

[日]神矢法子：《晋代礼法违制考：兼论礼制的严苛》，载《东洋学报》1986年第67卷第3、4号。

[日]神矢法子：《晋代的王法与家规》，载《东洋学报》第60卷第1、2号，1978年。

[日]狩野直祯：《后汉末期地方豪族的兴起：地方分裂与豪族社会》，载[日]宇都宫清吉 编：《中国中世史研究：六朝隋唐的社会与文化》，东京：东海大学出版社，1970年。

[日]狩野直祯：《干宝及其时代：江南文化的考察》，载《古代学》第18卷第1号，1972年。

[日]片山一道:《亚太人口圈中的日本》,载[澳]唐纳德·德农等主编:《多元日本:从旧石器时代到后现代》,剑桥:剑桥大学出版社,1996年。

Katayama Kazumichi. "The Japanese as an Asia-Pacific Population." *Multi*bibliography *cultural Japan: Palaeolithic to Postmodern.* Ed. by Donald Denoon et al.Cambridge: Cambridge University Press, 1996.

[日]川胜义雄:《六朝贵族制社会的研究》,载《人文》1981年第17卷。

[日]川胜义雄:《魏晋南北朝》,东京:讲谈社,1981年。

[日]川胜义雄:《南朝贵族制的衰落》,载《亚洲学刊》1971年第21卷。

[日]川胜义雄:《侯景之乱与南朝的货币经济》,载其著:《六朝贵族制社会研究》,东京:岩波书店,1982年。

[荷]柯伟亮 著,[美]戴安娜·韦伯 译:《中国的香港与台湾》,纽约:古典书局,1998年。

Kemenade, Willem Van. *China, Hong Kong, Taiwan, Inc.* Trans. by Diane Webb. New York: Vintage Books, 1998.

[英]保罗·肯尼迪:《大国的兴衰:公元1500——2000年经济变化与军事冲突》,纽约:兰登书屋,1987年。

Kennedy, Paul. *The Rise and Fall of the Great Powers: Economic Change and Military Conflict from 1500 to 2000.* New York: Random House, 1987.

[美]查尔斯·凯斯:《族群变迁的辩证法》,载其著:《族群变迁》,西雅图:华盛顿大学出版社,1981年。

Keyes, Charles F. "The Dialectics of Ethnic Change." *Ethnic Change.* Ed. by Charles F. Keyes. Seattle: University of Washington Press, 1981.

[日]菊池秀夫:《绪论:研究回顾与展望》,载唐史研究会编:《隋唐帝国与东亚社会》,东京:汲古书院,1979年。

[日]菊池康明:《日本古代土地所有制研究》,东京:东京大学出版社,1969年。

[英]科尼利厄斯·基利:《奈良时代日本移民官员姓氏注释》,载《哈佛亚洲研究学刊》1969年第29卷。

Kiley, Cornelius J. "A Note on the Surnames of Immigrant Officials in Nara Japan." *Harvard Journal of Asiatic Studies,* 29 (1969).

[英]科尼利厄斯·基利:《早期平安时代的部省制与土地占有》,载[美]唐纳德·夏夫利、[美]威廉·麦卡洛夫 编:《剑桥日本史(第2卷):平安时代》,剑桥:剑桥大学出版社,1999年。

Kiley, Cornelius J. "Provincial Administration and Land Tenure in Early Heian." *The Cambridge History of Japan. Vol. 2: Heian Japan.* Ed. by Donald H. Shively and William H. McCullough. Cambridge: Cambridge University Press,1999.

[英]科尼利厄斯·基利:《古邪马台时期的国家与王朝》,载《亚洲研究学刊》1973年第

33卷第1期。

Kiley, Cornelius J. "State and Dynasty in Archaic Yamato." *Journal of Asian Studies,* 33.1(1973).

［韩］金忠烈：《高丽儒学思想史》，台北：东大图书股份有限公司，1992年。

［韩］金其忠：《朝鲜古典文学导论：从乡歌到史诗说唱》，阿蒙克：梅龙·夏普出版公司，1996年。

Kim, Kichung. *An Introduction to Classical Korean Literature: From Hyangga to P'ansori.* Armonk, N.Y.: M. E. Sharpe, 1996.

［韩］金民寿：《东晋政治权威的形成过程：以晋元帝司马睿为核心》，载《东洋史研究》1989年第48卷第2期。

［韩］金达寿：《朝鲜：民族、历史与文化》，东京：岩波书店，1985年。

［日］木村英一：《公元4至13世纪中日新儒学与道教》，载《世界历史学刊》1960年第5卷第4期。

［日］木村正男：《孟子的井田主张及其历史影响》，载山崎先生退官纪念会编：《山崎先生退官纪念东洋史学论集》，东京：东京教育大学文学部东洋史学研究室，1967年。

［日］金原修：《平安朝诗人与渤海使》，载《中国比较文学》，上海：上海外语教育出版社，1987年。

［日］岸田知子：《王通：隋末的大儒》，载［日］日原利国 编：《中国思想史》，东京：鹈鹕社，1987年。

［美］约瑟夫·北川：《祭祀与祭事：早期日本的宗教与国家》，载其编：《理解日本宗教》，普林斯顿：普林斯顿大学出版社，1987年。

Kitagawa, Joseph M. "*Matsuri* and *Matsuri-goto*: Religion and State in Early Japan." *On Understanding Japanese Religion.* Joseph M. Kitagawa. 1979; Princeton, N.J.: Princeton University Press, 1987.

［美］约瑟夫·北川：《光影之下：藤原氏及日本皇室管窥》，载其编：《理解日本宗教》，普林斯顿：普林斯顿大学出版社，1987年。

Kitagawa, Joseph M. "The Shadow of the Sun: A Glimpse of the Fujiwara and the Imperial Families in Japan." *On Understanding Japanese Religion.* Joseph M. Kitagawa. 1982; Princeton, N.J.: Princeton University Press, 1987.

［日］北村义和：《西汉末年的礼制改革》，载《日本中国学》1981年第33卷。

［日］鬼头清明：《大和国家与东亚》，东京：吉川弘文馆，1994年。

［美］祁履泰：《淫祀与血祭：传统中国的献祭、互惠与暴力》，载《亚洲专刊》第7卷第1期，1994年。

Kleeman, Terry F. "Licentious Cults and Bloody Victuals: Sacrifice, Reciprocity, and Violence in Traditional China." *Asia Major,* 3rd series, 7.1(1994).

[德]克林伯格:《大背景：西喜马拉雅的商路》，载[奥]狄波拉·克林伯格·索尔特 编:《丝绸之路与钻石之路：西喜马拉雅商路上神秘的佛教艺术》，洛杉矶：加州大学洛杉矶分校艺术委员会，1982年。

Klimburg, Maximilian. "The Setting: The Western Trans-Himalayan Crossroads."*The Silk Route and the Diamond Path: Esoteric Buddhist Art on the Trans-Himalayan Trade Routes.* Ed. by Deborah E. Klimburg-Salter. Los Angeles: UCLA Art Council, 1982.

[日]小林惠子:《高丽好太王与"倭五王"》，东京：文艺春秋，1996年。

[美]普利普·考尔、[俄]高佳·采赫拉泽:《民族主义、政治与高加索地区的考古实践》，载[美]普利普·考尔、克莱尔·福赛特 编:《民族主义、政治与考古学实践》，剑桥：剑桥大学出版社，1995年。

Kohl, Philip L., and Ttsetskhladze, Gocha R. "Nationalism, Politics, and the Practice of Archaeology in the Caucasus." *Nationalism, Politics, and the Practice of Archaeology.* Ed. by Philip L. Kohl and Clare Fawcett. Cambridge:Cambridge University Press, 1995.

[日]小岛毅:《关于中国儒学史研究的新视角》，载《思想》1991年第7期。

[日]小南一郎:《六朝隋唐小说史的展开与佛教信仰》，载《中国中世纪的宗教与文化》1982年第3卷。

[日]小西甚一 编，[美]艾琳·盖顿 译:《日本文学史》第2卷《早期中古时代》，普林斯顿：普林斯顿大学出版社，1986年。

Konishi, Jin'ichi. *A History of Japanese Literature. Vol. 2: The Early Middle Ages.*Trans. by Aileen Gatten. Princeton, N.J.: Princeton University Press,1986.

[英]彼得·科尔尼基:《日本书史：从起源到19世纪》，莱顿：布里尔书店，1998年。

Kornicki, Peter. *The Book in Japan: A Cultural History from the Beginnings to the Nineteenth Century.* Leiden: E. J. Brill, 1998.

[印]高必善:《古代印度文化与文明史纲》，伦敦：劳特里奇＆开根宝罗出版公司，1965年。

Kosambi, D. D. *The Culture and Civilization of Ancient India in Historical Outline.*London: Routledge and Kegan Paul, 1965.

[美]理查德·克劳斯:《魔力毛笔：现代政治与中国书法的艺术》，伯克利与洛杉矶：加州大学出版社，1991年。

Kraus, Richard Curt. *Brushes with Power: Modern Politics and the Chinese Art of Calligraphy.* Berkeley and Los Angeles: University of California Press,1991.

匡立安:《魏晋门第势力转移与治乱之关系》，载《史学月刊》1977年第8期。

邝士元:《国史论衡（第1册）：先秦至隋唐篇》（修订版），台北：里仁书局，1995年。

[日]窪添庆文:《关于魏晋南北朝地方官的本籍地任用》，载《史学杂志》1974年第83卷第1期。

［日］栗原益男：《7至8世纪的东亚世界》，载东洋史研究会编：《隋唐帝国与东亚社会》，东京：汲古书院，1979年。

［日］黑田俊雄：《日本宗教史中的神道教》，载《日本研究杂志》1981年第7卷第1期。

［日］桑原骘藏：《晋室南渡与南方的开发》，载其著：《东洋史说苑》，京都：构文堂印刷部，1927年。

［日］桑山正进：《玄奘的"那烂陀"认知来源》，载［意］富安敦 编：《唐代中国及其周边：7至10世纪东亚的研究》，京都：意大利文化处亚洲东方研究所，1988年。

劳榦：《秦汉史》，台北：中国文化大学，1986年。

劳榦：《魏晋南北朝史》，台北：中国文化大学，1980年。

劳榦：《两汉时期的人口与地理》，载孙任以都、［美］约翰·范德克 编：《中国社会史》，华盛顿特区：美国学术团体委员会，1956年。

Lao Kan (Lao Gan). "Population and Geography in the Two Han Dynasties."*Chinese Social History*. Ed. by E-tu Zen Sun and John DeFrancis. Washington,D.C.: American Council of Learned Societies, 1956.

［美］欧文·拉铁摩尔：《内亚的商队路线》，载其著：《边疆史研究：1928——1958年论集选》，伦敦：牛津大学出版社，1962年。

Lattimore, Owen. "Caravan Routes of Inner Asia." *Studies in Frontier History:Collected Papers, 1928–1958.* 1928; London: Oxford University Press,1962.

［美］欧文·拉铁摩尔：《中国新疆》，载其著：《边疆史研究：1928——1958年论集选》，伦敦：牛津大学出版社，1962年。

Lattimore, Owen. "Chinese Turkistan." *Studies in Frontier History: Collected Papers, 1928–1958.* 1933; London: Oxford University Press, 1962.

［美］欧文·拉铁摩尔：《中国的亚洲内陆边疆》，纽约：美国地理学会，1940年。

Lattimore, Owen. *Inner Asian Frontiers of China.* New York: American Geographical Society,1940.

［美］欧文·拉铁摩尔：《中国长城的起源：理论与实践中的边疆概念》，载其著：《边疆史研究：1928——1958年论集选》，伦敦：牛津大学出版社，1962年。

Lattimore, Owen. "Origins of the Great Wall of China: A Frontier Concept in Theory and Practice." *Studies in Frontier History: Collected Papers, 1928–1958.*1937; London: Oxford University Press, 1962.

［加］白光华：《〈淮南子〉：东汉早期哲学思想的集大成著作》，香港：香港大学出版社，1985年。

Le Blanc, Charles. *Huai-Nan Tzu: Philosophical Synthesis in Early Han Thought.*Hong Kong: Hong Kong University Press, 1985.

［美］伽里·莱德亚德：《追逐骑马民族：寻找日本创世之源》，载《日本研究杂志》第1

卷第2期，1975年。

Ledyard, Gari. "Galloping Along with the Horseriders: Looking for the Founders of Japan." *Journal of Japanese Studies*, 1.2 (1975).

[美]伽里·莱德亚德：《东北亚三角地带的"阴阳"哲学》，载[美]罗茂锐 编：《中国及其周边：中原与邻邦》，伯克利：加州大学出版社，1983年。

"Yin and Yang in the China-Manchuria-Korea Triangle." *China among Equals: the Middle Kingdom and Its Neighbors, 10th–14th Centuries.* Ed. by Morris Rossabi. Berkeley and Los Angeles: University of California Press, 1983.

[苏]理雅各 译：《礼记》，牛津：克拉伦登出版社，1885年。

Legge, James, trans. *The Lî Kî.* Oxford: Clarendon Press, 1885.

[苏]理雅各：《〈佛国记〉：法显西游天竺、锡兰诸国巡礼行记》（重印本），旧金山：中国资料中心，1975年。

Legge, James, *A Record of Buddhistic Kingdoms: Being an Account by the Chinese Monk Fâ-hien of His Travels in India and Ceylon* (a.d. 399– 414) *in Search of the Buddhist Books of Discipline.* Reprint; San Francisco: Chinese Materials Center, 1975.

[美]李东阳：《早期中原王朝与西藏关系史：基于〈旧唐书·吐蕃传〉的观察》，伯明顿：东方出版社，1981年。

Lee, Don Y. *The History of Early Relations between China and Tibet: From Chiu T'ang-shu, a Documentary Survey.* Bloomington, Ind.: Eastern Press, 1981.

[韩]李基白著，[美]爱德华·瓦格纳 译：《韩国史新论》，马萨诸塞州剑桥镇：哈佛大学出版社，1984年。

Lee, Ki-baik. *A New History of Korea.* Trans. by Edward W. Wagner. Cambridge,Mass.: Harvard University Press, 1984.

[美]彼得·李译：《朝鲜高僧记传——〈海东高僧传〉》，马萨诸塞州剑桥镇：哈佛大学出版社，1969年。

Lee, Peter H., trans. *Lives of Eminent Korean Monks: The Haedong Kosŭng Chŏn.*Cambridge, Mass.: Harvard University Press, 1969.

[美]彼得·李编：《朝鲜文明资料导读（第1卷）：从上古时期到公元6世纪》，纽约：哥伦比亚大学出版社，1993年。

Lee, Peter H., ed. *Sourcebook of Korean Civilization. Vol. 1: From Early Times to the Sixteenth Century.* New York: Columbia University Press, 1993.

[美]李雪曼：《远东艺术史》（第5版），纽约：普伦蒂斯霍尔出版公司，1994年。

Lee, Sherman E. *A History of Far Eastern Art.* 5th ed. New York: Prentice Hall,1994.

[韩]李宋思：《东亚世界的王权与商贸：正仓院宝物渡来的新路线》，东京：青木书店，1997年。

[美]李露晔:《当中国称霸海上》，纽约：牛津大学出版社，1994年。

Levathes, Louise. *When China Ruled the Seas: The Treasure Fleet of the Dragon Throne, 1405–1433.* New York: Oxford University Press, 1994.

[美]约瑟夫·列文森:《行省、国家与世界:"中国"身份的困顿》，载[美]费维恺等编:《近代中国史的研究路径》，伯克利：加州大学出版社，1967年。

Levenson, Joseph R. "The Province, the Nation, and the World: The Problem of Chinese Identity." *Approaches to Modern Chinese History.* Ed. by Albert Feuerwerker et al. Berkeley and Los Angeles: University of California Press, 1967.

[德]布鲁诺·列文:《汉与秦:古代大陆的原始人口》，威斯巴登：奥托·哈拉索威兹出版公司，1962年。

Lewin, Bruno. *Aya und Hata: Bevölkerungsgruppen altjapans kontinentaler Herkunft.* Wiesbaden: Otto Harrassowitz, 1962.

[德]布鲁诺·列文:《日本与朝鲜:基于语系比较的历史与问题》，载《日本研究杂志》1976年第2卷第2期。

Lewin, Bruno. "Japanese and Korean: The Problems and History of a Linguistic Comparison." *Journal of Japanese Studies,* 2.2 (1976).

[美]陆威仪:《早期中国的书写与权力》，奥尔巴尼：纽约州立大学出版社，1999年。

Lewis, Mark Edward. *Writing and Authority in Early China.* Albany: State University of New York Press, 1999.

李东华:《汉隋间中国南海交通之演变》，载《中国历史学会史学集刊》1979年第11期。

李东华:《中国海洋发展关键时地个案研究（古代篇）》，台北：大安出版社，1990年。

李甲孚:《中国法制史》，台北：联经出版社，1988年。

李庆新:《"荒服之善部，炎裔之凉地"——论唐代粤北地区的经济与文化》，载《广东社会科学》1998年第1期。

李湜:《唐太宗与东南文人》，载《中国史研究》1997年第2期。

李世杰:《东晋时代之佛教思想》，载黄忏华编:《魏晋南北朝佛教小史》，台北：大乘文化出版社，1979年。

力行:《东晋经略中原之经过》，载《文史杂志》1941年第1卷第7期。

李旭:《魏晋南北朝时政治经济中心的转移》，载《食货半月刊》1934年第1卷第1期。

李学勤:《东周与秦代文明》，北京：文物出版社，1984年。

李岩:《三教争衡与唐代的学术发展》，载《社会科学家》1994年第5期。

李源澄:《两晋南朝社会阶级考》，载《文史杂志》1945年第5卷5、6期。

李则芬:《两晋南北朝历史论文集》，台北：台湾商务印书馆，1987年。

李则芬:《中日关系史》，台北：台湾中华书局，1982年。

[奥]李华德:《4—5世纪的中国佛教》，载《日本文化志丛》1955年第11卷第1号。

Liebenthal, Walter. "Chinese Buddhism during the 4th and 5th Centuries." *Monumenta Nipponica,* 11.1 (1955).

林恩显:《突厥文化及其对唐朝之影响》,载中国唐代史学会编:《唐代研究论集》第1辑,台北:新文丰出版公司,1992年。

林甘泉:《论秦汉封建国家的农业政策:关于政治权力与经济发展关系的考察》,载张联芳编:《第十六届国际历史科学大学:中国学者论文集》,北京:中华书局,1985年。

林剑鸣:《秦汉社会文明》,西安:西北大学出版社,1985年。

林剑鸣:《秦汉史部分》,载肖黎、李桂海编:《中国古代史导读》,上海:文汇出版社,1991年。

林士民:《唐代东方海事活动与明州港》,载董贻安编:《浙东文化论丛》,北京:中央编译出版社,1995年。

林天蔚:《隋唐史新论》,台北:东华书局,1978年。

林文月:《唐代文化对日本平安文坛之影响:从日本遣唐使时代到〈白氏文集〉之东传》,载其编:《中古文学论丛》,台北:大安出版社,1989年。

林沄:《说"貊"》,载《史学集刊》1994年第4期。

[美]李普曼:《熟悉的陌生人:中国西北地区穆斯林史》,西雅图:华盛顿大学出版社,1997年。

Lipman, Jonathan N. *Familiar Strangers: A History of Muslims in Northwest China.* Seattle: University of Washington Press, 1997.

刘伯骥:《唐代政教史》(修订版),台北:台湾中华书局,1974年。

柳春藩:《秦专制主义中央集权制的经济基础》,载中国秦汉史研究会编:《秦汉史论丛》第3辑,西安:陕西人民出版社,1986年。

刘贵杰:《玄学思想与般若思想之交融》,载《编译馆馆刊》1980年第9卷第1期。

刘后滨:《安史之乱与唐代政治体制的演进》,载《中国史研究》1999年第2期。

刘精诚:《论北魏均田制的产生》,载《贵州师范大学学报》(社科版)1993年第4期。

[美]刘禾:《跨语实践——文学、民族文化与被译介的现代性:中国(1900—1937)》,斯坦福:斯坦福大学出版社,1995年。

Liu, Lydia H. *Translingual Practice: Literature, National Culture, and Translated Modernity—China, 1900–1937.* Stanford, Calif.: Stanford University Press, 1995.

刘淑芬:《六朝建康的经济基础》,载《食货月刊》1983年第12卷第10、11期。

刘淑芬:《六朝南海贸易的开展》,载其著:《六朝的城市与社会》,台北:台湾学生书局,1992年。

刘淑芬:《3至6世纪浙东地区的经济发展》,载其著:《六朝的城市与社会》,台北:台湾学生书局,1992年。

刘淑芬:《魏晋北朝的筑城运动》,载其著:《六朝的城市与社会》,台北:台湾学生书局，1992年。

刘欣如：《古代印度与中国：贸易与宗教交流（1—600）》，德里：牛津大学出版社，1988年。

Liu Xinru. *Ancient India and Ancient China: Trade and Rebigiolls Exchanges A. D. I-600.* Delhi: Oxford University Press, 1988.

刘欣如：《丝绸与宗教：古代物质生活与思想论考》，德里：牛津大学出版社，1998年。

Liu Xinru. *Silk and Religion: An Exploration of Material Life and the Thought of People, A. D. 600-1200.*Delhi: Oxford University Press, 1998.

刘学铫：《鲜卑史论》，台北：南天书局，1994年。

刘毓璜：《论汉晋南朝的封建庄园制度》，载《历史研究》1962年第3期。

刘云辉：《秦始皇陵之谜》，西安：西北大学出版社，1987年。

[英]鲁惟一：《汉武帝的征战》，载[美]弗兰克·基尔曼、[美]费正清 编：《中国的战争行为》，马萨诸塞州剑桥镇：哈佛大学出版社，1974年。

Loewe, Michael. "The Campaigns of Han Wu-ti." *Chinese Ways in Warfare.* Ed.by Frank A. Kierman, Jr., and John K. Fairbank. Cambridge, Mass.: Harvard University Press, 1974.

[英]鲁惟一：《汉代的危机与冲突（前104—9）》，伦敦：乔治·艾伦&昂文出版公司，1974年。

Loewe, Michael. *Crisis and Conflict in Han China: 104 b.c. to a.d. 9.* London: George Allen and Unwin, 1974.

[英]鲁惟一：《帝国的遗产》，载[英]鲁惟一、[美]夏含夷 编：《剑桥中国上古史：从文明的起源至公元前221年》，剑桥：剑桥大学出版社，1999年。

Loewe, Michael."The Heritage Left to the Empires." *The Cambridge History of Ancient China: From the Origins of Civilization to 221* b.c. Ed. by Michael Loewe and Edward L. Shaughnessy. Cambridge: Cambridge University Press,1999.

吕士朋：《北属时期的越南：中越关系史之一》，香港：香港中文大学东南研究部，1964年。

吕思勉：《读史札记》，上海：上海古籍出版社，1982年。

吕思勉：《先秦史》，香港：太平书局，1968年版。

逯耀东：《从平城到洛阳：拓跋魏文化转变的历程》，台北：联经出版社，1979年。

[美]戈登·卢斯 译：《蛮书》，纽约伊萨卡镇：康纳尔大学出版社，1961年。

Luce, Gordon H., trans. *Man Shu (Book of the Southern Barbarians).* By Fan Ch'o. Ca. 860; Ithaca, N.Y.: Cornell University Press, 1961.

罗彤华：《汉代的流民问题》，台北：台湾学生书局，1989年。

罗彤华：《郑里廪簿试论：汉代人口依赖率与贫富差距之研究》，载《新史学》1992年第3卷第1期。

罗宗真:《六朝考古》，南京：南京大学出版社，1994年。

马长寿:《乌桓与鲜卑》，上海：上海人民出版社，1962年。

马驰:《唐代藩将》，西安：三秦出版社，1990年。

[法]伊安·马贝特，[澳]大卫·钱德勒 著:《高棉人》，牛津：布莱克威尔出版公司，1995年。

Mabbett, Ian, and Chandler, David. *The Khmers.* Oxford: Blackwell Publishers,1995.

[澳]加文·麦考马克:《国际化：日本深层机构中的阻碍》，载[澳]唐纳德·德农等编:《多元日本：从旧石器时代到后现代》，剑桥：剑桥大学出版社，1996年。

McCormack, Gavan. "*Kokusaika:* Impediments in Japan's Deep Structure."*Multicultural Japan: Palaeolithic to Postmodern.* Ed. by Donald Denoon et al. Cambridge: Cambridge University Press, 1996.

[美]海伦·克雷格·麦卡洛夫:《星夜繁锦:〈古今和歌集〉与日本古典诗歌的宫廷风格》，斯坦福：斯坦福大学出版社，1985年。

McCullough, Helen Craig. *Brocade by Night: "Kokin Wakashū" and the Court Style in Japanese Classical Poetry.* Stanford, Calif.: Stanford University Press, 1985.

[美]威廉·麦卡洛夫:《都城及其社会》，载[美]唐纳德·夏夫利、[美]威廉·麦卡洛夫 编:《剑桥日本史（第2卷）：平安时代》，剑桥：剑桥大学出版社，1999年。

McCullough, William H. "The Capital and Its Society." *The Cambridge History of Japan. Vol. 2: Heian Japan.* Ed. by Donald H. Shively and William H. McCullough. Cambridge: Cambridge University Press, 1999.

[美]威廉·麦卡洛夫:《平安时代的日本:797—1070》，载[美]唐纳德·夏夫利、[美]威廉·麦卡洛夫 编:《剑桥日本史（第2卷）：平安时代》，剑桥：剑桥大学出版社，1999年。

McCullough, William H."The Heian Court, 794–1070." *The Cambridge History of Japan. Vol. 2: Heian Japan.* Ed. by Donald H. Shively and William H. McCullough.Cambridge: Cambridge University Press, 1999.

[美]威廉·麦卡洛夫:《平安时代的日本婚姻制度》，载《哈佛亚洲研究学刊》1967年第27卷。

McCullough, William H. "Japanese Marriage Institutions in the Heian Period." *Harvard Journal of Asiatic Studies,* 27 (1967).

[澳]科林·麦克勒斯:《唐史中的回纥：公元744——840年间唐与回纥关系研究之一》，哥伦比亚：南卡罗莱纳大学出版社，1972年。

Mackerras, Colin. *The Uighur Empire according to the T'ang Dynastic Histories: A Study in Sino-Uighur Relations, 744–840.* Columbia: University of South Carolina Press, 1972.

[英]麦大维:《唐代的国家与学术》，剑桥：剑桥大学出版社，1988年。

McMullen, David. *State and Scholars in T'ang China.* Cambridge: Cambridge University Press, 1988.

[美]威廉·麦克尼尔:《瘟疫与人》,加登城:安卡尔出版社,1976年。

McNeill, William H.*Plagues and Peoples*. Garden City,N.Y.: Anchor Press, 1976.

[美]威廉·麦克尼尔:《西方的兴起:人类共同体史》,芝加哥:芝加哥大学出版社,1963年。

McNeill, William H. *The Rise of the West: A History of the Human Community*. Chicago: University of Chicago Press, 1963.

[英]安格斯·麦迪伦:《中国经济的长期表现》,巴黎:世界经济合作与发展组织发展中心,1998年。

Maddison, Angus. *Chinese Economic Performance in the Long Run*. Paris: Organization for Economic Cooperation and Development, Development Center, 1998.

[美]理查德·马德逊:《中国与美国梦:基于道德的观察》,伯克利与洛杉矶:加州大学出版社,1995年。

Madsen, Richard. *China and the American Dream: A Moral Inquiry*. Berkeley and Los Ange-les: University of California Press, 1995.

[日]前田直典:《东亚古代的终结》,载[日]铃木俊、[日]西嶋定生 编:《中国史的分期》,东京:东京大学出版社,1957年。

[英]约翰·马厄:《北九州克里奥尔语:日语起源中的语言接触模式》,载[澳]唐纳德·德农等编:《多元日本:从旧石器时代到后现代》,剑桥:剑桥大学出版社,1996年。

Maher, John C. "North Kyushu Creole: A Language-Contact Model for the Origins of Japa-nese." *Multicultural Japan: Palaeolithic to Postmodern*. Ed.by Donald Denoon et al.Cambridge:-Cambridge University Press, 1996.

[美]梅维恒:《佛教与东亚白话文的兴起:国家语言的形成》,载《亚洲研究学刊》1994年第53卷第3期。

Mair, Victor H."Buddhism and the Rise of the Written Vernacular in East Asia: The Making of National Languages." *Journal of Asian Studies,* 53.3(1994).

[美]梅维恒,[美]梅祖麟:《近代诗律中的梵文来源》,载《哈佛亚洲研究学刊》1991年第51卷第2期。

Mair, Victor H. and Tsu-lin Mei. "The Sanskrit Origins of Recent Style Prosody."*Harvard Journal of Asiatic Studies*, 51.2 (1991).

[德]卡尔·曼海姆 著,[美]路易斯·沃斯、[美]爱德华·希尔斯 译:《意识形态与乌托邦:知识社会学引论》,纽约:哈考特&布雷斯出版公司,1946年。

Mannheim, Karl. *Ideology and Utopia: An Introduction to the Sociology of Knowledge*.Trans. by Louis Wirth and Edward Shils. New York: Harcourt,Brace and Company, 1946.

毛汉光:《两晋南北朝士族政治之研究》,台北:台湾商务印书馆,1966年。

毛汉光:《三国政权的社会基础》,载《"中央研究院"历史语言研究所集刊》1974年第

46本第1期。

　　毛汉光:《五朝军权转移及其对政局之影响》, 载《清华学报》(新编)1970年第8卷第1、2期。

　　毛汉光:《中国中古社会史论》, 台北: 联经出版社, 1988年。

　　[美]安德鲁·马奇:《中国印象: 地理学概念中的神话与理论》, 纽约: 普雷格出版公司, 1974年。

　　March, Andrew L. *The Idea of China: Myth and Theory in Geographical Thought.*New York: Praeger Publishers, 1974.

　　[法]马伯乐:《安南史研究 (五): 马援远征记》, 载《法兰西远东学院通报》1918年第18期。

　　Maspero, Henri. "Etudes d'histoire d'Annam, V: L'expédition de Ma Yuan."*Bulletin de l'ecole Francaise d'extreme orient,* 18 (1918).

　　[法]马伯乐:《安南史研究 (四): 文郎国》, 载《法兰西远东学院通报》1918年第18期。

　　Maspero, Henri."Etudes d'histoire d'Annam IV: Le royaume de Van-lang." *Bulletin de l'ecole Francaise d'extreme orient,* 18 (1918).

　　[美]杰弗瑞·马斯:《镰仓幕府的兴起》, 载[美]约翰·霍尔、[美]杰弗瑞·马斯 编:《日本中世纪: 制度史研究论文集》, 斯坦福: 斯坦福大学出版社, 1974年。

　　Mass, Jeffrey P. "The Emergence of the Kamakura *Bakufu.*" *Medieval Japan:Essays in Institutional History.* Ed. by John W. Hall and Jeffrey P. Mass.Stanford, Calif.: Stanford University Press, 1974.

　　[美]马瑞志:《佛教与中国本土学说之冲突》, 载《宗教评论》1955年第20卷第1、2期。

　　Mather, Richard B. "The Conflict of Buddhism with Native Chinese Ideologies."*Review of Religion,* 20.1–2 (1955).

　　[美]马瑞志:《寇谦之与北魏宫廷之道教政体 (425—451)》, 载[美]尉迟酣、[法]索安 编:《道教面面观: 中国宗教论文集》, 纽黑文: 耶鲁大学出版社, 1979年。

　　Mather, Richard B. "K'ou Ch'ien-chih and the Taoist Theocracy at the Northern Wei Court, 425– 451." *Facets of Taoism: Essays in Chinese Religion.* Ed. by Holmes Welch and Anna Seidel. New Haven, Conn.: Yale University Press, 1979.

　　[美]马瑞志:《六朝洛阳与南京方言小考》, 载周策纵 编:《文林: 中国人文研究论选》, 麦迪逊: 威斯康星大学出版社, 1968年。

　　Mather, Richard B. "A Note on the Dialects of Lo-Yang and Nanking during the Six Dynasties."*Wen-lin: Studies in the Chinese Humanities.* Ed. by Chow Tsetsung.Madison: University of Wisconsin Press, 1968.

　　[美]马瑞志:《诗人 "沈约" —— "隐侯"》, 普林斯顿: 普林斯顿大学出版社, 1988年。

　　Mather, Richard B. *The Poet Shen Yüeh (441–513): The Reticent Marquis.* Princeton, N.J.:

Princeton University Press, 1988.

[美]马瑞志 译:《世说新语》,明尼阿波利斯:明尼苏达大学出版社,1976年。

Mather, Richard B. trans. *Shih-shuo Hsin-yü: A New Account of Tales of the World.* Minneapolis:University of Minnesota Press, 1976.

[美]马瑞志:《维摩诘与士大夫佛教》,载《宗教史》第8卷第1期,1968年。

Mather, Richard B. "Vimalakīrti and Gentry Buddhism." *History of Religions,* 8.1 (1968).

[美]松永·艾丽西亚:《佛教中的同化吸收:"本地垂迹"理论的历史发展》,东京:上智大学,1969年。

[日]松浦友久:《汉诗的世界》,载[日]古川哲史、[日]石田一郎 编:《日本思想史讲座》第1卷,东京:雄山阁,1978年。

[美]刘易斯·马斐里克:《中国:欧洲的典范》,圣安东尼奥:保罗·安德森出版公司,1946年。

Maverick, Lewis A. *China a Model for Europe.* San Antonio, Tex.: Paul Anderson Company, 1946.

[美]秦威廉:《新石器时代沿海越民的起源与发展:东亚大陆文化演变的缩影》,载[英]吉德炜 编:《中国文明的起源》,伯克利:加州大学出版社,1983年。

Meacham, William. "Origins and Development of the Yüeh Coastal Neolithic:A Microcosm of Culture Change on the Mainland of East Asia."*The Origins of Chinese Civilization.* Ed. by David N. Keightley. Berkeley and Los Angeles: University of California Press, 1983.

蒙思明:《六朝世族形成的经过》,载《文史杂志》1941年第1卷第9期。

蒙文通:《越史丛稿》,北京:人民出版社,1983年。

[日]道端良秀:《中国佛教的演变》,载其著:《中国佛教社会经济史的研究》,京都:平乐寺书店,1983年。

[日]道端良秀:《传教大师最澄入唐之际的中国佛教——特别是关于普通信众的生活》,载其著:《中国佛教社会经济史的研究》,京都:平乐寺书店,1983年。

[美]理查德·米勒:《日本官僚制度的肇始:8世纪日本政府的研究》,载其编:《康纳尔大学东亚论文集》,伊萨卡:康纳尔大学出版社,1979年。

Miller, Richard J. *Japan's First Bureaucracy: A Study of Eighth-Century Government.* Ithaca, N.Y.: Cornell University East Asia Papers no. 19, 1979.

[美]罗伊·安德鲁·米勒 译:《周书》(《北周时期西部国家述论》),伯克利与洛杉矶:加州大学出版社,1959年。

Miller, Roy Andrew, trans. *Accounts of Western Nations in the History of the Northern Chou Dynasty.* 636; Berkeley and Los Angeles: University of California Press, 1959.

[美]罗伊·安德鲁·米勒:《日本语》,芝加哥:芝加哥大学出版社,1967年。

Miller, Roy Andrew, *The Japanese Language.* Chicago: University of Chicago Press, 1967.

[美]罗伊·安德鲁·米勒：《日语及阿尔泰语系》，芝加哥：芝加哥大学出版社，1971年。

Miller, Roy Andrew, *Japanese and the Other Altaic Languages.* Chicago: University of Chicago Press, 1971.

[美]罗伊·安德鲁·米勒：《语言证据与日本史前史》，载[美]理查德·皮尔森等编：《日本历史之窗：考古学研究与日本史前史》，安娜堡：密歇根大学日本研究中心，1986年。

Miller, Roy Andrew, "Linguistic Evidence and Japanese Prehistory." *Windows on the Japanese Past: Studies in Archaeology and Prehistory.* Ed. by Richard J. Pearson et al. Ann Arbor: Center for Japanese Studies, University of Michigan,1986.

[美]罗伊·安德鲁·米勒：《邪马台与百济》，载《亚太研究季刊》1994年第26卷第3期。

Miller, Roy Andrew, "Yamato and Paekche." *Asian Pacific Quarterly*, 26.3 (1994).

[美]理查德·米切尔：《日本帝国的监察制度》，普林斯顿：普林斯顿大学出版社，1983年。

Mitchell, Richard H. *Censorship in Imperial Japan.* Princeton, N.J.: Princeton University Press, 1983.

[日]宫川尚志：《华南的儒学化》，载[美]芮沃寿编：《儒学》，斯坦福：斯坦福大学出版社，1960年。

Miyakawa Hisayuki. "The Confucianization of South China." *The Confucian Persuasion.* Ed. by Arthur F. Wright. Stanford, Calif.: Stanford University Press, 1960.

[日]宫川尚志：《东晋时期的贵族制与佛教》，载《中国佛教史学》1940年第4卷第1、2期。

[日]宫崎市定：《中国村制的确立——古代帝国崩溃的一个侧面》，载《东洋史研究》1960年第18卷第4号。

[日]宫崎市定：《中国历史上的庄园》，载东洋史研究会编：《亚洲史研究》第4卷，京都：东洋史研究会，1964年。

[日]宫崎市定：《九品官人法研究：科举前史》，京都：东洋史研究会，1956年。

[日]沟口雄三：《中国公私概念的发展》，载《思想》1980年第669期。

[意]阿纳尔多·莫米利亚诺：《希腊人的过失》，载其编：《古代与近代历史学论集》，米德尔顿：卫斯理大学出版社，1975年。

Momigliano, Arnaldo. "The Fault of the Greeks." *Essays in Ancient and Modern Historiography.* Middletown, Conn.: Wesleyan University Press,1975.

[日]毛利久：《朝鲜三国时代与日本飞鸟时代的佛教》，载[日]田村圆澄、[韩]黄寿永编：《百济文化与飞鸟文化》，京都：吉川弘文馆，1978年。

[日]森三树三郎：《中国知识分子对佛教的接纳》，载其著：《老庄与佛教》，京都：法藏馆，1986年。

[日]森三树三郎：《六朝士大夫之精神》，京都：同朋舍，1986年。

[英]伊万·莫里斯：《王子的世界：古代日本的宫廷生活》，哈芒斯沃斯：企鹅书店，

1964年。

Morris, Ivan. *The World of the Shining Prince: Court Life in Ancient Japan.* Harmondsworth: Penguin Books, 1964.

[日]清少纳言著，[英]伊万·莫里斯译：《枕草子》，巴尔的摩：企鹅书店，1967年。

Morris, Ivan. trans. *The Pillow Book of Sei Shōnagon.* Baltimore, Md.: Penguin Books,1967.

[英]泰莎·莫里斯·铃木：《反观过去：日本身份的构建及其边界》，载[澳]唐纳德·德农等编：《多元日本：从旧石器时代到后现代》，剑桥：剑桥大学出版社，1996年。

Morris-Suzuki, Tessa. "A Descent into the Past: The Frontier in the Construction of Japanese Identity." *Multicultural Japan: Palaeolithic to Postmodern.*Ed. by Donald Denoon et al. Cambridge: Cambridge University Press, 1996.

[英]泰莎·莫里斯·铃木：《"日本文化"的创造与再创造》，载《亚洲研究学刊》1995年第54卷第3期。

Morris-Suzuki, Tessa. "The Invention and Reinvention of 'Japanese Culture.'" *Journal of Asian Studies,* 54.3 (1995).

[美]孟德卫：《中国与西方的大遭遇（1500—1800）》，拉纳姆：罗曼·利特菲尔德出版公司，1999年。

Mungello, D. E. *The Great Encounter of China and the West, 1500–1800.* Lanham, Md.: Rowman and Littlefield, 1999.

[美]孟旦：《早期中国的人性观》，斯坦福：斯坦福大学出版社，1969年。

Munro, Donald J. *The Concept of Man in Early China.* Stanford, Calif.: Stanford University Press, 1969.

[法]雨果·芒斯特伯格：《插图日本艺术史》，拉特兰郡：查尔斯塔特尔出版公司，1957年。

Munsterberg, Hugo. *The Arts of Japan: An Illustrated History.* Rutland: Charles E. Tuttle Company, 1957.

[日]村上嘉实：《贵族制社会的文化》，载京大东洋史研究会编：《贵族制社会》，大阪：创元社，1981年。

[法]卢西恩·缪塞著，[英]爱德华·詹姆斯、[英]哥伦布·詹姆斯译：《日耳曼人的入侵：公元400至600年欧洲的形成》，伦敦：保罗·埃列克出版公司，1975年。

Musset, Lucien. *The Germanic Invasions: The Making of Europe* a.d. *400– 600.*Trans. by Edward and Columba James. 1965; London: Paul Elek, 1975.

[日]那波利贞：《坞主考》，载《东亚人文科学报》1943年第2卷第4期。

[日]中村治兵卫：《唐代的萨满教》，载《史苑》1971年第105、106卷。

[日]中村圭尔：《"士庶区别"小论——南朝贵族制的一个侧面》，载《史学杂志》1979年第88卷第2号。

[美]中村凉子 译:《日本佛教中的传奇故事：戒觉〈渡宋记〉》，马萨诸塞州剑桥镇：哈佛大学出版社，1973年。

Nakamura, Kyoko Motomochi, trans. *Miraculous Stories from the Japanese Buddhist Tradition: The Nihon Ryoiki of the Monk Kyōkai.* Cambridge, Mass.:Harvard University Press, 1973.

[日]直林不退:《渡来家族的佛教信仰考察》，载《印度学佛教学研究》1994年第43卷第1期。

[日]直木孝次郎:《奈良国家》，载[美]德尔默·布朗编:《剑桥日本史·第1卷：古代日本》，剑桥：剑桥大学出版社，1993年。

Naoki Kōjirō. "The Nara State." *The Cambridge History of Japan. Vol. 1: Ancient Japan.* Ed. by Delmer M. Brown. Cambridge: Cambridge University Press, 1993.

[英]科妮莉亚·那瓦利:《民族国家的起源》，载[英]伦纳德·蒂维编:《民族国家：现代政治学的形成》，纽约：圣马丁出版社，1981年。

Navari, Cornelia. "The Origins of the Nation-State." *The Nation-State: The Formation of Modern Politics.* Ed. by Leonard Tivey. New York: St. Martin's Press, 1981.

[美]南沙娜:《朝鲜考古》，剑桥：剑桥大学出版社，1993年。

Nelson, Sarah Milledge. *The Archaeology of Korea.* Cambridge: Cambridge University Press, 1993.

[美]南沙娜:《史前朝鲜民族的政治》，载[美]普利普·考尔、克莱尔·福赛特编:《民族主义、政治与考古学实践》，剑桥：剑桥大学出版社，1995年。

Nelson, Sarah Milledge. "The Politics of Ethnicity in Prehistoric Korea." *Nationalism, Politics, and the Practice of Archaeology.* Ed. by Philip L. Kohl and Clare Fawcett.Cambridge: Cambridge University Press, 1995.

[美]吴锦宇:《前近代中国的民族认同：形成与角色认定》，载[美]罗德明、[美]塞缪尔·金编:《中国的民族认同诉求》，纽约伊萨卡镇：康奈尔大学出版社，1993年。

Ng-Quinn, Michael. "National Identity in Premodern China: Formation and Role Enactment." *China's Quest for National Identity.* Ed. by Lowell Dittmer and Samuel S. Kim. Ithaca, N.Y.: Cornell University Press, 1993.

倪今生:《"五胡乱华"明日的中国经济》，载《食货半月刊》1935年第1卷第8期。

倪今生:《"五胡乱华"前夜的中国经济》，载《食货半月刊》1935年第1卷第7期。

[美]约翰娜·尼克尔斯:《时空下的语言多样性》，芝加哥：芝加哥大学出版社，1992年。

Nichols, Johanna. *Linguistic Diversity in Space and Time.* Chicago: University of Chicago Press, 1992.

日本学术振兴会 译:《万叶集》，纽约：哥伦比亚大学出版社，1965年版。

Nippon Gakujutsu Shink ō kai, trans. *The Manyōshū.* 1940; New York: Columbia University Press, 1965.

［日］西别府元日：《公营田政策的背景：弘仁末期的太宰府与西海道诸国》，载［日］田村圆澄先生古稀纪念会编：《东亚与日本：历史篇》，东京：吉川弘文馆，1987年。

［日］西嶋定生：《日本历史的国家环境》，东京：东京大学出版社，1997年。

［日］西嶋定生：《六至八世纪的东亚》，载岩波书店编：《岩波讲座：日本历史》第2册《古代2》，东京：岩波书店，1962年。

［日］野村茂夫：《"素"一词中所见晋朝的儒家》，载《东方学》1981年第61卷。

［美］罗杰瑞，［美］梅祖麟：《古代华南地区的南亚语系：词汇中的证据》，载《华裔学志》1976年第32卷。

Norman, Jerry, and Mei, Tsu-lin. "The Austroasiatics in Ancient South China: Some Lexical Evidence." *Monumenta Serica,* 32 (1976).

［日］大庭修：《古代与中世纪中日关系研究》，京都：同朋舍，1996年。

［日］大庭修：《日本研究者所见中日文化交流史》，载［日］大庭修、王晓秋编：《中日文化交流史大系（一）：历史》，东京：大修馆，1995年。

［日］大庭修 著，林剑鸣译：《秦汉法制史研究》，上海：上海人民出版社，1991年。

［日］越智重明：《关于北魏的均田制》，载《史苑》1972年第108卷。

［日］越智重明：《南朝的贵族与豪族》，载《史苑》1956年第69卷。

［日］越智重明：《东晋的贵族制与南北朝的"地域"性》，载《史学杂志》1958年第67卷第8期。

［日］越智重明：《东晋南朝的村与豪族》，载《史学杂志》1970年第79卷第10期。

［日］大川富士夫：《六朝初期吴兴郡的豪族——以武康沈氏家族为主》，载立正大学历史学会编：《宗教社会史研究》，东京：雄山阁，1977年。

［日］冈崎文夫：《魏晋南北朝通史》，东京：弘文堂书房，1943年。

［美］麦克·奥克森伯格：《中美关系中的台湾、西藏、香港》，载［美］傅高义 编：《与中国共存：21世纪的中美关系》，纽约：诺顿出版公司，1997年。

Oksenberg, Michel. "Taiwan, Tibet, and Hong Kong in Sino-American Relations."*Living with China: U.S.-China Relations in the Twenty-First Century.*Ed. by Ezra F. Vogel. New York: W. W. Norton, 1997.

［日］大町健：《东亚中的日本律令制国家》，载［日］田村耕一、［日］铃木靖民 编：《从亚洲看古代日本》，东京：角川书店，1992年。

［日］大隅清阳：《唐代礼制与日本》，载［日］池田温编：《思考古代——唐与日本》，东京：吉川弘文馆，1992年。

［美］詹姆斯·帕莱：《探寻朝鲜的文化特质》，载《哈佛亚洲研究学刊》1995年第55卷第2期。

Palais, James B. "A Search for Korean Uniqueness." *Harvard Journal of Asiatic Studies,* 55.2 (1995).

潘国键:《北魏与柔然关系研究》,台北:台湾商务印书馆,1988年。

潘武素:《西晋泰始颁律的历史意义》,载《香港中文大学中国文化研究所学报》1991年第2卷第2期。

潘以红:《早期中国的游牧民族迁徙政策》,载《亚洲专刊》1992年第5卷第2期。

Pan, Yihong. "Early Chinese Settlement Policies towards the Nomads." *Asia Major,* 3rd series, 5.2 (1992).

潘以红:《天子与天可汗:隋唐帝国及其近邻》,贝灵翰姆:西华盛顿大学出版社,1997年。

Pan, Yihong. *Son of Heaven and Heavenly Qaghan: Sui-Tang China and Its Neighbors.* Bellingham: Western Washington University, 1997.

[美]乔丹·佩普尔 译:《傅子》(《〈傅子〉:后汉的儒家经典》),莱顿:布里尔书店,1987年。

Paper, Jordan D., trans. *The Fu-Tzu: A Post-Han Confucian Text.* 3rd century; Leiden: E. J. Brill, 1987.

[美]理查德·皮尔森:《古代日本》,纽约:乔治·布拉奇勒出版公司,1992年。

Pearson, Richard. *Ancient Japan.* New York: George Braziller, 1992.

[美]理查德·皮尔森:《东山文化及其源头》,载《"中央研究院"民族学研究所集刊》1962年第13卷。

[法]保罗·伯希和:《伯希和遗稿丛刊》第4卷《中国造纸术的起源》,巴黎:国家印书局,1953年。

Pelliot, Paul. *Oeuvres posthumes IV: Les débuts de l'imprimerie en chine.* Paris: Imprimerie nationale, 1953.

[美]海瑟·彼得斯:《文面与吊脚楼——古越人何在?》,载宾夕法尼亚大学东方研究部编:《中国柏拉图论文》第19卷,费城:宾夕法尼亚大学,1990年。

Peters, Heather A. "Tattooed Faces and Stilt Houses: Who Were the Ancient Yue?" *Sino-Platonic Papers,* 17. Philadelphia: University of Pennsylvania, Department of Oriental Studies, 1990.

[美]海瑟·彼得斯:《城镇与贸易:文化多元性与楚国的日常》,载[美]柯鹤立、[澳]梅约翰 编:《探索楚文化:古代中国的图像与现实》,火奴鲁鲁:夏威夷大学出版社,1999年。

Peters, Heather A. "Towns and Trade: Cultural Diversity and Chu Daily Life." *Defining Chu: Image and Reality in Ancient China.* Ed. by Constance A. Cook and John S. Major. Honolulu: University of Hawai'i Press, 1999.

[美]查尔斯·彼得森:《中兴的完成——论唐宪宗和藩镇之关系》,载[美]芮沃寿、[英]杜希德 编:《唐代的概观》,纽黑文:耶鲁大学出版社,1973年。

Peterson, Charles A. "The Restoration Completed: Emperor Hsien-tsung and the Provinces." *Perspectives on the T'ang.* Ed. by Arthur F. Wright and Denis Twitchett. New Haven, Conn.: Yale

University Press, 1973.

[澳]乔安·皮戈特:《日本王权的兴起》,斯坦福:斯坦福大学出版社,1997年。

Piggott, Joan R. *The Emergence of Japanese Kingship.* Stanford, Calif.: Stanford University Press, 1997.

[澳]乔安·皮戈特:《木简:日本奈良时期的木质文书》,载《日本文化志丛》1990年第45卷第4期。

Piggott, Joan R. "Mokkan: Wooden Documents from the Nara Period." *Monumenta Nipponica,* 45.4 (1990).

[比]亨利·皮雷纳著,[英]伯纳德·米亚尔译:《穆罕默德与查理大帝》,伦敦:乔治·艾伦&昂文出版公司,1939年。

Pirenne, Henri. *Mohammed and Charlemagne.* Trans. by Bernard Miall. London: George Allen and Unwin, 1939.

[美]大卫·波兰克:《词义分裂:8至18世纪日本的中国化》,普林斯顿:普林斯顿大学出版社,1986年。

Pollack, David. *The Fracture of Meaning: Japan's Synthesis of China from the Eighth through the Eighteenth Centuries.* Princeton, N.J.: Princeton University Press, 1986.

[美]谢尔登·波洛克:《世界通用语》,载《亚洲研究学刊》1998年第57卷第1期。

Pollock, Sheldon. "The Cosmopolitan Vernacular." *Journal of Asian Studies,* 57.1 (1998).

[美]马丁·鲍尔斯:《早期中国的艺术与政治表达》,纽黑文:耶鲁大学出版社,1991年。

Powers, Martin J. *Art and Political Expression in Early China.* New Haven, Conn.:Yale University Press, 1991.

[美]厄尔·普里查德:《中国人口历史发展的思考》,载《亚洲研究学刊》1963年第23卷第1期。

Pritchard, Earl H. "Thoughts on the Historical Development of the Population of China." *Journal of Asian Studies,* 23.1 (1963).

[美]索菲亚·帕萨拉斯:《探索北部:战国末年及两汉时期的非汉文化》,载《华裔学志》1994年第42卷。

Psarras, Sophia-Karin. "Exploring the North: Non-Chinese Cultures of the Late Warring States and Han." *Monumenta Serica,* 42 (1994).

蒲坚:《中国古代行政立法》,北京:北京大学出版社,1990年。

[加]蒲立本:《安禄山叛乱与晚唐社会藩镇割据的兴起》,载[美]约翰·柯蒂斯·佩里、[美]巴德维尔·斯密斯编:《唐代社会史论集:社会、政治与经济力量的相互作用》,莱顿:布里尔书店,1976年。

Pulleyblank, Edwin G. "The An Lu-shan Rebellion and the Origins of Chronic Militarism in Late T'ang China." *Essays on T'ang Society: The Interplay of Social, Political and Economic*

Forces. Ed. by John Curtis Perry and Bardwell L. Smith. Leiden: E. J. Brill, 1976.

[加]蒲立本:《安禄山叛乱的背景》,伦敦:牛津大学出版社,1955年。

Pulleyblank, Edwin G. *The Background of the Rebellion of An Lu-shan.* London: Oxford University Press, 1955.

[加]蒲立本:《史前及早期历史时期的中国及其周边》,载[英]吉德炜 编:《中国文明的起源》,伯克利:加州大学出版社,1983年。

Pulleyblank, Edwin G. "The Chinese and Their Neighbors in Prehistoric and Early Historic Times." *The Origins of Chinese Civilization.* Ed. by David N. Keightley.Berkeley and Los Angeles: University of California Press, 1983.

[加]蒲立本:《中古汉语:历史语音学的研究》,温哥华:大不列颠哥伦布亚大学出版社,1984年。

Pulleyblank, Edwin G. *Middle Chinese: A Study in Historical Phonology.* Vancouver: University of British Columbia Press, 1984.

[加]蒲立本:《隋唐时期中国的户籍统计》,载《东方经济社会史学刊》1961年第4卷第3期。

Pulleyblank, Edwin G. "Registration of Population in China in the Sui and T'ang Periods."- *Journal of the Economic and Social History of the Orient,* 4.3 (1961).

[加]蒲立本:《邹、鲁与山东的汉化》,载[美]艾文荷 编:《中国的语言、思想与文化:倪德卫及其批判》,芝加哥:开庭出版公司,1996年。

Pulleyblank, Edwin G. "Zou and Lu and the Sinification of Shandong." *Chinese Language, Thought, and Culture: Nivison and His Critics.* Ed. by Philip J. Ivanhoe. Chicago: Open Court, 1996.

钱穆:《略论魏晋南北朝学术文化与当时门第之关系》,载其编:《中国学术思想史论丛》(三),台北:东大图书,1985年。

钱穆:《中国历史上的政治制度》,载《史学会刊》1981年第11卷。

上海社会科学院经济研究所经济思想史研究室:《秦汉经济思想史》,北京:中华书局,1989年。

邱添生:《唐宋变革期的政治与社会》,台北:文津出版社,1999年。

屈小强:《白马东来:佛教东传的揭秘》,成都:四川人民出版社,1995年。

[美]桂思卓:《从编年史到经典:董仲舒的春秋诠释学》,剑桥:剑桥大学出版社,1996年。

Queen, Sarah A. *From Chronicle to Canon: The Hermeneutics of the Spring and Autumn, according to Tung Chung-shu.* Cambridge: Cambridge University Press, 1996.

[美]罗伯特·拉姆齐:《中国的语言》,普林斯顿:普林斯顿大学出版社,1987年。

Ramsey, S. Robert. *The Languages of China.* Princeton, N.J.: Princeton University Press,

1987.

饶宗颐:《吴越文化》,载《"中央研究院"历史语言研究所集刊》1969年第41本第4期。

[美]伊芙琳·罗斯基:《末代皇帝:早期南亚的佛教与海上交通》,伯克利:加州大学出版社,1998年。

Rawski, Evelyn S. *The Last Emperors: A Social History of Qing Imperial Institutions.* Berkeley and Los Angeles: University of California Press, 1998.

[印]希曼舒·雷 译:《变化之风:佛教与南亚早期的海上交往》,德里:牛津大学出版社,1994年。

Ray, Himanshu P. *The Winds of Change: Buddhism and the Maritime Links of Early South Asia.* Delhi: Oxford University Press, 1994.

[美]埃德温·赖肖尔译:《入唐求法巡礼行记》(《圆仁日记:中国巡礼行记》),纽约:罗纳德出版社,1955年。

Reischauer, Edwin O., trans. *Ennin's Diary: The Record of a Pilgrimage to China in Search of the Law.* New York: The Ronald Press, 1955.

[美]埃德温·赖肖尔:《圆仁在唐的旅行》,纽约:罗纳德出版社,1955年。

Reischauer, Edwin O., *Ennin's Travels in T'ang China.* New York: The Ronald Press, 1955.

任继愈:《汉唐佛教思想论集》,北京:人民出版社,1973年。

任一鸣:《冯太后临朝与改革》,载杜士铎编:《北魏史》,太原:山西高校联合出版社,1992年。

[法]勒侬德:《佛教传入日本的时间》,载《通报》1959年第47卷。

Renondéau, G. "La date de l'introduction du bouddhisme au Japon." *T'oung Pao,* 47 (1959).

[美]麦伊莲·丽艾:《中国与东亚早期佛教》第1卷《后汉、三国及西晋时期的中国、大夏与鄯善国》,莱顿:布里尔书店,1999年。

Rhie, Marylin Martin. *Early Buddhist Art of China and Central Asia. Vol. 1: Later Han, Three Kingdoms and Western Chin in China and Bactria to Shan-shan in Central Asia.* Leiden: E. J. Brill, 1999.

[美]詹尼弗·罗伯特森:《村庄的消亡:国际化与战后日本的怀旧情结》,载[美]斯蒂芬·瓦拉斯托斯编:《现代性的借镜:当代日本的创新传统》,伯克利与洛杉矶:加州大学出版社,1998年。

Robertson, Jennifer. "It Takes a Village: Internationalization and Nostalgia in Postwar Japan." *Mirror of Modernity: Invented Traditions of Modern Japan.* Ed. by Stephen Vlastos. Berkeley and Los Angeles: University of CaliforniaPress, 1998.

[法]贺碧来著,[美]菲利斯·布鲁克斯译:《道教:宗教的发展》,斯坦福:斯坦福大学出版社,1997年。

Robinet, Isabelle. *Taoism: Growth of a Religion.* Trans. by Phyllis Brooks. 1992;Stanford,

Calif.: Stanford University Press, 1997.

[美]迈克·埃德森·罗宾逊:《1920—1925年朝鲜殖民时代的文化国家主义》,西雅图:华盛顿大学出版社,1988年。

Robinson, Michael Edson. *Cultural Nationalism in Colonial Korea, 1920–1925.* Seattle: University of Washington Press, 1988.

[美]迈克尔·罗杰斯:《苻坚载记:正史的一个案例》,伯克利:加州大学出版社,1968年。

Rogers, Michael C. *The Chronicle of Fu Chien: A Case of Exemplar History.* Berkeley, Calif.: University of California Press, 1968.

[美]迈克尔·罗杰斯:《淝水之战的虚构》,载《通报》1968年第54卷第1—3期。

Rogers, Michael C. "The Myth of the Battle of the Fei River (a.d. 383)." *T'oung Pao,* 54.1–3 (1968).

[美]迈克尔·罗杰斯:《朝鲜中古时期的民族觉醒:论辽金对高丽的影响》,载[美]罗茂锐 编:《中国及其周边:中原与邻邦》,伯克利与洛杉矶:加州大学出版社,1983年。

Rogers, Michael C. "National Consciousness in Medieval Korea: The Impact of Liao and Chin on Koryŏ. *China among Equals: The Middle Kingdom and Its Neighbors, 10th–14th Centuries.* Ed. by Morris Rossabi. Berkeley and Los Angeles: University of California Press, 1983.

萨孟武:《南北朝佛教流行的原因》,载《大陆杂志》1951年第2卷第10期。

萨师炯:《魏晋南北朝时代的地方制度》,载《东方杂志》1945年第41卷第17期。

[日]佐伯有清:《唐日的佛教交流:遣唐学问僧与赴日传法僧》,载[日]池田温 编:《思考古代:唐与日本》,东京:吉川弘文馆,1992年。

[美]斯蒂芬·赛奇:《古代四川与中国的统一》,阿尔巴尼:纽约州立大学出版社,1992年。

Sage, Steven F. *Ancient Sichuan and the Unification of China.* Albany: State University of New York Press, 1992.

[日]斋藤忠:《朝鲜古代文化的研究》,东京:地人书馆,1943年。

[日]坂本太郎 著,[加]约翰·布朗利 译:《六国史》,东京:东京大学出版社,1991年。

[英]彼得·萨尔维:《罗马不列颠史》,牛津:牛津大学出版社,1997年。

Salway, Peter. *A History of Roman Britain.* 1993; Oxford: Oxford University Press, 1997.

[美]理查德·萨缪尔斯:《"富国强兵":日本的国家安全与科技革命》,纽约伊萨卡镇:康奈尔大学出版社,1994年。

Samuels, Richard J. *"Rich Nation Strong Army": National Security and the Technological Transformation of Japan.* Ithaca, N.Y.: Cornell University Press, 1994.

[英]桑塞姆:《日本简明文化史》,斯坦福:斯坦福大学出版社,1978年。

Sansom, G. B. *Japan: A Short Cultural History.* 1931; Stanford, Calif.: Stanford University

Press, 1978.

[美]萨德赛:《越南:民族认同的追求》,博尔德:西方观察出版社,1992年。

SarDesai, D. R. *Vietnam: The Struggle for National Identity.* 1988; Boulder,Colo.: Westview Press, 1992.

[美]伊丽莎白·萨托:《庄园的早期发展》,载[美]约翰·霍尔、[美]杰弗瑞·马斯 编:《日本中世纪:制度史研究论文集》,斯坦福:斯坦福大学出版社,1974年。

Sato, Elizabeth. "The Early Development of the Shōen." *Medieval Japan: Essays in Institutional History.* Ed. by John W. Hall and Jeffrey P. Mass.Stanford, Calif.: Stanford University Press, 1974.

[日]佐藤弘夫:《佛教戒律与宗教生活》,载[日]山折哲雄编:《讲座:佛教的受用与变容》第6辑《日本编》,东京:佼成出版社,1991年。

[美]薛爱华:《闽帝国》,拉特兰郡:查尔斯特尔出版公司,1954年。

Schafer, Edward H. *The Empire of Min.* Rutland: Charles E. Tuttle Company,1954.

[美]薛爱华:《撒马尔罕的金桃:唐代舶来品的研究》,伯克利与洛杉矶:加州大学出版社,1963年。

Schafer, Edward H. *The Golden Peaches of Samarkand: A Study of T'ang Exotics.* Berkeley and Los Angeles: University of California Press, 1963.

薛爱华:《朱雀:唐代的南方意象》,伯克利:加州大学出版社,1967年。

Schafer, Edward H. *The Vermilion Bird: T'ang Images of the South.* Berkeley and Los Angeles: University of California Press, 1967.

[美]康拉德·希诺考尔,[美]韩明士:《序言》,载其编:《燮理天下:宋代对政府和政策的讨论》,伯克利:加州大学出版社。

Schirokauer, Conrad, and Hymes, Robert. "Introduction." *Ordering the World:Approaches to State and Society in Sung Dynasty China.* Berkeley and Los Angeles: University of California Press, 1993.

[加]安德烈·施密德:《关东再审视:申采浩与朝鲜国土政治史》,载《亚洲研究学刊》1997年第56卷第1期。

Schmid, Andre. "Rediscovering Manchuria: Sin Ch'aeho and the Politics of Territorial History in Korea." *Journal of Asian Studies,* 56.1 (1997).

[德]施寒微:《文人官僚及其共同体:中国中古时期的官僚制度》,载《德国东方学会会刊》1989年第139卷第2期。

Schmidt-Glintzer, Helwig. "Der Literatenbeamte und seine Gemeinde: Oder der Charakter der Aristokratie im chinesischen Mittelalter." *Zeitschrift der Deutschen Morgenländischen Gesellschaft,* 139.2 (1989).

[美]格列高利·叔本:《忠贞与梵僧修行:从外部世界看"汉化"》,载《通报》1984年

第70卷第1—3期。

Schopen, Gregory. "Filial Piety and the Monk in the Practice of Indian Buddhism: AQuestion of 'Sinicization' Viewed from the Other Side."*T'oung Pao,* 70.1–3 (1984).

[德]格哈德·施赖伯:《前燕史》,载《华裔学志》1955年第14卷及1956年第15卷第1期。

Schreiber, Gerhard. "The History of the Former Yen Dynasty." *Monumenta Serica,* 14 (1949–1955) and 15.1 (1956).

[美]克里斯托弗·西莱:《日本文字史》,莱顿:布里尔书店,1991年。

Seeley, Christopher. *A History of Writing in Japan.* Leiden: E. J. Brill, 1991.

[日]紫式部撰、[美]爱德华·赛登施蒂克 译:《源氏物语》,纽约:古典书局,1976年。

Seidensticker, Edward G., trans. *The Tale of Genji.* By Murasaki Shikibu. New York: Vintage Books, 1976.

[日]关晃:《律令国家的政治理念》,载[日]古川哲史,[日]石田一郎 编:《日本思想史讲座》第1卷,东京:雄山阁,1978年。

[英]琳达·诺兰·沙菲尔:《公元1500年以前的海上东南亚》,阿蒙克:梅龙·夏普出版公司,1996年。

Shaffer, Lynda Norene. *Maritime Southeast Asia to 1500.* Armonk, N.Y.:M. E. Sharpe, 1996.

邵台新:《汉代河西四郡的拓展》,台北:台湾商务印书馆,1988年。

释东初:《三国两晋时代的佛教》,载黄忏华等编:《魏晋南北朝佛教小史》,台北:大乘文化出版社,1979年。

释东初:《中日佛教交通史》,载其著:《东初老人全集》第2卷,台北:东初出版社,1985年。

史家鸣:《日本古代国家的发展》,载《中国与日本》1972年第141期。

史丽华:《日本班田令与唐代均田令的比较》,载中国日本史学会编:《日本史论文集》,沈阳:辽宁人民出版社,1985年。

史念海:《秦汉时代的民族精神》,载《文史杂志》1944年第4卷第1、2期。

[日]重近启树:《秦汉时期强制劳动诸形态》,载《东洋史研究》1990年第49卷第3号。

[日]重泽俊郎:《〈经籍志〉所见六朝的历史意识》,载《东洋史研究》1959年第18卷第1号。

[美]萧洛克:《孔子国家崇拜的起源与发展》,纽约:世纪出版公司,1932年。

Shryock, John K. *The Origin and Development of the State Cult of Confucius.* New York: The Century Company, 1932.

[美]丹尼斯·塞诺:《突厥帝国的建立与瓦解》,载其编:《剑桥早期内亚史》,剑桥:剑桥大学出版社,1990年。

Sinor, Denis."The Establishment and Dissolution of the Türk Empire." *The Cambridge History of Early Inner Asia.* Ed. by Denis Sinor. Cambridge:Cambridge University Press, 1990.

[美]丹尼斯·塞诺:《内亚的战士》，载《美国东方学会学刊》1981年第101卷。

Sinor, Denis. "The Inner Asian Warriors." *Journal of the American Oriental Society,*101 (1981).

[美]丹尼斯·塞诺:《语言与丝绸之路的文化交流》，载《第欧根尼杂志》1995年第171卷第43期。

Sinor, Denis. "Languages and Cultural Interchange along the Silk Roads." *Diogenes,*171.43 (1995).

[美]丹尼斯·塞诺:《突厥文明的某些成分（6——8世纪）》，载[瑞]贡纳尔·雅林、[法]罗森 编:《阿尔泰研究：第25届乌普萨拉阿尔泰学国际会议论文集》，斯德哥尔摩，1985年。

Sinor, Denis. "Some Components of the Civilization of the Türks (6th to 8th century a.d.)." *Altaistic Studies: Papers Presented at the 25th Meeting of the Permanent International Altaistic Conference at Uppsala, June 7–11 1982.* Ed.by G. Jarring and S. Rosén. Stockholm, 1985.

[美]萧凤霞:《华南地区的文化认同与政治差异》，载[美]杜维明编:《转型中的中国》，马萨诸塞州剑桥镇：哈佛大学出版社，1994年。

Siu, Helen F. "Cultural Identity and the Politics of Difference in South China."*China in Transformation.* Ed. by Tu Wei-ming. Cambridge, Mass.: Harvard University Press, 1994.

[加]斯内伦译:《续日本书纪》，载《日本亚洲学会学刊》1934年第11卷，1937年第14卷。

Snellen, J. B., trans. "Shoku Nihongi (Chronicles of Japan)." *Transactions of the Asiatic Society of Japan,* 2nd series, 11 (1934) and 14 (1937).

[英]大卫·斯内格罗夫:《印藏佛教：印度僧众与藏传佛徒》，波士顿：香巴拉出版公司，1987年。

Snellgrove, David. *Indo-Tibetan Buddhism: Indian Buddhists and Their Tibetan Successors.* Boston: Shambhala, 1987.

[美]苏芳淑,[美]艾玛·邦克:《中国北方边境的商人与入侵者》，西雅图：史密森尼学会，1995年。

So, Jenny F., and Bunker, Emma C. *Traders and Raiders on China's Northern Frontier.* Seattle: Smithsonian Institution, 1995.

[韩]徐荣洙:《4至7世纪韩中朝贡关系考》，载林天蔚、黄约瑟编:《古代中韩日关系研究》，香港：香港大学亚洲研究中心，1987年。

[日]曾我部静雄:《均田法与班田法的一类税役：关于"调"的性质》，载山崎先生退官纪念会编:《山崎先生退官纪念东洋史学论集》，东京：东京教育大学文学部东洋史学研究室，1967年。

[美]罗伯特·萨默斯:《唐朝的覆灭》，载[英]杜希德 编:《剑桥中国隋唐史（596—906）》，剑桥：剑桥大学出版社，1979年。

Somers, Robert M. "The End of the T'ang." *The Cambridge History of China.Vol. 3: Sui and*

T'ang China, 589–906, Part 1. Ed. by Denis Twitchett.Cambridge: Cambridge University Press, 1979.

[美]罗伯特·萨默斯:《唐朝的巩固:时间、空间与结构》,载《亚洲研究学刊》1986年第45卷第5期。

Somers, Robert M. "Time, Space, and Structure in the Consolidation of the T'ang Dynasty (a.d. 617–700)." *Journal of Asian Studies,* 45.5 (1986).

宋家钰:《唐日民户授田制度相异问题试释》,载《晋阳学刊》1988年第6期。

松崎:《佛教东传及其对日本文化的影响》,载张曼涛编:《中日佛教关系研究》,台北:大乘文化出版社,1978年。

宋强刚:《试论唐代文化繁荣的原因及唐代中外文化交流的特点》,载《四川教育学院学报》1994年第4期。

宋衍:《魏晋南北朝世族地主政权的演变》,载《历史教学问题》1957年第6期。

[日]园田香融:《早期佛教崇拜》,载[美]约翰·惠特尼·豪尔 编:《剑桥日本史》第1卷《古代日本》,剑桥:剑桥大学出版社,1993年。

Sonoda Kōyū. "Early Buddha Worship." *The Cambridge History of Japan. Vol. 1:Ancient Japan.* Ed. by John Whitney Hall. Cambridge: Cambridge University Press, 1993.

[英]苏慧廉:《明堂:早期中国王权之研究》,伦敦:卢特沃斯出版社,1951年。

Soothill, William Edward. *The Hall of Light: A Study of Early Chinese Kingship.* London: Lutterworth Press, 1951.

[日]外山军治:《政治》,载京都大学东洋史研究会编:《贵族社会》,大阪:创元社,1981年。

[美]詹姆斯·斯坦洛:《"为了美好人生"——英语在日本的使用》,载[美]约瑟夫·图宾编:《重塑日本:社会变化中的日常生活与消费偏好》,纽黑文:耶鲁大学出版社,1992年。

Stanlaw, James. "'For Beautiful Human Life': The Use of English in Japan."*Re-Made in Japan: Everyday Life and Consumer Taste in a Changing Society.*Ed. by Joseph J. Tobin. New Haven, Conn.: Yale University Press, 1992.

[法]石泰安:《2至7世纪的道教与民间信仰》,载[美]尉迟酣、[法]索安 编:《道教面面观:中国宗教论文集》,纽黑文:耶鲁大学出版社,1979年。

Stein, Rolf A. "Religious Taoism and Popular Religion from the Second to Seventh Centuries." *Facets of Taoism: Essays in Chinese Religion.* Ed. by Holmes Welch and Anna Seidel. New Haven, Conn.: Yale University Press, 1979.

[法]石泰安著,[美]斯泰普尔顿·德里弗 译:《西藏文明》,斯坦福:斯坦福大学出版社,1972年。

Stein, Rolf A. *Tibetan Civilization.* Trans. by J. E. Stapleton Driver. 1962; Stanford, Calif.: Stanford University Press, 1972.

[法]司马虚:《从中国的镜中看印度》,载[奥]狄波拉·克林伯格·索尔特 编:《丝绸之路与钻石之路:西喜马拉雅商路上神秘的佛教艺术》,洛杉矶:加州大学洛杉矶分校艺术委员会,1982年。

Strickmann, Michel. "India in the Chinese Looking Glass." *The Silk Route and the Diamond Path: Esoteric Buddhist Art on the Trans-Himalayan Trade Routes.* Ed. by Deborah E. Klimburg-Salter. Los Angeles: UCLA Art Council, 1982.

苏绍兴:《浅论两晋南朝世族之政治地位与其经济力量之关系》,载《大陆杂志》1979年第58卷第5期。

苏秉琦:《中国文明起源新探》,香港:商务印书馆,1997年。

[日]杉本直次郎:《亚瑟·韦利评阿倍仲麻吕:研究述评》,载《亚洲学刊》1969年第17卷。

Sugimoto Naojirō. "The Life of Abe no Nakamaro (Ch'ao Heng) as Commented on by Waley: A Critical Study." *Acta Asiatica,* 17 (1969).

孙昌武:《中国佛教文化序说》,天津:南开大学出版社,1990年。

孙述圻:《六朝思想史》,南京:南京出版社,1992年。

[日]诹访春雄:《中国古越人的马桥文化与日本》,载其编:《倭族与古代日本》,东京:雄山阁出版,1993年。

[日]铃木秀夫:《古代倭国与朝鲜诸国》,东京:青木书店,1996年。

[日]铃木俊:《唐代均田法施行的意义》,载《思想》1951年第50卷。

[日]铃木靖民:《东亚诸国的形成与大和国家的王权》,载历史学研究会、日本史研究会编:《讲座:日本历史》第1卷《原始古代》,东京:东京大学出版社,1984年。

[美]保罗·史万森:《天台宗的理论基础:中国佛教二谛义的兴盛》,伯克利:亚洲人文出版社,1989年。

Swanson, Paul L. *The Foundations of T'ien-T'ai Philosophy: The Flowering of the Two Truths Theory in Chinese Buddhism.* Berkeley, Calif.: Asian Humanities Press, 1989.

[日]高桥铁:《六朝江南的小农》,载《思潮》1969年第107卷。

[美]高木罗纳:《异岸来的陌生人:亚裔美国人的历史》,波士顿:利特尔&布朗出版公司,1998年。

Takaki, Ronald. *Strangers from a Different Shore: A History of Asian Americans.*1989; Boston: Little, Brown and Company, 1998.

[日]高鸟汤次:《汉代三老的转变与教化》,载《东洋史研究》1994年第53卷第2号。

[日]竹内理三:《奈良时期地方管理文书:户籍管理与赋税登记》,载[意]富安敦 编:《唐代中国及其周边:7至10世纪东亚的研究》,京都:意大利文化处亚洲东方研究所,1988年。

[日]泷川政次郎:《律令制的研究》,东京:东兴书院,1931年。

[日]田村圆澄:《日本与佛教的东传》,载《亚洲学刊》1985年第47卷。

[日]田村圆澄:《百济佛教史引论》,载[日]田村圆澄、[韩]黄寿永编:《百济文化与飞鸟文化》,京都:吉川弘文馆,1978年。

谭其骧:《论两汉西晋户口》,载《禹贡半月刊》1934年第1卷第7期。

[美]斯特凡·田中:《日本的东方:粉饰过去,沉淀历史》,伯克利:加州大学出版社,1993年。

Tanaka, Stefan. *Japan's Orient: Rendering Pasts into History.* Berkeley and Los Angeles: University of California Press, 1993.

唐长孺:《晋代北境各族"变乱"的性质及五胡政权在中国的统治》,载其著:《魏晋南北朝史论丛》,北京:生活·读书·新知三联书店,1978年版。

唐长孺:《三至六世纪江南大土地所有制的发展》,台北:柏树出版社,未注明出版日期。

唐任伍:《唐代"抑工商"国策与"重商"社会观念的对立》,载《河北大学学报》(社会科学版)1995年第3期。

汤用彤:《汉魏两晋南北朝佛教史》,北京:中华书局,1983年版。

[日]谷川道雄:《北朝贵族的生活伦理》,载[日]宇都宫清吉 编:《中国中世史研究:六朝隋唐的社会与文化》,东京:东海大学出版社,1970年。

[日]谷川道雄:《中国中世的探究:历史与人文》,东京:日本编辑学校出版部,1987年。

[日]谷川道雄:《东亚世界形成时的历史结构——以册封体制为中心》,载唐史研究会编:《隋唐帝国与东亚世界》,东京:汲古书院,1979年。

[日]谷川道雄:《均田制的理念与大土地所有》,载《东洋史研究》1967年第25卷第4期。

[日]谷川道雄 著,[美]傅佛果 译:《中国中世社会与共同体》,伯克利:加州大学出版社,1985年。

Tanigawa Michio. *Medieval Chinese Society and the Local "Community."* Trans. by Joshua A. Fogel. Berkeley and Los Angeles: University of California Press, 1985.

[日]谷川道雄 著,杨清顺 译:《自营农民与国家之间的共同体性关系——从北魏的农业政策谈起》,载《食货月刊·复刊号》1981年第11卷第5期。

陶希圣:《中国社会之史的分析》,上海:新生命出版社,1929年。

陶希圣、沈巨尘:《秦汉政治制度》,上海:商务印书馆,1936年。

陶希圣、武仙卿:《南北朝经济史》,台北:食货出版社,1979年。

[美]基斯·威勒·泰勒:《越南的诞生》,伯克利与洛杉矶:加州大学出版社,1983年。

Taylor, Keith Weller. *The Birth of Vietnam.* Berkeley and Los Angeles: University of California Press, 1983.

[美]基斯·威勒·泰勒:《越南的表面倾向:透过民族与区域史》,载《亚洲研究学刊》1998年第57卷第4期。

Taylor, Keith Weller. "Surface Orientations in Vietnam: Beyond Histories of Nation and Region." *Journal of Asian Studies,* 57.4 (1998).

邓嗣禹 译注:《颜氏家训》,莱顿:布里尔书店,1968年。

Teng, Ssu-yü, trans. *Family Instructions for the Yen Clan: Yen-shih Chia-hsün.* Leiden:E. J. Brill, 1968.

[美]爱德华·亚瑟·汤普森:《罗马与野蛮人:西方帝国的衰落》,麦迪逊:威斯康星大学出版社,1982年。

Thompson, E. A. *Romans and Barbarians: The Decline of the Western Empire.*Madison: University of Wisconsin Press, 1982.

田余庆:《东晋门阀政治》,北京:北京大学出版社,1989年。

田余庆:《贺兰部落离散问题:北魏"离散部落"个案考察之一》,载《历史研究》第1997年第2期。

[斯]阿桑加·提拉卡拉特尼:《佛教传统中"偈语"的发展》,载《埃提纳·拉冒特首届研究会》,新鲁汶:鲁汶基督大学东方研究所,1993年。

Tilakaratne, Asanga. "The Development of 'Sacred Language' in the Buddhist Tradition." *Premier colloque étienne Lamotte* (Bruxelles et Liège 24–27 septembre 1989). Louvain-la-Neuve:Université Catholique de Louvain,Institut Orientaliste, 1993.

[英]马尔科姆·托德:《北方蛮族:前100——300》,伦敦:哈金森出版公司,1975年。

Todd, Malcolm. *The Northern Barbarians, 100* b.c.–a.d. *300.* London: Hutchinson and Co., 1975.

[日]德野京子:《中国佛教经录中的本土经文述评》,载[美]罗伯特·巴斯韦尔 编:《中国佛教疑伪经》,火奴鲁鲁:夏威夷大学出版社,1990年。

Tokuno, Kyoko. "The Evaluation of Indigenous Scriptures in Chinese Buddhist Bibliographical Catalogues." *Chinese Buddhist Apocrypha.* Ed. by Robert E. Buswell, Jr. Honolulu: University of Hawai'i Press, 1990.

[日]砺波护,[日]武田幸男:《隋唐帝国与古代朝鲜》,载中央公论社编:《世界历史》第6卷,东京:中央公论社,1997年。

[日]虎尾俊哉:《奈良时期的经济与社会制度》,载[美]德尔默·布朗编:《剑桥日本史·第1卷:古代日本》,剑桥:剑桥大学出版社,1993年。

Torao Toshiya. "Nara Economic and Social Institutions." *The Cambridge History of Japan. Vol. 1: Ancient Japan.* Ed. by Delmer M. Brown. Cambridge:Cambridge University Press, 1993.

[美]钱存训:《书于竹帛:中国古代书刻的起源》,芝加哥:芝加哥大学出版社,1962年。

Tsien, Tsuen-Hsuin.*Written on Bamboo and Silk: The Beginnings of Chinese Books and Inscriptions.* Chicago: University of Chicago Press, 1962.

[日]津田左右吉:《文学中出现的日本国民思想研究》第1卷《贵族文学时代》,东京:洛阳堂,1916年。

[日]辻善之助:《日本佛教史研究》第6卷，东京：岩波书店，1984年。

[日]辻善之助:《日本文化史（一）：高古与奈良时期》（重印本），东京：春秋社，1969年。

[日]冢本善隆:《佛教传入中国的早期阶段》，载《世界历史学刊》1960年第5卷第3期。

Tsukamoto, Zenryū. "The Early Stages in the Introduction of Buddhism into China (Up to the Fifth Century a.d.)." *Cahiers d'histoire mondiale*, 5.3(1960).

[日]冢本善隆 著，[波]赫维兹 译:《早期中国佛教史：从佛教传入到惠远圆寂》，东京：讲谈社，1985年。

[日]冢本善隆:《中国佛教研究：北魏篇》，东京：弘文堂书房，1942年。

[日]都筑晶子:《南人寒门、寒人的宗教想象力：围绕〈真诰〉谈起》，载《东洋史研究》第47卷第2号，1988年。

[英]杜希德:《唐代统治阶级的结构——以敦煌发现的材料为线索》，载[美]芮沃寿、[英]杜希德 编:《唐代的概观》，纽黑文：耶鲁大学出版社，1973年。

Twitchett, Denis. "The Composition of the T'ang Ruling Class: New Evidence from Tunhuang." *Perspectives on the T'ang*. Ed. by Arthur F.Wright and Denis Twitchett. New Haven, Conn.: Yale University Press,1973.

[英]杜希德:《唐代财政》，剑桥：剑桥大学出版社，1963年。

Twitchett, Denis. *Financial Administration under the T'ang Dynasty.* Cambridge: Cambridge University Press, 1963.

[英]杜希德:《序言》，载[英]杜希德 编:《剑桥中国隋唐史（596—906）》，剑桥：剑桥大学出版社，1979年。

Twitchett, Denis. "Introduction." *The Cambridge History of China. Vol. 3: Sui and T'ang China, 589–906, Part 1.* Cambridge: CambridgeUniversity Press, 1979.

[英]杜希德:《唐代早期的地方财政管理》，载《亚洲学刊》1969年第15卷第1期。

Twitchett, Denis. "Local Financial Administration in Early T'ang Times." *Asia Major,* new series, 15.1 (1969).

[英]杜希德:《唐代的人口与瘟疫》，载[德]鲍吾刚编:《中国蒙古研究：福赫伯文集》，威斯巴登：法兰兹·斯泰纳出版公司，1979年。

Twitchett, Denis. "Population and Pestilence in T'ang China." *Studia Sino-Mongolica: Festschrift für Herbert Franke.* Ed. by Wolfgang Bauer. Wiesbaden: Franz Steiner, 1979.

[英]杜希德:《中国中古时期的印刷与出版》，纽约：弗雷德里克·比尔出版公司，1983年。

Twitchett, Denis. *Printing and Publishing in Medieval China.* New York: Frederic C. Beil,1983.

[英]杜希德:《唐代的市场制度》，载《亚洲学刊》1966年第12卷第2期。

Twitchett, Denis. "The T'ang Market System." *Asia Major,* new series, 12.2 (1966).

[日]内田歧阜:《贵族社会的结构》,载京都大学东洋史研究会编:《贵族社会》,大阪:创元社,1981年。

[日]上田正昭:《归化人:围绕日本古代国家的成立》,东京:中央公论社,1965年。

[日]上田正昭:《论究:古代历史与东亚》,东京:岩波书店,1998年。

[日]上田草苗:《贵族官制的成立:官制的由来及其性质》,载[日]宇都宫清吉 编:《中国中世史研究:六朝隋唐的社会与文化》,东京:东海大学出版社,1980年。

[美]玛丽安·乌里:《中国学问与知识生活》,载[美]唐纳德·夏夫利、[美]威廉·麦卡洛夫 编:《剑桥日本史(第2卷):平安时代》,剑桥:剑桥大学出版社,1999年。

Ury, Marian. "Chinese Learning and Intellectual Life." *The Cambridge History of Japan. Vol. 2: Heian Japan.* Ed. by Donald H. Shively and William H.McCullough. Cambridge: Cambridge University Press, 1999.

[日]宇佐美一博:《董仲舒:儒学国教化的推进者》,载[日]日原利国 编:《中国思想史》,东京:鹈鹕社,1987年。

[荷]范·达姆:《"皮朗命题"与5世纪的高卢》,载[英]约翰·德林瓦特、[英]休·埃尔顿 编:《5世纪的高卢》,剑桥:剑桥大学出版社,1992年。

Van Dam, R. "The Pirenne Thesis and Fifth-century Gaul." *Fifth-Century Gaul: A Crisis of Identity?* Ed. by John Drinkwater and Hugh Elton. Cambridge:Cambridge University Press, 1992.

[美]保罗·瓦利:《战争怪谈中塑造的日本武士》,火奴鲁鲁:夏威夷大学出版社,1994年。

Varley, H. Paul. *Warriors of Japan as Portrayed in the War Tales.* Honolulu: University of Hawai'i Press, 1994.

[日]北畠亲房 撰,[美]保罗·瓦利 译:《神皇正统记》,纽约:哥伦比亚大学出版社,1980年。

Varley, H. Paul. trans. *A Chronicle of Gods and Sovereigns: Jinnō Shōtōki of Kitabatake Chikafusa.* 1343; New York: Columbia University Press, 1980.

[越]翁禄:《越南语进化史概览》,载《越南研究》1975年第40卷。

Vuong Loc. "Glimpses of the Evolution of the Vietnamese Language." *Vietnamese Studies,* 40 (1975).

[英]伯纳德·韦尔斯、[英]艾米·佐尔:《欧洲考古所见的文明、野蛮与民族主义》,载[美]菲利普·考尔、克莱尔·福赛特 编:《民族主义、政治与考古学实践》,剑桥:剑桥大学出版社,1995年。

Wailes, Bernard, and Zoll, Amy L. "Civilization, Barbarism, and Nationalism in European Archaeology." *Nationalism, Politics, and the Practice of Archaeology.*Ed. by Philip L. Kohl and Clare Fawcett. Cambridge: Cambridge University Press, 1995.

[日]若江贤三：《秦汉律令中的"不孝"罪》，载《东洋史研究》1996年第55卷第2期。

[美]阿瑟·沃尔德隆：《中国长城：从历史到神话》，剑桥：剑桥大学出版社，1990年。

Waldron, Arthur. *The Great Wall of China: From History to Myth.* Cambridge:Cambridge University Press, 1990.

[英]亚瑟·威利：《洛阳的衰落》，载《今日历史》，1951年。

Waley, Arthur. "The Fall of Lo–Yang." *History Today* (1951).

[美]本杰明·沃拉克：《张斐（裴）〈晋律注〉序》，载《通报》1986年第72卷第4、5期。

Wallacker, Benjamin E. "Chang Fei's Preface to the Chin Code of Law."*T'oung Pao*, 72.4–5 (1986).

[美]本杰明·沃拉克：《汉代儒学与汉儒》，载[美]芮效卫、[美]钱存训 编：《古代中国：早期文明论文集》，香港：香港中文大学出版社，1978年。

Wallacker, Benjamin E. "Han Confucianism and Confucius in Han." *Ancient China: Studies in Early Civilization.* Ed. by David T. Roy and Tsuen-hsuin Tsien. HongKong: The Chinese University Press, 1978.

[美]万安玲：《南宋中国的学术与社会》，火奴鲁鲁：夏威夷大学出版社，1999年。

Walton, Linda. *Academies and Society in Southern Sung China.* Honolulu: University of Hawai'i Press, 1999.

万绳楠：《魏晋南北朝史论稿》，合肥：安徽教育出版社，1983年。

王承文：《六祖慧能早年与唐初岭南文化考论》，载《中山大学学报》（社会科学版）1998年第3期。

王承文：《唐代"南选"与岭南溪洞豪族》，载《中国史研究》1998年第1期。

王川：《南越国史研究概述》，载《中国史研究动态》1995年第11期。

王赓武：《中国的文明化：反思变革》，载《亚洲历史学刊》1984年第18卷第1期。

Wang Gungwu. "The Chinese Urge to Civilize: Reflections on Change." *Journal of Asian History,* 18.1 (1984).

王赓武：《南海贸易：中国人在南海的早期贸易史研究》，载《英国皇家亚洲协会马来分会会刊》1958年第31卷第2期。

Wang Gungwu. "The Nanhai Trade: A Study of the Early History of Chinese Trade in the South China Sea." *Journal of the Malayan Branch of the Royal Asiatic Society,* 31.2 (1958).

王家骅：《日中儒学比较》，东京：六兴出版社，1988年。

王家骅：《儒家思想与日本文化》，台北：淑馨出版社，1994年。

王建群：《好太王碑研究》，长春：吉林人民出版社，1984年。

王金林：《汉唐文化与古代日本文化》，天津：天津人民出版社，1996年。

王金林：《奈良文化与唐文化》，东京：六兴出版社，1988年。

王金林：《唐代佛教与奈良佛教之比较：以国家佛教的特点为中心》，载[日]田村圆澄先生古稀纪念会编：《东亚与日本：历史篇》，东京：吉川弘文馆，1987年。

王力平：《隋朝的边疆经略》，载《中国边疆史地研究》1999年第1期。

王三北，赵宏勃：《隋炀帝民族政策新论》，载《西北大学学报》（哲学社会科学版）1996年第5期。

王少普：《中日两国封建政治体制的区别》，载《学术月刊》1995年第2期。

王小甫：《唐、吐蕃、大食政治关系史》，北京：北京大学出版社，1992年。

王晓艳：《孝文帝迁洛与维新》，载杜士铎编：《北魏史》，太原：山西高校联合出版社，1992年。

王延武：《选择的过程：魏晋南北朝时代特征》，载《中南民族学院学报》（哲社版）1989年第4期。

王仪：《隋唐与后三韩关系及日本遣隋使运动》，台北：台湾中华书局，1972年。

王伊同：《五朝门第》第1卷（重印本），香港：香港中文大学出版社，1978年。

王伊同：《北朝的奴隶与其他社会阶层》，载《哈佛亚洲研究学刊》1953年第16卷第3、4期。

Wang Yi-t'ung (Wang Yitong). "Slaves and Other Comparable Social Groups during the Northern Dynasties (386–618)." *Harvard Journal of Asiatic Studies*, 16.3–4 (1953).

王毓铨：《西汉的中央政府》，载张春树 编：《中国的形成：近代以前中国历史的主题》，恩格尔伍德·克利夫斯（Englewood Cliffs）：普伦蒂斯霍尔出版公司，1975年。

Wang Yü-ch'üan. "The Central Government of the Former Han Dynasty." *The Making of China: Main Themes in Premodern Chinese History.* Ed. by Chang Chun-shu. Englewood Cliffs, N.J.: Prentice Hall, 1975.

王云五：《晋唐政治思想》，台北：台湾商务印书馆，1969年。

王贞平：《汉唐之际中日外交往来中的中国封衔》，载《中国历史研究》1992年第2卷。

Wang Zhenping. "Chinese Titles as a Means of Diplomatic Communication between China and Japan during the Han-Tang Period." *Studies in Chinese History*, 2 (1992).

王贞平：《汉唐中日关系论》，台北：文津出版社，1997年。

王贞平：《外交谎言：中日外交文书研究（238—608）》，载《美国东方学会会刊》1994年第114卷第1期。

Wang Zhenping. "Speaking with a Forked Tongue: Diplomatic Correspondence between China and Japan, 238–608 a.d." *Journal of the American Oriental Society*, 114.1 (1994).

王仲荦：《魏晋封建论》，载其编：《蜡华山馆丛稿》（重印本），台北：台湾商务印书馆，1990年。

王仲荦：《魏晋南北朝史》，上海：上海人民出版社，1980年。

王周昆：《唐代新罗留学生在中朝文化交流中的作用》，载《西北大学学报》（哲学社会科学版）1994年第2期。

[美]魏楷:《魏收论佛教》，载《通报》1933年第30卷。

Ware, James R. "Wei Shou on Buddhism." *T'oung Pao,* 30 (1933).

[日]渡边信一郎:《〈孝经〉的国家论——〈孝经〉与汉王朝》，载[日]川胜义雄，[日]砺波护 编:《中国贵族制社会的研究》，京都：京都大学人文科学研究所，1987年。

[日]渡边信一郎:《孝——2至7世纪中国的一种观念：形态与国家》，载《京都府立大学学术报告》（人文版）1979年第31卷。

[日]渡边义浩:《汉魏交替期的社会》，载《历史学研究》1991年第626号。

[日]渡边义浩:《三国时期"文学"的政治性宣扬：从六朝贵族制形成的视角来看》，载《东洋史研究》1995年第54卷第3号。

[美]杰菲里·沃特斯:《楚国挽歌三首:〈楚辞〉传统译本的引介》，麦迪逊：威斯康星大学出版社，1985年。

Waters, Geoffrey R. *Three Elegies of Ch'u: An Introduction to the Traditional Interpretation of the Ch'u Tz'u.* Madison: University of Wisconsin Press, 1985.

[美]华兹生 译:《荀子》，纽约：哥伦比亚大学出版社，1963年。

Watson, Burton, trans. *Hsün Tzu: Basic Writings.* New York: Columbia University Press, 1963.

[美]华兹生 译:《史记》(《〈太史公书〉——司马迁〈史记〉译本》)，纽约，哥伦比亚大学出版社，1961年。

Watson, Burton, trans.*Records of the Grand Historian of China: Translated from the Shih Chi of Ssu-ma Ch'ien.* New York: Columbia University Press, 1961.

[美]华琛:《仪式还是信仰？——晚期中华帝国大一统文化的构建》，载[美]罗德明、[美]塞缪尔·金 编:《中国的民族认同诉求》，纽约伊萨卡镇：康奈尔大学出版社，1993年。

Watson, James L. "Rites or Beliefs? The Construction of a Unified Culture in Late Imperial China." *China's Quest for National Identity.* Ed. by Lowell Dittmer and Samuel S. Kim. Ithaca, N.Y.: Cornell University Press,1993.

[英]威廉·华森:《古代东亚的文化边疆》，爱丁堡：爱丁堡大学出版社，1971年。

Watson, William. *Cultural Frontiers in Ancient East Asia.* Edinburgh: Edinburgh University Press, 1971.

[美]魏侯玮:《玉帛之奠:唐代合法化过程中的礼仪和象征性》，纽黑文：耶鲁大学出版社，1985年。

Wechsler, Howard J. *Offerings of Jade and Silk: Ritual and Symbol in the Legitimization of the T'ang Dynasty.* New Haven, Conn.: Yale University Press,1985.

[美]斯坦利·威斯坦因:《日本密宗的兴起：被忽视的天台传统》，载《亚洲研究学刊》1974年第34卷第1期。

Weinstein, Stanley. "The Beginnings of Esoteric Buddhism in Japan: The Neglected Tendai

Tradition." *Journal of Asian Studies,* 34.1 (1974).

[美]斯坦利·威斯坦因:《唐代佛教形成中的皇权庇护》,载[美]芮沃寿、[英]杜希德 编:《唐代的概观》,纽黑文:耶鲁大学出版社,1973年。

Weinstein, Stanley. "Imperial Patronage in the Formation of T'ang Buddhism." *Perspectives on the T'ang.* Ed. by Arthur F. Wright and Denis Twitchett. New Haven,Conn.: Yale University Press, 1973.

[美]彼得·威尔斯:《话说蛮族:入侵族群对罗马欧洲的塑造》,普林斯顿:普林斯顿大学出版社,1999年。

Wells, Peter S. *The Barbarians Speak: How the Conquered Peoples Shaped Roman Europe.* Princeton, N.J.: Princeton University Press, 1999.

[英]卫德礼:《四方之极——中国古代城市起源及特点初探》,芝加哥:阿尔丁出版公司,1971年。

Wheatley, Paul. *The Pivot of the Four Quarters: A Preliminary Inquiry into the Origins and Character of the Ancient Chinese City.* Chicago: Aldine Publishing Company, 1971.

[英]卫德礼,[英]托马斯·西伊:《从庭院到首都:试析日本城市的起源》,芝加哥:芝加哥大学出版社,1978年。

Wheatley, Paul.and See, Thomas. *From Court to Capital: A Tentative Interpretation of the Origins of the Japanese Urban Tradition.* Chicago: University of Chicago Press, 1978.

[美]何伟恩:《中国向热带进军:中国华南地区的文化及历史地理研究》,华盛顿特区:美国海军研究办公室,1952年。

Wiens, Herold J. *China's March to the Tropics: A Study of the Cultural and Historical Geography of South China.* Washington, D.C.: Office of Naval Research,1952.

[美]伍德赛:《越南与中国模式:19世纪上半叶阮氏王朝与清朝文官政府的比较研究》,马萨诸塞州剑桥镇:哈佛大学出版社,1971年。

Woodside, Alexander Barton. *Vietnam and the Chinese Model: A Comparative Study of Nguyen and Ch'ing Civil Government in the First Half of the Nineteenth Century.* Cambridge, Mass.: Harvard University Press, 1971.

[美]芮沃寿:《传记和圣徒传记:慧皎的〈高僧传〉》,载京都大学人文科学研究所编:《京都大学人文科学研究所25周年纪念集》,京都,1954年。

Wright, Arthur F. "Biography and Hagiography: Hui-chiao's *Lives of Eminent Monks*." *Zinbun-kagaku-kenkyusyo,* Silver Jubilee Volume (1954).

[美]芮沃寿:《佛教与中国文化:文明交流期》,载《亚洲研究学刊》1957年第17卷第1期。

Wright, Arthur F. "Buddhism and Chinese Culture: Phases of Interaction." *Journal of Asian Studies,* 17.1 (1957).

[美]芮沃寿:《隋朝意识形态的形成（508——604）》, 载[美]费正清 主编:《中国的思想与制度》, 芝加哥: 芝加哥大学出版社, 1957年。

Wright, Arthur F. "The Formation of Sui Ideology, 581–604." *Chinese Thought and Institutions*. Ed. by John K. Fairbank. Chicago: University of Chicago Press, 1957.

[美]芮沃寿:《中国历史上的佛教》, 斯坦福: 斯坦福大学出版社, 1959年。

Wright, Arthur F. *Buddhism in Chinese History*. Stanford, Calif.: Stanford University Press, 1959.

[美]芮沃寿:《傅奕与对佛教的抵制》, 载《思想史杂志》1951年第12卷第1期。

Wright, Arthur F. "Fu I and the Rejection of Buddhism." *Journal of the History of Ideas,* 12.1 (1951).

[美]芮沃寿:《隋朝》, 载[英]杜希德 编:《剑桥中国隋唐史（596——906）》, 伦敦: 剑桥大学出版社, 1979年。

Wright, Arthur F. "The Sui Dynasty (581–617)." *The Cambridge History of China. Vol. 3:Sui and T'ang China, 589–906, Part 1*. Ed. by Denis Twitchett. London:Cambridge University Press, 1979.

[美]芮沃寿:《隋朝》, 纽约: 阿尔弗雷德.A.克诺夫, 1978年。

Wright, Arthur F. *The Sui Dynasty*. New York: Alfred A. Knopf, 1978.

[美]芮沃寿:《唐太宗与佛教》, 载[美]芮沃寿、[英]杜希德 编:《唐代的概观》, 纽黑文: 耶鲁大学出版社, 1973年。

Wright, Arthur F. "T'ang T'ai-tsung and Buddhism." *Perspectives on the T'ang*. Ed. By Arthur F. Wright and Denis Twitchett. New Haven, Conn.: Yale University Press, 1973.

[美]芮沃寿:《唐太宗——其人及其角色》, 载[美]约翰·柯蒂斯·佩里、[美]巴德维尔·斯密斯 编:《唐代社会史论集: 社会、政治与经济力量的相互作用》, 莱顿: 布里尔书店, 1976年。

Wright, Arthur F. "T'ang T'ai-tsung: The Man and the Persona." *Essays on T'ang Society: The Interplay of Social, Political and Economic Forces*. Ed. by John Curtis Perry and Bardwell L. Smith. Leiden: E. J. Brill, 1976.

武伯纶, 张文立:《秦始皇帝陵》, 上海: 上海人名出版社, 1990年。

吴承学:《论文学上的南北派与南北宗》, 载《中山大学学报》（社会科学版）1991年第4期。

[美]吴燕和:《中华与异族认同的构建》, 载[美]杜维明编:《常青树: 今天做中国人的意义》, 斯坦福: 斯坦福大学出版社, 1994年。

Wu, David Yen-ho. "The Construction of Chinese and Non-Chinese Identities." *The Living Tree: The Changing Meaning of Being Chinese Today*. Ed. by Tu Wei-ming. Stanford, Calif.: Stanford University Press, 1994.

吴福助：《睡虎地秦简论考》，台北：文津出版社，1994年。

吴慧：《中国古代商业》，台北：台湾商务印书馆，1994年。

武建国：《论唐朝土地政策的变化及其影响》，载《社会科学战线》1992年第1期。

吴树平：《云梦秦简所反映的秦代社会阶级状况》，载中华书局编辑部编：《云梦秦简研究》，北京：中华书局，1981年。

吴廷璆、郑彭年：《佛教海上传入中国之研究》，载《历史研究》1995年第2期。

武仙卿：《南朝大族的鼎盛与衰落》，载《食货半月刊》1935年第1卷第10期。

武仙卿：《魏晋时期社会经济的转变》，载《食货半月刊》1934年第1卷第2期。

武仙卿：《西晋末的流民暴动》，载《食货半月刊》1935年第1卷第6期。

吴希则：《中国古代的国家观》，载《文史杂志》1941年第1卷第12期。

吴泽：《六朝社会经济政治的规律和特点》，载《贵州大学学报》（哲学社会科学报）1990年第3期。

吴钰钰：《豪门政治在南方的移植：王导的"悭悭之政"》，载《福建师范大学学报》（哲社版）1992年第2期。

［美］戴维·怀亚特：《泰国简史》，纽黑文：耶鲁大学出版社，1982年。

Wyatt, David K. *Thailand: A Short History.* New Haven, Conn.: Yale University Press, 1982.

夏应元：《秦汉至隋唐时代的中日文化交流》，载［日］大庭修、王晓秋编：《中日文化交流史大系（一）：历史》，东京：大修馆，1995年。

萧启庆：《北亚游牧民族南侵各种原因的检讨》，载《食货半月刊》1972年第1卷第12期。

谢海平：《唐代留华外国人生活考述》，台北：台湾商务印书馆，1978年。

邢铁：《两晋南北朝时期的户等制度》，载《河北师院学报》（社会科学版）1991年第4期。

熊德基：《魏晋南北朝时期阶级结构研究中的几个问题》，载黄烈编：《魏晋隋唐论集》第1辑，北京：中国社会科学出版社，1981年。

熊铁基、王瑞明：《秦代的封建土地所有制》，载中华书局编辑部编：《云梦秦简研究》，北京：中华书局，1981年。

［美］熊存瑞：《唐代中国的土地制度——均田制与吐鲁番文书研究》，载《通报》1999年第85卷。

Xiong, Victor Cunrui. "The Land-Tenure System of Tang China—A Study of the Equal-Field System and the Turfan Documents." *T'oung pao,* 85(1999).

徐连达、楼劲：《汉唐科举异同论》，载《历史研究》1990年第5期。

徐少华：《楚文化：考古学的审视》，载［美］柯鹤立、［澳］梅约翰 编：《探索楚文化：古代中国的图像与现实》，火奴鲁鲁：夏威夷大学出版社，1999年。

Xu Shaohua. "Chu Culture: An Archaeological Overview." *Defining Chu: Image and Reality in Ancient China.* Ed. by Constance A. Cook and John S. Major. Honolulu: University of Hawai'i Press, 1999.

徐先尧:《东亚文献中的上古日本国家》,载《中国与日本》1966年第79—81期。

徐先尧:《隋倭邦交新考:倭使朝隋并非所谓对等外交》,载中国唐代学会编:《唐代研究论集》第1辑,台北:新文丰出版社,1992年。

薛宗正:《论高仙芝伐石国与怛罗斯之战》,载《新疆大学学报》(哲社版)1999年第3期。

[日]山田宗睦:《〈三国志·魏志·倭人传〉中的世界》,东京:教育者出版社,1983年

[日]山本行彦:《国有土地支配的特征与转变》,载《历史学研究》1987年第573号。

[日]山尾幸久:《古代国家与庶民的习俗》,载[日]上田正昭 编:《古代的日本与东亚》,东京:小学馆,1991年。

[日]山尾幸久:《古代日中关系》,东京:墙书房,1995年。

严耕望:《略论〈唐六典〉之性质与实行问题》,载其著:《严耕望史学论文选集》,台北:联经出版社,1991年。

严耕望:《唐代行政制度略论》,载其著:《严耕望史学论文选集》,台北:联经出版社,1991年版。

严耕望:《扬雄所记先秦方言地理区》,载其著:《严耕望史学论文选集》,台北:联经出版社,1991年。

严耕望:《战国时代列国民风与生计——兼论秦统一天下之一背景》,载《食货月刊》复刊1985年第14卷第9、10期。

严绍璗:《中日古代文学关系史稿》,香港:中华书局,1987年。

阎涛:《孔子与儒家》,台北:台湾商务印书馆,1994年。

阎云翔:《麦当劳在北京:美国文化的地方化》,载[美]华琛 编:《东方金色拱门:东亚的麦当劳》,斯坦福:斯坦福大学出版社,1997年。

Yan, Yunxiang. "McDonald's in Beijing: The Localization of Americana."*Golden Arches East: McDonald's in East Asia.* Ed. by James L. Watson.Stanford, Calif.: Stanford University Press, 1997.

杨翠微:《论宇文泰建立府兵制:鲜卑部落制与汉化及军权的初步中央集权化的结合》,载《中国文化研究》1998年第1期。

杨德炳:《西晋的崩溃与门阀的分化》,载《武汉大学学报》(哲学社会科学版)1995年第3期。

杨光辉:《官品、封爵与门阀士族》,载《杭州大学学报》(哲学社会科学版)1990年第4期。

杨宽:《从"少府"执掌看秦汉封建统治者的经济特权》,载中国秦汉史研究会编:《秦汉史论丛》第1辑,西安:陕西人民出版社,1981年。

杨宽:《论秦始皇》,载李光璧、钱君华编:《中国历史人物论集》,北京:生活·读书·新知三联书店,1957年。

杨宽:《战国史》,上海:上海人民出版社,1980年。

杨联陞:《佛教寺院与国史上四种筹措金钱的制度》,载其著:《中国制度史研究》,马萨诸塞州剑桥镇:哈佛大学出版社,1961年。

Yang Lien-sheng. "Buddhist Monasteries and Four Money-Raising Institutions in Chinese History." *Studies in Chinese Institutional History.* By Yang Lien-sheng. Cambridge, Mass.: Harvard University Press, 1961.

杨联陞:《东汉的豪族》,载张春树 编:《中国的形成:近代以前中国历史的主题》,恩格尔伍德·克利夫斯:普伦蒂斯霍尔出版公司,1975年。

Yang Lien-sheng. "Great Families of Eastern Han." *The Making of China: Main Themes in Premodern Chinese History.* Ed. by Chun-shu Chang. Englewood Cliffs,N.J.: Prentice Hall, 1975.

杨联陞:《〈晋书·食货志〉译注》,载其著:《中国制度史研究》,马萨诸塞州剑桥镇:哈佛大学出版社,1961年。

Yang Lien-sheng. "Notes on the Economic History of the Chin Dynasty." *Studies in Chinese Institutional History.* By Yang Lien-sheng. Cambridge, Mass.: Harvard University Press, 1961.

杨廷福:《唐律初探》,天津:天津人民出版社,1982年。

杨廷贤:《南北朝之士族》,载《东方杂志》1939年第36卷第7期。

杨远:《唐代的人口》,载《香港中文大学中国文化研究所学报》1979年第10卷第2期。

杨曾文:《日本佛教史》,杭州:浙江人民出版社,1995年。

姚大中:《南方的奋起》,台北:三民书局,1981年。

姚薇元:《北朝胡姓考》,北京:中华书局,1962年。

[日]安田二郎:《关于“晋安王子勋叛乱”:南朝门阀贵族体制与豪族土豪》,载《东洋史研究》1967年第25卷第4期。

尹协理:《隋唐儒家哲学的变化趋势》,载《哲学研究》1985年第5期。

[日]横田健一:《大化改新与藤原镰足》,载其著:《白凤·天平的世界》,大阪:创元社,1973年。

[日]志田不动麿:《关于晋代的土地所有形态与农业问题》,载《史学杂志》1932年第43卷第2号。

[日]吉田孝:《律令国家与古代社会》,东京:岩波书店,1983年。

[日]吉川忠夫:《六朝精神史研究》,京都:同朋舍,1984年。

[日]葭森健介:《晋宋革命与南方社会》,载《士林》1980年第63卷第2号。

[日]吉川怜:《飞鸟样式南朝起源论》,载[日]田村圆澄先生古稀纪念会编:《东亚与日本:历史篇》,东京:吉川弘文馆,1987年。

余太山编:《西域通史》,郑州:中州古籍出版社,1996年。

余宗发:《云梦秦简中思想与制度钩摭》,台北:文津出版社,1992年。

袁仲一:《从考古资料看秦文化的发展和主要成就》,载《文博》1990年第5期。

袁仲一:《从秦始皇陵的考古资料看秦王朝的徭役》,载其编:《秦始皇陵兵马俑博物馆论文选》，西安：西北大学出版社，1989年。

臧知非：《先秦什伍乡里制度试探》，载《人文杂志》1994年第1期。

章炳麟：《秦政记》，载（唐）柳宗元，（清）王夫之，章炳麟著：《论秦始皇》，上海：上海人民出版社，1974年。

张宾生：《魏晋南北朝政治史》，台北：中国文化大学，1983年。

张博全：《鲜卑新论》，吉林：吉林文史出版社，1993年。

张博全：《"中华一体"论》，载《吉林大学社会科学学报》1986年第5期。

张广达：《古代欧亚的内陆交通：兼论山脉、沙漠、绿洲对东西文化交通的影响》，载其编：《西域史地丛稿初编》，上海：上海古籍出版社，1995年。

张广达：《论隋唐时期中原与西域文化交流的几个特点》，载其编：《西域史地丛稿初编》，上海：上海古籍出版社，1995年。

张君劢：《中国专制君主政治之评议》，台北：弘文馆出版社，1986年。

张岂之 撰，王维坤 译：《孔子文化与日本文化》，载[日]上田正昭 编：《古代的日本与东亚》，东京：小学馆，1991年。

张仁清：《六朝人的爱美心理》，载《东方杂志》1983年第17卷第1期。

张雄：《魏晋十六国以来巴人的迁徙与汉化》，载《中南民族学院学报》（哲社版）1998年第4期。

张永禄：《唐都长安》，西安：西北大学出版社，1987年。

张玉法：《先秦的传播活动及其影响》，台北：台湾商务印书馆，1993年。

赵冈，陈仲毅：《中国土地制度史》，台北：联经出版社，1982年。

赵世超：《周代"国野"制度研究》，西安：陕西人民出版社，1991年。

赵云旗：《论隋代均田令的诸问题》，载《中国史研究》1993年第4期。

郑德坤：《中华民族文化史论》（修订版），香港：三联书店，1987年。

钟启洁：《南北朝时期形成"北强南弱"局面之再析》，载《北方论丛》1992年第3期。

周霖：《秦汉江南人口流向初探》，载《江西师范大学学报》（哲社版）1997年第3期。

周一良：《南朝境内之各种人及政府对待之政策》，载其著：《魏晋南北朝史论集》，北京：中华书局，1963年。

周振鹤：《从"九州异俗"到"六合同风"：两汉风俗区域的变迁》，载《中国文化研究》1997年第4期。

朱大渭：《南朝少数民族概况及其与汉族的融合》，载《中国史研究》1980年第1期。

朱义云：《魏晋风气与六朝文学》，台北：文史哲出版所，1980年。

朱永嘉：《论曹操的抑制豪强及其法家思想》，载郭沫若等编：《曹操论集》，香港：生活·读书·新知三联书店，1979年。

朱云影：《中国文化对日韩越的影响》，台北：黎明文化事业公司，1981年。

祝总斌：《略论晋律之"儒家化"》，载《中国史研究》1985年第2期。

[荷]许理和:《佛教征服中国——佛教在中国中古早期的传播与适应》,莱顿:布里尔书店,1959年。

Zürcher, Erik. *The Buddhist Conquest of China: The Spread and Adaptation of Buddhism in Early Medieval China.* Leiden: E. J. Brill, 1959.

[荷]许理和:《从道教经典看佛教对早期道教的影响》,载《通报》1980年第66卷第1—3期。

Zürcher, Erik. "Buddhist Influence on Early Taoism: A Survey of Scriptural Evidence." *T'oung Pao,* 66.1–3 (1980).

[荷]许理和:《"月光童子":中国中古早期佛教中的弥赛亚与末世论》,载《通报》1982年第68卷第1—3期。

Zürcher, Erik. "'Prince Moonlight': Messianism and Eschatology in Early Medieval Chinese Buddhism." *T'oung Pao,* 68.1–3 (1982).

出版后记

　　《东亚的诞生》不仅是一本关于历史的扎实之作，更是一本关于"亚洲""东亚"等概念的思辨之书。作者运用大量史料，为我们梳理了自公元前221年秦始皇统一中国到公元907年唐朝灭亡之间东亚的历史，还原了在这个历史关键时期人们对"亚洲""东亚""中国"等关键概念的认识，旁征博引地论述了中华文化如何在周边国家传播以及周边国家对它的吸收和改造，阐释了当代中国、日本、朝鲜、韩国、越南等民族国家形成的历史根源。

服务热线：133-6631-2326　　188-1142-1266

读者信箱：reader@hinabook.com

后浪出版公司

2021 年 4 月

© 民主与建设出版社，2023

图书在版编目（CIP）数据

东亚的诞生：从秦汉到隋唐/（美）何肯
(Charles Holcombe) 著；魏美强译 . —— 北京：民主与
建设出版社，2021.4（2024.3 重印）

书名原文：The Genesis of East Asia: 221B.C.—
A.D.907

ISBN 978-7-5139-3411-4

Ⅰ . ①东… Ⅱ . ①何… ②魏… Ⅲ . ①东亚—历史—
研究—前 221-907 Ⅳ . ① K310.2

中国版本图书馆 CIP 数据核字 (2021) 第 045623 号

The Genesis of East Asia, 221B.C.–A.D.907
by Charles Holcombe
Copyright © 2001 Association for Asian Studies, Inc.
Simplified Chinese edition copyright: 2021 Chu Chen Books
All rights reserved

版权登记号：01-2023-5878

东亚的诞生：从秦汉到隋唐
DONGYA DE DANSHENG: CONG QINHAN DAO SUITANG

著　者	[美]何肯		**译　者**	魏美强
出版统筹	吴兴元		**责任编辑**	王　颂
特约编辑	方　宇　林立扬　梁欣彤		**营销推广**	ONEBOOK
封面设计	尬　木			

出版发行　民主与建设出版社有限责任公司
电　话　（010）59417747　59419778
社　址　北京市海淀区西三环中路 10 号望海楼 E 座 7 层
邮　编　100142
印　刷　北京盛通印刷股份有限公司
版　次　2021 年 4 月第 1 版
印　次　2024 年 3 月第 4 次印刷
开　本　889 毫米 × 1194 毫米　1/32
印　张　16.5
字　数　376 千字
书　号　ISBN 978-7-5139-3411-4
定　价　98.00 元

注：如有印、装质量问题，请与出版社联系。